——◇敬 启◇——

尊敬的各位读者:

感谢您多年来对中国政法大学出版社的支持与厚爱,我们将定期举办答谢读者回馈活动,详情请登录我社网站或拨打咨询热线:

www. cuplpress. com

010 – 58908302

期待各位读者与我们联系。

高等教育法学应用教材

社会保障法

主 编　王广彬

中国政法大学出版社

高等教育法学应用教材编委会

主编简介

王广彬　法学博士、中国政法大学副教授、硕士研究生导师，兼任中国政法大学劳动与社会保障法研究中心主任。参与和主持过国家级、省部级社科法学类项目十余项。其中，主持了"社会法基本理论问题研究"、"社会保障法基本理论问题研究"、"农村社会保障法制建设研究"等课题（教育部、司法部社科规划项目）。撰写专著、教材、论文几十余篇（部）。主要专著有：《公平良善之法律规制》（国家社科基金最终成果）、《中国传统保障文化与现代农村社会保障法制》（教育部后期资助成果）等。发表的主要学术论文有：《论社会保障法的正义基础》、《关于社会法的几个基本问题》、《社会法上的社会权》等。

出 版 说 明

　　为适应高等法学教育发展的需要，提高学生发现问题、解决问题以及运用法学知识的能力，我们组织编写了本套《高等教育法学应用教材》。

　　法学是理论性与应用性相结合的学科，本套教材的最大特点在于突出法学的应用性，主要表现在以下几个方面：

　　1. 力求与现行最新的立法、司法解释及法律实务相一致。本套教材强调对现行最新的立法、司法解释进行介绍和分析，注重联系司法实务中的新老问题进行论述。

　　2. 力求与最新的《国家司法考试大纲》相一致。司法考试是从事法律工作的职业资格考试，但每年有大量的法律专业本科生、研究生无法通过司法考试。本教材力图使教学内容与司法考试紧密相联。

　　3. 力求用简洁、实用的案例说明深奥的原理和法律规范。在每一本教材中都努力用简洁的文字、实用明晰的案例对基本原理和法律规范进行说明，使学生在最短的时间内读懂教材，并结合历年司法考试试题加以分析。

　　4. 力求结合最新的研究成果和立法动态。立法、司法和法律实务是动态、发展的。本套教材密切关注和把握改革发展的方向与趋势，努力结合最新的学术研究成果，将法学理论应用于法律实务和教学。

　　为了保证本套教材的高水平和高质量，编委会聘请了多位知名的法学家担任主编。这些专家多数参加过立法和修订法律的工作，且大多是司法考试教学辅导的名师，具有编写高校教材的丰富经验。

　　本套教材适用于大学本科的教学，尤其适用于司法考试的复习。

本套教材的编写得到了教育部有关领导、中国政法大学的领导与教师以及中国政法大学出版社的大力支持，在此一并表示感谢。

《社会保障法》是本套教材中的一本，其撰写分工如下（以撰写章节先后为序）：

王广彬　第一、二、三、十一章

高占胜　第四、六章

陆伟丰　第五、八章

高　华　第七章

姜凤武　第九、十章

丁　洁　第十二章

薛永慧　第十三章

中国政法大学《高等教育法学应用教材》编委会

2009 年 5 月

前　言

在人类历史发展的长河中，各个国家、各个民族都担负着发展社会生产，推动社会进步的历史重任。与此同时，每个国家、每个民族为求得社会的稳定，又不得不设计出符合本国国情与民族需要的社会保障措施，并用法律的手段保障其实施。因为不如此，便无法实现社会的可持续发展，以致使人类陷入社会危机。

对人们来说，劳动是最基本的经济保障，如果人人能劳动，人人劳动了，并且劳动所得足以维持人们有人格尊严地生存和发展，那么就人人有保障了，并且这是最好的保障，这在很大程度上就实现了社会保障。但由于各种原因，社会上总有一些人失业，他们无法通过就业获得生存和发展所必需的各种物质生活资料，他们的生存和发展面临危机。这样的人多了会酿成严重的社会问题。此外，天有不测风云，人有旦夕祸福，生老病残死，人人在所难免，人生是充满风险的。一旦风险来临，往往使人不堪一击，甚至使人一蹶不振，并且这种风险是不确定的，降临到谁的身上是不可知的，人人面临风险的情况具有普遍性，风险来临后给人们和社会造成的损害和影响也具有社会性。

为了解决上述这些问题，人们经过不断的探索和试验，最终找到了社会保障这一方法。所谓的社会保障的方法，就是建立在这样的一些基础之上，即在全社会成员中，总是只有一部分社会成员失业，而其它社会成员能够就业；一部分社会成员遭遇风险，而其它社会成员没有遭遇风险。社会保障的方法就是要求就业的社会成员去保障失业的社会成员，没有遭遇风险的社会成员去保障遭遇风险的社会成员。社会保障的方法的制度化和法律化就形成了社会保障法。

从历史上看，最早的社会保障法起源于德国 1883 年的《劳工疾病保险法》、1884 年的《劳工伤害保险法》和 1889 年的《老年及疾病保险法》。后来，这三部法律于 1911 年合并，另加《孤儿寡妇保险法》，形成了著名的《社会保险法典》。现代社会保障法就是在此基础之上发展起来的。社会保障法的基本宗旨就是凝聚全社会的力量保障有困难的社会成员，使他们也能有人格尊严地生存和发展下去。社会保障法就是调整在运用社会力量保障社会成员的过程中所形成的各种社会关系的法律规范的总称，其核心是规定社会保障资金的筹集、社会保障的范围和标准以及社会保障金的支付和领受等内容。近年来，我国有关社会保障的理论研究日益活跃，但这些研究大多都是从经济学和社会学的角度出发，涉及法学理论的内容也还不够丰富。世界各国的经验表明，社会保障立法是社会保障制度改革，深化社会保障制度建设的依据和起点。社会保障法律制度包括社会保障法学理论，这也是社会保障实施的强有力保证。所以，加强社会保障法学理论的探索与研究，在当前具有重要的理论和现实意义。

编　者

2009 年 2 月

目 录

第一章　社会保障法概述

■　第一节　社会保障与社会保障法

一、社会保障与社会保障法的概念

（一）社会保障的概念

"社会保障"一词源于英文 social security，官方使用首先见于 1935 年美国的《社会保障法案》。但是学界对其概念的界定尚无统一认识，其定义不下几十种。有的从经济分配关系着眼，有的从社会分配关系着眼，有的强调社会保障的功能，有的强调其特点。但它们的共同点是都揭示了：社会保障是国家和社会为公民规避和解决生活风险，进而保证公民的生存和发展，对公民生活进行干预的一种制度。

此外，从 social security 一词来解释：security 一词的中文含意是安全、保障，是针对风险而言的；social 是社会的、社会性的意思，结合为一起 social security 就是针对生活风险所提供的一种社会性的帮助和保障，强调的是一种社会性的活动、行为。但同时，其又具有经济性的内容，是社会财富再次分配的一种形式。在广义上，社会保障和社会福利是作为同一概念来使用的。如福利国家英国，其社会保障包括社会保险、社会福利和社会救济三个项目。但是在狭义上，社会保障仅包括社会保险和社会救济以及最低生活保障。

综上，从社会保障制度的历史发展和社会实践来看，其本质在于针对生活风险，通过对公民生活的干预，通过经济的和非经济的手段，为每一个人的生活安全提供保障使每一个人的生存和发展得到保证，使每一个人的生存权和发展权得到实现。因此，从广义上来说，社会保障就是指国际和社会基于社会理性，为保障人们的生活安全，保证人们的生存权和发展权实现而采取的行为的总和。在外延上，社会保障包括社会福利（提高生活水平）、社会保险（规避一般生活风险）、社会救济（生活中的特定风险如疾病、年老、失业等）。狭义上，社会保障仅保障人们的生活风险，不包括社会福利。

（二）社会保障法的概念

关于社会保障法概念，如果从不同的理论视角出发，也会得出不同的社会保障法的概念。

有从社会保障项目入手进行定义，认为社会保障法是调整社会保险、社会救济、社会福利等活动中各种关系的法律规范的总称。[1] 这一概念或许有两方面值得商榷：①它不具有普遍性和适应性。因为具体的社会保障项目往往是不确定的，各国具有不完全相同的社会保障项目，同一国家在不同的历史时期也会因时代的需要实行不同的社会保障项目。②它从社会保障法的外延进行定义，没能完全揭示出社会保障法的内涵。

有从社会保障与社会保障法的关系入手进行定义，认为社会保障是一种以保障社会成员基本生活安全作为基本目标的社会安全保护和防范对策系统。社会保障法则是为了建立社会保障体系，维持社会保障体系的正常运行而制定的法律规范。[2] 这种定义方式仍有商榷的余地，该定义不能让人一目了然，洞悉社会保障法的本质特征。

有从社会保障的目的入手进行定义，认为社会保障法即国家为维护社会安定和经济稳步发展而制定的，保障社会成员基本生活需要和经济发展享受权的各种法律规范的总称。[3] 这一定义注意到了社会保障法的目的，揭示出了社会保障法的部分本质，但没有进一步揭示出国家在社会保障中的作用。

有从主体和目的两个方面入手进行定义，认为社会保障法是调整以国家和社会为主体，为了保证有困难的劳动者和其他社会成员以及特殊社会群体成员的基本生活并逐步提高其生活质量而发生的社会关系的法律规范的总和。[4] 这一定义不足之处在于没有揭示出社会保障法产生的原因，即国家为什么要制定社会保障法。

基于以上对社会保障法概念的分析，我们认为，社会保障法是指以社会利益为本位的，调整政府、社会团体和社会成员之间的在保障社会成员基本生活及发展的权利的活动中所产生的社会保障关系的法律规范的总称。

〔1〕 贾俊玲："社会保障法律制度初探"，载《经济法研究》（第1卷），北京大学出版社2000年版，第351页。
〔2〕 种明钊主编：《社会保障法律制度研究》，法律出版社2000年版，第18~19页。
〔3〕 方乐华编著：《社会保障法论》，世界图书出版公司1999年版，第23页。
〔4〕 史探径主编：《社会保障法研究》，法律出版社2000年版，第31页。

二、社会保障法的特点和本质

如前所述，社会保障法就是规定通过何种社会机构、运用何种方法筹集发放社会保障基金，规定何种困难的社会成员获得何种社会保障待遇的法律。因此，其应有以下特质。

（一）社会保障法的特点

1. 国家干预法的特征明显。社会保障的实质是通过国家干预，组织社会力量保障社会成员尤其是那些无力自力更生的社会成员的生存和发展。包括社会保障法在内的社会法，是在批判传统私法原理的基础上产生的。传统私法信奉主体平等、意思自治，但这只是抽象意义上的，而现实中并非如此。抽象的主体平等，一概的意思自治，实质上是无视人与人的不平等，放任人的自由和不自由。为了改变这种状况，实现社会正义，国家必须进行干预，救助社会弱者，提升他们的主体地位，保障他们的自由，要在可能的范围内，实现事实上、实质上的自由和平等，即作为社会的成员有权利请求国家救助，而国家也有义务加以干涉。因此说社会保障法反映出国家干预法的一些特点。

社会保障法的国家干预性突出体现在它具有非常明显的强制性：它以国家的权力作为强制性实施法律的保证；社会保障管理机构的行为具有强制的法律效力，对任何违反社会保障法的行为，管理机构都有权依法处理；任何社会保障法律关系中的主体，都必须履行自己的义务，否则将承担相应的法律责任。

2. 具有广泛的社会性。社会性是社会保障法的重要特征。社会保障，顾名思义，是社会的保障。"社会的"这一特定用语就说明两者密不可分：前者是实质内容，后者是必经程序，未经后者，不能获得前者。社会保障存在于社会共同体中，是聚集全社会的力量保障全社会成员，社会是社会保障的基础、中介和目的，在某种意义上可以说，没有社会，社会保障就没有了根基，也没有了目标，最终也就没有了社会保障。社会保障法的社会性，其主要表现在享受对象的普遍性、社会保障责任和义务的社会化、社会保障功能的社会公益性上。

虽然受经济发展水平的限制，目前很多国家的社会保障远没达到充分、普遍的程度，通过立法施行的社会保障只是涉及部分社会成员或部分保障项目，但是，这些国家的宪法，往往规定了在全体社会成员中普遍实现社会保障的最终目标。同时，在国际上，各国通过签订协议互相保障旅居国外公民的例子，也屡见不鲜。社会保障责任和义务的社会化，表现在通过立法规定国家、用人单位和个人共同承担社会风险的原则，用社会统筹基金来分散社会风险的实施方式上。可以预料，随着社会经济的发展，社会保障必将逐渐扩展到全体社会成员。

3. 具有实体法和程序法的统一性。在各种法律中，一般而言，实体法和程序法互依互存，有一定的实体法，一般也有相应的程序法，如民法和民事诉讼法、行政法与行政诉讼法、刑法和刑事诉讼法。但是，社会保障法与上述部门法不同，它具有实体法和程序法的统一性。这是因为社会保障领域由各种社会关系构成，各种社会关系具有特定要求，社会保障立法必须与各种社会保障关系的特定内容和运行环节相对应。如养老保险，就既有主体权利义务的实体规定，又有资格认定与发放手续等程序性规定。

4. 具有特定的立法技术。法律既然用上一个"法"字，就要求法律是一种方法，一种调整社会关系、解决社会问题的方法，否则就不配用这一"法"字。社会保障立法具有"大数法则"和"平均数法则"等一些数理法则，经常在立法中运用。如为了避免老退休职工和新退休职工因养老保险改革而出现较大的养老金差距，就需要靠数理计算来确定不同的养老金数额。可以说，正确设定系数已成为中国养老保险立法中的关键技术。

（二）社会保障法的本质

1. 应对风险的防治法。天灾人祸不期给人以致命的打击，生老病残死也时常使人陷入困境。这种风险不是哪个人的风险而是大家的共同风险，是只有通过大家分担才能承担的风险。人们日益认识到，社会成员共同出力、共同防治、共担风险，是保障社会成员生活安全稳定的根本出路。正是在这种情况下，社会保障法应运而生。通过国家介入的方式，聚集社会力量保护社会成员的生活安全和生活稳定。社会保障法使个人的、偶然的、局部的保障发展为规范化、制度化、社会化的保障，使不期的风险得到如期的防治，使个人的风险得到集体的分担，使风险造成的损害得到及时的补救。

2. 维护人权的保障法。在现代社会，占主导地位的社会运行机制是自由竞争。自由竞争是社会进步的根本推动力，也是现代社会法律的精神之一。但由于社会成员千差万别，任凭自由竞争，结果必然使在社会竞争中失败的人在社会上难以立足，沦落到非人的境地。要保障他们生存和发展的人权，必须依靠社会保障法。因为社会保障法保障每一个社会成员都有在该社会生活下去的权利。社会保障法划定了自由竞争的限度，严正地宣告人必须尊重他人的人权，并为保障他人的人权有所贡献。人权保障是社会保障法的神圣使命。

3. 保障公平的再分配法。在市场社会，社会分配主要是通过市场分配而进行。而市场分配是一种按劳分配、按资分配、按能分配，如此一来则会出现贫富悬殊、两极分化。之所以需要社会保障法，根本原因之一就在于市场分配不会对每个人都有所分配，尤其是不会给那些劣弱者以必要的分配来保障他们的基本生活所需。社会保障法就是要依法保障社会成员都有所分配，使他们不至于因为无所分配而不能维持基本的生活，其核心就是"取之于富、用之于贫"，这实质上是一种社会再分配。

此外，社会中的人是有代际的，有在职者和退休者。要实现下一代人对上一代人的保障，必须实行从在职者向退休者的社会再分配。人的一生有收入期和无收入期，要实现社会保障，必须实行从有收入期向无收入期的社会再分配。社会保障法作为一种社会再分配法，集中表现在对全社会成员之间、企业之间、地区之间征收社会保障资金并调剂使用上，还以国家财政收入直接补贴社会保障资金，在受社会保障的社会成员之间进行再分配。

三、社会保障法与相关法的区别和联系

与社会保障法相关的法律部门有劳动法、经济法、行政法等，下面就它们之间关系作一些具体分析：

（一）社会保障法与劳动法之间的关系

社会保障法与劳动法同属于社会法的范畴，两者是最为邻近的两大部门法。就劳动法和社会保障法的关系而言，有的认为劳动法包括社会保障法，有的认为社会保障法包括劳动法，还有的认为劳动法与社会保障法相互交叉。对此，我们认为：

社会保障法与劳动法有着密不可分的关系，社会保障法的核心内容社会保险法就是建立在劳动关系的基础上，是在劳动法发展到一定程度时产生的。工业劳动在客观上存在各种各样的劳动风险，由此产生的劳工问题不仅仅是劳动者个人或某一雇主的问题，而是一个社会问题，必须通过国家立法建立一个全新的制度来解决劳动风险问题。19 世纪 80 年代以来，社会保障法赋予了社会保障以全新的内容：社会保障不再是传统社会的局部的、有限的社会活动，而是一项面向全体国民的社会制度；它的内容不再仅仅是满足国民因生存而需要的单纯的物质生活保障，而且还涵盖了增进人们精神生活和个性发展的各个方面。可以说，社会保障法是在劳动法的基础上产生的，但其后的发展又大大突破了劳动法调整的劳动关系的界限，成为了市场经济的一项重要法律制度。

从上述内容出发来考察社会保障法与劳动法的关系，我们不难发现，社会保障法和劳动法是两个独立的法律部门，两者之间已不具包容性，即劳动法不能包括社会保障法，而社会保障法也不能包括劳动法。但作为两个相邻近的法律部门，它们又有密切的联系。从法的产生来看，两者都是资本主义发展的产物，都是国家干预的结果；就法律属性来看，两者都属于社会法，以社会利益为本位，都使人们对现代法的定位和价值有了更新的思考。以劳动法和社会保障法为典型的社会法的出现，突破了传统公法、私法的划分，形成了法律的多元结构，即劳动法和社会保障法作为两个独立的法律部门，成为社会法核心且重要的体系内容。

（二）社会保障法与经济法之间的关系

经济法是调整在国家对经济运行进行干预、管理或者协调过程中发生的经济关系的法律规范的总称。一般认为经济法是一个独立的法律部门。

社会保障法与经济法之间在客观上存在一定的联系。首先，社会保障法与经济法都是市场经济的产物。随着市场经济制度的建立，社会化大生产取代了家庭的生产功能，政府不得不考虑建立一种社会化的保护体系，来解决劳工问题和其他社会问题。经济法也是在市场经济条件下，因竞争的发展导致垄断而随之产生的。可见，社会保障法与经济法都根植于市场经济的土壤，都是为了弥补市场的缺陷而出现的。其次，社会保障法与经济法都是公法与私法融合的产物，都属于第三法域。最后，社会保障法与经济法在功能上相互补充。社会保障法的实施，对国民收入进行再分配，使社会更加趋于公平合理，同时能够有效地促进经济法的市场规制和宏观调控功能的发挥；同样，经济法的实施，能够增加社会保障基金的来源，使社会保障法的功能得以更加充分地发挥。

社会保障法与经济法又存在着区别。首先，调整对象不同。社会保障法的调整对象是社会保障关系，即以国家、社会保障职能机构和全体社会成员为主体，为保证社会成员的基本生活需要而发生的社会关系；经济法的调整对象是在国家对经济运行进行干预、管理或者协调过程中发生的宏观调控关系。其次，立法目的不同。社会保障法的立法目的是为了保障全体社会成员在面临生活困难时的基本生活需要，促进社会安全和发展；经济法的立法目的是维护和平、公正的市场竞争环境。最后，价值取向不同。虽然社会保障法和经济法都必须兼顾效率与公平，但社会保障法与经济法对效率与公平的侧重有所不同，"经济效率为经济法的基本价值，侧重经济的发展。与之相比，社会保障法更侧重社会稳定与公平"[1]

（三）社会保障法与行政法之间的关系

社会保障法是对社会生活领域的立法，在社会保障法律关系中，既有主体一方为行政机关的法律关系，又有双方主体都不是行政机关的法律关系。我们可以从社会保险、社会福利、社会救助这些主要的社会保障项目中看到这一特点。

行政法则是调整国家行政机关在履行其职能过程中发生的各种社会关系的法律规范的总称。一般情况下，国家行政机关是各类行政法律关系中必要的当事

---

[1] 参见杨燕绥等编著：《论社会保障法》，中国劳动社会保障出版社2003年版。

人，行政机关的参加是法律关系具有行政性质的必要前提和根本标志。因此，行政机关即行政主体，其作为行政法律关系的主体一方是确定的、惟一的。

可见，虽然行政法和社会保障法均以行政机关为法律关系的主体，但两者存在着区别，即行政法律关系的主体一方必须是行政机关，而社会保障法律关系的主体一方可以是也可以不是行政机关。不过两者也密切相关。社会保障法中的社会保障行政法里直接具有行政法律规范的内容。而社会保障基本法律关系即给付关系的实现要以社会保障行政法的实施为前提。给付关系是国家通过社会保障立法，约定给予符合法定要件的公民以各种社会保障给付，而社会保障管理机构则代表国家履行约定的内容。社会保障活动中的上述给付行为相对于保障对象而言，是整个过程的结果，而这一结果的实现必须以基金的筹集为前提。那么，在由此形成的社会保障行政法律关系中，行政机关必然成为重要主体，参与其中。例如，社会保障管理机构强制用人单位缴纳社会保险费，必要时可以作出行政处罚、行政处分的决定等。

■　第二节　社会保障思想及其产生发展

一、社会保障思想

（一）人权思想

人权是人的经济、政治、文化和社会、人身等权利的有机统一，其中生存权是人的首要权利，人只有实现生存权才谈得上其他权利。生存权是维持人的生存所必不可少的权利，包括生命权、健康权、物质享受权等内容。生存权是基于人类的生存本能产生的一种自然权利，是伴随人的出生而自然产生的，直至人的死亡而自然消灭的一种权利。这种自然权利是天赋的，具有不可转让性。[1]

人权理论是在资产阶级反对封建主义的过程中产生和发展起来的，其口号是"自由、平等、博爱"。但一开始"博爱"被忽视了，此后相当长的时期内其也没有受到应有的重视。"博爱"源于宗教，属于基督教教义。博爱思想在西方国家社会保障法的产生和发展过程中有着十分重要的作用，首先表现在社会救济法的产生与发展方面，此后在社会保险法以及社会福利法方面也起到了十分重要的

---

〔1〕　方乐华编著：《社会保障法论》，世界图书出版公司1999年版，第28页。

作用。

（二）社会连带思想

社会连带思想的主要代表人物是孔德和狄骥等。他们认为，社会的基础不是单个个人，真正的社会单位是家庭，社会实质上是按家庭基础和原则建立起来的。家庭的和谐和依从关系就是社会最好的范例和模型。社会是家庭的总和，社会的组织方式是家庭的组织方式的扩大。如果说家庭聚合在一起的粘合力是爱，那么社会聚合成一个有机整体的粘合力则是合作。人们在追求各自目标时，不知不觉地相互合作着。这种合作正是社会的根源或基础，社会的目的永远是要在这种合作中使每一个成员各得其所。社会连带思想是人类在长期的社会实践中形成的一种理性认识，它首先产生于人类在同自然界作斗争以求生存的过程中，经历了从家庭连带思想、团体连带思想到社会连带思想的发展过程。

（三）人道和慈善思想

人道和慈善思想对社会保障法的产生和发展起到了不可替代的作用。慈善是本着人道的精神，在民间开展的帮助社会上不幸的人的济贫活动。人道和慈善思想与宗教特别是佛教密切相关，从某种程度上讲是宗教信仰使慈善思想具有了社会意义。实践证明，无论中外，慈善思想在社会保障法的发展过程中都有着不可忽视的作用，早期的社会救济法就是在慈善思想和慈善行为的影响下产生的。最初的社会救济行为，主要是具有慈善思想的人们特别是宗教组织和教徒的行为，并逐步演变成社会慈善事业。直到今天，社会慈善事业仍然是社会保障的重要组成部分。

所有上述这些理论，都得到了社会一定程度的认同，甚至直接成为社会保障立法的指导思想。由此可见，有关社会保障的理论和学说是社会保障法产生的思想基础。

二、西方社会保障法的产生和发展

（一）社会保障法的萌芽

现代意义上的社会保障制度是在最早进行工业革命的英国萌芽的。在英国封建社会末期，社会性的贫困成为国家经济停滞、社会动荡的起因。1601 年，英国伊丽莎白女王颁布了《济贫法》（也称"旧济贫法"），1834 年英国议会又通过了《济贫法》修正案（也称"新济贫法"），以法律形式规定了国家负有救济贫民的义务。旧济贫法是人类历史上首次以立法的形式规定政府在解决贫困问题上应尽的职责，是通过立法来强制征收济贫税以救济贫民的第一次社会行动，它意味着处于绝境的贫民有权向国家和其他更富有的人请求帮助。

在农业社会里，家庭既是生活单位，又是生产单位，并承担老、弱、病、残等弱势群体的生存保障职能。在工业革命之后，家庭的保障能力不再适应经济社会发展的要求，互助保障和市场保障也无法成为抵御风险的主要形式。英国《济贫法》的颁布实施，对稳定当时的社会秩序和促进资本主义经济的发展起到了重要的作用，因此其为后起的资本主义国家所重视，尤其为欧洲资本主义国家所效仿。但它与现代意义的社会保障法尚有较大的差距，它的颁布只能算是社会保障法的萌芽。

（二）社会保障法的产生

从历史上看，最早的社会保障法起源于德国 1883 年的《劳工疾病保险法》、1884 年的《劳工伤害保险法》和 1889 年的《老年及疾病保险法》。后来，这三部法律于 1911 年合并，另加《孤儿寡妇保险法》，形成著名的《社会保险法典》。现代社会保障法就是在此基础之上发展起来的。1883 年德国的《劳工疾病保险法》等法律体现出通过国家直接干预和调节社会再分配来缓解社会矛盾和解决社会问题的思路。一批欧洲国家和少数美洲、大洋洲的国家也陆续颁布了包括医疗、养老、失业、工伤等内容的社会保障法律。此后，前苏联建立起了"国家保险制度"，东欧和亚洲的社会主义国家也都仿照前苏联的模式建立起自己的社会保险制度。在工业化以后各国进行的大规模、系统化的社会保障立法，标志着社会保障全面进入国家立法阶段，标志着现代社会保障法的产生。

（三）社会保障法的发展

1929 年美国爆发的经济危机迅速蔓延到各个资本主义国家，使各资本主义国家的政治、经济陷入严重的混乱之中。1933 年美国罗斯福总统上台之后，开始实行"新政"，强调国家干预经济生活，并发展社会保障事业。美国在新政初期，实施了许多社会救济措施，但尤以 1935 年国会通过的《社会保障法》最具影响力。美国《社会保障法》的内容主要包括：联邦政府设立社会保障署，负责全联邦社会保障计划的实施；实行全联邦统一的养老保险制度，由雇主和雇员缴纳养老保险税，建立养老保险基金；由联邦政府和州政府共同实施失业保险计划，对雇佣 8 人以上的雇主征收失业保险税；在联邦政府资助下，由州政府实施老人和儿童福利、社会救济和公共卫生措施。

美国 1935 年《社会保障法》在社会保障法发展史上具有里程碑意义，它的内容涉及社会保险、社会福利和社会救助等，是世界上第一部对社会保障进行全面系统规范的法律，社会保障的普遍性、社会性原则得以确立。该法对世界其他国家的社会保障制度也产生了较大影响，导致西方各国纷纷对原有的社会保障立法进行修订。1942 年，英国的贝弗里奇教授提出了名为《社会保障及其相关服务》的现代福利国家的蓝图报告，即著名的"贝弗里奇报告"。这份报告强调社会保障应遵循强制性、普遍性原则；社会保障的管理应该全国统一；国家有义务防止贫困和不幸，社会福利是一种社会责任；实现充分就业；每个国民都有权利从社会获得救济，使自己的生活水平达到最低生活标准。战后，英国以"贝弗里奇报告"为基础，进行了一系列社会保障立法。其中主要有：《家庭津贴法》（1942 年）、《国民保险法》（1946 年）、《国民工伤保险法》（1946 年）、《国民保健事业法》（1946 年）、《国民救济法》（1947 年）等。1948 年，艾德礼宣布英国已成为福利国家。福利国家立法对社会保障法的影响极为深刻，西欧、北欧、北美、大洋洲等工业发达国家，也都纷纷按英国模式实施社会福利政策，建设自己的"福利国家"。

这一时期，社会保障立法不仅在模式上有了大的突破，在数量上有了大大增加，而且更注重内容的完整性和体系的科学性，社会保障制度得以更充分地发展。

（四）社会保障法的完善

20 世纪 50 年代到 70 年代，世界经济高速发展，在各发达国家的社会保障法中，普遍扩大了社会保障的覆盖范围，放宽了享受社会保障的条件，提高了社会保障的标准。"高增长、高福利"的政策使国家用于社会保障的费用也持续增长，社会保障开支的增长率普遍高于经济增长率，高福利影响经济效率的负面作用开始显现。1973 年中东石油危机爆发以后，世界经济形势发生逆转，发达国家经济停滞不前，通货膨胀居高不下，失业人口增加，加之老龄人口增加，社会保障开支的增长使财政不堪重负。当然，这些问题并不是社会保障制度导致的。但在这种背景下，人们开始反省高福利政策，社会保障观念出现了一些变化。基于对社会保障更深刻的认识，为适应新形势的需要，各国对其社会保障法在保持基本制度不变的前提下，进行了一定的调整，以使之更好地发挥作用。这些调整措施包括改进社会保障的受益规则或直接减少社会保障基金支付以控制社会保障支出的增长速度、政府的社会保障义务向私营部门转移、提高保险费率、提高退休年龄等。这些措施都是在社会保障原有的框架内，对社会保障法的完善，是人们的认识水平提高和总结经验教训的结果。[1]

三、我国社会保障法的产生和发展

※选择性阅读

一、中国传统社会保障思想

（一）大同社会保障思想

---

〔1〕 贾俊玲主编：《劳动法与社会保障法学》，中国劳动社会保障出版社 2005 年版，第 220 页。

大同社会思想，实质上是一种乌托邦理想，它产生于春秋末年到战国这一历史时期。以孔孟为代表的儒家思想，作为中国封建社会的正统思想，统治中国思想领域二千多年。大同社会的主要内容包括：①总纲上大同社会是以天下为公作为最高理想。②每个社会成员只要有劳动能力，都应从事劳动。失去劳动能力的人，应由集体来供养。老年人、幼儿都应得到赡养、哺育。并且提出男婚女嫁也由社会给予很好的安排，即男有分，女有归。③人与人之间互助友爱，整个社会无欺诈、无盗贼、无战争，和谐相处。人们平平安安地过生活，甚至于达到外户而不闭。④社会财富为全体人民共同享有，而不是为私人所有。

（二）同类互助保障思想

自从孔子提出人有仁、义、礼、智、信这些要素后，传统社会逐渐形成了所有人都是异于禽兽的"人类种群"观念，这是人本主义哲学思想折射在普通人中的必然结果，反映在社会保障领域便形成了同类互助思想。同为儒家主张，同类互助思想也是"大同社会论"的衍生思想。孟子在《滕文公》中主张，"出入相友，守望相互，疾病相扶持"，从一定程度上反映出当时我国古代儒者的同类互助思想。同类救助思想包含了朴素的人道主义观点，主要体现在荒政救济这一社会保障制度上。

（三）仓储后备保障思想

仓储后备思想是依靠国家力量来储粮备荒，保障社会成员基本生存权利的一种社会保障思想。其目的就是为救灾应急，避免灾荒之年百姓无法生存而铤而走险。仓储后备之说在中国历史上由来已久，早在夏代就有积谷防饥、居安思危的思想和实践。这种为应付自然灾害和意外事故而建立经济后备的思想，到西周时期已经相当普遍。《礼记·王制》记载了当时的人们已经认识到，在农业社会中人们无法保证年年获得丰收，储藏谷物，以备将来不时之用，是立国安邦所必需的。

（四）荒政救济保障思想

综观历史上有关荒政的议论和著述，荒政救济论又可以概括为以下几类思想：

1. 赈济思想。赈济是指用实物（主要是粮食和衣服布帛）和货币救济遭受灾害的百姓和生活极端困难无以生存的人们，以保障其最低限度生活需要的一种救灾思想。

2. 调粟思想。调粟思想的实质就是移民就食或移食就民，即在全国范围内通过对丰收和蒙灾的不同地域间进行粮食调拨和移民，使灾区人民的经济生活得到保障。

3. 养恤安辑思想。养恤安辑说是关于国家如何安置灾民或贫苦流民，对其进行一定诱导扶助的思想，主要有施粥、居养、医疗、安置、复业等。

4. 放贷思想。放贷思想实际上是有偿补救灾民和贫民的学说。管仲早就说过"无食者予之陈，无种者贷之新"[1]到宋元明清等历代，放贷救灾亦成为古时补救灾民、贫民，恢复灾后生产的常策之一。

5. 优待抚恤保障思想。中国的优待抚恤思想几乎与人类早期军事冲突的起源同时出现，并随着社会的进步而逐渐成为古代社会保障思想体系中的一个重要方面。优待抚恤就是对军人及其家属在身份、物质和精神方面进行补偿安抚。

二、中国传统社会保障措施制度

中国古代包括近代的社会保障措施制度，不可能按照现代社会保障制度被系统地分类，但从历史实践看，其主要围绕两方面内容：以荒政为核心的救济制度和特殊人群的保障制度，前者主要指灾荒救济、仓储建设等制度，后者主要指军人优抚和官吏致仕等制度，这两方面均涉及对于社会弱势群体的救助。

（一）灾荒救济制度

通观中国荒政史，传统社会灾荒救济制度体现在以下几个方面：

1. 救灾行动程序化。早在汉朝，灾荒救助程序已经初步形成。第一步是报灾，即灾荒发生以后，地方官通过逐级上报，将地方灾情报奏朝廷；第二步是勘灾，即朝廷接到报告后，临时赴灾区核实受灾程度和范围；第三步是赈济和免除赋役，即根据勘灾结果，实行具体赈济，免除一定赋役。

2. 救灾形式法制化。在古代中国，律、令、格、式、科、比、例等以及皇帝诏谕（敕、诰等）都是法律的表现形式。对于灾荒救助，各朝法律均有所规定。如明朝将救灾列入国家基本大法《大明律》中，设有"检踏灾伤田粮"的专项条文，对救灾内容作了详细规定，将救灾法制化提高到了一个新高度。

3. 救灾措施多样化。古代中国的历代王朝面对灾荒采用丰富多样的救灾措施，包括赈谷、赈银、工赈、垦荒安置、平调、除害复业等。赈谷救灾，通常有两种形式：①由地方建立的粮食储备开仓赈济饥民；②由朝廷建

---

[1] 《管子·揆废》。

立并直接掌管的粮食储备开仓赈济饥民。赈银措施与社会经济发展水平关系密切，其出现于汉代，至元、明、清成为国家救灾的常规。古代赈银实施方式主要有三种：①按家庭人口给付；②按年龄给付；③按户给付。工赈是指国家选择灾情最严重的地区，开工（如整治堤防、修筑道路等）施赈。它以结算民工工钱形式发放赈款来救济灾民。从史料来看，工赈救灾是以工代赈，赈的方式既有赈款，也有赈谷，即用钱或谷物、织物等支付工钱。与赈济相配套的救灾措施是平调和除害复业。平调，即国家采取平抑调剂粮食的方法帮助灾民克服困境。其主要做法有三：一是移民就粟；二是移粟就民；三是平粜。前两项是相辅相成的。而平粜主要是为了控制灾区的粮价，保证灾民的最低需求，以维持在恶劣自然条件下劳动力的生存和简单再生产的继续。除害复业又可分为除害和复业两个方面。除害，即治理各类危害农业生产的病虫害。复业就是通过政府给灾民闲田或者借贷给灾民一定的生活和生产工具，达到恢复生产的救荒目的。

（二）仓储设施制度

在古代中国，粮食是社会保障中最重要的物质基础，这就促使用于粮食储备的仓储制度的确定和发展。早在西周时期，就有仓储的实践。《周礼》所载"施惠"、"恤民之艰厄"、"待凶荒"的制度，体现了仓储后备的性质，也是后世各类仓储法律制度的萌芽。后世出现了种类繁多的仓储制度，其中以常平仓、义仓和社仓的影响最大、分布最广，法律制度也最为完善。

（三）恤贫救弱制度

中国传统社会的恤贫救弱制度既是日常性的一项社会保障措施，更是救荒的重要手段。早在西周时期，其救济对象已包括了幼、老、穷、贫、疾等，方法则有施粥、赈贷、养老、给医、抚孤幼等。

施粥是面临灾荒最急切的救治办法，多由政府拨粮，以专人在固定地点煮粥发放，救济灾民。

居养制度，起源于汉代，属临时收容抚恤之法。到了南北朝，出现了六疾馆和孤独园，开创了国家设立收养机构之先河。宋代使居养制度经常化，社会救济事业空前发达。另外，宋代还设有广惠仓，其以赡养老幼贫病为唯一目的。

（四）军人优抚制度

早在战国时期，军人优抚制度便开始成形。如魏国魏惠王时实行其赖以起家称霸的武卒兵制。它一方面规定严格挑选和训练武卒，以提高其战斗力；另一方面由国家对武卒家属实行优待，不仅可免除本户一切徭役，而且其田宅永不交税，即使武卒残疾、退役时亦保持其待遇。因为当时徭役很重，如此优待足以显示国王的重视。

（五）官吏致仕制度

我国古代官制中就政府官吏有致仕的说法。致仕和乞骸骨同义，是指官员在年老或多病时，把职务归还给帝王，以便把衰朽的身体从繁忙的政务中解脱出来的意思。我国古代官吏的"致仕"，有文字记载的是始于商代。汉代文武官吏沿袭周制，七十告退。为了确保退休官员老有所养，安度暮年，各朝都有一整套赏赐和供养退休官员的规定。唐代对退休大臣不但赏赐从优，而且明文规定，"五品以上致仕者，各给半禄"，有突出贡献的，经皇帝恩准，可得全禄。

尽管中国历史上的社会保障思想还比较朴素和散乱，社会保障措施还不够全面、系统，且存在着许多不足，但其思想内容和历史实践，仍有为今日社会保障事务提供借鉴价值之处，如高度重视社会保障事务，社会保障的力量多元化等。

（一）我国社会保障法律制度的现状

我国长期以来实行的是计划经济。职工以企业为单位为国家创造了巨大财富，这些财富被统一纳入计划用于国家建设。发给工人的工资只是工人应得收入的一小部分，其中很大一部分变成了公费医疗、福利分房、退休金等承诺。随着改革开放的深入，企业将不再承担过重的社会职能，上述承诺无法兑现。加上在计划经济转向市场经济过程中，又产生诸如下岗工人的基本生活保障、失业人员安置等问题，社会安全、稳定、公平等问题就变得突出起来。

随着社会经济的发展和变化，1993 年中共十四届三中全会通过的《关于建立社会主义市场经济体制若干问题的决定》指出：我国的社会保障体系包括社会保险、社会救济、社会福利、优抚安置、社会互助和个人储蓄积累。这首次表述了新时期中国社会保障制度建设框架。目前，我国社会保障法律范围和内容已在原有基础上有所突破。1993 年国务院发布了《国有企业职工待业保险规定》（已失效），扩大了失业保险范围。那时全国参加失业保险的职工有 8000 多万人。1994 年开始，国务院组织了"社会统筹与个人账户相结合"的医疗保险试点。

1996 年在《国民经济和社会发展"九五"计划和 2010 年远景规划目标纲要》中提出的社会保障制度改革总目标是："加快养老、失业保险和医疗保险制度改革，发展社会救济、社会福利、优抚安置、社会互助、个人积累等多层次的社会保障制度。"社会保障已被确定为我国市场经济体制基本框架的五大支柱之一[1]。在1998年11月召开的全国城镇职工医疗保险制度改革会议上，提出了国务院《关于建立城镇职工基本医疗保险制度的决定（征求意见稿）》，决定建立用人单位和职工共同缴费的机制，建立基本医疗保险基金以及医疗保险统筹基金和个人账户，切实保障了职工基本医疗。"十一五"指出完善社会保障的重心应放在建立"低水平、广覆盖"的社会福利（救济）制度上。"十一五"政府工作的重点是在"两个确保"（确保国有企业下岗职工基本生活费和离退休人员基本养老金按时足额发放）的基础上，将失业保险与社会救助并轨，建立以政府税收为基础的、覆盖城乡绝大多数居民的社会救济制度。具体包括建立以政府财政为依托的城乡公共卫生服务及医疗救助体系，把基本养老保险覆盖面扩大到城市所有的工薪收入者，鼓励工薪收入者参与补充养老保险计划，在所有雇用临时工的单位推行强制性工伤保险等。2005年10月党的十六届五中全会公报中指出，要建立健全与经济发展水平相适应的社会保障体系，即社会保障制度还是应该坚持"补救型"模式。

（二）我国社会保障法律制度存在的主要问题

1. 社会保障的立法不健全。社会保险是社会保障制度的核心内容，但目前还没有建立起统一的、适用范围比较广的社会保险法律制度，社会保险费用的征缴、支付、运营、统筹管理也不规范；社会救济、社会福利的立法，特别是农村社会保障法律相当欠缺；社会保障工作在许多方面只能靠政策规定和行政手段推行；国家立法滞后，地方立法分散，统一的社会保障制度被分割。由此导致社会保障的覆盖面小，保障程度差。目前在社会保障方面发生争议纠纷进行仲裁或提起诉讼时，由于立法滞后，仲裁机构和人民法院无法根据社会保障争议法进行仲裁或判决。

2. 社会保障的法律实施机制较为薄弱。合法的筹资机制、稳定的保障机制、严格的管理机制、有效的运行机制、有力的监督机制都不够健全。社会保障监督机构没有与管理机构严格划分开来，缺乏对欠缴社会保险费行为和拖欠离退休人员、失业人员保险金行为的法律制裁措施；对非法挪用、挤占保险金的违法甚至犯罪行为没有及时惩处，保险基金的运营不够安全。

---

[1] 1993年，中国共产党十四届三中全会作出的《关于建立社会主义市场经济体制若干问题的决定》中提出，在坚持以公有制为主体、多种经济成份共同发展的前提下，由现代企业制度、全国统一的市场体系、健全的宏观经济调控体系、合理的个人收入分配制度和社会保障体系五大支柱构成了我国市场经济体制的基本框架。

（三）我国特色的社会保障法律制度的发展方向

当前，我国的经济体制正由计划经济向社会主义市场经济转轨，我国社会从农业社会开始向工业社会迈进，经济结构进行战略性调整，形成以公有制为主体、多种经济成分并存的格局。过去在计划经济体制下形成的社会保障制度，已不适应社会主义市场经济的建立和发展的客观需要，成为深化经济体制改革的制约因素。社会保障工作面临严峻的挑战，急需进行改革。根据当前两种经济体制转换过程的实际，社会保障法律制度改革需要一个渐进过程，要坚持"低水平、广覆盖、多层次"的基本方针，逐步由"全部包揽"向"国家、单位、个人三方负担"转变，由"企业自保"向"社会互济"转变，由"福利包揽"向"基本保障"转变，由"现收现付"向"部分积累"转变，由"政策调整"向"法律规范"转变，从而形成养老保险、国有企业下岗职工基本生活保障和城市居民最低生活保障的"三条保障线"制度。在此基础上，按照"逐步形成独立于企业事业单位之外、资金来源多渠道、管理服务社会化的有中国特色社会保障体系"的思路，2007年党的十七大报告又明确提出，"加快建立覆盖城乡居民的社会保障体系。要以社会保险、社会救助、社会福利为基础，以基本养老、基本医疗、最低生活保障制度为重点，以慈善事业、商业保险为补充，加快完善社会保障体系"，进一步深化社会保障法律制度改革。

■ 第三节 社会保障法的调整对象和法律关系

一、社会保障法的调整对象

社会保障法的调整对象，即社会保障法所调整的社会保障关系。而社会保障关系是以政府、社会保障职能机构和全体社会成员为主体，为保证社会成员基本生活需要而发生的社会关系。那么，社会保障关系有怎样的特点呢？

（一）社会保障关系的特点

社会保障法的概念揭示了社会保障法的调整对象，即社会保障关系。与其他社会关系相比，社会保障关系具有如下特点：

（1）社会保障关系只能形成于社会保障活动过程中，社会保障是这种社会关系的基础，没有社会保障活动就没有社会保障关系。

（2）社会保障关系的核心有三个方面：①筹集社会保障基金，这是社会保障的物质前提；②何种困难的社会成员才能享受何种社会保障，这是社会保障的目的；③发放社会保障基金，这是社会保障的实现。社会保障关系就是围绕上述三个核心而形成和展开的。

（3）在社会保障关系中，必须有社会保障职能机构介入，它能够代表社会履行政府的社会保障职能，如制定社会保障发展规划，制定社会保障各项管理制度，监督社会保障各项制度的落实，处理社会保障工作中出现的各种问题，筹集、管理、发放社会保障基金等。没有社会保障职能机构的介入，社会保障职能机构不履行其职能，社会保障关系难以真正形成。

（4）社会保障关系是一种社会连带关系。真正的保障不是个人自保，因为个人的力量是有限的甚至是微不足道的，而只能是社会保障，因为社会聚集众人的人力、物力、财力，力量巨大，社会保障把每一个社会成员纳入进来，使他（她）们休戚相关、唇齿相依、互利互助，一人有难众人帮助。社会保障把社会成员紧密地联结在一起，形成一种社会连带关系。

（5）社会保障关系是一种以人身关系为基础的财产关系。这里有两种情形：①社会保障关系建立在劳动关系的基础上，保障对象主要是劳动者，而用人单位根据劳动者就业年限长短、交纳保险费多少以及雇佣关系为劳动者提供保障，只有具有劳动者这种身份才能获得社会保障的物质救助；②社会保障关系是按普遍性原则建立的，保障对象是全社会成员，在这种原则下，只有具有本国公民身份才能获得社会保障的物质救助。

（二）社会保障关系的种类

1. 社会保障管理关系。管理是任何社会化工作或事业的必然要求。社会保障涵盖社会各界，必须有所组织；关切国计民生，必须有所规划；影响国泰民安，必须有所调控；涉及利益分配，必须有所监管等，这些都说明社会保障要求进行管理。如国家授权社会保障管理机构后，社会保障管理机构在行使职权过程中，必然与用人单位和公民等形成一种管理与被管理的关系，与其他行政机关形成一种协调关系；社会保障组织体系的确立，必然形成高层、中层和基层管理机构之间的关系；社会保障管理机构内部的职责分工，形成了具有决策和立法权的主管机构与具体经办机构的关系。

2. 社会保障基金筹集关系。社会保障是一种物质保障，必须具有相当的物质基础，社会保障的物质基础来源于社会保障基金的筹集。"巧妇难为无米之炊"，社会保障基金的筹集是社会保障的关键；"众人拾柴火焰高"，社会保障基金的筹集涉及全社会，在社会保障基金筹集过程中形成各种关系，如国家、用人单位、个人共同负担社会保险费用的关系，社会保障管理机构与用人单位在缴纳保险费用过程中发生的关系等。

3. 社会保障基金管理和运作关系。社会保障基金是社会保障的物质基础，是受保障者的"饭碗"，是他们的活命钱。生计问题，关系重大，社会保障基金必须妥善、严格、尽职尽责地加以管理运作，这样，在社会保障基金管理和运作过程中就会发生各种关系，如社会保障管理机构必然和其他政府部门、银行、本部门的工作人员等发生各种关系。

4. 社会保障给付关系。社会保障给付是目的，其他都是手段，没有社会保障给付就没有社会保障。因此在社会保障给付中发生的各种社会关系，是社会保障关系中最基本的一种关系。如社会保障管理机构与公民的关系，主要是给付的实施与领受关系。

5. 社会保障监督关系。其主要是在监督社会保障实施过程中形成的各种关系：社会保障管理机构内部的监督关系；银行、审计等职能部门与社会保障管理机构形成的外部监督关系；广大公民和用人单位与社会保障管理机构形成的社会监督关系等。

6. 社会保障争议调解、仲裁和诉讼关系。社会保障从根本上说是一种物质利益关系，是一种物质财富的分配和转移，关系到人们的切身利益，难免发生各种争议，为了保证社会保障的顺利进行，必须对之加以调解、仲裁和诉讼，因而，在社会保障争议的调解、仲裁和诉讼过程中会形成各种关系。

二、社会保障法律关系

（一）社会保障法律关系的概念

社会保障法律关系是指经社会保障法调整，在社会保障活动中，社会保障主体间形成的权利义务关系。其中最基本的法律关系是社会保障管理机构和公民之间形成的社会保障给付关系。

要全面准确地理解社会保障法律关系，必须注意以下几点：

（1）客观地存在社会保障关系。社会上存在大量的有困难的社会成员不能维持基本的生活，而社会有义务保障这些人应有的生活生存的权利。只有客观存在于社会保障关系的本原和基础上的才能有社会保障法律关系。

（2）社会保障法律关系经由社会保障法的调整。社会保障关系是一种利益再分配关系，难免产生利益纠纷和利益冲突，为了使社会保障所要求的利益再分配和平有序地进行，必须依法对之进行调整；社会保障关系不是偶发的、一时的，必须常规化、稳定化，为了使社会保障关系常规化、稳定化，必须依法对之进行调整；社会保障关系是一种强制性的关系，为了维护社会保障关系的强制性，必须依法对之进行调整。

（3）社会保障法律关系是一种权利（力）义务关系。权利（力）和义务是法学的基本范畴，赋予权利（力）、设定义务是法律对社会关系实现调整的根本方式，权利（力）义务是法律关系的核心内容，或者说，法律关系的核心就是权利（力）义务关系。社会保障法律关系亦然。

社会保障法律关系与其他部门法律关系相比，其还具有以下一些特征：

（1）社会保障法律关系，只有在保障基本生活需要和经济发展享受权利的活动中才能发生。如为保障退休职工的基本生活，就产生了养老方面的社会保障法律关系；为保障公民的健康需要，就产生了医疗方面的社会保障法律关系。

（2）在社会保障法律关系中，社会保障管理机构始终是主体的一方。社会保障法律关系是在社会保障管理机构行使职权过程中发生的，没有社会保障管理机构的参与，社会保障法律关系就无法形成。

（3）给付关系是社会保障法律关系中的最基本的关系。虽然社会保障法律关系非常复杂，如社会保障管理机构与用人单位之间存在着保险费收缴关系；社会保障管理机构与医疗服务机构之间存在着委托关系，即管理机构委托医疗服务机构实施医疗服务给付；医疗服务机构与被保险人之间存在医患关系；社会保障管理机构在经办具体业务时，与社区、工会、金融系统等发生广泛的委托关系。但是，可以说上述各种关系发生的目的，最终都是为了形成一种给付关系，即社会保障管理机构能够履行给付义务，公民可以享有给付的权利。

给付关系实质上是一种合同约定关系，即国家通过社会保障立法，约定给付符合法定要件的公民以各种社会保障给付，而社会保障管理机构只是代表国家履行约定的内容而已。因此，在给付关系中不存在行政法律关系中基于行政权力的管理与被管理关系，而是平等主体间基于合同约定产生的权利义务关系。但是，这种合同约定，又具有特殊性，即实际上社会保障给付的约定是国家依据行政权力单方面作出的，是一种授益约定。这种关系颇像保险合同中被保险人与受益人的关系，被保险人指定受益人，是无须受益人同意的。由此可以说，给付关系是一种国家依据行政权力作出授益约定，社会保障管理机构依法履行授益约定的关系。

（4）社会保障法律关系是一种人身关系属性和财产关系属性相结合的社会关系。这一特点在社会保险和社会福利关系等方面表现得尤为突出，一方面，劳动者向用人单位提供劳动力而与用人单位形成社会保障关系，就其本意来说这是一种人身关系；而另一方面，劳动者通过劳动换取生活资料，获得社会保险和社会福利待遇，就此而言，又是一种财产关系。

（二）社会保障法律关系的主体

社会保障法律关系的主体，是指参加社会保障法律关系、享受社会保障权利和承担社会保障义务的当事人。概括地讲，社会保障法律关系主体包括政府、用人单位、委托单位和公民。其中政府以社会保障管理机构为代表参加社会保障法律关系，履行国家保障全体公民基本生活的义务；用人单位是一个广泛的概念，包括各种类型的企事业法人，以及合伙企业和个体工商户等特殊自然人主体，国家通过立法强制用人单位参加社会保障法律关系；受托单位也是很广泛的概念，只要社会保障管理机构委托，其接受委托，便参与了社会保障法律关系，如医疗服务机构、公共福利设施单位、各种社会福利院、参与社会保障基金管理和运作的金融机构、审计机构等；社会保障是公民的一种权利，但是从形式上说，社会保障是国家强制施行的，不管个人愿意不愿意，只要在法定范围内，都必须参加社会保障法律关系。

在各种具体的社会保障法律关系中，其主体构成呈现出多样化状态，有的是两方当事人，有的是多方当事人；而其中，享有社会保障权利的称之为权利主体，负有社会保障义务的称之为义务主体。就权利主体和义务主体的构成而言，其在各种具体的社会保障法律关系中也不尽相同。其主体的构成大致如下：

1. 在社会救助法律关系中，基本上存在着两方当事人。政府是义务主体，符合法定救助要件的公民是权利主体。国家提倡社会成员互助互济、举办社会募捐、社会慈善团体向特定公民提供帮助，这些也可以算社会救助的组成部分，但他们都不构成法律上的权利义务关系。

2. 在社会保险法律关系中，存在着多方当事人。政府、用人单位是义务主体，参加社会保险的公民既是义务主体又是权利主体。其中用人单位从某种意义上说，不能算是单纯的义务主体，从法律关系上说，其为单位成员缴纳保险费后，就享有不用对其生老病死等风险承担责任的权利。

在社会保险的某些项目，如医疗保险、工伤保险和生育保险中，存在着上述主体之外的其他主体，即受托单位——医疗服务机构。就社会保障法律关系而言，医疗服务机构是社会保障管理机构委托从事医疗保险事务的事业单位（医疗服务机构必须经社会保障管理机构认定，才能取得这种资格），具有公益性，是义务主体；但医疗服务机构又不是社会福利院那样的纯粹公益性事业单位，它具有营利性，有通过医疗服务取得收益的权利。而这种权利，并不是社会保障法律关系的权利。上述复杂关系使得医疗保险成为社会保险中最复杂的项目。

3. 在社会优抚法律关系中，一般存在着两方当事人。政府是义务主体，符合法定身份和条件的公民是权利主体。但有些方面又存在着多方当事人，情况比较复杂，如接受、安置退役军人的用人单位，就是义务主体。

4. 在社会福利法律关系中，一般存在着两方当事人。政府是义务主体，符合法定身份和条件的公民是权利主体，当然在公共福利方面，基本上就没有身份和条件的限制。在社会福利的某些项目，又存在着多方当事人，如在职业福利方面，用人单位负有提供职工福利，改善职工劳动条件的义务；在公共福利方面，公共福利设施单位负有向全体公民提供福利服务的义务；在特殊权益保障方面，各种社会福利院、福利工厂等，负有保障特殊群体权益的义务。

（三）社会保障法律关系的内容

社会保障法律关系的内容，是指社会保障主体享有的社会保障权利和承担的社会保障义务。

（1）社会保障权利是指社会保障法律关系中的权利主体，依照法律规定所享有的权利。具体包含以下三层意思：①权利主体依照法律规定享有某种社会保障给付的权利。②权利主体有权在法律规定的范围内，要求义务主体为一定行为，或不为一定行为，以实现权利主体的某种利益。如要求用人单位为自己参加社会保险，要求社会保障管理机构不得挪用社会保障基金，或将基金用于风险投资等。③权利主体有权在自己的社会保障权利遭受侵害或义务主体不履行义务时，通过调解、仲裁、诉讼程序，请求有关方面给予法律保护。

（2）社会保障义务是指社会保障法律关系中的义务主体为了满足权利主体的某种利益而为一定行为，或不为一定行为的必然性。具体内涵也有三层：①义务主体必须按照法律规定为一定行为或不为一定行为。如国家必须根据法律规定，发展为公民享受社会保障权利所需要的社会保险、社会救济和医疗卫生事业。②义务主体承担的义务，是在法律规定范围内为一定行为，或不为一定行为的义务，权利主体超过法定范围的要求，义务主体不承担义务。如用人单位已经为职工缴纳了全部养老保险费，职工退休后，再要求用人单位负担养老金，用人单位当然有权拒绝。③社会保障义务是一种法律义务，由国家强制力保证履行。义务主体对于自己承担的义务，应当自己履行，否则，将承担相应的法律责任。

在社会保障法律关系中，权利主体的权利和义务主体的义务，都因法律规定而产生，并非出自当事人的个人意愿，因此作为联结两方和多方当事人纽带的权利、义务关系，呈现出如下的一些特征：

（1）不履行义务的法定权利。在社会救济、社会优抚和社会福利法律关系中，享受社会保障权利的公民，不需要履行任何社会保障义务，是一种没有义务的法定权利。具体讲，就是这些主体不需要履行缴费等义务，只要具备法定身份或要件，就可以享受社会保障给付的权利。

（2）无实质性权利的社会保障义务。在社会保障法律关系中，义务主体往往无实质性权利可言。政府承担了保障全体公民基本生活的义务，却并无相应的实质性权利可言，因为就实施社会保障的效果而言，这并不是一种权利；用人单位的社会保障义务是相对的，其所谓的权利也是相对的，因为就社会保障的功能而言，其分散了应该由用人单位承担的各种风险。

（3）权利和义务的不对等性。在社会保险法律关系中，权利主体必须履行缴费义务，但与其享受的权利相比，其履行的只是一部分义务，因为政府和用人单位还为其享受保险给付而缴纳了另外一部分保险费。因此，可以说权利、义务关系是对应的，但不是对等的。

（四）社会保障法律关系的客体

所谓社会保障法律关系的客体，即社会保障权利和社会保障义务所共同指向的对象，或者说事物。任何一个社会保障法律关系都不能没有客体。没有客体的权利和义务是"无的放矢"，毫无意义的。社会保障法律关系的客体是给付。如前所述，给付包括现金给付、现物给付和社会服务性给付，因此，社会保障法律关系的客体就是现金、现物和社会性服务。

（五）社会保障法律关系的设立、变更和终止

社会保障法律关系和其他社会关系一样，并非自然发生，也不是固定不变，它因某种社会保障法律事实的存在而设立、变更和终止。

1. 社会保障法律事实的概念。社会保障法律事实可以是自然现象，如自然灾害等；也可以是人们的行为，如经济结构调整引起失业现象等。但是，并非任何自然现象和人们的行为都是社会保障法律事实，都能引起社会保障法律关系的设立、变更和终止，只有当某种自然现象或人们的行为被社会保障法律规范认定能够成为社会保障法律关系设立、变更和终止的原因时才属于法律事实。比如，社会救助法规定了贫困线的标准，当人们因自然灾害而陷入贫困状态时，就形成了社会救助法律关系；工伤保险法规定，因职业伤害而患职业病时，可以享受工伤保险待遇，当某职工被有关医疗机构确诊为职业病时，就形成了工伤保险法律关系。

由此可见，社会保障法律规范是确定社会保障法律事实的法律根据，社会保障法律事实是引起社会保障法律关系设立、变更和终止的原因，社会保障法律关系是社会保障法律事实引起的结果。

2. 社会保障法律关系的设立、变更和终止。社会保障法律关系的设立，是指因某种法律事实的存在，使社会保障主体取得某项社会保障权利或承担某项社会保障义务。如养老保险法规定，凡是城镇范围内所有企事业法人单位的职工符合法律规定的范畴，这就在该职工、用人单位和社会保障管理机构之间形成了养老保险法律关系。该职工和用人单位承担了按期缴纳养老保险费的义务；社会保

障管理机构承担了管理养老保险金，并在该职工退休后保障其基本生活的义务；该职工便享有退休后定期领取养老金的权利。

社会保障法律关系的变更，是指因某种法律事实的存在，使已经存在的社会保障法律关系三要素中的某个要素发生了变化。还以上述养老保险为例，该职工如中途调换工作，到其他社会统筹区域的另一企业就职，这致使原先的养老保险法律关系，因用人单位这一义务主体的变化而发生变化。

社会保障法律关系的终止，是指因某种法律事实的存在，使现存的社会保障权利义务关系不再存在。如失业保险法律关系因当事人重新就职而终止；社会救助法律关系因当事人收入增加，摆脱了贫困而终止。

值得注意的是，在社会保障法律关系的设立、变更和终止过程中，有时一个法律事实就足以引起上述事态，有时则需要几个法律事实才能使之设立、变更或终止。如养老保险法律关系中，男性当事人年满60岁是一个法律事实，缴费年限是另一个法律事实，只有两者都符合给付要件，该当事人才能领取养老金给付；又如失业救助法律关系，当事人领取失业津贴期满尚未就业是个要件，家庭资产状况和家庭其他成员的收入状况也是要件，只有同时具备三个要件才能领取失业救济给付。

三、社会保障法律责任

社会保障法既然有权利义务的规定，那么侵犯当事人的合法权益，违反法定义务者当然要承担相应的法律责任。所谓法律责任，即行为人实施了违法行为所必须承担的带有强制性的法律后果。法律责任与其他社会责任(如道义责任、政治责任)相比具有不同的特点：法律责任必须有法律规范事先明确规定；法律责任由国家强制力保证其执行；法律责任由国家授权的有关机关依法追究，其他社会组织或个人，不能行使这一职权。对于违反社会保障法的行为，根据不同义务主体的不同行为，将分别追究民事责任、行政责任、国家赔偿责任，直至刑事责任。

1. 违反社会保障法的民事责任。在社会保障法律关系中，存在着大量平等主体间的权利义务关系，有关平等主体间的侵权行为，当适用民事法律规范。《中华人民共和国妇女权益保障法》第56条规定："违反本法规定，侵害妇女的合法权益，其他法律、法规规定行政处罚的，从其规定；造成财产损失或者其他损害的，依法承担民事责任；构成犯罪的，依法追究刑事责任。"这方面的民事责任如：《企业职工生育保险试行办法》第13条第2款规定："企业欠付或拒付职工生育津贴、生育医疗费的，由劳动行政部门责令企业限期支付；对职工造成损害的，企业应承担赔偿责任。"

2. 违反社会保障法的行政责任。在社会保障法律关系中，社会保障管理机构作为行政主体，与社会保障行政管理相对人——领受人、用人单位和其他组织之间，形成了各种各样社会保障行政上的法律关系，行政管理相对人违反社会保障法的行为必然要受到社会保障管理机构的行政处罚；同时，社会保障管理机构及其工作人员的违法失职行为，也将受到上级行政机关或所属行政机关的行政处分。

（1）违反社会保障法的行政处罚。我国至今颁布的各种有关社会保障的法律、法规和规章中，都有关于行政处罚的明确规定。如《失业保险条例》第28条规定："不符合享受失业保险待遇条件，骗取失业保险金和其他失业保险待遇的，由社会保险经办机构责令退还；情节严重的，由劳动保障行政部门处骗取金额1倍以上3倍以下的罚款。"在社会优抚方面，如《退伍义务兵安置条例》第16条规定："退伍义务兵接到安排工作的通知后，逾期半年无正当理由，并经多次教育仍不报到的，退伍军人安置机构不再负责安排工作，由当地人民政府按社会待业人员对待。"

（2）违反社会保障法的行政处分。社会保障管理机构及其工作人员的违法失职行为，主要有以下一些类型：①挤占、挪用社会保障金。如《失业保险条例》第31条、《企业职工养老保险基金管理规定》第28条等，都有这方面的行政处罚规定。②违法营运社会保障基金。社会保障基金的投资、运作范围，法律都有明确规定，超越规定范围，擅自营运社会保障基金者，将受到行政处分。③职务上的滥用职权、玩忽职守、徇私舞弊、贪污等行为。如《企业职工生育保险试行办法》第14条有这方面的行政处分规定。④拖欠、少发或多发社会保障给付。⑤擅自减免或增加用人单位和劳动者应缴纳的社会保险费。⑥擅自提高管理费比例。社会保障管理机构的管理费，法律规定从社会保障基金中提取，其提取比例是法定的。管理费提取过高，不但会造成奢侈浪费，还会影响领受人的权益。因此，擅自提高管理费比例的人应受到相应的行政处分。⑦侵犯妇女儿童、未成年人、残疾人和老年人的合法权益。

3. 违反社会保障法的国家赔偿责任。《中华人民共和国国家赔偿法》（以下简称《国家赔偿法》）是我国社会保障方面的国家赔偿的法律依据。该法规定的国家赔偿包括行政赔偿和刑事赔偿，与社会保障有关的主要是行政赔偿。

《国家赔偿法》第4条规定："行政机关及其工作人员在行使行政职权时有下列侵犯财产权情形之一的，受害人有取得赔偿的权利：①违法实施惩罚、吊销许可证和执照、责令停产停业、没收财物等行政处罚的；②违法对财产采取查封、扣押、冻结等行政强制措施的；③违反国家规定征收财物、摊派费用的；④造成财产损害的其他违法行为。"

此外，《国家赔偿法》第31条规定："人民法院在民事诉讼、行政诉讼过程中，违法采取对妨害诉讼的强制措施、保全措施或者对判决、裁定及其他生效法律文书执行错误，造成损害的，赔偿请求人要求赔偿的程序，适用本法刑事赔偿程序的规定。"这表明，一旦社会保障争议通过民事诉讼或行政诉讼来解决，也可能产生国家赔偿的问题。值得注意的是，民事诉讼或行政诉讼的错判，不在赔偿责任范围内。

4. 违反社会保障法的刑事责任。违反社会保障法的行为，如果触犯了刑法，构成了犯罪，不管是公民、法人还是社会保障管理机构的工作人员，都将承担刑事责任。

我国颁布的社会保障法律、法规和规章中，大多数都有刑事责任的规定，这些规定并非单独罗列，而是附在民事或行政责任后面，以"构成犯罪的，依法提请司法机关追究刑事责任"的形式出现。归纳起来，应当承担刑事责任的，主要有以下几种行为：

（1）用人单位和个人，以伪造证明材料、隐瞒真相、虚报人数等非法手段领取社会保障给付而构成犯罪的。

（2）国家工作人员、用人单位和个人侵犯妇女儿童、未成年人、残疾人和老年人的合法权益和人身权利而构成犯罪的。

（3）政府其他部门或社会保障管理机构挤占、挪用社会保障基金、擅自营运社会保障基金，造成基金损失而构成犯罪的。

（4）社会保障管理机构擅自减免或增加用人单位和个人应当缴纳的社会保险费，擅自减发或增发社会保障给付，非法拖欠社会保障给付，擅自提高管理费用而构成犯罪的。

（5）社会保障管理机构工作人员贪污社会保障基金而构成犯罪的。

（6）劳动者不服从管理，违反规章制度而发生重大伤亡事故的。

（7）用人单位强制劳动者违章冒险作业，发生重大伤亡事故，造成严重后果的。

■　第四节　社会保障法的原则和法律渊源

一、社会保障法原则的功能

社会保障法原则的功能包括：立法准则、行为准则、裁判准则等功能。

（一）立法准则

社会保障法原则的立法准则是指社会保障法原则是构成其他法律规范的原理或基础，其他法律规范的制定必须依据社会保障法的原则进行，必须在逻辑上以社会保障法的原则为出发点。社会保障法的原则的根本性特征要求立法者在制定社会保障法律规范时，必须重视和遵循社会保障法原则的内容和精神，不能使社会保障法律规范的制定违背了社会保障法的原则。从这个意义上讲，社会保障法的原则对立法者的立法权是一种制约。否则，制定出来的法律规则就可能背离立法者的初衷，背离社会保障法所追求的价值目标。

（二）行为准则

社会保障法的原则不仅是立法准则，而且也是社会保障法律关系当事人的行为准则，对参与社会保障关系的当事人具有法律约束力。如依据生存权保障原则，社会成员发生生存危机时，有权机关必须对这些成员实行保障，否则将被视为违法行为，并承担不利的法律后果。

（三）执法和司法准则

社会保障法原则的规范作用不仅能为社会保障法律关系的当事人提供行为准则，作为社会保障法律规范体系的一部分，社会保障法基本原则还可以为执法和司法活动提供依据。

（四）限制自由裁量权的合理范围

美国行政法教授戴维斯曾经指出："在世界上没有任何一个法律制度无自由裁量权。为了实现个体的正义，为了实现创设性正义，为了实现还无人知道去制定规则的新纲领，自由裁量都是不可缺少的。取消自由裁量会危害政治程序，会抑制个体正义。在我看来，那些禁止非议事先宣布的规则为基础的政治强制的人们误解了法律和政治的原因。"[1] 在社会保障法领域同样存在大量的自由裁量活动，而为了给自由裁量权确定合理的边界，则需要以社会保障法的原则为后盾予以保障。[2]

二、社会保障法原则的内容

根据上述社会保障法原则的含义和特定的界定，我国社会保障法原则应当包含以下内容：

（一）权利保障原则

现代文明国家均由宪法规定享有社会保障是公民的一项应有权利。社会保障

---

〔1〕 张文显：《二十世纪西方哲学思想研究》，法律出版社1996年版，第627页。
〔2〕 赖达清主编：《社会保障法——保障公民生存权利的法律形式》，四川人民出版社2003年版，第117页。

法是将宪法规定的生存权具体落实，给生存权的实现提供必要的所得保障和法律保障的法律制度。权利处于基本的、主导的地位，尊重人的价值以及保障人的基本需要，是现代社会保障立法的出发点和落脚点。

权利的内容是多方面、多层次的，其中公民享有的最基本的权利是生存权，即获得最低生活限度生活条件的权利，权利的其他内容都以生存权为基础，因为没有生存权，就无所谓人权和其他基本权利。现代社会保障法的首要目的就是要保障公民的生存权，而其中尤以保障弱者、贫困者、残疾者的基本生存权为重点；社会保障立法中规定的管理办法和措施等也都是为了更好地实现权利保障而不是束缚和限制权利享受。

社会保障的责任主体是国家和社会，权利主体是生活发生困难的公民，享受社会保障是公民的法定权利，提供社会保障是国家和社会的法定责任，它通过国民收入分配的方式来提供物质帮助，来保障公民的生存权。社会保障具有非歧视性，保障绝大多数人的利益需要，使社会成员只要符合法律规定的条件都可以享受相应的社会保障；每一个社会保障项目对于其适用范围内的社会成员而言，机会是均等的，并通过调整收入差距保证公民享有实质公平。

（二）向弱势群体倾斜原则

社会保障法应该保障和促进普通社会成员享有社会保障权利，社会保障法的主旨在于保护公民的社会权利，尤其是保护弱势群体的利益。

在社会关系中，有强势群体和弱势群体之分，而且市场经济会自发地导致强者越强、弱者越弱，以及强势群体和弱势群体的差距越来越大。此时，如果没有国家公权力的介入来保护弱势群体的利益，就会使社会关系的失衡状态加剧并最终导致严重的社会问题，威胁社会的稳定，影响社会的持续发展。由于社会中人们存在着智力和体力的差异以及背景和掌握机遇的不同，相对弱势群体的出现是必然的，那么只有维护好这部分弱势群体的利益才能维护社会的整体利益，缩小两极分化，促进整个社会的和谐发展。

所谓弱势群体是指那些由于某些障碍及缺乏经济、政治和社会机会而在社会上处于不利地位的人群。[1] 这表明，弱势群体是这样一些个人或家庭，他们若无国家或社会力量给予帮助或支持，仅靠自己的力量或能力，其生活难以达到社会认可的基本标准。目前在我国，广为认同的我国弱势群体主要包括下岗失业人

[1] "走向更加公正的社会——中国人民大学社会发展研究报告2002～2003"，载中国网，2003年1月20日，转引自李昌麒："弱势群体保护法律问题研究——基于经济法与社会法的考察视角"，载《中国法学》2004年第2期，第81页。

员、农民工、失地农民、退休人员、残疾人和妇女以及消费者等几类群体。这些人群或者由于各种外在和内在原因,如在抵御自然灾害和市场风险方面的能力受到很大限制、在生产和生活上有困难而急需社会保障制度帮助;或者由于某些障碍及缺乏经济、政治和社会机会,而在社会上处于不利地位;或者在经济、文化、体能、智能、处境等方面,与另一部分人相比处于相对不利地位。矫正社会权利分配不公和社会结构不合理是对弱势群体保护的最基本的法律理念。

(三)公平与效率原则

社会保障制度自产生以来,就是以实现社会公平为目标的,同时,社会公平又应当是以效率和发展为追求。在公平与效率的关系上,公平是一切法律制度的价值基础,从某种意义上讲,公平是效率的源泉,失去公平的效率难以持久。

一方面,公平的理念指导着社会保障立法的具体制度安排和设计。通过社会保障制度的再分配可以达到这样的效果:首先,社会保障法在垂直的再分配效果上,就社会保障资金来源而论,高收入者比低收入者的负担重,而社会保障的给付更有利于低收入者,这样,社会保障的再分配会造成高收入者对低收入者的所得转移;其次,社会保障在水平的分配效果上,医疗保险给付是健康者对于伤残者的所得转移,养老和退休金保险是年轻人对于年老者的所得转移,失业保险给付是就业者对失业者的所得转移;最后,社会保障在时间上的再分配效果是,基于时代互助的精神,有工作的一代对退休的一代、尚未工作的一代进行时间上的再分配。这些社会保障法律制度达到的效果就可以在经济收入和财产权上调和不平等现象,达到社会正义的理念。

另一方面,公平如不能促进效率,甚至成为制约经济发展的负担,那么这种公平也难以被社会接受。这也是近年来原来实行从"摇篮到坟墓"的福利国家纷纷进行社会保障制度改革的重要原因之一。我国传统的社会保障牺牲了效率,也未实现公平,最终不利于解决社会问题。效率的理念指导着社会保障制度的立法,要求社会保障制度的公平设计,要有利于社会经济的发展,要有利于提高社会保障法律制度的运作效率,使法律制度得到技术性提高;要有利于社会保障基金的保值和增值;提高社会福利场所和医疗保障体系的利用率和优化率。

(四)社会化原则

国家的责任是有限的,没有社会成员广泛参与的社会保障体系是难以长久的,因此,必须尽可能动员和整合社会力量,提高社会保障对象的社会化程度。

首先,社会保障责任明确化,即明确国家、用人单位以及个人在社会保障中各自的责任和义务。在社会保障中的社会福利设施、减灾、救灾、扶贫、最低生活保障等方面,政府是义务主体,要承担起社会福利设施、减灾、救灾、扶贫、最低生活保障等方面的责任。在社会保险中的工伤、生育保险等方面，用人单位是义务主体，要保障职工享有公伤、生育等方面的保障。而在一部分社会保险项目中，个人承担部分责任是必要的。比如企业补充养老保险、个人储蓄性养老保险是为有能力的公民提供一种基本生活保障之外的更高层次的生活保障体系，这是法治社会中权利义务一致性所要求的。

其次，社会保障管理的社会化。由于社会保障对象的广泛性和特殊性，当前世界各国的发展趋势是社会保障立法高度统一、集中，而具体业务管理则面向社会，趋向于分散而接近广大公民。

（五）社会保障水平和生产力的发展相适应原则

社会保障的标准必须与经济发展的水平相适应。一方面，如果社会保障的标准过高，则必然缩减经济发展资金，影响经济增加的速度，影响必要的社会资本积累，减弱社会成员的劳动意识，从而影响整个社会的经济发展。另一方面，过高的保障水准还会增加产品成本，影响企业的国际竞争力，并且一旦遭遇经济危机，还会面临给付资金短缺。

首先，生产力发展水平决定人们的基本生活需要，社会保障水平要与生产力的发展相适应，因而我国的社会保障法律制度保障公民的基本生活需要。其次，社会保障水平会随着生产力的发展而不断提高。同时，鉴于我国目前生产发展水平差异很大的现实情况，社会保障法律制度在制定时也要考虑其各地区的基本生活水平的不一致性，从我国实际出发，制定符合我国国情的社会保障标准和模式。

（六）社会保障基金统筹利用原则

社会保障基金统筹利用的原则要求，首先，要强化社会保障基金的征收力度，坚持法律强制的原则，采取最有效的法律性筹资方式。由于建立社会保障制度是为了维护社会稳定和化解社会风险，保护劳动力的再生产以促进经济可持续发展，因此必须要强化社会保障基金的征收力度。其次，要严格社会保障基金的管理，设立相应的机构，按照市场化原则和稳妥性原则进行资本营运和管理，严防资金损失和贬值，尽可能地通过营运使其保值增值。最后，完善社会保障基金监督机制，强化法律、行政、财政和审计等多种形式的监督，保证资金营运的安全性。

三、社会保障法的法律渊源

法律渊源可分为实质渊源和形式渊源。实质渊源是指法律产生的根源，即其赖以存在的基础。而形式渊源则是指法律创制方式和外在表现形式。法律渊源一般是针对后一种意义而言的。因此，所谓社会保障法的渊源是指社会保障法创制方式和外在形式。在我国，社会保障法的渊源主要包括：

（一）宪法或宪法性文件中有关社会保障的条款

宪法由国家最高立法机关制定，是国家的根本大法，具有最高的法律效力，也是社会保障法的最根本渊源。社会保障的法律、法规，必须符合宪法的有关规定，违反宪法规定的法律、法规无效。

《中华人民共和国宪法》（以下简称《宪法》）第45条第1款规定："中华人民共和国公民在年老、疾病或者丧失劳动能力的情况下，有从国家和社会获得物质帮助的权利。国家发展为公民享受这些权利所需要的社会保险、社会救济和医疗卫生事业。"这一规定赋予中国公民以社会保障的基本权利，即获得物质帮助的权利——从社会救助事业中获得物质帮助的权利，从医疗卫生事业中获得物质帮助的权利。值得注意的是，宪法赋予社会保障权的对象是中华人民共和国公民而不是公民中的一部分，因此，随着社会和经济的发展，中国社会保障事业的最终目标，必须是在全体公民中实施平等、普遍的社会保障，否则就违背了宪法的规定。

《宪法》第42条第2款规定了提高劳动报酬和福利待遇，第43条规定了国家发展劳动者休息和休养的设施，第44条规定了退休人员的生活受到国家和社会的保障，第45、46、48条还涉及了对盲、聋、哑和其他残疾公民、少年、儿童、妇女以及做出特殊贡献的公民的规定。这些规定，从根本上保障了公民享受社会保险的权利、享受社会福利的权利、享受退休的权利、享受优待抚恤的权利，为养老保险、社会福利、社会优抚立法提供了依据。

（二）调整社会保障关系的法律

由最高立法机关通过的社会保障专门法律及可以适用于社会保障领域的其他法律，如《中华人民共和国老年人权益保障法》、《中华人民共和国残疾人保障法》、《中华人民共和国妇女权益保障法》、《中华人民共和国未成年人保护法》及待颁布的《社会保险法（草案）》等法律，是社会保障制度的基本依据，它们在社会保障法渊源体系中居于第二层次。

（三）调整社会保障关系的行政法规和行政规章

由国家最高行政机关及其职能部门颁行的行政法规、规章，如由我国国务院颁布的《中华人民共和国劳动保险条例》、《农村五保供养工作条例》、《失业保险条例》、《城市居民最低生活保障条例》、《工伤保险条例》、《军人抚恤优待条例》等，是在社会保障法律体系指导下实施社会保障的具体依据，在我国社会保障法渊源体系中居于第三层次。此外，还有地方性社会保障关系的行政规章。

（四）国际社会保障公约

有关社会保障的国际公约一经我国同意，便对我国具有法律约束力，其效力高于我国的国内立法，一旦国内法律规范与国际公约相抵触，则应当适用我国签订的国际公约。国际劳工组织先后通过的社会保障专项公约，如我国目前签订的《经济、社会和文化权利国际公约》、《国际劳工公约》、《社会保障（最低标准）公约》、《工伤赔偿公约》、《伤残、老年、遗属补助公约》等，这些国际公约也是我国社会保障法的渊源形式之一。

■ 第五节　社会保障法的立法模式和法律体系

※选择性阅读

当今世界社会保障制度的模式

由于世界各国的社会制度和经济发展水平不同，以及历史文化、民族特点的差异，建立社会保障法律制度的时间先后不一，所以形成了不同类型的社会保障法律制度。纵观世界各国社会保障制度，基本上可分为四种模式。[1]

第一种模式为社会保险型的社会保障法律制度，也称自保公助型模式。德国、美国、法国、瑞士、日本等许多发达的资本主义国家都实行该类模式。这类社会保障法律制度坚持"选择性"的保障原则，即对不同的社会成员适用不同的保障标准，社会保障费用由国家、雇主和劳动者三方负担，社会保障的待遇给付标准与劳动者的收入和社会保障交费相联系，强调劳动者个人在社会保障方面应承担的缴费责任。该类法律制度是以社会保险法占主导地位，社会福利法和社会救助法等处于辅助补充地位。实际运行的结果，无论从效率还是从公平上看都是比较成功的。

第二种模式为国家福利型的社会保障法律制度，也称全民保障型模式。加拿大与英国、瑞典、挪威等西欧和北欧部分国家实行该类制度。这类社会保障法律制度坚持"全民性"、"均平性"、"高福利"的保障原则，社会保

---

[1] 参见徐智华、刘连安："社会保障立法问题研究"，载 http://www.eduboss.com/content/2005-10-18/59504.html.

障基金主要来源于国家税收，社会保障的范围包括"从摇篮到坟墓"的各种生活需要，给付的待遇标准是统一的。这种制度下的社会保障模式更突出公平性。但因效率在下降，待遇水平又过高，国家负担过重，正在被迫进行调整和改革。

第三种模式为储蓄保险型社会保障法律制度，又称自我积累型模式。新加坡、智利、马来西亚等新兴市场经济国家实行该类制度，这类社会保障法律制度实行"个人账户积累"的原则，社会保障费用由劳资双方按比例交纳，以职工个人名义存入个人账户，在职工退休或有其他生活需要时，将该费用连本带息发给职工个人。这种社会保障法律制度有利于树立自我保障意识，鼓励人们的劳动积极性，有利于保障劳动者的基本生活需要，但是该模式缺少收入再分配的功能。它不能对保险基金进行必要的使用调剂，存在着不能发挥社会保障的互助功能的缺陷。从公平与效率角度看，存在公平不足的问题。

第四种模式为"国家型"社会保障法律制度，前苏联以及东欧等国家都曾实行该类制度。这类社会保障法律制度坚持"国家统包"的保障原则，社会保障费用由国家和用人单位负担，职工个人不必缴纳保障费用，社会保障的范围包括了职工的基本生活需要，社会保障事务由国家统一设立的保险组织经办，职工参加管理。中国在计划经济条件下曾经实行的社会保障法律制度，也属于该种类型。这种社会保障制度的弊端是保险费用完全由国家和用人单位包揽，造成企业负担过重，不利于企业参与市场竞争，不利于劳动力合理流动，不利于职工个人树立自我保障的意识。

上述四种模式各有利弊，经过各国多年的实践发展，呈现多元化格局，都具有鲜明的国情特点，社会保障法律制度的内容和模式选择都是从本国的国情出发的。2001年6月，第89届国际劳工大会通过的《关于社会保障的决议和结论》也完全反映出上述的事实：社会保障模式不存在唯一正确性，社会保障随着时间的推移而成长和演变。各国对模式的选择都将反映一国的社会、文化、历史、制度和经济发展水平。

一、社会保障法的立法模式

社会保障立法模式与社会保障制度类型密切联系，但社会保障制度类型相同，社会保障立法模式也未必相一致。目前世界的社会保障立法模式主要有以下

几种：[1]

（一）单一立法模式

这种模式是国家按照高度集约的原则制定一部高度综合的社会保障法律，综合规定各类社会保障项目的基本问题，规范各种主要的社会保障事务，再依据基本法就各类社会保障项目分别制定若干单项社会保障法律法规。美国就是以综合性很强的《社会保障法》作为最基本的法律依据，其他社会保障法则非常少。

（二）平行立法模式

即就社会保险、社会救助、社会福利、社会优抚等社会保障项目，制定若干部平行的社会保障法律法规，分别调整某类或某一社会保障项目的社会关系。其特点是国家根据社会保障子系统及其项目的需要，同时制定互相平行、相互协调的多部社会保障法律，分别规范某一类别社会保障事务，共同构成其社会保障法制系统。多部社会保障单行法律法规并存，互不隶属，共同规范社会保障。如德国、日本和其他许多国家。德国"铁血宰相"俾斯麦首创这种模式，1883年颁布《劳工疾病保险法》，1884年颁布《劳工伤害保险法》，1889年颁布《老年及残废保险法》，这三部法律于1911年合并，另增加《孤儿寡妇保险法》，成为著名的《社会保险法典》。我国台湾地区亦采此立法体例，先后颁布有"劳工保险条例"、"军人保险条例"、"公务人员保险办法"、"退休人员保险办法"、"私立学校教职工保险条例"、"社会救助法"、"职工福利金条例"、"残疾人福利条例"、"儿童福利条例"、"老人福利条例"等一系列有关社会保险、社会救助及社会福利的规定。

（三）混合立法模式

国家既制定部分有关社会保障方面的专门法律，同时又将一些社会保障事务纳入到其他部门法律体系中进行规范，从而是一种专门立法和混合立法相结合的社会保障立法模式。相对来讲，此种模式既不利于社会保障立法的整体协调地发展，也不利于社会保障法作为独立部门法的发展状态。

二、社会保障法的法律体系

这里所指的社会保障法律体系具体包括，以组织法、基金管理法和监督法为主的行政性法律制度，以及以社会保险法、社会救助法、社会福利法、社会优抚法为主要内容的给付法律制度和社会保障争议解决的程序法律制度。社会保障给付法是社会保障法的主体部分，国家通过给付法的实施，最终实现社会保障的目

---

[1] 参见王全兴、樊启荣："社会保障法的若干基本问题探讨"，载 http://swmz.gov.cn/centre/index.php? modules = show&id = 3918.

标，使公民享受到社会保障的权利。

综上，我国社会保障法律体系应包括社会保障给付法、社会保障行政法、社会保障争议法三个平行的子系统，这三个子系统又可分别体系化和进一步具体化。

（一）社会保障给付法体系

社会保障给付法体系应有下列子系统：

1. 社会保险法系统。社会保险法是调整国家、社会团体、社会成员在为帮助社会成员抵御风险的活动中形成的社会保险关系的法律规范。社会保险法律是社会保障给付法的核心，是整个体系的支柱。其规范的社会保险旨在为社会成员提供基本生活保障，建立基本养老保险、基本医疗保险、失业保险、工伤保险、生育保险制度，是最基本的常态的保障，其保障水平低于社会福利、高于社会救助。其特征是：①以保险的形式为社会成员提供基本保障；②国家以强制手段保证社会保障基金的储备；③保险基金由国家、用人单位及个人三方缴付。该系统应由《社会保险法》统率，下设若干条例，包括城镇职工的养老保险条例、农民养老保险条例、医疗保险条例、农村合作医疗条例、工伤保险条例、失业保险条例、生育保险条例等行政法规。

2. 社会救助法系统。社会救助法系统是确立在遭受自然灾害或贫困、残疾、丧失劳动能力等情况下，由政府和社会向生活困难，无力维持自身基本生活的社会成员给予必要的物质帮助，满足其最低水平的生活需求，解除社会成员疾苦和忧虑的法律法规之和。社会救助以有选择地确定救助对象和动态的给付方式区别于社会保险，并且权利义务具有单向性。社会救助保障水平低于社会福利、社会保险，并且有明显的地域差别性，是社会保障中最后一道防线。该系统应由《社会救助法》统率，下设若干条例，包括城市居民最低生活保障条例、灾害救助条例、贫困救助条例、扶贫工作条例、五保户供养条例等。

3. 社会福利法系统。社会福利法系统是确立在保障全体社会成员基本生活的基础上，以改善和提高人们物质生活和文化生活水平为目的的，由政府或社会团体等社会力量举办的、向全体社会成员普遍提供的物质帮助、康体设施以及社工服务的法律法规总和。社会福利最大的特点就是无论任何人，只要符合其对象条件都可以无条件地享受，诸如老年福利、托幼福利、残疾人福利、社区服务、城镇居民福利津贴等制度。社会福利旨在提高社会成员生活质量和发展水平，主要围绕文化、教育、卫生、保健等社会公益设施的建设进行，其保障水平高于社会保险、高于社会救助，是最高水平的保障。该系统应以《社会福利法》为统率，下设若干条例，包括老年人福利、妇女儿童福利、未成年人福利、残疾人福利等相关条例以及公共福利条例、职业福利条例、教育福利条例、社会福利设施管理条例等。

4. 优抚保障法系统。优抚保障旨在对国家、社会有突出贡献的部分特殊群体所给予的物质和精神上的褒扬。不同于其他社会保障制度，社会优抚法律制度的保障对象特殊，优抚对象仅限于优待军人和军人家属，社会优待和经济帮助涉及军人的转业和退伍安置、军人伤残抚恤和死亡抚恤等，国家和社会有责任保障其生活不低于当地一般生活水平。该系统应由《优抚保障法》为统率，下设若干条例，包括军人社会保险条例、伤残军人社会福利条例、伤亡烈军属抚恤条例、军人和军属社区优待条例、退役军人就业保障条例等。

（二）社会保障行政法体系

完整的社会保障行政法体系，应包括社会保障行政组织法、社会保障基金管理法与社会保障行政监督法。

1. 社会保障行政组织法。社会保障行政组织法的立法目的在于：确定社会保障管理体制；确立管理机构的层次、结构、管辖范围和权限；确立社会保障行政工作人员的招聘、培养、考核机制等。

2. 社会保障基金管理法。社会保障各项目的实施，采取建立基金的方式最为有效，也易于管理，而社会保障基金管理法的立法目的就在于确保基金建立后的有效管理。其具体内涵是：确保社会保障基金按时、足额收缴；使基金的日常管理有法可依；在稳健投资的基础上，确保基金保值增值；确保基金发放的准确、及时进行。

3. 社会保障行政监督法。社会保障行政监督法的范围，从内容上看，可以分为行政监督、基金管理监督和基金投资监督。

行政监督的主要目的是：保证国家有关社会保障的法律能够严格地执行和实施，监察管理机构在实施社会保障过程中有无违反法律和政策的行为。基金管理监督的主要内容是：对基金的筹集、管理、发放过程实施同步监督。基金投资事关重大，应当实施专项监督与内部监督，即在社会保障管理机构内部建立监督机制，同步实施。制定的有关法规，应包括社会保障行政监督条例、社会保障金融监督条例、社会保障社会监督条例等。

（三）社会保障争议法体系

随着社会保障项目的增多和实施范围的扩大，有关社会保障的争议，必然呈现出增加的趋势。从争议的主体看，无非是政府和公民、社会保障管理机构和用人单位、社会保障管理机构和公民、用人单位和公民、公民和社会保障服务机构之间的纠纷。从争议的性质看行政争议占大部分，原因是社会保障管理机构在绝大多数场合，都处于争议的一方当事人地位。

社会保障管理机构和用人单位的争议，主要发生在社会保障基金的征集上。而社会保障管理机构和公民的争议，则呈现出多样化状态，各种社会保障给付项目，都可能因给付资格、给付数额、给付期限等而发生争议，社会保障管理机构工作人员的违法行为可能遭到公民的起诉，公民的违法行为，也可能受到社会保障管理机构的追究。公民和社会保障服务机构的争议，主要发生在医疗服务中。用人单位和公民的纠纷，则往往呈现出劳动纠纷或民事纠纷的特征。为了切实维护公民的社会保障权，保证社会保障纠纷得到及时、有效、经济的解决，必须要有相应的社会保障争议立法出台，它是社会保障立法中不可缺少的组成部分。

从国外的成熟经验看，社会保障争议立法一般应包括：社会保障权保护法、社会保障争议调解法、社会保障争议仲裁法、社会保障行政复议条例等。

综上，我国社会保障法律系统应由社会保障给付法、社会保障行政法、社会保障争议法共同构成。而其中，又以社会保障给付法为骨架，并在其他法律、法规的配合协调下，共同规范着整个中国社会保障制度的运行，体现中国社会保障法律体系建设的总体方向。

第二章　社会保险法概述

■ 第一节　社会保险法的含义

一、社会保险制度概述

（一）社会保险制度的概念和特点

社会保险制度是指以社会利益为本位，通过立法对保险对象强制征收保险费，形成保险基金，用以对其中因年老、疾病、生育、伤残、死亡和失业而导致丧失劳动能力或失去工作机会的成员提供基本生活保障的一种社会保障制度。

社会保险制度主要有三大特点，即它的社会性、互济性和补偿性。

1. 社会性。社会保险制度的社会性在于保险范围、保险目的与保险组织和管理的社会性。

（1）保险范围的社会性即享受社会保险的对象范围十分广泛，包括社会上不同层次、不同行业、不同所有制形式和不同身份的各种劳动者。社会保险对象范围的广泛是社会保险的最核心的特点之一。

（2）保险目的的社会性即保障劳动者在年老、疾病、工伤、失业、生育和丧失劳动能力的情况下，获得最基本的生活需要，对于坚持社会主义人道主义，促进社会稳定和进步以及保护生产力，协调社会经济关系，促进经济持续稳定发展，均是有十分重要的意义。

（3）保险组织和管理的社会性即社会保险制度由国家通过法律去确认和规定，并在保险资金的筹集、发放、调剂、管理等方面由政府组织实施。

2. 互济性。社会保险制度的互济性，主要表现在两个方面：

（1）保险基金实行社会统筹，并依据调剂的原则集中和使用资金，解决不同情况下的劳动者的特定的基本生活需要，使由于年老、疾病、工伤、失业、生育和丧失劳动能力等事件，致每个劳动者所造成的经济损失，通过互济共助的形式获得帮助。

（2）劳动者寿命长短、生病或不生病以及生病严重程度、伤残或丧失劳动能力与否及其丧失劳动能力程度等，不以人们的意志为转移，并且不可能完全等同，而社会保险的目的则是相同的，即保障劳动者的基本生活需要。劳动者按同等标准缴纳社会保险费，但不可能向社会领回同等数量的生活费。这一差别，充分反映了社会保险的互济性特征。

3. 补偿性。社会保险制度的补偿性，表现在三个方面：

（1）在社会保险基金的来源中，国家负担部分，其最初来源于劳动者的劳动。国家通过社会保险将这部分再返回给劳动者，其实质是对劳动者过去劳动的一种补偿。

（2）劳动者按规定标准缴纳社会保险费，待年老、疾病、失业、生育和丧失劳动能力时，又依照国家规定标准领回，这是社会保险补偿性的具体体现。

（3）在因工伤残或者患职业病的情况下，劳动者所享有的社会保险待遇，直接反映了社会保险的补偿性。

社会保险制度除了具有社会性、互济性和补偿性三大主要特点之外，还具有保障性、法定性和福利性等特点。[1]

我国社会保险制度除具备前述一般特征外，与发达国家相比，还具备一些自身的特点。

1. 劳动保险扩展为社会保险。我国目前尚无正式的《社会保险法》，国务院已制定失业保险条例、工伤保险条例、社会保险费征缴暂行条例。有关社会保险法律方面的规定，事实上只存在于1994年实施的《劳动法》之中。如《劳动法》第九章"社会保险和福利"第70条规定："国家发展社会保险事业，建立社会保险制度，设立社会保险基金，使劳动者在年老、患病、工伤、失业、生育等情况下获得帮助和补偿。"意即社会保险是劳动者的保障制度。之后随着经济和社会形势的变化发展，国务院及有关部门制定了一系列法规规章，扩大了社会保险制度的覆盖范围，使保险制度从劳动保险发展为社会保险。十届全国人大常委会第三十一次会议提出了《社会保险法（草案）》。草案确定了"广覆盖、保基本、多层次、可持续的方针"，明确了我国社会保险制度的基本框架，对社会保险的覆盖范围、社会保险费征收、社会保险待遇的享受、社会保险基金的管理和运营、社会保险经办机构的职责、社会保险监督以及法律责任等方面作了规定。

2. 对象从单一走向复合。《劳动法》规定劳动者是我国社会保险的对象。劳

[1] 黎建飞编著：《劳动法和社会保障法》，中国人民大学出版社2003年版，第351～353页。

动者不是一般意义的劳动行为人，而是《劳动法》的主体，即指与中国境内的企业、个体经济组织（统称用人单位）形成劳动关系的劳动者，以及与国家机关、事业组织、社会团体建立劳动合同关系的劳动者。公务员、比照实行公务员制度的事业组织和社会团体的工作人员以及非农场的农业劳动者、现役军人和家庭保姆等不属于"劳动者"的范围。《社会保险费征缴暂行条例》明确规定除企业及其职工应该参加基本养老保险、基本医疗保险和失业保险外，事业单位及其职工应参加失业保险、医疗保险，国家机关及其工作人员应当参加基本医疗保险。《社会保险法（草案）》适用范围又进一步扩展。从而使保险对象超出了《劳动法》的范围，从"劳动者"转向包括其他身份的"工作人员"。而要实现保险的社会化，对象的进一步多元化仍是我国保险制度今后发展的一大目标。

3. 险种较少。我国社会保险的险种分为养老保险、医疗保险、工伤保险、失业保险和生育保险五种类型。而发达国家除以上险种外，普遍还具备其他几种保险项目，如家属津贴和国民健康保险、遗属保险等。在瑞典，家属津贴适用于该国所有养育未满 16 岁（学生为 19 岁）子女的家庭；在英国，每一位公民都有享受免费或基本免费的医疗服务的权利，这就是国民健康保险；遗属保险要么单独为一险种，如英国，要么与养老、健康等合在一起，如美国的老年遗属残废健康保险。

（二）我国社会保险制度的层次

我国的社会保险制度是多层次的，主要包括：

1. 基本保险。这是指国家立法强制实施的保障保险当事人遇到各类风险时最低生活需要的保险制度。它是第一层次，也是最主要的保险方式。它的特点是：

（1）覆盖面广，适用于各类企业和与之形成劳动关系的劳动者，以及国家机关、事业组织、社会团体和与之形成劳动关系的劳动者等。

（2）标准统一，各地区、各类企业、各类人员，实行统一的保险项目缴费比例和统一的保险待遇标准。

（3）强制程度高，国家基本保险是法定的强制性保险，保险基金统一筹集使用。

2. 单位补充保险。这是指用人单位根据自己的经济条件为劳动者投保高于基本保险标准的补充保险。它是第二层次的保险。补充保险以用人单位具有经济承受能力为前提条件，由用人单位自愿投保。

3. 个人储蓄保险。这是指保险当事人个人以储蓄形式参加社会保险。它是第三层次的保险。保险当事人根据自己的经济能力和意愿决定是否投保。

二、社会保险法

（一）社会保险法的概念

社会保险法是指以社会利益为本位，调整政府、社会团体和社会成员之间，在向因年老、疾病、生育、伤亡和失业而导致丧失劳动能力或失去工作机会的困难社会成员提供基本生活及发展的权利的活动中，所产生的社会保险关系的法律规范的总称。社会保险法对社会保险的项目体系、实施范围与实施对象、经费来源、待遇标准、发放办法等内容做出规范，并明确社会保险机构的性质与职能，社会保险的组织形式与地位，社会保险的管理与监督等事项。

（二）社会保险法的分类

社会保险法的基本目标是满足被保障对象因各种原因产生困难时的基本生活需要，为实现这一目标，必须从多方面实施保障措施。由于被保障对象产生困难的原因和情形的不同，保障方式和保障水平以及保障基金的筹集、基本规则的建立等也各有差异。因此，依据不同的划分标准，社会保险可分为不同的种类：

（1）据保险待遇的性质，社会保险分为生育保险、疾病保险、养老保险、伤残和死亡保险四类。

（2）按照参加保险的主体范围，社会保险分为用人单位内部保险（即职工在职期间的劳动保险）和用人单位外部保险（包括养老保险、待业保险）两大类。

（3）根据保险的社会风险性，社会保险分为养老保险、医疗保险、失业保险、工伤保险和生育保险。

（4）按照缴纳费用的负担方式，社会保险分为雇员责任保险（即须由雇员本人负责缴纳费用的保险，如除工伤保险、生育保险外的其他社会保险项目）、雇主责任保险（即须由雇主负责缴纳费用的保险，如工伤保险、企业内部补充保险项目）和政府责任保险（即由政府为其雇员负责缴纳费用的保险）。

（5）按照提供保险待遇的形式，社会保险分为现金补贴保险和实物补贴保险。现金补贴保险是以发放现金的形式提供保险待遇。这种形式适用范围广，有利于劳动者安排好自己的基本生活，因而是大多数社会保险项目所采用的形式。实物补贴保险则是以实物为劳动者提供保险待遇。实物补贴保险的适用范围很小，但在某些特定场合比现金补贴更能对劳动者起到保险作用（如在医疗保险和生育保险的部分待遇中）。

（6）按照领取保险金的时间长短，社会保险分为短期保险和长期保险。短期保险是领取保险金的时间较短的项目（如失业保险、生育保险），长期保险则是劳动者能长期领取保险金的项目（如养老保险）。

三、社会保险法律关系

社会保险法调整的社会关系即为社会保险法律关系。社会保险法律关系包括社会保险法律关系主体、社会保险法律关系内容及客体。

（一）社会保险法律关系主体

（1）政府。国家通过政府直接参与了社会保险活动，并对社会保险的运行和实施给与财政上的支持，从而成为社会保险法制系统中特殊主体。

（2）社会保障的管理和实施机构等团体。它们直接承担着管理和实施社会保险的责任，既依法享有向企业、个人等征收社会保险费等的权利，又承担着具体运作社会保险项目、向劳动者发放社会保险待遇的义务。

（3）用人单位。它们承担向社会保险机构缴纳社会保险费的责任，是社会保险费的主要来源，因而对社会保险法律制度的正常运行和实施具有特别重要的意义。

（4）劳动者及其家庭成员。劳动者及其家庭成员是社会保险的直接受益对象，劳动者本人也需要承担一定的缴纳社会保险费的责任，从而也是社会保险法律制度中的重要因素。

（二）社会保险法律关系内容

（1）社会保险行政管理关系。指社会保险行政管理机关在进行社会保险行政管理过程中与管理相对人之间形成的社会关系。主要包括三方面：①社会保险行政管理机关与社会保险经办机构的行政管理关系；②社会保险行政管理机关与用人单位的行政管理关系；③社会保险行政管理机关与被保险人的行政管理关系。

（2）社会保险给付关系。指社会保险经办机构、用人单位、被保险人之间在给付保险过程中发生的社会关系。如在社会保险费的收缴、基金的管理、待遇的发放以及退休、失业人员的服务管理等基础工作中发生的关系。这种关系是社会保险关系中最为普遍和经常的社会关系。

（3）社会保险监督关系。指社会保险监督机构在监督社会保险管理、经办工作过程中发生的社会关系。社会保险监督的对象主要是社会保险行政部门，监督的重点是有关社会保险的法律、法规的执行情况及社会保险基金的管理。

（三）社会保险法律关系客体

社会保险法律关系的客体，是社会保险法律关系主体的权利和义务所指向的对象，可以是资金、物和服务行为。例如，养老保险中需要缴纳的养老保险费和应当支付的养老保险金；失业保险中的失业保险金、就业服务项目；医疗保险中的医疗津贴、医疗服务行为等。

四、社会保险法律责任

社会保险法律责任是指在社会保险费的稽核、征缴、运行、发放过程中，行为主体违法行为引起所要承担的不利的法律后果。其目的在于保证社会保险法律关系良性运转，保障法律上的权利、义务、权力得以生效，实现社会保险法的法律价值。建立科学严格的社会保险法律责任体系，不仅是完善社会保险法律制度的内在要求，更是保障法律正确实施，遏制违法行为的必然需要。

从责任主体来分，主要包括用人单位责任、保险当事人责任、社会保险经办机构责任和其他主体责任。

（一）用人单位的法律责任

用人单位的法律责任指用人单位做出了社会保险法律、法规及规范性文件规定的违法行为或未承担相关义务时所要承担的法律责任。主要包括：①不依法办理社保登记的法律责任；②不按期缴纳、漏缴、少缴社保费的法律责任；③拒绝劳动保障监察机构和社保行政部门执行监督检查等公务的法律责任；④骗取社保基金的法律责任。此外，原劳动和社会保障部颁布的《社会保险费征缴监督检查办法》还规定了"未按规定到社保经办机构办理社会保险变更登记或者社会保险注销登记；未按规定申报应当缴纳社保费数额；伪造、变造社保登记证；未按规定从缴费个人工资中代扣代缴社保费"等行为的法律责任。需要指出的是，不仅用人单位是法律责任的主体，其直接负责的主管人员和其他直接责任人也要承担责任。

（二）保险当事人的法律责任

保险当事人在社会保险法律关系中承担的义务和责任小于用人单位。《社会保险费征缴暂行条例》第12条规定，"缴费个人应当缴纳的社会保险费，由所在单位从其本人工资中代扣代缴"，故劳动者不承担形式上的缴费义务。其法律责任多因以下违法行为引发：①以欺诈等方法骗取社保待遇；②拒绝劳动保障监察、社会保险部门执行监督检查等。

（三）社会保险经办机构的法律责任

这种法律责任包括：①未按规定办理社会保险手续的法律责任；②未将社保费转入社会基金特设账户的法律责任；③拖欠、克扣社会保险待遇的法律责任；④篡改缴费记录、个人账户记录的法律责任；⑤擅自更改社会保险缴费基数、费率的法律责任；⑥挪用社会保险基金的法律责任；⑦社会保险机构工作人员滥用职权、玩忽职守、营私舞弊行为法律责任等。

（四）其他主体的法律责任

一般来说，社会保险法律关系涉及用人单位、保险当事人、社保经办机构三方主体，但在某些情况下，其他主体也是法律责任的承担者。如医疗机构、药店等社保定点服务机构骗取社保基金的情况；工伤保险中劳动能力鉴定组织提供虚假鉴定意见、虚假诊断证明的情况等。同时，在目前社保基金违法违纪案件频发，政府和相关部门挪用社保基金的法律责任尤需重视。

五、社会保险法的地位和作用

（一）社会保险法的地位

社会保险法的地位，实际上是指其在我国社会保障法律体系中的位置及其重要性。社会保险法是社会保障法的一个组成部分，而且处于核心地位。这是由我国社会保障目前所处的发展阶段所决定的。有学者将社会保障发展划分为四个阶段：①前社会保障阶段；②社会救助型社会保障阶段；③社会保险型社会保障阶段；④社会福利社会保障阶段。而我国目前正处于由社会救助型向社会保险型过渡时期。在这一时期，社会保险制度的建立和完善是整个社会保障制度改革和完善的重点，与此相对应，社会保险法在社会保障法中的地位也就显得尤为重要。

社会保险法在我国社会保障法律体系中的位置及其重要性，并不意味着它是一个独立的法律部门，与民法、刑法、行政法、诉讼法等法律部门处于同一层次。而社会保障法在我国社会主义法律体系中，应与民法、刑法、行政法、诉讼法、劳动法等法律部门一样，属于仅次于宪法的基本法律部门。

（二）社会保险法的作用

1. 维护社会秩序的稳定。人们通常把社会保险誉为社会秩序的"安全网"或"减震器"，是因为社会保险法对消除社会不安定因素起到的重要作用是任何其他制度不可取代的。社会保险法通过在遇到各种风险时向社会成员提供帮助，起到了维护社会稳定的功能。当人们遇到年老、疾病、工伤、失业、生育和丧失劳动能力等风险时，生活面临困难时，根据社会保险法律制度，人们能够得到一定的物质帮助，使人们重新振作，渡过难关，或者顺利地安度晚年。社会保险以国家作为后盾，聚集了全社会经济力量来建立社会保险基金，使参加保险的社会成员都享有均等的获得物质帮助的权利，这有利于消除和缓解社会矛盾，增强社会成员应付意外伤害和不测事变的能力。社会保险法和其他社会保障法律一道起着维护社会秩序稳定的重大作用。

2. 促进社会发展和进步。社会保险法促进社会的发展和进步的作用可以在三个方面得到体现：①对于劳动者而言，由于社会保险法为劳动者解除了后顾之忧，使其能够专心致力于工作和生产劳动，极大地激发了劳动者的积极性和创造性，提高了劳动者的劳动热情和素质，从而促进了生产技术的进步和劳动生产率的提高；②对于企业或用人单位而言，国家通过社会保险，减轻了其压力和负担，为其解除了后顾之忧，使其能够集中精力于生产经营，提高经济效益，增强市场的竞争力；③从劳动力再生产的角度来看，社会保险法也是保证劳动再生产的必要条件。

3. 调节国民收入的分配和再分配。在我国现有的市场经济制度下，由于社会成员间的自身素质和经济状况的不同，在社会生存和发展中受到资本大小、劳动技能高低、身体素质强弱、家庭人口多少、受教育程度高低等因素的影响，从而在客观上会导致贫富差距的扩大，导致一部分劳动者的贫困化。对此，社会保险法通过调节国民收入的分配和再分配来缩小社会成员间的贫富差距。根据社会保险法的有关规定，在缴纳社会保险费时，要求高收入者多缴纳费用，低收入者少缴纳费用。在支付社会保险待遇时，那些收入高的社会成员因其生活水平高而享受的机会少，而那些贫穷的低收入社会成员享受的机会多，社会保险法在客观上起到了缩小贫富差别的作用。

4. 促进社会的精神文明建设。社会主义的精神文明建设是社会主义制度优越性的具体体现。社会主义精神文明建设是一项庞大的系统工程，在这一庞大的系统工程中，社会保险法也起到了它应有的作用。社会保险的互济性，使得全体社会成员都明白人类社会的发展必须是整体的共同发展的道理。社会中的富裕者对贫困者、健全者对病残者、年轻者对年老者、强者对弱者都应该体现人道主义精神。当部分社会成员由于自身或社会的原因遇到困难和不幸时，社会保险法即伸出援助之手，在法律可为帮助弱者及困难社会成员的同时，也在全社会倡导和促进了社会成员的精神文明建设，提高了社会成员的精神文明程度。

■ 第二节 社会保险法的适用范围和原则

一、社会保险法的适用范围

从国际上来看，社会保险法在任何国家都是保护劳动保险人合法权益的。当然，其一开始只是保护受雇佣的劳动者，后来才扩展到全体劳动者（包括城市居民和农民）。在我国，《社会保险法（草案）》的立法宗旨是定位在"保护保险当事人的合法权益"。所以，我们要明确，我国即将颁布的这部法律是为了维护保险当事人的合法权益，保险对象应该是《社会保险法（草案）》中规范的保险当事人。

一般讲，社会保险法的适用范围有两种方案：一种是五险合一，即养老保险、医疗保险、工伤保险、生育保险、失业保险的覆盖范围是一样的，即全体劳动者；另一种是分险确立。

我国现在的《社会保险法（草案）》是分险确立的。分险规范有其道理，如个体工商户要参加所有的保险可能负担不起，但是工伤保险是必须参加的，公务员的养老保险可能另行规定，可以参照本草案规定。草案考虑了社会保险体系上城乡二元的结构，包括基本养老保险、基本医疗保险、工伤保险、失业保险和生育保险等一系列社会保险制度。上述所提的这些制度，原则上覆盖到农村。农村居民的社会保险根据草案规定，主要是通过逐步地建立和完善农村养老保险和新型的农村合作医疗制度实现的。草案还规定了进城务工农民、失地农民的社会保险。

二、社会保险法的原则

1. 社会保险水平与社会生产力发展水平相适应的原则。社会保险水平是指社会保险费用支出占国内生产总值的比重。社会保险需要社会生产力的发展为其提供可能和创造条件。同时，社会生产力的发展水平还制约着社会保险的水平。社会保险水平过高或过低，都会阻碍社会生产力的发展。社会保险水平过低，劳动者的基本生活难以保证，会导致社会动荡和不稳定，也会最终影响社会保险制度的正常运行和发展。社会保险水平过高，政府尤其是用人单位在经济上难以承受，影响用人单位的投资和生产积极性，反而导致失业率的上升和劳动者享受社会保险的待遇降低。

2. 社会保险权利与义务相对应的原则。社会保险制度的运行和发展在很大程度上取决于社会保险基金的建立。社会保险基金的筹集，要由社会保险经办机构受国家委托，并根据法律规定，采取强制手段统一筹集。将社会保险范围内的用人单位和劳动者的社会保险费征缴上来，集中统一使用。一般劳动者个人，必须首先尽到缴纳社会保险费的义务，才能享受社会保险待遇的权利。

3. 社会保险一体化和社会化相统一的原则。社会保险一体化原则，是指统一社会保险的项目、统一社会保险的标准、统一社会保险的管理与实施机制等。这样，无论劳动者流动到哪里，均有同样的社会保险制度解除其后顾之忧，从而为实现劳动者自由流动和劳动力资源的最佳配置提供了保障条件。同时，有利于充分发挥社会保险的互助互济的功能。

社会保险的社会化是社会保险能够健康发展的重要条件。社会保险是全社会成员的共同事业，应当鼓励社会成员主动参与社会保险事务，包括分担缴费、监督社会保险制度的实施等，使社会保险事业具备更为坚实的社会和经济基础。

4. 建立起多层次的社会保险制度的原则。以往，我国的社会保险层次单一，企业职工因年老丧失劳动力后或其他原因丧失劳动力时，只能从企业这个单一的渠道领取法定的社会保障待遇。除此之外，没有其他经济来源，以致在许多情况下生活得不到保障，如遇企业亏损或发生经济困难，劳动者的生活更无法得到保障。为此，我国《劳动法》规定，"国家发展社会保险事业，建立社会保险制度"。《社会保险法（草案）》第3条规定："社会保险制度坚持广覆盖、保基本、多层次、可持续的方针。"由此可见，建立多层次社会保险制度是当前乃至今后应当遵循的重要原则。这一多层次的社会保险制度至少应当包括以社会保险基金为主渠道的社会保险、用人单位补充保险和储蓄性保险。

5. 保障功能与激励机制相结合的原则。社会保险的保障功能与激励机制相结合原则要求劳动者不能只存在依赖心理，只讲权利，不讲义务，缺乏自我保障的意识，不愿为自己的生老病死积累资金和缴纳任何费用。如果这样，人们的社会保险意识淡薄，个人参与感低，社会保险只成了养人而不是激励人的制度，这不利于激励劳动者努力劳动和工作，不利于提高生产力和工作效率。

因此，我国的社会保险法应处理好公平与效率、保障与激励的关系，既要坚持公平原则，又不能忽视效率；既要保障劳动者职工的基本生活，又要与个人缴费多少、贡献大小挂钩。例如，在养老保险中将社会统筹和个人账户相结合，在养老保险待遇上适当显出差距；失业保险应将失业救济和促进救济结合起来，限定领取失业救济金的时间；医疗保险要将社会统筹和个人账户相结合，建立遏制医疗费用恶性膨胀的机制，实行医疗期制度，杜绝小病大养等弊端。

综上，社会保险法的主要功能在于维护社会秩序的稳定，促进社会的发展和进步，调节国民收入的分配和再分配以及促进社会的精神文明建设。掌握社会保险的定义和特点、社会保险法的概念，有助于我们去正确地理解社会保险法的功能。遵循五项原则，是为了充分发挥社会保险法的功能，它体现了我国社会主义制度的优越性。

■ 第三节　社会保险法的立法和法律体系

一、社会保险的模式

作为现代各国普遍采用的社会安全防范体系的社会保险制度，由于各国社会制度、经济发展水平和文化背景的差异，在具体制度安排上各有特色。总体而言，目前世界各国的社会保险制度大体可分以下四类。

（一）自保公助型社会保险

此类为传统型的制度体系，它是以俾斯麦的社会保险理论为依据，坚持"选择性"原则，即仅对部分社会成员（一般为劳动者）适用；费用由国家、雇主和劳动者三方负担，而劳动者缴纳部分为保险经费的主要来源，保障待遇的给付标准与缴费相关联，分配有利于低收入者；社会保险工作统一由国家专门机构负责。

（二）福利型社会保险

此为英国、瑞典等福利国家普遍采用的社会保险模式。依据皮古·贝弗里奇的福利经济学理论，现代国家的基本职责是实现公共福利。国家有义务对公民提供各种生活保障，并在发展经济的基础上全面提高社会成员的生活水平。这种保险模式经费主要源于国家税收；社会保险项目繁多，包括"从摇篮到坟墓"的各种项目；给付的待遇偏重于对实际需要的考虑，标准统一，逐渐与缴纳的费用脱离。

（三）国家型社会保险

此模式主要为前苏联、东欧国家及计划经济时期的我国采用。依据马克思在《哥达纲领批判》中指出的 6 项扣除学说，认为社会主义条件下，劳动者剩余劳动所创造的价值由国家现行强制扣除，主要用于劳动者丧失劳动力或发生其他情况时获得基本生活保障，故"最好的工人保险形式是国家保险",[1] 因此，此类保险模式贯彻"国家统包"原则，劳动者不承担任何缴费义务，保险待遇因工作岗位差异而差别极大，保险覆盖范围包括社会劳动者，且主要为国有企业劳动者，保险项目包括职工全部基本生活需要。此类模式在处理公平与效率的关系上，与福利性社会保险模式有相同之处。

（四）个人储蓄型社会保险

新加坡、马来西亚等新兴市场经济国家大都实行该类模式。它实行"个人账户积累"原则，通过强制的个人储蓄方式，由社会成员自己承担生活保障负担。它要求社会成员在有收入来源时适当储蓄以预防因年老、疾病、工伤、生育等丧失收入来源的风险。这种模式有利于树立自我保障意识，有利于保障劳动者的基本生活需要。但这种模式缺乏对保险基金的调剂适用，无法体现社会互助的功能。

上述四种模式各有利弊，没有一种是适合于各国的统一模式。而且各国均根据自身的经济发展阶段及国情特点，对现有模式进行改革，以适应各国的客观需

〔1〕《马克思恩格斯全集》（第 17 卷），人民出版社 1965 年版，第 449 页。

要。因此，各国间可比较借鉴，但不可能移植和照搬，这正是我国的社会保险制度改革和法制化中值得注意的一点，即要考虑以下若干因素。

二、影响社会保险立法的若干因素

（一）社会生产力发展水平因素

社会保险依赖于相当的物质财富的生产，因此社会保险受社会生产力发展水平的制约，有什么样的社会生产力水平就有什么样的社会保险。高于社会生产力发展水平的社会保险，超前消费，没有根基；低于社会生产力发展水平的社会保险，限制消费，违背了社会生产的目的，会损害人们的利益，只有保持与社会生产力发展水平相适应的社会保险才是恰当的。

（二）社会经济结构变异因素

社会保险属于社会保障的范畴，从根本上说是物质保障，是在一定经济基础上提出的保障要求，没有一定的社会基础就没有社会保险，社会保险深受经济结构的影响，不同的经济结构，如所有制结构、经济体制结构、管理结构、分配结构等都对社会保险影响深远。

（三）民族传统与历史文化因素

社会保险实质上是对社会弱者、社会不幸者的保护，保障他们作为人的尊严，所以，社会保险充满了人道主义和人文精神，与人性和文化有着密切关系，深受民族传统和历史文化的影响。

（四）人口因素

社会保险是对广泛社会成员的保险，是用一定的物质财富去满足其生存和发展的需要，因此，同是社会保险，但由于人口的不同而有所不同。在社会生产力发展水平一定的情况下，人口基数越小，社会保险水平越高。此外，社会保险水平还受人口结构的影响，如就业人口与失业人口比例、人口低龄化与老龄化、城市人口与农村人口比例等。

（五）地区差别因素

社会保险是在全国区域内进行，因此必须综合考虑全国各地的情况。在一个国家的区域内，既有经济发达地区，也有极端落后的贫困地区，地域间的发展水平差异很难在短时期内改变，因而在建立社会保险制度时，其社会保险程度在不同经济发展水平的地区之间，在城乡之间暂时还会有一定的差别。

三、社会保险立法的原则

（一）普遍性原则

普遍性原则，是指社会保险的范围应尽可能地扩及所有社会成员。我国《宪法》第45条第1款明确规定："中华人民共和国公民在年老、疾病或者丧失劳动力的情况下，有从国家和社会获得物质帮助的权利。国家发展为公民享受这些权利所需要的社会保险、社会救济和医疗卫生事业。"这就以根本大法的形式赋予广大劳动者以获得社会保险等方面的权利。事实上，社会保险作为一种社会安全制度，只有尽可能地扩大保险范围，才能充分发挥作用。

（二）与经济发展相适应原则

与经济发展相适应，是指社会保险的内容、项目、标准要和政府、单位、个人所能提供的财力、物力相适应。在西方，自进入 20 世纪 70 年代以来，一些高福利国家普遍遇到了经济困难，其表现主要是社会保险费用支出大大超过社会保险基金的增长速度，超越了国民经济的承受能力，致使财政负担过重、公民税负增加，并降低了产品的国际竞争力。这是值得我们引以为戒的。我国是一个大国，社会经济尚不发达，人民的生活水平普遍还不高。基本国情是发展社会保险事业的立足点，社会保险立法决不能无视这种状况。我们在确定社会保险项目、标准的立法时，一定要从我国的经济发展状况出发。

（三）满足基本生活需求原则

社会保险制度其目的是对社会成员的基本生活予以保证。人的需求是多层次的，但处于第一层次的是对基本生活的需求，即对衣、食、住的需求。社会保险制度的推行，有利于社会公平的实现，但如果保险的标准过高，就极易导致效率的损失。因为高标准的保险体系，必然促使部分社会成员滋长懒惰心理和不劳而获思想。我们绝不能为了追求"公平"而牺牲"效率"，甚至连低层次上的公平都难以维持。所以，社会保险立法必须贯彻满足基本生活需求的原则。

（四）权利与义务对应但不对等原则

权利与义务对应是指享受权利一般要承担相应的义务，而履行了义务一般也可以享受权利。社会保险关系实质上也是一种权利义务关系。在这一关系中，就保险当事人来讲，当他符合法定条件而取得社会保险金前，他必须依照社会保险法的规定，缴纳一定数量的社会保险费。可见，保险当事人在享受社会保险权利的同时，必须先尽缴纳保险费的义务。因此，社会保险立法必须体现权利与义务相对应的原则。但同时，我们还要注意到权利和义务的不对等性。在社会保险法律关系中，权利主体必须履行缴费义务，但与其享受的权利相比，其履行的只是一部分义务，即政府和用人单位还为其享受保险给付而缴纳了一部分保险费。因此，可以说权利、义务关系是对应的，不是对等的。

（五）强制性原则

强制性原则，是指社会成员是否参加社会保险不取决于本人的意愿，而是取决于法律的明文规定。社会保险不同于商业保险，商业保险一般以自愿为原则，而社会保险由于是以保证社会成员的基本生活和促进社会稳定为目标,不强制施行就难以实现其宗旨。社会保险采取强制性原则的好处有三:①能最大限度地把劳动者纳入到社会保险体系中,从而可以避免未参加保险者在遭遇困难时生活无着情况的发生;②按照大数法则,参加保险的人越多,风险就越分散,保险系数就越大;③可防止仅有风险大的人参加,风险小的人不参加,从而导致保险成本上升的情况出现。

四、社会保险法立法模式

社会保险法的立法模式,主要在于社会保险立法与社会保障立法的关系问题,是制定统一的《社会保障法》涵盖包括社会保险法在内的相关社会保障法律内容,还是分别颁布平行的《社会保险法》、《社会救助法》、《社会福利法》、《社会优抚法》等社会保障法律法规。综观世界各国相关的立法实践,主要有以下几种模式选择:①单一立法模式;②平行立法模式;③混合立法模式。我国的《社会保险法(草案)》已通过二审,可见我国采取的是平行立法模式,这是由我国的社会经济发展水平、民族与文化传统等因素决定的,是符合现实国情的选择。

五、社会保险法律体系

社会保险法的体系在很大程度上是由社会保险的体系所决定的。目前,我国的社会保险制度尚处于创建之中,许多问题有待于进一步研究。但根据发展目标和国外实践,我国社会保险体系大致由养老保险、失业保险、医疗保险、工伤保险、生育保险5个子系统构成。按照法的体系构成理论和社会保险制度的发展目标,我国的社会保险法律体系应是由社会保险法为龙头,以养老保险、工伤保险、失业保险、医疗保险、生育保险等行政法规为基础建立起来的一个有机联系的统一社会保险法律规范的整体。

(一)养老保险法律规范

养老保险法律规范是调整养老保险关系的法律规范的总称。养老保险亦称老年保险,是指通过建立养老保险基金,在劳动者达到法定退休年龄或因年老、疾病、工伤等原因丧失劳动能力而退出劳动领域后,为其提供物质帮助,保障其基本生活需求的一种社会保险制度。1991年之后,我国逐步建立起多层次的养老保险体系。在这种多层次养老保险体系中,基本养老保险可称为第一层次,也是最高层次,与企业补充养老保险和职工个人储蓄性养老保险相结合,目前主要是在城镇职工中实行。针对养老保险社会影响大、时间长、受益人多因而费用支出庞大的特点,其由国家立法强制实行。政府、用人单位和个人三方共同负担养老保险费用,以社会保险互济为手段来达到保障的目的。但是目前我国的养老保险制度仍存在诸多不完善，亟待《养老保险条例》、《农村养老保险条例》等法律法规的出台来进一步规制。

（二）失业保险法律规范

失业保险法律规范是调整失业保险关系的法律规范的总称。失业保险是指国家实行的通过建立失业保险基金，在劳动者因非自愿原因丧失工作后，为其提供物质帮助的一种社会保险制度。政府主要依靠建立失业保险基金，通过强制参加失业保险，强制履行缴费义务，将劳动力队伍中的大部分成员都覆盖在保险之中，同时辅以税收优惠。不论用人单位的性质，不论劳动者的身份及用工形式，在解除或终止劳动关系后，只要劳动者符合条件，都有权享受失业保险待遇。现行的 1999 年 1 月 22 日国务院颁布的《失业保险条例》是失业保险的重要法律依据之一；《社会保险法（草案）》也设了"失业保险"一章，但其内容还需要进一步完善。

（三）医疗保险法律规范

医疗保险法律规范是调整医疗保险关系的法律规范的总称。医疗保险是指国家通过建立医疗保险基金，在劳动者因疾病而导致金钱支出时，由医疗保险基金予以补偿的一种社会保险措施。医疗保险的运作方式是国家立法建立医疗保险基金，强制性地由政府、单位和个人缴纳医疗保险费，由社会医疗保险机构按规定提供一定费用支持个人获得医疗服务。医疗保险将集中在个体身上的健康风险、经济损失分摊给所有参加保险的社会成员，体现了社会保险风险共担和补偿损失两大主要功能。我国的社会医疗保险分成基本医疗保险、企业补充医疗保险和个人补充医疗保险三个层次。1998 年底国务院出台了《关于建立城镇职工基本医疗保险制度的决定》。2009 年 1 月 21 日，国务院审议并原则通过《关于深化医药卫生体制改革的意见》和《2009～2011 年深化医药卫生体制改革实施方案》。

（四）工伤保险法律规范

工伤保险法律规范是指调整工伤保险关系的法律规范的总称。工伤保险是指通过建立工伤保险基金，在劳动者因工伤而导致医疗费用支出和误工损失时，由工伤保险基金予以补偿的一种社会保险制度。按照 2003 年《工伤保险条例》的规定，国家依法向社会筹集资金，中华人民共和国境内的各类企业都应参加工伤保险社会统筹，其职工和雇工都有权享受工伤保险待遇。

（五）生育保险法律规范

生育保险法律规范是调整生育保险关系的法律规范的总称。生育保险是指通过建立生育保险基金，在妇女生育时由生育保险基金支付有关费用并给予相关补助的一种社会保险措施。1994 年，原劳动部颁布了《企业职工生育保险试行办法》，规范了生育保险制度的内容、标准、形式等。

■ 第四节 社会保险法与商业保险法

一、商业保险概述

（一）商业保险的概念

由于风险的客观存在对人们的生活构成巨大威胁，故人们总是希望有一种手段，一种方式来预防和规避风险。这就是人类社会长期以来形成的一种抵御风险的保险机制。

所谓保险，是指为确保社会经济生活的安定，运用多数机构和个人的集合力量，根据合理的计算，共同建立基金，对因特定危险事故所造成的财产损失给予补偿或对人身约定事件的出现实行给付的一种经济保障制度。[1]按照保险设立是否以营利为目的，保险可以分为商业保险和社会保险。

所谓商业保险是指通过订立保险合同运营，以营利为目的的保险形式，由专门的保险企业经营；商业保险关系是由当事人自愿缔结的合同关系，投保人根据合同约定，向保险公司支付保险费，保险公司根据合同约定的可能发生的事故因其发生所造成的财产损失承担赔偿保险金责任，或者当被保险人死亡、伤残、疾病或达到约定的年龄、期限时承担给付保险金责任。[2]

《中华人民共和国保险法》所指的保险就是商业保险。该法所称商业保险，是指投保人根据合同约定，向保险人支付保险费，保险人对于合同约定的可能发生的事故因其发生所造成的财产损失承担赔偿保险金责任，或者当被保险人死亡、伤残、疾病或者达到合同约定的年龄、期限时承担给付保险金责任的商业保险行为。

（二）商业保险的由来及特征

商业保险是最早出现的保险形式。据考证，在1424年的热那亚出现了第一家海上保险公司。这被看作是商业保险的萌芽。1669年，英国伦敦一位名叫尼古拉·巴蓬的牙科医生，受1668年9月20日伦敦一场大火的激发，独资开办了

---

〔1〕 朱大旗：《金融法》，中国人民大学出版社2007年版，第574～575页。

〔2〕 参见百度百科"商业保险"词条，载http://baike.baidu.com/view/53362.htm. 访问时间：2009年1月21日。

火灾保险营业所。1680 年，他创立了一家现代意义上的火灾保险公司。鉴于尼古拉·巴蓬在保险业上的杰出成就，后人将之尊为"现代保险之父"。后来，随着工业革命的发展和人们对保险认识的加深，商业保险的险种进一步增多，范围进一步扩大，作用也进一步突现。

商业保险虽然在应付风险、稳定社会上发挥着积极的作用，但其局限性也是很明显的。首先，商业保险一般以参保者的自愿投保为原则，存在着严重的逆向选择问题，难以最大限度地扩大参保面；其次，商业保险是作为一项产业来办的，国家不仅不予资助还要对其依法征税，故参保成本相对较高；最后，对于一些社会因素引发的风险（如失业风险），商业保险往往是无能为力。为弥补商业保险之不足，社会保险便应运而生。

二、社会保险与商业保险的联系

（一）两者的历史联系

从历史上看，社会保险的产生要比商业保险晚几十年甚至上百年。社会保险是在资产阶级国家壮大到具有足够经济实力，并积极干预经济和社会事务之后才产生的。社会保险从商业保险中继承了许多东西，以致社会保险的原理、计算和预测方法与商业保险基本相同，甚至业务活动所使用的术语也基本一致，如个人投保、投保费、风险、投保人、被保险人、保险人、承保、受益人等。

（二）两者存在的共性

从本质上，社会保险与商业保险都属于保险制度的范畴。两者只是依据设立目的不同而做的区分，两者都具有保险的根本特征，其共性主要表现在四个方面：①风险补偿。不管社会保险，还是商业保险，都是保护受保人遇到风险后能够获得一定的补偿，因而都是为受保群体服务的，都力图保障受保人免受风险连累。②建立基金。无论是社会保险，还是商业保险，两者都要求受保人事先缴纳保险费，作为他们享受保险待遇的先决条件。众所周知，商业保险实行"以收定支"，而社会保险实行"以支定收"，都要求受保人获益前先缴纳保费。③基金运营，即将建立的保险基金拿到市场上运营投放。商业保险的此项活动十分鲜明。而实行"个人账户"制的养老保险，此项举措也同样鲜明，尽管投放受到严格限制。④方法技术。二者预测风险的方法和技术，要求工作人员具备的知识和技能结构，乃至专业术语也颇近似。人们通过大量发生的事件，运用大数法则，统计资料和长期实践经验，来认识和掌握风险发生的规律，通过计算各种风险发生的概率来确定费率，征收保费。

（三）两者既分工又合作

商业保险作为一种商业行为，它的经营范围可以是无限广泛的，只要有哪种风险出现，且是可保之险，并且有利可图，商业保险都可提供保险服务。甚至就一些属于社会保险的项目，在原理上说，商业保险也是可以经营的。但是，由于社会保险的这些项目容易产生道德危险，商业保险往往不愿意经营，这就决定了社会保险必须担负起这些项目的保险责任，因为这些项目的一个共同特点就是对公民遇到的各种导致收入中断、生活失去来源的风险给予保障，没有这些保险，劳动者和社会成员就不能保证基本生活，况且社会保险也是公民依法享有的一项权利。因此，商业保险与社会保险有着明确的分工。

社会保险与商业保险虽然有明确的分工，但并非绝对对立，二者也是可以相互合作，相互补充的。对人身保险来说，企业（雇主）和工资劳动者在缴纳社会保险费后，如果有能力也有必要的话，完全可以向商业保险公司投保，并在遭受风险后从双方共同得到补偿。此外，由于受经济等多种因素的制约，社会保险不可能覆盖全体国民。这样，对于那些没有被覆盖的公民也可以通过商业保险来保护自己免遭风险的损害。

鉴于商业保险与社会保险在上述保险功能本质上的一致性，社会保险制度客观上又都存在这样那样的问题，因此，各国普遍采用多层次的社会保险体系。多层次的社会保险体系中商业保险是重要的一个层次。可以说，在一定程度上商业保险项目系统是社会保险系统的补充。

例如，孙先生今年27岁，在上海某重点大学毕业后，于2000年进入浦东一家大型国有企业从事技术工作，月工资收入在3000元左右。公司不仅为其提供了医疗保险、养老保险等一套完善的福利待遇，而且非常重视员工的个人发展，为其提供了广阔的晋升空间。参加工作以来，孙先生已经晋升了两级，月工资收入也随之升至6000元。孙先生平时生活非常节俭，几年下来，手中共有8万余元积蓄。他目前仍然单身一人，在公司附近租房居住，每月房租及其他开销为3000元左右。以目前的工资水平来计算，每月还有近3000元的结余，完全有能力购买一些意外、疾病等方面的商业保险。然而，孙先生一直认为自己所拥有的社会医疗保障已经很完善，今后结婚、买房、赡养父母、养育子女需要很多资金，还是应该尽量多积攒些钱，减少些不必要的花销，所以，他始终没将购买商业保险放在心上。天有不测风云。2005年上半年，孙先生突患急性肺炎住院治疗，共花去医疗费用8000元。祸不单行，时隔3个月，孙先生周末出外散步，过马路时被一辆飞驰而来的摩托车撞伤，导致小腿骨折，共花去医疗费用6000元。孙先生原以为凭医疗保险卡去医院就医，一切费用都可由医保卡中的个人账户资金和社会统筹资金承担，自己不需要支付太多的费用。而实际情况却让孙先生大为震惊：他一年之内支付的两次医疗费用共计14000元，其个人医疗保险账户卡中原有的 1500 元全部花完后，个人还得另外支付近 7000 元的医疗费用，而社会保险统筹部分只承担了 5500 元左右。[1]

从以上案例可以看出，社会保险化解风险的程度是有限的，在一定范围内和一定条件下，商业保险完全可以成为社会保险的有益补充。

三、社会保险与商业保险的区别

(一) 两者的保险目的不同

商业保险是营利性的，其目的就是获取利润，即通过出售保险服务取得营业利润。经济利益至上是一切商业保险的宗旨，至于通过风险赔偿而取得的社会效益，即使受保人获得财产和人身安全感，那不过是保险利润的副产品而已。

相反，社会保险则不以营利为目的，其出发点是为了保证劳动者在遭受各类风险后仍能继续享有基本生活，维护公民享有的合法权益。可见，社会保险是把社会效益放在第一位。当然，这并不意味着社会保险不考虑经济效益。社会保险在完成其社会效益目标的进程中，同样要注重经济效益，注重基金的保值增值，做到收支相抵，略有结余。事实上注重经济效益，也是为了取得更好的社会效益，若全然不顾经济效益，社会效益也无法实现。只是说，社会保险在必要的时候，可以不顾经济效益而把社会效益放在首位。

(二) 两者的法律依据不同

商业保险的法律依据是商业保险法。政府主要依法对商业保险进行监管，保护投保人的利益。社会保险是国家规定的劳动者应享有的权利，其法律依据是社会保险法律。

(三) 两者的保险原则不同

商业保险具有自愿性，而社会保险具有强制性。商业保险中，保险人与被保险人之间完全是一种契约关系。投保人是否参加保险，保险人是否同意承保，一般均取决于双方的自愿，不得强制。但社会保险是国家通过立法来执行的一项社会政策。为了克服商业保险存在的逆向选择问题，社会保险采用强制保险的原则，即任何单位和个人，都应依法参加社会保险，否则将依法承担法律责任。如《社会保险费征缴暂行条例》第 10 条规定："缴费单位必须按月向社会保险经办机构申报应缴纳的社会保险费数额，经社会保险经办机构核定后，在规定的期限内缴纳社会保险费。缴费单位不按规定申报应缴纳的社会保险费数额的，由社会保险经办机构暂按该单位上月缴费数额的 110% 确定应缴数额；没有上月缴费数

---

[1] 刘文化："商业保险：社会保险的必要补充"，载 http://www.p5w.net/insurance/bxzx/200511/t249565.htm.

额的，由社会保险经办机构暂按该单位的经营状况、职工人数等有关情况确定应缴数额。缴费单位补办申报手续并按核定数额缴纳社会保险费后，由社会保险经办机构按照规定结算。"《社会保险费征缴暂行条例》第 26 条规定："缴费单位逾期拒不缴纳社会保险费、滞纳金的，由劳动保障行政部门或者税务机关申请人民法院依法强制征缴。"

社会保险的强制性，不仅体现在参加的强制性上，而且投保费率的制定和改变，投保费比例的制定和调整，以及各项保险待遇标准的确定和调整，都要受到法律的规制。

需要指出的是，一般说，社会保险具有强制性，而商业保险具有自愿性，但也有例外。例如，依据《机动车交通事故责任强制保险条例》，机动车交通事故责任强制保险（俗称交强险）属于商业保险，但是却具有强制性。极少数社会保险项目也允许当事人自愿选择是否参加。

（四）两者的资金来源不同

商业保险中的保险费由投保人交纳，投保人可以是被保险人本人，也可以是对保险标的享有保险利益的其他人。商业保险一般不存在保险费分担的问题。

社会保险则不同，它一般是通过立法强制工资劳动者以及用人单位、雇主参加，并强制定期缴纳社会保险费。拖欠缴纳，要受到经济的乃至法律的惩处。由于强制每个工资劳动者定期交纳社会保险费，所以社会保险是一种大家分担风险，个人受惠的社会机制，体现了劳动者之间互助互济的关系。由于强制每个雇主缴纳社会保险费，而他们却无权享受社会保险待遇，因此体现了社会公平的原则，使收入丰厚的雇主阶层的部分收入再分配到了劳动者手中。在有些社会保险中，只需要雇主单方承担缴费责任，例如工伤、生育保险；部分社会保险中，困难劳动者的缴费由政府给与补贴，例如《社会保险法（草案）》第 21 条规定："城镇居民基本医疗保险和新型农村合作医疗实行家庭缴费和政府补助相结合。缴费和补助标准由省、自治区、直辖市人民政府规定。享受最低生活保障的人、丧失劳动能力的重度残疾人、低收入家庭 60 周岁以上的老年人等所需家庭缴费部分，由政府给予补助。"

（五）两者的权利义务对应性不同

商业保险是等价交换，权利义务是完全对等的。保险金额取决于投保时缴纳保费的多少，以投保额决定偿还额，即多投多保，少投少保，不投不保。保费率的高低由危险决定，危险大者费率高。

社会保险则不同。虽然社会保险基金来自政府、雇主和个人三个方面，但社会保险参与主体的权利和义务是不对应的。表现在即使承担缴纳社会保险费的义务，但实际上并不一定不享受获得保险金；同时，即使个人缴纳的保险费和享受的保险金也并不是绝对对等的，甚至低收入者免缴社会保险费，照样享受社会保险的权利。权利和义务不对应性，体现出社会保险一定程度上收入再分配的性质。

此外，商业保险的保障水平完全取决于投保人缴纳保险费的多少和投保时间的长短。社会保险的待遇水平在于保证劳动者的基本生活需要，与社会经济发展水平、整体国民收入状况、物价指数等相关。

（六）两者的覆盖对象不同

从理论上说，商业保险覆盖一切自愿投保的国民。不管是劳动者还是非劳动者，任何人只要投保即可享受相应的保险赔偿。而实际上，商业保险覆盖的对象大多是有产阶级，因为只有这个阶层才有能力支付高额保险费，而对低收入的劳动者，往往无投保能力。

社会保险则不同，它只为工资劳动者、雇佣劳动者服务，不把保护伞覆盖到雇主阶层头上。社会保险保护的只是工资劳动者损失工资收入的风险，而不保护雇主阶层经营损失和利润的风险。不仅如此，为了保障每个工资劳动者都有可能享受社会保险待遇，社会保险宁可对工资低于一定标准的劳动者不征收保险费，待其工资提高到规定标准再提取，这是任何商业保险所难以做到的。

（七）两者的管理体制不同

商业保险属于金融体制范畴，以国家有关部门审查和批准的专门经营保险业的法人为主体，各种保险公司独立核算，自主经营，自我发展。社会保险属于国家行政管理体制范畴，以主管社会保险制度的各级政府职能部门及所属的社会保险事业机构为主体。在我国，商业保险由中国保险监督管理委员会负责监督管理，而社会保险则由中华人民共和国人力资源和社会保障部负责监督管理。

第三章 养老保险法律制度

■ 第一节 养老保险法概述

一、养老保险与养老保险法的定义

养老保险，是指劳动者在达到法定退休年龄或因年老、疾病丧失劳动能力时，退出工作岗位、终止劳动关系并享受社会给予的一定物质帮助的一种社会保险制度。我国的离休、退休、退职制度就属于养老保险范畴。

养老保险法是调整养老保险当事人之间因养老保险的参加、享受、管理和监督而发生的社会关系的法律规范的总称。养老保险法的调整对象是政府、养老保险经办机构、用人单位以及劳动者之间因养老保险的参加、享受、管理和监督而发生的社会关系。养老保险法是规定为保障劳动者因年老丧失劳动能力而解除劳动义务后，由国家和社会提供物质帮助，以保障劳动者老年的基本生活的一种社会保险法律制度。养老保险的建立和发展，必须以完善的养老保险法律制度为保障，以确保其稳定性和连续性。

目前，由于世界各国的社会制度不同，经济发展水平不等，文化历史各异，建立养老保险法律制度的时间先后不一，因而形成了不同类型的养老保险法律制度。按照通常的分类标准，世界上实行养老保险制度的国家可分为四种模式，即自保公助型（也叫传统型）养老保险、福利国家型养老保险、强制储蓄型养老保险（也称公积金模式）和国家型养老保险。

第一种模式为"传统型"养老保险法律制度，美国、日本等许多发达的资本主义国家都实行该类制度。这类养老保险法律制度坚持"选择性"的保障原则，即对不同的社会成员适用不同的保障标准，养老保险费用由国家、雇主和劳动者三方负担，养老保险的待遇给付标准与劳动者的收入和养老保险交费相联系，强调劳动者个人在养老保险方面应承担的责任。

第二种模式为"福利型"养老保险法律制度，英国、瑞典、挪威等西欧和北欧部分国家实行该类制度。这类养老保险法律制度坚持"普遍性"的保障原则，养老保险基金主要来源于国家税收，包含养老保险在内的社会保障的范围包括"从摇篮到坟墓"的各种生活需要，给付的待遇标准是统一的。这种制度下的养老保险待遇水平过高，国家负担过重，正在被迫进行调整。

第三种模式为"国家型"养老保险法律制度，前苏联以及东欧等国家都曾实行该类制度。这类养老保险法律制度坚持国家的保障原则，养老保险费用由国家和用人单位负担，职工个人不必缴纳保障费用，养老保险的范围包括了职工的基本生活需要，养老保险事务由国家统一设立的保险组织经办，职工参加管理。这种养老保险制度的弊病很大，保险费用完全由国家和用人单位包揽，造成企业负担过重，不利于企业参与市场竞争，不利于劳动力合理流动，不利于职工个人树立自我保障的意识。中国在计划经济条件下曾经实行的养老保险法律制度，也属于该种模式。

第四种模式为"储蓄型"养老保险法律制度，新加坡、马来西亚等新兴市场经济国家大都实行该类制度。这类养老保险法律制度实行"个人账户积累"的原则，养老保险费用由劳资双方按比例交纳，以职工个人名义存入个人账户，在职工退休或有其他生活需要时，将该费用连本带息发给职工个人。这种养老保险法律制度有利于树立自我保障意识，鼓励人们的劳动积极性，有利于保障劳动者的基本生活需要，但它也存在不能对保险基金进行必要的使用调剂和不能发挥养老保险的互助功能的缺陷。

另外，我国根据本国的具体国情，在传统和公积金模式的基础上，创造性地实施了"社会统筹与个人账户相结合"的基本养老保险模式，经过近十年的探索与完善，已逐步走向成熟。随着时间的推移，这一模式必将成为世界养老保险发展史上越来越具影响力的基本模式之一。

二、养老保险法律制度的特点

（一）养老保险的一般特征

在全世界范围内，养老保险都是社会保险法律制度中最重要的一种制度安排，具有以下几个一般性特点：

1. 强制性。由国家立法强制实施，企业单位和个人都必须参加，符合养老条件的人，可向社会保险部门领取养老金。

2. 互济性。社会养老保险基金的来源，一般由国家、单位和个人三方或单位和个人双方共同负担，并实现广泛的社会互济。

3. 普遍性。由于其具有社会性，影响很大，享受的人多且时间较长，费用支出庞大，所以必须设立专门机构，实行现代化、专业化、社会化的统一规划和管理。

4. 长期性。参加养老保险的人员一旦达到享受待遇的条件或取得享受待遇的资格，就可以长期享受待遇直至死亡。其待遇水平基本稳定，通常是逐步提高的，而不会下降。

（二）我国养老保险的特征

在我国，养老保险除了具备上述共同一般性特征外，还具有以下特征：

1. 参加保险与享受待遇的一致性。其他社会保险项目的参加者不一定都能享受相应的待遇，而养老保险待遇的享受人群是最确定、最普遍、最完整的。因为几乎人人都会进入老年，都需要养老。参加养老保险的特定人群一旦进入老年，都可以享受养老保险待遇。

2. 保障水平的适度性。养老保险的基本功能是保障劳动者在年老时的基本生活，这就决定其保障水平要适度，既不能过低，也不能过高。一般来说，养老保险的整体水平要高于贫困救济线和失业保险金的水平，低于社会平均工资和个人在职时的收入水平。

3. 保障方式多层次。广义的养老保险，不仅包括法定的基本养老保险，还包括用人单位建立的补充养老保险（企业年金）、个人自愿参加的储蓄性养老保险等。

4. 与家庭养老相联系。养老保险的产生和发展，逐步取代了传统家庭养老的主要功能。但养老保险并不能完全替代家庭养老。我国的宪法或法律都规定了公民有赡养老人义务的原则。《社会保险法（草案）》也规范了城乡居民家庭的养老保险内容，因此，养老保险与家庭养老是相互联系、相得益彰的统一体。

三、养老保险的适用对象和养老的范围

在社会保险法律制度中，相比较而言，养老保险保障对象或者称养老保险保障覆盖面应当是最为广泛的。就一般意义而言，养老保险的保障对象是全体劳动者。也就是说，每个劳动者都有权利获得他们年老时所需要的生活补偿。这一点明显区别于其他社会保险项目。

在养老保险中，参加保险的人数与享受保险待遇的人数从长远看几乎是一致的，凡参加养老保险的人，最终都会享受养老保险待遇，而其他社会保险在这二者之间存在着数额上的差异，体现多数人分担少数人的生活负担。养老保险体现的是劳动者现在分担未来的生活负担，以及"下一代赡养老一代"的代际分配。

当然，从发达国家来看，他们也不是一开始就把全体劳动者纳入养老保险的覆盖范畴，而是针对不同行业的劳动者的特点有所选择的。随着社会经济的发展和养老保险制度的完善才逐步将养老保险的覆盖面扩大到全体劳动者。现行有效的有关养老保险的国际公约和建议书对养老保险实施范围的规定主要有：

1. 1952 年的《社会保障（最低标准）公约》（第 102 号公约）第 27 条规定，老龄津贴的受保人应当包括：①规定类别的雇员，其在全体雇员中的构成不低于 50%；②规定类别的经济活动人口，其在全体居民中的构成不低于 20%；③凡在意外事故期间，其收入不超过根据第 67 条要求制定的限度的居民；④在根据第 3 条所作声明业已生效时的情况下，在雇佣 20 人或 20 人以上的工业工作场所的规定类别的雇员，其在全体雇员中的构成不低于 50%。

2. 1967 年的《残疾、老年和遗属津贴公约》（第 128 号公约）第 16 条规定，受保人一般应包括下列人员之一：①含学徒工在内的全体雇员；②规定类别的经济活动人口，其总量应至少为经济活动人口的 75%；③全体居民，或在不测事件期间，其收入不超过依照第 28 条规定所定限度的居民。

但有关会员国根据第 4 条作出保留声明的，受保人应包括下列人员之一：①规定类别的雇员，其总数至少占全体雇员的 25%；②规定类别的工业企业雇员，其总数至少占工业企业全体雇员的 50%。

3. 同样是 1967 年通过的《残疾、老年和遗属津贴建议书》（第 131 号建议书）规定，会员国必要时分阶段地把实施有关残疾和老年津贴的本国法规扩大到下列人员及其妻子、孩子和由法律指定负担的其他人：①临时打工人员；②各类经济活动人员。

养老的范围即指退休的年龄范围，是一个国家为了社会经济发展的需要，根据人口的平均寿命及劳动力供求状况对劳动年龄所作的上限的规定。对每一个劳动者来说，具有达到退休年龄才具备享受退休待遇的最基本条件。

世界上不少国家把退休年龄确定为男 60 岁，女 55 岁，也有些国家规定为男 65 岁，女 60 岁。约有半数国家规定男女劳动者退休年龄相同。退休年龄的高低直接影响养老保险基金的筹集和发放。降低退休年龄，支付的养老保险费用相对增多，同时还可能对国家人力资源供给和企业补充养老保险产生重大影响。因而，基于养老保险基金收支平衡的考虑，不少国家准备将退休年龄延长。

四、养老保险的作用

养老保险的产生与发展，是与国家的政治、经济和社会文化紧密结合在一起的，它是社会化大生产的产物，也是社会进步的标志。养老保险具有如下重要作用：

1. 养老保险的首要作用就是劳动者老有所养，保证劳动者在被依法解除法定劳动义务之后能够获得一定生活保障。这样劳动者在从事劳动期间就能安心工作，不必为老年生活而担忧，从而影响劳动者的积极性。

2. 养老保险具有调节收入分配的作用。养老保险具有收入再分配的功能，能使劳动者在劳动期间和退休期间的收入达到合理分配。劳动者有从事劳动的义务和权利，当然在退休后也有享受养老保险的权利。因劳动者在劳动期间创造了物质财富，不但在劳动期间要获得工资等形式的收入，而且在解除法定劳动义务后也应获得生活补偿，这就是养老保险的基本作用。

3. 养老保险具有调动劳动者积极性和提高劳动生产率的作用。养老保险保证了劳动者解除法定劳动义务后的基本生活，解除了劳动者的后顾之忧，有利于激发劳动者的劳动积极性，从而促进劳动生产率的提高。

4. 养老保险具有保障社会安定的作用。每个劳动者都很关心自己的老年生活保障，如果每个劳动者在老年都能获得可靠的生活保障，则必将促进整个社会的安定，促进社会的进步和发展。[1]

■ 第二节 中外养老保险法制发展概况

一、国外的养老保险法制发展概况

在国际社会中，养老保险从产生、发展迄今已经有一百多年的历史。起初，当社会养老保险刚刚出现在德国之际，世界上只有一种模式，被称为"俾斯麦模式"。"俾斯麦模式"，属于自保公助型社会养老保险。最初，劳动者个人及其雇主负担养老保险所需资金的半数，另一半由国家资助。后来，养老出现了覆盖对象的普遍化和有选择化两种形式。尽管如此，社会养老保险的固有模式——"俾斯麦模式"的基本要点并未大变，比如，投保制依旧，投保费比例依然是等比制，国家依旧让税让利等等。尽管美国联邦政府不从财政上直接资助社会养老保险事业，而有别于实行"俾斯麦模式"的德、日、英等国，但当20世纪80年代美国基本退休金出现严重入不敷出时，联邦政府还是拿出财政资金，帮助填补了赤字。

20世纪30年代又出现了前苏联的"国家保险"模式，并在50年代后扩及若干社会主义国家。"国家保险"模式把社会保险作为单一的国家行为推到空前高度，从其覆盖的范围、投保规定直到给付水平，国家统一包揽起来。投保，其

---

[1] 黎建飞编著：《劳动法和社会保障法》，中国人民大学出版社2003年版，第367页。

实也是国家资金支付，因为国有企业不过是国家的机构之一。最重要的变化是在二战后，20 世纪下半叶，并存于世的社会养老保险模式不仅有"俾斯麦模式"，还有前苏联等社会主义国家实行的"国家保险"模式，以及实行"中央公积金"的新加坡模式和"个人储蓄养老账户制"的智利模式。尽管养老保险模式不同，但也可归纳出如下共性制度内容：

（一）养老保险的待遇

世界各国都根据本国的国情、社会经济发展情况、道德标准、民族风俗习惯、举办社会保险时间的长短等因素，来确定养老保险的待遇。

就养老保险待遇的给付范围而言，因各国国情不同而有所不同，但总的来说给付的范围比较广泛，不仅包括被保险者本人，还包括其没有收入的配偶、未成年的子女以及其他由被保险人抚养的直系亲属在内。实行普遍养老金制度的国家，有的还包括在本国居住满一定年限的外国公民。

就给付项目而言，除基本退休金外，还包括低收入补助、护理补助、超龄退休补贴、配给未成年子女补贴和定期调整退休金等。

（1）基本退休金，是指按均一制或薪金比例制，发给被保险人本人用以维持生活的部分，其水平多与本人退休前工资高低相联系，或与全国（或地区）平均收入相联系。

（2）低收入补贴。欧美一些发达国家都规定有最低收入线，对于退休金收入也规定有最低收入标准，凡符合此标准者均给予低收入补贴。爱尔兰、丹麦、瑞士、希腊等国亦有此类规定。

（3）看护补贴。对于患有重病或因残疾丧失生活自理能力的被保险人，一些国家规定给予看护补助。如瑞士规定，这些人可领取相当于最低养老金20% ~ 80%的看护补贴。

（4）配偶、未成年子女及其他提供养亲属补贴，此项属于基本退休金以外的附加补贴。多数国家都有此项规定。如配偶补贴，美国规定 65 岁以上的无业寡妇可享受其夫养老金的100%，日本、法国为50%，奥地利、葡萄牙为60%，比利时、瑞士为80%。

（5）超龄退休补贴，是指被保险人在超过法定的退休年龄或工龄之后退休时，可领到比原规定更多的养老金。前苏联和东欧一些国家都有此项规定。

（二）养老保险基金的筹集方式

养老保险金的来源，也叫养老保险基金的筹集渠道，是指养老保险费的负担主体。养老保险基金来源是维护养老保险体系的资金支撑，如果没有资金，整个养老保险制度就无从谈起。因此，可以说，养老保险金的来源是养老保险制度最基础的部分。

筹集社会保险基金的基本原则是收支平衡，即筹集社会保险基金和按规定需要支付的社会保险费用要基本平衡。收支平衡原则有两种不同的实现形式，即"横向平衡"和"纵向平衡"。横向平衡是当年（或几年内）筹集的基金总额应与其所需支付的费用保持平衡。这是一种近期的平衡。纵向平衡是对参加社会保险的单位或个人，在其全部缴费期间所提取的基金总和（包括银行利息和基金运营回报）应与其在全部享受保险待遇期间所需费用总和保持大体平衡。各国在资金来源和风险上形成了养老保险费分担的三种主要模式：

1. 雇主和被保险人共同负担。企业（雇主）与个人双方集资，双方缴纳保险费的金额有相等的，也有雇主略高于个人的。采取这种方式的有法国、美国、原民主德国、罗马尼亚、菲律宾、印度尼西亚等国家。

2. 雇主、被保险人和政府三方按规定的比例负担。国家、企业（雇主）和个人三方集资，即个人年金由本人自愿投保，企业年金由企业主按一定比例为职工缴付保险金，公共性年金则完全由国家财政负担。三方面之间的比例，可以是相同的，也可以视工资的高低或工资级别实行累进比例制。采取这种方式的有英国、德国、意大利、日本、奥地利等国。

3. 雇主和政府共同负担。由政府和企业（雇主）集资，一般采取税收方式。保险基金全部由国家和企业包下来的国家有瑞典、丹麦、挪威。

（三）养老保险基金的管理机构

大多数国家的退休金管理业务，由各种半独立性机关或基金会负责，管理机关只受政府一个部门的监督，工作上有其独立性。管理机关通常由受益人、企业（雇主）、政府三方代表组成的理事会负责。也有一些国家的退休金业务由政府的一个部门直接管理。法国的管理机关为全国养老保险基金会，由卫生和社会保障部全面监督和颁布法规。德国的管理机关为联邦薪金雇员保险局，由联邦劳动和社会事务部全面监督。美国的管理机构为社会保障总署，由卫生、教育与福利部全面监督。意大利由全国社会保障协会管理，受劳工与社会福利部与财政部一同监督。日本由社会保险厅管理，受厚生省全局监督。

（四）养老金的调整机制

养老金水平的调整也被称为养老金的保值。像其他人员一样，退休人员会受到经济波动的影响，其养老金的购买力也会因物价上涨而降低。考虑到物价变化和在职人员工资收入增加，目前大多数国家调整了对那些不在工作的人的津贴。一些国家通过法律确定长期津贴的调整指标，而另一些国家则由主管局行使自决权。目前在国外，一般采取四种方法来保障被保险人的实际收入水平。第一种方法是退休金随物价指数上升而增加，美国、日本、瑞典等国多采取这种方法。第二种方法是职工工资水平提高时，也相应提高退休金，采取这种方法的有德国、法国、阿根廷等。第三种方法是退休金与物价上涨和工资增长双挂钩，如英国规定退休金根据每年的物价预测和工资的增长而调整，瑞典规定退休金每两年或物价增长 8% 以上调整一次。第四种方法是在普通养老金之外加发与工资收入挂钩的退休金，如英国、挪威、丹麦、加拿大和新西兰等国。

（五）养老保险制度改革的趋势

1. 财务制度多样化。社会养老保险基金的财务制度，传统上采取的是 19 世纪 80 年代德国的办法，即现收现付方法。现收现付财务制度，就是根据当年对今后一个时期社会养老保险金的需要，来确定必须筹措的社会养老保险费用，确定总投保费及费率，尽可能使筹集到手的社会养老保险基金多于养老金支出，但又不过多过高，而是略略超过，只留些许积累。这种财务制度是在人口年龄结构年轻化的时期通用的方法，无风险。但随着人口老龄化趋势的加剧，现收现付筹集到的基金就有不足以安度老龄化高峰期的危险。此外，现收现付制保持退休一代受年轻在业一代供养，代代相传。在老龄化社会到来后，在业人口供养的退休老人越来越多，这种代际供养模式再也难以为继。

正是上述原因，导致养老保险必须寻找一种新的财务制度，此时，完全基金积累制就应运而生了。这种财务制度既要保证每一代自己供养自己的晚年，同时又要保证不致出现养老保险基金不能满足养老金支出的弊端，因为个人账户制度决定了受益人自己管自己，而与他人无关。但是实行完全的基金积累制相当复杂，要求对未来经济、社会、人口发展的科学预测，而且要求统计资料相当完整。更何况，采用这种财务制度，要求善于管理养老保险基金，善于运营投放这笔资金并力争有好的回报率。有鉴于此，对于完全基金积累方法，各国都持审慎态度，尤其是这种方法推出的养老保险基金和模式，不再体现养老保险固有的公平原则。

最受各国青睐的是部分积累制财务制度，这是因为，这种财务制度兼有现收现付制的长处——简单、管理费低、容易操作，又有完全积累制的长处——积累一笔雄厚的社会养老保险基金，以安然运行在高龄社会之中。美国以及北欧各国，也都在采用部分积累的方法。

尽管如此，在失业、工伤社会保险领域，现收现付式的财务制度依然十分适用，且还会继续保持下去。这也是可以理解的：对失业、工伤不能做一个几十年长久时期的精确预测，加之失业者比例、工伤人士比例毕竟很小，形成的保险基金不大，不可能也没有必要像养老保险基金那样拿到市场上投放。

2．**基金运营成为趋势**。20 世纪 70 年代以后，实施社会养老保险的国家人口开始老龄化，加上经济变动激剧，越来越多的国家改变社会养老保险基金管理的格局，将其变为由代表不同受益人群的基金会管理并有计划地向市场投资。日本把国民年金和厚生年金的基金，即一般公民和私营企业员工的基本养老保险基金，交给大藏省资金运用部掌管，严格控制投放；但其余的年金基金，即国家公务员年金基金、地方公务员年金基金、农林渔团体年金基金、私立学校员工年金基金等，一律交给这些年金的基金会管理，任其自主投放。这样，在养老保险基金管理运营投资方面，日本不同于美国，也有别于欧洲一些国家，采取了集中与分散的管理办法，也就是"政府抓大头，各个基金会负责小头"的方式。新加坡对养老保险基金的运营投放，开了一个先声，投资渠道广，投资收益大，投资大权由政府掌握。

目前，几乎所有实行社会保险的国家都已经开始重视基金的运营回报，主要原因是：广福利、高福利政策使"福利国家"的政府背上越来越沉重的保险金和福利服务支付的财政担子。而且，人口老龄化日益加剧，新一代供养老一代的养老保险难以为继，要将原有模式改为自己供养自己的自我保障模式，就必须对养老保险基金在积累的基础上寻求增值。同时，养老保险基金开始走向分散化管理也为基金更自由地运营投放创造了可能。

3．**养老保险多层次化**。当养老保险问世时，大多数受益人只能获得单一层次的社会养老保险金给付，少数受益人则有可能获得两个层次的退休金，即基本退休金另加企业养老保险金。就养老保险的历史而言，先是商业保险问世，继之是企业补充保险，最后才是社会养老保险。社会养老保险一经问世，国家政权权力也就努力利用社会保险巩固自己。正因为此，在基本养老保险领域，继单一层次的雇员基本退休金出台之后，又出现了普遍养老金，以及受益人直接亲属在受益人故世后亦可享有的附加年金。二战以后，随着社会保险事业充分发展，层次越来越多的退休金问世，更增加了人们度过晚年的生活保障。在美国，少数能力强的投保者，一生甚至可以拿到 5～7 份退休金，便是一个较好的例证。

二、我国养老保险法制发展概况

纵观世界各国养老保险制度的建立，不难看出，这些保险制度都是以立法为先导，我国也不例外。新中国养老保险立法始于 50 年代初期，其立法进程大致可分为以下几个阶段：

（一）建国初期至"文化大革命"前——实行两套制度

1．城镇企业职工养老保险。以 1951 年 2 月 26 日政务院颁布的《中华人民共和国劳动保险条例》（1953 年修改）为依据，规定企业或雇主按职工工资总额的

3%缴纳劳动保险基金，由中华全国总工会委托中国人民银行代理保管，并在全国范围内调剂使用。由于这个基金完全没有职工个人的缴费积累，所以实际上它是一种现收现付的制度。

2. 国家机关、事业单位工作人员养老保险。1955年12月，国务院颁发《国家机关工作人员退休处理暂行办法》、《国家机关工作人员退职处理暂行办法》建立了国家机关、事业单位工作人员的养老保险制度。它与企业职工的养老保险办法比较，主要是待遇标准上不统一：退休金企业工人为本人工资标准的35%~70%，机关、事业单位工作人员为50%~80%。

由于两种制度在待遇标准上的不统一，在工人和干部之间造成了一定的影响，因此，1958年国家根据当时的情况，将企业和国家机关、事业单位工作人员的养老保险的两个办法，在适当放宽养老条件和提高待遇标准的基础上作了统一规定。此规定在沿用了20年后，于1978年由国务院《关于工人退休、退职的暂行办法》和国务院《关于安置老弱病残干部的暂行办法》所取代。

（二）"文化大革命"期间的养老保险制度

"文化大革命"开始后不久，财政部于1969年2月发布了《关于国营企业财务工作中几项制度的改革意见》，规定不再向国营企业提取"劳动保险费"，企业支付的退休金改在"企业营业外列支"，即从企业利润中列支。这样，社会保险基金被取消，企业自行筹集包括养老保险基金在内的劳动保险费用，全国范围内的企业退休基金不存在了，在全国各企业间也不能灵活调剂退休金余缺，同时社会保险工作受到冲击，社会保险机构被撤销，养老保险实际上变成了"企业保险"。

以1951年的劳动保险条例及70~80年代间的有关法规为依据，中国建立了城镇劳动者的离退休制度，它在社会保险制度尚未全面建立的当代中国，是中国社会保险的主要项目。从现行离退休制度的内容来看，它主要包括干部离休制度、干部退休制度及职工退休、退职制度，其实施范围限于国家机关和全民企业事业单位的离退休人员，以及部分集体单位的退休人员。

（三）20世纪80年代初至今——养老保险制度的改革

80年代以前的我国养老保险是一种传统的企业或国家型的养老保险，随着经济体制改革的深化，这种企业自我保险的体制日益难以为继。因此自经济体制改革以后，国家针对养老保险制度存在的一些弊端进行了改革：

1. 19世纪80年代初期开始，在一些地方进行国有企业职工退休费用社会统筹试点。从1984年开始，在广东、江苏和辽宁等省的少数市、县，首先进行了国有企业职工退休费用社会统筹的试点。在试点取得较大进展的基础上，1986

年全国各地开始全面推行养老保险社会统筹。其方法是：市、县或省的劳动部门，根据当年当地养老金的支出，确定社会统筹基金的缴纳比例，统一向企业征收，再根据需要返还企业，由企业负责发放。

2. 1986 年国务院发布《国营企业实行劳动合同制暂行规定》（已废止），建立劳动合同制工人养老保险制度。1986 年中央政府决定国有企业新招收的工人一律实行劳动合同制，国务院发布《国营企业实行劳动合同制暂行规定》（已废止）规定劳动合同制工人的退休养老办法：企业按照劳动合同制工人工资总额的 15% 左右，劳动合同制工人按照不超过本人标准工资的 3% 缴纳退休养老基金。

3. 建立了专职的社会保险管理机构。1990 年劳动部又开始了改革养老金计发办法的试点工作，提出基本养老金由两部分组成，第一部分按职工退休时当地社会平均工资一定比例计发，第二部分按职工本人缴费年限长短和指数化月平均缴费多少计发。而后，地方各级政府又建立了专职的社会保险管理机构，归属劳动部指导。

4. 建立了多层次的养老保险制度。根据各地的改革经验，1991 年 6 月 26 日国务院发布了《关于企业职工养老保险制度改革的决定》，提出：养老保险基金实行国家、企业、个人三方负担，建立个人缴纳养老保险费制度，建立国家基本养老保险、企业补充养老保险和个人储蓄性养老保险多层次的养老保险制度等改革方案。同时在一些城市进行基本养老保险社会统筹和个人账户相结合的试点。1995 年 3 月 1 日发布了《关于深化企业职工养老保险制度改革的通知》，进一步明确企业职工养老保险制度改革的方向、原则和主要任务，提出改革的目标为：到 20 世纪末，要基本建立起适应社会主义市场经济体制要求，适用城镇各类企业职工和个体劳动者，资金来源多渠道、保障方式多层次、社会统筹与个人账户相结合、权利与义务相对应、管理服务社会化的养老保险体系。1997 年 7 月 16 日，国务院发布《关于建立统一的企业职工基本养老保险制度的决定》，为进一步确定"社会统筹与个人账户相结合"的模式为中国城镇企业职工基本养老保险的统一模式，提出了全国统一的养老保险办法。

此外，在实施养老保险制度改革的过程中，各地根据国务院和劳动部的有关文件精神，结合本地区的实际情况，也先后制定了许多地方性的法规和规章。如广东省于 1993 年 6 月 7 日发布了《广东省职工社会养老保险暂行规定》（已修改）；海南省于 1993 年 12 月发布了《海南经济特区城镇从业人员养老保险条例》（已修改）；上海市 1993 年 2 月推出了《上海市城镇职工养老保险制度改革实施方案》，1995 年又连续出台了《上海市城镇私营企业职工养老保险办法》、《上海市城镇个体工商户及其帮工养老保险办法》、《关于本市外商投资企业中国职工退休后计发养老保险金办法》，将各类企事业单位的养老保险纳入了统一的轨道。

三、我国养老保险法律制度存在的不足与完善

（一）养老保险的收支平衡等问题是现行养老保险制度中一些突出的问题

1. 传统的现收现付制度现在还处于支配地位，而新制度最终取而代之的趋势隐含了一些重大的结构性缺陷。"城镇职工养老和医疗保险金由单位和个人共同负担，实行社会统筹和个人账户相结合"，即为每个职工设立一个个人账户，实行个人和企业共同缴费，企业缴费一部分归社会统筹，一部分记入职工个人账户。这种设计有创新之处和重要意义，但也回避了一个非常关键的问题：由于已经退休和临近退休的老年职工在过去的传统制度下没有养老金的缴费积累，所以他们也就无法凭借现在的个人账户领取养老金。于是在实践中不得不依靠当前基本养老保险制度中的缴费积累支付目前退休职工的养老金，加上目前许多企业采取各种手段逃避或拖延缴费，这就使得个人账户变得有名无实，同时也把旧制度下显性的现收现付变成了目前基本养老保险制度中的隐性的现收现付。显然，在目前的情况下，即使缴费率可以在目前的基础上提高，也无法解决老职工的养老金问题，因为受益者从一开始就大于缴费者。这部分资金缺口就是转制成本，据测算，试点模式统筹部分在未来的 25 年将出现年均高达 717 亿元的缺口。问题的症结在于"社会统筹与个人账户相结合"的方式，"社会统筹"的直接目的是为了实现"统一调剂使用基金"，而这一"统一"的目的又是为了在基本养老保险制度这个基金制的框架之内进行养老金收入的代际和代内的再分配。这也正是许多企业逃避缴费以及非国有企业不愿参保的原因。

2. 退休年龄偏低，领取养老保险金时间较长。我国现行的企业职工退休年龄条件即男性 55 岁，女性 50 岁的退休年龄在今天看来偏低。退休年龄的偏低不仅体现在它加剧了劳动力市场的供需矛盾，造成大量的人才浪费，更体现在由于我国加速进入老龄化社会，职工养老保险缴费年限缩短，领取养老金的时间提前，这使养老保险基金的缺口越来越大。有些专家推测，我国退休年龄每提前 1 年，统筹基金可减收 40 亿，增支 160 亿；反之则减缓资金缺口 200 亿。

3. 养老保险基金收缴率不高。目前，全国欠缴基本养老保险费的企业很多，而且欠缴额也非常大。欠费的具体原因有：①有些企业钻养老保险优惠的政策空子，月月基金扣除在税前列支，在多家银行开设账户，实际上少缴或不缴，严重挪用社会保险基金；②有些企业借改革、改制之机，将下岗职工、老弱病残当作包袱甩给原企业，使原企业成为"空壳"，职工的保费收缴无着落；③相当部分国有企业，改制重组时资不抵债，被迫破产。虽然新《企业破产法》中规定：企业所欠职工的社会保险费用被列为第一清偿顺序，但是在实际操作中，因为资产难以变现，甚至不能变现，欠缴的养老保险费和预留的养老基金很难兑现；④许多投保职工没有能力缴纳养老保险费，有些人连衣食都成问题，更没有能力交养老保险费了。

4. 养老保险的覆盖面比较窄，统筹层次也不够高。目前我国的养老保险，其覆盖面仅仅还是城镇各类企业职工和个体劳动者，处于社会经济的发展和养老保险制度的完善中。我们要逐步将养老保险的覆盖面扩大到全体劳动者。另外，从养老保险工作开始开展至今，绝大多数地方还是以县（市）为统筹单位，社会统筹层次比较低。由于县级层次统筹的范围比较小，基金实力比较弱，很难抵御大的风险。而且，这种统筹不能在较大范围内实现基金的调剂使用，有效分散风险，也不能合理安排基金积累。同时，由于管理的层次比较低，其受监督的程度也受到影响，以至于有些地方出现了养老基金被当地政府挤占和挪用的现象。

（二）我国养老保险法律制度急需完善的几个方面

为适应我国社会发展需求，应加速完善养老保险法制建设。我国养老保险制度还处于未定型、未定性、未定局的阶段，这是立法的难处。全国人大常委会于2008年12月28日公布了《社会保险法（草案）》，国务院人力资源和社会保障部于2009年2月5日就《农民工参加基本养老保险办法（草案）》和《城镇企业职工基本养老保险关系转移接续暂行办法（草案）》公开征求意见。应借此次立法，推进我国养老保险制度的改革。

1. 适时扩大养老保险覆盖范畴。养老保险改革完善的切入点，是要建立覆盖全社会的包括9亿多农民的养老保险制度。要用政府财政保证所有社会成员享受同等的基本养老保险。现行养老保险制度在实施上是分隔的，首先，其实施范围只包括企业职工而不包括农民；其次，机关和事业单位的养老保险资金完全由政府财政承担，保障水平较高。为维护广大农民工的养老保险权益，根据《社会保险费征缴暂行条例》和国务院《关于解决农民工问题的若干意见》，《农民工参加基本养老保险办法》针对农民工的劳动就业特点，按照低费率、广覆盖、可转移和能衔接的要求，规定了农民工参加基本养老保险的适用范围，即在城镇就业并与用人单位建立劳动关系的农民工，应当参加基本养老保险；用人单位与农民工签订劳动合同时，应当明确农民工参保相关事宜和按规定为农民工办理参保手续；规定了用人单位和农民工个人共同缴纳基本养老保险费，缴费基数按基本养老保险有关规定确定。单位缴费比例为12%；农民工个人缴费比例为4%至8%，由所在单位从本人工资中代扣代缴，并全部计入其本人基本养老保险个人账户（以下简称个人账户）。原来已参加基本养老保险的农民工和用人单位，可按本办法调整缴费标准。

2. 养老保险基金应实行全国统筹。国务院已提出 2009 年底在全国范围内全面实现基本养老保险基金省级统筹，2012 年实行全国统筹的目标。为此，《社会保险法（草案）》规定：基本养老保险基金实行省级统筹，"逐步实行全国统筹"。其他社会保险基金实行省级统筹的时间、步骤，由国务院规定。《社会保险法（草案）》还规定："个人跨地区就业的，其基本养老保险关系随本人转移。个人退休时，基本养老金按照退休时各缴费地的基本养老金标准和缴费年限，由各缴费地分段计算、退休地统一支付。"《农民工参加基本养老保险办法》也规定了转移接续，即农民工离开就业地时，原则上不"退保"，由当地社保机构为其开具参保缴费凭证。农民工跨统筹地区就业并继续参保的，向新就业地社保机构出示参保缴费凭证，由两地社保机构负责为其办理基本养老保险关系转移接续手续，其养老保险权益累计计算；未能继续参保的，由原就业地社保机构保留基本养老保险关系，暂时封存其权益记录和个人账户，封存期间其个人账户继续按国家规定计息。

此外，《农民工参加基本养老保险办法》针对农民工流动频繁而且规模大的特点，还规定要首先从农民工做起，建立全国社保信息查询系统，逐步推广到全部参保人员人人都有社会保障卡，个人身份证号码作为其本人全国通用、终身不变的社会保障号码，加上密码，在全国各个社保机构都能随时查询本人的养老保险参保缴费等权益记录信息。这有点儿像银行的定期储蓄，虽然不能在未达到领取条件之前提取，但随时能了解自己积累的养老保险权益情况。

3. 变个人账户与社会统筹为名义账户制。如前所述，社会保险制度面临许多困难。究其原因，这些都是在中国二元结构僵化、财政"分灶吃饭"和户籍制度约束的情况下，统筹部分难以流动造成的。而其中还有一个重要原因就是个人账户与社会统筹的统账结合制度。这一制度最初是为国企改革设计，适合国企的特征，当将其扩大到全部企业时，因其参保不足，呈现出基金不实的现象，以至于覆盖面难以进一步扩大至全社会。即使实施保险的，也因统筹层次相对较低，基金分散，管理政策难以统一，造成参保人难以自由流动，农民工社会保险成为难题等。

名义账户制度，或许可以解决以上问题。名义账户制可以将社保账户设计转变成一个银行账户，即将个人缴纳与企业缴纳的养老保险费全部记入银行（个人）账户，不再设统筹部分账户。当然，银行账户资产是由政府统一集中管理运作，只是其在运作形式上与银行相似，其结果只需保证参保人退休后能依条件按时足额拿到养老金即可。该制度下，参保人走到哪里都是同一账户，可谓一步实现全国统筹。由于该制度透明度高，不受户籍、职业身份限制，无论是公务员，还是城乡居民都平等参保。这样，很多存在的问题均可迎刃而解。在形式上看，这种制度似乎与完全积累制相近，但实质内容上却是与完全积累制不同的。因为该制度在基金筹集上，还是强制用人单位履行缴费义务。另外，其还设计取消15年的最低缴费年限，实行利益挂钩，多缴多得。可见，参保人退休时，仍然发放终生退休金，相当于目前统筹基金的功能和效果。

总之，在我国经济结构要转型，内需要提振的关键时刻，养老保险制度的改革应该放弃碎片化的制度设计，在采取实行全国统筹框架的基础上，适时大胆地改革完善这一制度并在《社会保险法》中加以规制。

4. 提高基本养老待遇水平。社会保险法草案规定了，根据职工平均工资增长、物价上涨情况和基本养老保险基金的承受能力，适时提高基本养老保险待遇水平。基本养老保险基金由用人单位和个人缴费以及政府补助组成。基本养老保险基金出现支付不足时，政府给予补助。国有企业、事业单位职工参加基本养老保险前视同缴费年限期间应当缴纳的基本养老保险费由政府承担。实际上，近年来国家已连年上调企业退休人员基本养老金标准。最新的上调从 2009 年 1 月 1 日起，按照当地上年企业退休人员月人均基本养老金 10% 左右的标准，上调企业退休人员基本养老金。

除了逐步提高企业职工基本养老待遇水平，还要考虑逐步统一企业和事业单位的养老保险水平。目前，企业的养老保险水平与事业单位和机关的差距十分明显。据统计，全国的事业单位 120 多万个，共有 3000 多万人，财政养老保险支出其占 80%。而相应的企业，养老保险国家财政不予承担，再加上企业也没有按规定及时足额上缴养老基金。这样，企业多年来一直存在着养老保险个人账户空转的现象。解决个人账户的空转，需要政府财政先补充企业养老保险的欠账。所以，如果能统一企业和事业单位养老保险水平，这对改善整个财政收支紧的运行状态无疑是有益的。

最终，养老保险是要覆盖全社会，让所有社会成员享受到同等的基本养老保险待遇。事实上，区分企业、机关和事业单位，区分城市和农村，实行不同的养老保险制度是不公平的。所以，我们还要努力建立包括 9 亿多农民的养老保险制度。最终，不管原来你是怎样的保险待遇，怎样的身份，最后都要达到同等的基本养老保险待遇。我们欣喜地看到《农民工参加基本养老保险办法》草案已在一定程度上作出了规定。如在待遇计发上，规制农民工参加基本养老保险缴费年限累计满 15 年以上（含 15 年），符合待遇领取条件后，由本人向基本养老保险关系所在地社保机构提出领取申请，社保机构按基本养老保险有关规定核定、发放基本养老金，包括基础养老金和个人账户养老金。农民工达到待遇领取年龄而缴费年限累计不满 15 年，参加了新型农村社会养老保险的，由社保机构将其基本养老保险权益记录和资金转入户籍地新型农村社会养老保险，享受相关待遇；没有参加新型农村社会养老保险的，比照城镇同类人员，一次性支付其个人账户养老金。

■ 第三节　我国养老保险具体法律制度

一、养老保险法的实施范围

1978 年颁布的国务院《关于安置老弱病残干部的暂行办法》和《关于工人退休、退职的暂行办法》对干部的离休、退休和退职制度及工人的退休和退职制度作出了规定，其适用范围为党政机关、全民所有制企业及事业单位中的干部和工人，集体所有制企业、事业单位中的干部和工人可以参照执行。

改革开放以来，随着多种经济成分的发展形势，养老保险实施范围由局限于国家机关、国有企事业单位、部分集体企业的职工，逐步扩大到国有企业、城镇企业、外商投资企业中方职工和私营企业员工、城镇个体工商户及其帮工。由于各地区社会经济发展水平、离退休人员结构、人口老龄化状况均有较大差异，不同地区覆盖计划的实施情况也有所不同。

在广大农村地区，按照《县级农村社会养老保险基本方案（试行）》的规定，农村劳动者养老保险对象界定为城市镇户口、不由国家供应商品粮的农村人口。包括以下两类：①行政辖区内村办集体企业、联户、户办企业、村股份合作制企业、国有农场林场（以下简称村办企业）的职工；②行政辖区内非城镇户口的居民，包括镇政府招聘的职工、村党支部和村民委员会成员、民办教师、义务兵、个体经济者、其他务农、务工人员。上述人员投保年龄以参加劳动并获得收入的年龄为起点，以进入老年年龄为终点，一般为 20 ~ 60 周岁，不分性别和职业。

二、养老保险待遇

（一）享受养老保险待遇的条件

在立法结构上，劳动者养老保险待遇的享受条件，一般包括被保险人的退休年龄、工龄、缴费年限、退出劳动领域条件、居住期限和公民资格等内容。在我国传统退休制度中，过去立法只包括年龄和工龄两个方面。近年来，在立法中亦就缴费年限逐步加以考虑。

1. 年龄条件。退休的年龄，是一个国家根据社会经济发展的需要，人口的平均寿命及劳动力供求状况对劳动年龄所作的上限的规定。对每一个劳动者来说，只有达到退休年龄才具备享受退休待遇的最基本条件。

我国按照国务院《关于安置老弱病残干部的暂行办法》的规定，党政机关、群众团体、企业、事业单位的干部，符合下列条件之一的，都可以退休：男年满60周岁，女年满55周岁，参加革命工作年限满10年的；男年满50周岁，女年满45周岁，参加革命工作满10年，经过医院证明完全丧失劳动能力的；因公致残，经过医院证明完全丧失劳动能力的。

1993年国务院颁布《国家公务员暂行条例》（已废止）。2005年《中华人民共和国公务员法》颁布施行。其规定的公务员，是指依法履行公职，纳入国家行政编制、由国家财政负担工资福利的工作人员。其中有关公务员退休的规定有：除国家另有规定外，公务员符合下列条件之一的，应当退休：①符合国家规定的退休年龄；②完全丧失工作能力的。此外，公务员符合下列条件之一的，本人自愿提出要求，经任免机关批准，可以提前退休：①工作年限满30年；②距国家规定的退休年龄不足5年，且工作年限满20年；③符合国家规定的可以提前退休的其他情形。

2. 工龄条件。享受养老保险待遇，除达到退休年龄外，一般还须同时达到一定工龄。工龄是劳动者以工资收入为其全部或主要生活来源的劳动年龄。工龄的长短表示职工劳动时间的长短以及为社会积累劳动贡献的大小和技术熟练程度的高低，因而也是确定劳动者能否享受养老保险待遇及其金额多少的一个重要依据。

3. 缴费年限条件。企业和职工个人共同缴纳养老保险费的年限，称为"缴费年限"。国务院发布的《关于完善企业职工基本养老保险制度的决定》中规定在国务院《关于建立统一的企业职工基本养老保险制度的决定》（以下简称《决定》）实施后参加工作的职工，个人缴费年限累计满15年的，退休后按月发给基本养老金。基本养老金由基础养老金和个人账户养老金组成。退休时的基础养老金月标准以当地上年度在岗职工平均工资和本人指数化月平均缴费工资的平均值为基数，缴费每满1年发给1%，个人账户养老金月标准为本人账户储存额除以计发月数，计发月数根据职工退休时城镇人口平均预期寿命、本人退休年龄、利息等因素确定。个人缴费年限累计不满15年的，退休后不享受基本养老金待遇，其个人账户储存额一次支付给本人。《决定》实施前已经离退休的人员，仍按国家原来的规定发给养老金，同时执行养老金调整办法。《决定》实施前参加工作、实施后退休且个人缴费和视同缴费年限累计满15年，按照待遇水平合理衔接，新老政策平稳过渡的原则，在发给基础养老金和个人账户养老金的基础上，再发给过渡性养老金。具体办法由劳动部会同有关部门制定并指导实施。

※选择性阅读

　　缴费年限的立法，各国均规定一个最低缴费年限，亦称最低保龄。最低保龄是参照人的一生正常寿命和可能工作年限并结合保险金支出的财务状况估算而确定的。关于最低保龄的长短，国际劳动组织建议为 15 年。最低缴费年限的计算有连续计算和累计计算两种。考虑到人一生中工作有非自愿的、意外中断的可能，采取累计计算保龄办法较适宜，事实上大多数国家都采取累计计算法。采用连续计算保龄方法的，应该对中断工作和中断供款的不同情况作出界定，对那些非自愿原因造成的如工伤等，应考虑计入连续工作、供款期内。

　　4. 退出劳动领域条件。退出劳动领域条件是享受基本养老保险待遇的必要条件。1952 年国际劳工组织第 35 届大会通过的第 102 号公约，即《社会保障（最低标准）公约》第 26 条规定："国家法律或条例可规定，对于应该发给某人津贴，如发现该人从事任何规定的有收益的活动时，可以停发；或其津贴如属要交费才可以享受者，当受益人的收入超过规定数额时，可以减发；如属无需缴纳任何费用即可享受者，当受益人的收入或其他收益或这两者加在一起超过规定的数额时，也可减发。"可见，劳动者退出劳动领域，终止了收入，才能享受基本养老保险待遇，这是国际公认的准则。这是养老保险制度的本意所要求的，即基本养老保险待遇是为了保障劳动者因年老退出劳动合同关系而丧失劳动收入时的生活。因此，我国也把退出劳动领域作为劳动者享受基本养老保险待遇的条件之一。

　　5. 不满足权利丧失条件。立法还可以对特殊情况下应当使被保险人丧失享受养老保险待遇权利的条件，做出特别规定。例如，被保险人在服刑期间，或者在尚未达到养老保险待遇享受条件之前已移居境外，就可以被作为此种条件予以规定。享受养老保险待遇必须不满足权利丧失条件。

　　6. 其他条件。除上述主要的必要条件之外，享受基本养老保险待遇还有一些其他条件，如永久居民资格或为本国居民，或在本国居住满一定年限等。

　　（二）养老保险金的给付方式

　　养老金的给付方式，大致分两种：均一制和工资比例制。我国实行的是工资比例制，即按照被保险人退休前某阶段时期内的平均工资或最高工资数额的一定的百分比和投保年数计算所得养老保险金。这个百分比是由投保年限或工龄等条件决定的。

※**选择性阅读**

工资比例制为大多数国家所采用，其原因是：①其给付标准与被保险人退出生产领域前的工资收入相联系，与均一制比较更能有效地保障劳动者的基本生活；②为了适当调整退休者退休年金偏高偏低的问题，各国都对工资比例的给付标准规定了最高收入和最低的百分比限额，既考虑到社会的平均消费水平和劳动者的收入，又考虑到对退休者退休后生活水平不致大幅的下降。此种制度，常用于退休、工伤、疾病等保险项目中。如我国公务员退休费的发放。从1993年10月1日起实行职级工资后退休的人员，在新的养老保险制度建立前，退休费暂按下列办法计发：退休人员的退休费，基础工资和工龄工资按本人原标准全额计发，职务工资和级别工资按本人原标准的一定比例计发。其中，工作满35年的，按88%计发；工作满30年不满35年的，按82%计发；工作满20年不满30年的，按75%计发；工作满10年不满20年的，按60%计发；工作不满10年的，按4%计发。事业单位工作人员退休费的计发是按本人职务（技术等级）工资与津贴之和的一定比例计发。退休时工作满35年的，退休费按90%计发；工作满30年不满35年的，按85%计发；工作满20年不满30年的，按80%计发；工作满10年不满20年的，按70%计发；工作不满10年退职的，按50%计发。

（三）养老保险费的分担方式

养老保险费的分担方式分为以下几类：

1. 企业职工基本养老保险费由企业和个人共同负担，实行社会统筹与个人账户相结合。2008年12月公布的《社会保险法（草案）》第10条第2款规定："基本养老保险基金由用人单位和个人缴费以及政府补助组成。"规定基本养老保险基金实行省级统筹，由经国务院批准有关部门和单位组织统筹。按本人缴费工资的11%的数额为职工建立基本养老保险个人账户，个人缴费全部计入个人账户，其余部分从企业缴费中划入。随着个人缴费比例的提高，企业划入部分将逐步降到3%。个人账户储存额，每年参照银行同期存款利率计算利息。个人账户储存额只适用于养老，不得提前支取。职工调动时，个人账户全部随同转移。职工或退休人员死亡，个人账户中的个人缴费部分可以继承。

2. 国家公务员养老保险基金的筹集，坚持在现收现付的基础上逐步累积的原则，所需费用由政府财政和个人共同负担。政府财政负担部分，根据养老保险费用实际需要列入预算支付，个人缴费的比例起步阶段可以先按本人工资总额的3%缴纳，以后逐步提高缴费比例，但最高不得超过本人工资总额的8%。个人缴费全部计入个人账户，个人账户按本人工资总额的11%建立，不足部分由财政拨付。

3. 农民个人投保和集体投保，国家给与税前提取保险费的优惠政策。个人投保和集体投保的比例以个人缴纳为主，集体补助为辅。个人缴纳的保险费与集体补助均记在个人名下。投保者可以补交保险费，补交后总交费年数不得超过40年。个人和集体也可以预交保险费，预交年数不得超过3年。集体补助以乡镇、村或企业为单位，各类人员平等享受，乡镇企业的补助按企业职工工资总额的一定比例税前列支，在职工缴纳的基础上，予以补助，结余部分作为乡镇统筹的补助基金，用于补助其他农村人员、特殊困难者。个人或集体可以根据收入的提高或下降，经申请由农村社会养老保险管理部门按规定标准变动缴纳档次。当遇到各种自然灾害或其他原因个人或集体无力缴纳养老保险金时，经申请由农村社会养老保险管理部门批准，在规定的期限内可暂停交保险费，恢复交费后对停交期间的保险费，有条件的也可以自愿补交。投保费用应由市、县、农村养老保险机构提取，统一存入银行，并按同期城乡居民个人存款利率计息，也可拿出部分资金购买国家发行的各种债券。其保险费的缴纳从实际情况出发，并考虑到每一个投保对象的经济承受能力。投保人档次由投保人自由选择，与集体共同分担。交费标准范围的选择以及按月交费还是按年交费，均由县（市）政府决定。个人或集体根据收入的提高或下降，经社会保险管理部门批准，可按规定调整缴纳档次。

（四）我国离退休养老保险待遇

按现行法规的规定，我国的养老保险待遇因退休、离休而有所不同。

1. 干部退休后，按月发给退休费，直至去世为止：

（1）抗日战争时期参加革命工作的，按本人标准工资的90%发给。解放战争时期参加革命工作的，按本人标准工资的80%发给。中华人民共和国成立后参加革命的，工作年限满20年，按本人标准工资的75%发给；工作年限满15年不满20年的，按本人标准工资的70%发给；工作年限满10年不满15年的，按本人标准工资的60%发给。退休费低于35元的，按35元发给。

（2）因公致残经医院证明完全丧失劳动能力，饮食起居需要人辅助的，按本人标准工资的90%发给，饮食起居不需要人辅助的，按本人标准工资的80%发给。

(3) 获得全国劳动英雄、劳动模范称号，在退休时仍然保持其荣誉的干部；省、市、自治区人民政府认为有特殊贡献的干部；部队军以上但未授予战斗英雄称号和对作战、军队建设有特殊贡献的专业、复员军人，在退休时仍然保持其荣誉的，其退休标准可提高 5%～15%，但提高标准后的退休费不得超过本人原标准工资。

(4) 新中国成立前从事专业技术工作，1986 年已满 60 周岁，并于 1983 年 9 月 1 日前已获得相当于副教授以上职称的老科学家、老教授、老专家退休后，其退休费按本人原工资的 100% 发给。新中国成立后从国外或从香港、澳门、我国台湾地区回来定居工作的专家，均按新中国成立后参加革命工作的干部退休费的最高标准发给，对其中有重大贡献的专家，经批准，其退休费标准还可以提高 5%～15%。

2. 按 1982 年建立并经 1989 年调整实行的干部离休制度，离休干部养老保险待遇的规定主要有：

(1) 1921 年 7 月 1 日到 1949 年 9 月 30 日各个革命时期参加革命工作的老干部，离休后原工资照发。1937 年 7 月 6 日以前参加革命工作的老干部，按本人离休前标准工资每年增发两个月的工资；1937 年 7 月 7 日至 1942 年 12 月 31 日参加革命工作的，每年增发一个半月的工资；1943 年 1 月 1 日到 1945 年 9 月 2 日参加革命工作的，每年增发一个月的工资。行政八级和相当于八级以上的老干部离休后，不增发生活补贴。

(2) 从 1988 年起，离休干部同在职职工一样，享受当地调整主要副食品价格后发给的价格补贴；从 1989 年 10 月起，在国家机关、事业单位调整工资的同时，给国家机关、事业单位的离休干部，按在职人员相应职务普调一级的平均增资数额，增加离休费。

(五) 养老金标准的确定

养老金是基本养老保险待遇的主要组成部分。从养老保险制度的历史来看，养老金标准的确定一般有两种方式：一种方式是考虑最低生活费用，即以"贫困线"为标准；另一种方式是力图把基本养老金的水平同受保险人领取养老保险金钱的生活水平联系起来，即所谓收入关联方式。这两种方式一般分别适用于不同的养老保障制度。对实行普遍养老保障的制度来说，其养老金标准一般以考虑最低生活费为主，而对实行养老社会保险制度的国家来说，则一般以考虑退休前的生活水平为主。即使在后一种制度中，其设计基本养老金水平时，仍以保障退休人员基本生活为原则。随着一些国家由普遍保障制度改为养老保险制度，后一方式也就成了主要方式。

养老金的计算一般包括两个部分。一部分是相对平均并与就业时的收入高低和就业时间长短无关的，通常体现为一个基数，每个退休人员都同样享受；另一部分是与就业时间和就业时的收入相联系的，每个退休人员因人而异，体现为缴费每增加 1 年就可以增加相当于 1% 的缴费工资的养老金。

我国退休费的计算办法：1985 年工资制度改革前退休的企业职工，以本人标准工资、地区生活费补贴、因工残废补助费合并作为退休费的基数；国家机关、事业单位、党派团体的工作人员退休时，计算退休费的基数为职务工资、地区生活补贴费、工龄津贴之和；对有教龄、护龄津贴和特级教师补助费的教师、护理人员，可将教龄津贴、护龄津贴和特级教师补助费一并作为计算退休费的基数。

养老金水平的高低，通常用养老金与退休前一年的工资水平的百分数来衡量，这个百分数成为替代率。按照前述第 102 号国际劳工公约和第 128 号国际劳工公约即《残疾、老年和遗属津贴公约》的要求，正常的替代率一般不得低于40% ~ 50%。据对英、美、法、瑞典等国的统计，基本养老金的替代率一般为50% 左右。

三、补充养老保险

（一）补充养老保险的概念

企业补充养老保险是指由企业根据自身经济实力，在国家规定的实施政策和实施条件下为本企业职工所建立的一种辅助性的养老保险。它居于多层次的养老保险体系中的第二层次，由国家宏观指导、企业内部决策执行。企业补充养老保险与基本养老保险既有区别又有联系。其区别主要体现在两种养老保险的层次和功能上的不同，其联系主要体现在两种养老保险的政策和水平相互联系、密不可分。企业补充养老保险由劳动保障部门管理，单位实行补充养老保险，应选择经劳动保障行政部门认定的机构经办。企业补充养老保险的资金筹集方式有现收现付制、部分积累制和完全积累制三种。企业补充养老保险费可由企业完全承担，或由企业和员工双方共同承担，承担比例由劳资双方协议确定。

（二）补充养老保险的立法

我国以基本法及行政法规章制度等形式对补充养老保险作出规定，具体为：

（1）1991 年 6 月 26 日国务院颁布的《关于企业职工养老保险制度改革的决定》提出："随着经济的发展，逐步建立起基本养老保险与企业补充养老保险和职工个人储蓄性养老保险相结合的制度。"自此，我国企业补充养老保险制度付诸实施。

（2）《劳动法》第 75 条第 1 款规定："国家鼓励用人单位根据本单位实际情

况为劳动者建立补充保险。"这就从立法上确定了补充养老保险的地位。

(3) 国务院《关于深化企业职工养老保险制度改革的通知》规定:"国家在建立基本养老保险、保障离退休人员基本生活的同时,鼓励建立企业补充养老保险和个人储蓄性养老保险。企业按规定缴纳基本养老保险费后,可以在国家政策指导下,根据本单位经济效益情况,为职工建立补充养老保险。"这进一步指明了建立补充养老保险的条件,即根据用人单位经济效益情况建立补充养老保险。

(4) 在原劳动部发布的《关于建立企业补充养老保险制度的意见》(已废止)中,从实施主体和条件、资金来源、计发方式和投资运营等方面对补充养老保险做出详细规定。

(三) 补充养老保险的特征

补充养老保险作为一项新制度,具有如下特征:

(1) 参保的自愿性。国家以立法形式鼓励有能力的用人单位根据经济效益情况建立补充养老保险,具有较大的弹性,即用人单位在不具备实施补充养老保险条件时可以不建立补充养老保险。

(2) 分配的直接性。补充养老保险金由用人单位直接分配给职工或委托经办机构发放,不存在社会统筹问题,没有调剂功能。

(3) 基金来源的单一性。补充养老保险金主要由用人单位负担,也可由用人单位和劳动者个人共同负担,但个人交款部分不能占太大比例。

(4) 实施的灵活性。它随用人单位经济发展而建立、变化,从时序上讲,用人单位有先有后,可连续也可中断,不要求起始一致和始终如一。用人单位自主确立分配水平,对职工还可因人、因时而异。用人单位之间不统一标准,允许有差别。

(四) 补充养老保险的适用范围和条件

(1) 补充养老保险的适用范围:补充养老保险的适用范围为城镇各类企业的劳动者。

(2) 补充养老保险的适用条件包括:用人单位参加了基本养老保险的社会统筹,并按时足额缴纳养老保险费;用人单位生产经营情况比较稳定,经济效益较好;用人单位民主管理基础好。

(五) 补充养老保险资金的来源

企业补充养老保险的资金,主要由企业负担,企业可以在企业工资储备金中列支;也可以将企业基本养老保险缴费中超过职工平均工资300%以上的部分,由社会保险经办机构返还企业作为补充养老保险资金;也可以经当地政府批准,将不超过本企业工资总额一定比例部分记入企业相关成本费用。在实行企业和个人共同负担的情况下，个人缴费部分不得超过供款总额的一半，个人交款从个人工资收入中按一定比例或绝对额缴纳。

（六）补充养老保险基金运营的立法原则

补充养老保险基金运营的立法应遵循以下的原则：

1. 自愿原则。补充养老保险基金运营规范立法中要贯彻自愿的原则，即雇主根据自身情况自愿建立补充养老保险，职工自愿参加。方案应由雇主和雇员代表通过集体协商的方式制定。

2. 市场化管理原则。补充养老保险基金本来就有激励手段的作用，再加上为了满足未来支付的需要，因而市场是资源配置的最佳场所和实现资本效益最大化的理想工具，补充养老保险基金只有全面进入市场，才能产生出最大的社会效益和经济效益。

3. "安全性、流动性和效益性"原则。补充养老基金的来源与职能决定了其对安全的特殊要求，补充养老保险的投资应在保证资金安全的基础上去追求较高的投资收益。补充养老保险所投资的资产在不发生价值损失的条件下应该具有随时变现的能力，以满足可能的支付养老金待遇的需求。养老保险基金的保值增值归根结底依赖于投资的收益，获得较高的收益是养老保险基金投资的直接目的。

（七）补充养老保险金的计发

企业补充养老保险一般采用个人账户方式，补充养老保险待遇按个人账户养老金储存额的多少由企业或委托的机构计发。[1]

---

[1]　黎建飞编著：《劳动法和社会保障法》，中国人民大学出版社 2003 年版，第 382～383 页。

第四章 失业保险法律制度

■ 第一节 失业保险法律制度概述

一、失业保险与失业保险法的概念

失业保险是指国家通过立法强制实行的，由社会集中建立基金，对因失业而暂时中断生活来源的劳动者提供物质帮助的制度。在广义上，失业保险除了指资金保障之外，尚包括服务保障，即职业介绍、就业安置、转业培训和生产自救等。

失业保险法是指国家通过建立社会失业保险基金的方式为因失业而暂时失去生活来源的劳动者提供物质帮助，帮助劳动者抵御失业风险而制定的法律规范。失业保险法是旨在保护劳动者的劳动权和生存权、维护社会安定和促进社会发展的法律制度，其内容包括保障对象、资金来源、领取条件、救济标准和管理形式等相关法律规定。

关于上述失业保险法中的失业，我们从国际劳工组织有关规定来看，凡在特定的年龄以上，在特定的时间里属于下列情况的，称为"失业"：①无工作，即不在有报酬的就业或自营职业中；②本人当前可提供工作，具有劳动能力；③正在寻找工作，即正在采取各种方式寻找工作。失业是现代市场经济运行的必然产物。与此相对应，凡在特定的年龄以上，在规定的时间里，具有下列情况的，称为"就业"：①正在从事有报酬或有收入的职业；②有职业但临时没有工作的，例如由于疾病、事故、劳动争议、故障等原因而临时停工；③自营职业者，即雇主和个人经营者，或正在协助家庭而不拿报酬的成员，在规定时期内，从事正常工作时间的1/3以上者。此外，上述"就业"概念要与家务劳动、军队服役、在校学习、无报酬收入的义务劳动、生产自救和以工代赈的劳动相区别。

二、失业保险的特点

与其他社会保险相比，失业保险具有以下特点：

1. 前提不同。失业保险以具有劳动能力为前提，是对有劳动能力、有劳动机会的人提供的物质保障。而其他社会保险项目都是以丧失或暂时丧失劳动能力为前提的，是对因丧失或暂时丧失劳动能力而失去劳动机会的人提供的物质保障。

2. 对象不同。失业保险是以一定年龄内的社会劳动者为主要对象，不包括超过法定劳动年龄的老年人。而其他社会保险多以全体劳动者为保障对象，并且包括未进入法定劳动年龄的人和已经超过法定劳动年龄从而退出了社会劳动领域的人。

3. 社会风险的成因不同。失业保险中失业现象，是由于社会原因所致的社会风险。如人口、劳动力资源与经济增长的比例失调、产业结构的调整、就业政策的变化等，都可以成为失业的原因。而其他社会保险中的社会风险事件的形成，均属于自然原因。如年老、身体健康的损害、工作中受到的伤害或无法预料的自然事故等。

4. 功能不同。失业保险除为劳动者提供生活保障外，还负有积极促进其再就业的作用。如专业训练、生产自救和再就业介绍等。而其他社会保险的作用，主要是为劳动者提供生活保障，以维持劳动力的一般再生产。正因为这种功能的区别，理论上把失业保险称为主动式保险，把其他社会保险称为被动式保险。

根据失业保险上述的特点我们可以看到：

失业保险作为社会保险项目，也不同于社会救助。失业保险的对象是有劳动能力而一时失去工作的劳动者，失业人口领取的失业救济金不同于社会救济金。失业保险金的享有必须以事先参加失业保险并承担了缴费义务为条件，领受时间有法定限制。失业保险实际上是劳动者劳动的积累。而社会救助的主要对象是没有劳动能力和生活来源的公民，以及因自然灾害、意外事故等原因造成的生活困难者。社会救助的受助者不以事先尽义务、缴费等为条件，而且救助可以是一次性、短期的，也可能是长期的。

失业保险，也不同于商业保险。失业保险具有强制性、互济性、社会性和福利性质，所有企业职工都属于失业保险的对象，得按规定缴纳失业保险费；失业保险的收入和支出要在失业率高低不同的企业间和不同时期实行统筹，互助互济；失业保险不以盈利为目的，以货币资金为提供物质帮助的主要形式，以保障劳动者的基本生活为目的。这些都是商业保险所不具备的。

三、失业保险的分类

失业保险从立法的角度上大致可以分为五种类型：强制性失业保险、受补贴的自愿失业保险、储蓄性失业保险、国家失业补助制度、强制性失业保险和国家失业补助相结合的制度。

（一）强制性失业保险

国家采用立法手段强制所有企业在职劳动者参加失业保险并承担缴费责任，以建立失业保险基金，保证劳动者失业时基本生活的制度。

强制性失业保险制度与非强制性失业保险制度的区别在于，在立法范围内人员是否参加失业保险不再取决于个人意愿，对所有范围内人员强制其参加保险。目前，实行强制性失业保险制度的有日本、美国、加拿大、英国及埃及等国家，约占已实行失业保险制度国家或地区的一半以上。

（二）受补贴的自愿失业保险

受补贴的自愿失业保险，亦称非强制性失业保险，指由工会自愿建立失业基金会，工人自愿参加投保的失业保险制度。在这种制度下，在立法范围内人员是否参加失业保险取决于个人意愿，而一旦参加保险，就必须根据失业保险法律制度规定接受管理，包括承担一定的义务和享受相应的权利。法国、挪威和丹麦等国最初实行的是非强制性失业保险制度。目前，实行非强制性失业保险制度的国家只有丹麦一国，它由工会自愿建立的失业基金会经营，不过这些基金会都从政府得到大量的财政补贴。

（三）储蓄性失业保险

国家对于失业者用储存于个人账户的强制失业保险储蓄金支付失业保险待遇，如加纳。

（四）国家失业补助制度

有的国家实行失业救济，即由国家一方出资，对经过收入调查后确定的贫困失业者进行救济，规定失业救济金只限于发给符合经济情况或收入调查规定的经济条件的失业者，超过规定条件的失业者不能享受。这一制度实质上是一种对失业者的社会救助制度，实行此种制度的国家或地区有澳大利亚、新西兰、匈牙利、前南斯拉夫等。

（五）强制性失业保险和国家失业补助相结合

有些国家实行强制性失业保险和国家失业补助相结合的双轨制，既有强制性的失业保险，又有由政府提供资金，以经济状况调查为依据的失业救济制度，如瑞典和芬兰。

四、失业保险的作用

失业保险的作用可以分为基本功能和派生功能两大类。

（一）基本功能

1. 提供现金给付，维持失业者的基本生活水平。失业保险在失业者非自愿性失业期间以不伤害他们自尊的方式，对他们提供现金给付。一般来说，对大部分劳动者而言，遭遇短期失业风险是主要的，所以失业保险一般只提供短期给付。给付金额应以失业者原有的工资水平为基础，能够维持失业者及其家人的基本生活，不至于生活水平大幅下降。失业保险还为失业者提供求职的缓冲时间。由于有失业保险的适当给付，给失业者提供了寻找工作的缓冲时间，让失业者去寻找适合自己技术和工作经验的职业，或在雇主因故停止生产时，不必建立新的工作关系，等雇主恢复生产时重回原来的工作岗位。

2. 帮助失业者重新就业。失业保险通过提供就业咨询、职业介绍，让失业者能比较充分地进行职业选择，指导、帮助他们尽快重新就业。同时，为失业者举办转业培训，使失业者提高生产技能，增强竞争能力，为他们稳定就业提供条件。

3. 开展生产自救。通过创办生产自救基地，对因个人缺乏竞争能力或其他原因暂时难以就业的失业人员，组织他们参加临时性生产，解决再就业前生活上的困难。

（二）派生功能

举办失业保险，在经济上能够起到促进经济稳定，提高经济效率的作用。具体表现为：

1. 反周期性的经济危机。失业保险能通过保险费的提取和保险津贴给付的时间差，起到反周期性经济危机的作用。亦即，在经济繁荣时期，参加失业保险的劳动者需缴纳保险费，减少部分消费支出，有抑制生产扩充的作用；在经济萧条时期，则可利用失业保险金以维持劳工因失业丧失收入时的生活，能保持一定的购买力，有缓和生产萎缩的效果。故失业保险常被视为一种内在自动稳定器。

2. 改进失业的社会成本的分配。失业保险的保险费率往往是根据雇主的实际解雇程度来确定的，解雇率越高，则失业保险费率越高。如果厂商有很高的解雇率，就得负担较高的失业成本，而将这些成本附加于产品中，提高其产品的价格，这样可在市场上反映出它们的真实价格，鼓励厂商稳定雇佣关系。这样，在各厂商、产业之间就有不同的保险费率。通过保险费率的变动，诱导厂商尽可能地稳定雇佣关系，以减少保险费的负担，减少熟练劳动力的流失。

五、失业保险的适用范围

失业保险的适用范围，又称失业保险的对象和失业保险权的主体，它是指依照失业保险法的规定有权获得失业保险的当事人。

关于失业者的界定，一般大致有广义和狭义之分。广义上，凡是具有劳动能力和劳动愿望、但未能在劳动市场上找到工作的人，均为失业者。狭义的界定是把失业理解为一种事故，即"收入中断"，这样就把一般的无业者和离校的青年学生排除在失业者之外。

※选择性阅读

　　传统立法上，失业保险制度是对遭受失业风险，暂时丧失工资收入的失业者设计的，因而其覆盖范围在创始阶段界定得十分明确和严格。一般仅限于正式参加经济活动，有了稳定的职业，暂时失去工作岗位的工资劳动者。面对职业不稳定、不正规的临时工、季节工人、家庭佣人、农业工人、职业相当稳定的国家公务员、有独立收入的个体劳动者以及中等以上学校毕业生，均不包括在承保范围内。但随着社会经济的发展，对失业概念的解释也发生了变化，失业的覆盖范围也在相应扩大。国际劳工组织 1988 年举行的75 届劳工大会对失业的界定为：凡有能力参加经济活动，可以工作并确实在寻找职业而未能得到适当工作，以致没有收入、生活无着落的劳动者，都是失业者，都应受到失业保险的覆盖。这样，不仅所有工资劳动者，即使以前未被覆盖在失业保险范围的季节工、临时工、家庭佣人、学徒和公务员，也被列为应该享受失业保险待遇的对象。除了这些人员之外，还有 8 种正在寻找职业的公民也包括在失业保险的范围内，即：①结束学业并且成为劳动力的青年；②完成了国家规定服兵役义务的青年；③完成了职业培训的青年；④无权享受遗属社会保险待遇的丧偶者；⑤刑满释放的犯人；⑥结束职业康复的残疾者；⑦回归祖国的劳动者；⑧结束抚育子女义务的父亲和母亲。

　　我国失业保险涵盖的范围，较之国际通行涵盖的范围确有差距。国务院 1986年发布的《国营企业职工待业保险暂行规定》（已失效）中第 2 条规定的涵盖范围包括 4 类人员：①宣告破产的企业的职工；②濒临破产的企业在法定整顿期间被精减的职工；③企业终止、解除劳动合同的工人；④企业辞退的职工。1993年国务院发布的《国有企业职工待业保险规定》（已失效）的第 2 条进一步将失业保险的涵盖范围扩大到下列 7 类人员：①依法宣告破产的企业的职工；②濒临破产的企业在法定整顿期间被精减的职工；③按照国家有关规定被撤销、解散企业的职工；④按照国家有关规定停产整顿企业被精减的职工；⑤终止或解除劳动合同的职工；⑥企业辞退、除名或者开除的职工；⑦依照法律、法规规定或者按照省、自治区、直辖市人民政府规定享受待业保险的其他职工。1999 年 1 月 22日，国务院颁布的《失业保险条例》第 2 条第 2 款规定："城镇企业事业单位失业人员依照本条例的规定，享受失业保险待遇。"这一条例与上述国务院颁布的两个规定相比，所涵盖的失业保险范围大大增加，主要表现为：不再按所有制性质划定失业保险的覆盖范围；将失业保险制度扩大至事业单位；授权省、自治区、直辖市人民政府可以决定将统一的失业保险制度扩大到社会团体及其专职人员、民办非企业单位及其职工、有雇工的城镇个体工商户及其雇工。但《失业保险条例》对具有城镇户口的职工和具有农村户口的职工在缴纳失业保险费和享受失业保险待遇方面仍然做出了不同的规定，不符合城乡人口流动加剧和形成统一劳动力市场的形势要求。

我国在相当长的一段时期，不承认失业，相应地不存在失业保险立法，而是待业立法。因而造成了我国在包括失业保险对象在内的失业保险制度上存在若干缺陷和范围界定不清。在新的历史条件下，传统观念的束缚已经解除，我们应当借鉴西方国家实行失业保险制度的成功做法，从中国具体国情出发，遵循社会保险规律原则，以完善我国失业保险范围制度并促进失业保险制度应有功能的发挥。这里所说的适应中国国情是指我国失业立法、司法刚刚起步，客观现实决定了我国暂时不能将自由职业者群体纳入失业保险的对象之中。同时，我国是一个发展中国家，失业保险基金积累不多的现实决定了我国还会将未参加工作的新生劳动力排除在我国失业保险对象之外。而依据保险的一般原理完善我国失业保险范围制度是指在失业对象上同样需要遵循其一般规律。如保险的大数法则，即参加保险的社会成员越多，风险越分散，对社会成员所遇到的风险也更容易克服。因此，在我国国情允许的情况下，还要注意逐步适当扩大失业保险的对象，这对于分散失业风险，促进社会稳定具有积极意义。

六、失业保险的立法与发展

（一）国外失业保险制度的立法与发展

失业是随着资本主义社会化大生产而产生的客观现象，但失业保险制度最终确立于 20 世纪初。1901 年，在比利时出现了失业保险制度的雏形，但那时尚未将失业保险予以法定化。1905 年的法国、1906 年的挪威、1907 年的丹麦相继通过立法建立起了自愿性的失业保险制度，但这还不能算是真正意义上的失业保险制度。

真正意义上的强制性的失业保险制度起源于英国，英国于 1911 年 12 月 16 日颁布的《国民保险法》对失业保险做了明确的规定。该法规定在全国范围内的矿山、纺织、建筑、造船等行业强制实行，开创了强制实行失业保险的先河。随后，世界一系列国家均建立了强制性的失业保险法律制度，其失业保险的范围不断扩大，待遇标准、管理手段等方面也在不断完善。截至 1995 年，世界上已有 65 个国家建立了失业保险制度。

在这一历史进程中，失业保险也在不断地走向国际化，并制定了各种失业保险公约以指导各国失业保险的实践。1919 年，国际劳工大会通过《建立有效的失业保险制度的建议书》（以下简称《建议书》），该《建议书》对失业做出了明确的界定。1934 年国际劳工大会通过了第 44 号公约《对非自愿失业者保证给予津贴或补助公约》（以下简称《公约》），该《公约》要求，凡批准《公约》的会员国应建立一种对非自愿失业者支付津贴的制度。1952 年国际劳工大会通过了第 102 号公约《社会保障（最低标准）公约》，该公约对失业津贴做出了更为具体的规定。[1]

（二）中国失业保险的建立和发展

新中国成立不久后，为了解决当时面临的大量的失业问题，政务院于 1950 年制定了《关于救济失业工人的指示》，原劳动部根据该指示随后制定了《救济失业工人暂行办法》。该办法从三个渠道筹措失业保险基金：①企业按工资总额的 1%、在职职工按本人实际工资的 1% 缴纳的费用；②政府拨款；③社会捐款。在救济方式上，《救济失业工人暂行办法》规定，采取以工代赈、生产自救、转业训练、动员失业人员还乡生产、移民垦荒和发放失业救济金等办法。这些规定为解决失业问题，巩固新生的国家政权做出了不可磨灭的贡献。

随着严重的失业问题的解决和统筹分配的就业政策的实行，同时由于认识上的偏差，失业被看作资本主义特有的现象，因此，从 1958 年开始，上述《关于救济失业工人的指示》和《救济失业工人暂行办法》将不再发生法律效力，并在相当的时间内否认我国存在着失业。

1978 年以后，失业问题在社会主义经济生活中日益显现出来，1986 年，国务院通过了《国营企业职工待业保险暂行规定》（已失效），该《国营企业职工待业保险暂行规定》对待业保险的适用对象、待业基金的来源、领取待业金的条件和标准、待业保险的管理机构作了明确的规定，初步建立了中国特色的失业保险制度。1993 年国务院颁布了《国有企业职工待业保险规定》（已失效），从待业保险覆盖的范围、待业人员领取救济金的标准和组织管理等方面对 1986 年的《国营企业职工待业保险暂行规定》进行了完善和发展。1998 年国务院通过了《失业保险条例》并于次年 1 月起施行。该《失业保险条例》在上述法规的基础上对失业保险的范围进一步扩大，对失业保险基金、失业保险待遇、失业保险的

---

〔1〕 覃有土、樊启荣编著：《社会保障法》，法律出版社 1997 年版，第 201～202 页。

管理和监督等方面做了较为全面的规范。[1]

■ 第二节 失业保险基金

一、失业保险基金的来源

(一) 失业保险基金的特点

失业保险基金是国家为保障失业职工在失业期间的基本生活需要而设置的专项基金，是社会保障基金的一个重要组成部分，是失业保险制度的物质基础。

国家、企业与个人在失业保险中的地位和作用、责任和义务经过改革演变，政府、雇主和劳动者个人三方面合理负担失业保险费用的原则，已成为多数国家筹措失业保险基金的公认原则。所以，失业保险基金的来源与其他保险基金的来源大体相同。

各国在其通行的做法上表现出如下特点：①使劳动力市场供求双方分担责任，增强劳动者个人在失业保险基金筹集中的责任，扭转不承担义务和只追求权利的倾向，实现劳动者在失业保险中权利与义务的对应。②政府无论扮演什么角色，都必须在失业保险基金的收支过程中承担失业保险基金的担保人职责。同时，与职责强化相对应，劳动者个人与政府在失业保险中的地位和权利亦应明确和加强。这种加强主要是为了保持劳动力市场供求双方责任与权利的均衡，同时也为了使政府在其中扮演好调节者和担保人的角色。因为只有相对均衡的市场才能引致相对正常的运行，同时也才能使得政府更为公正。③为了更合理地发挥政府、企业和劳动者三方的作用，各级失业保险管理机构承担着重要的调节人的职责，其主要功能是代表政府行使职责，协调企业与劳动者两方面的职责，保证两方面的权益，管理好基金的筹集和使用。④失业保险费的提取比例低于其他险种保险费的提取比例，而保险费往往依失业率确定，因此有的国家对不同行业企业提取的失业保险费不同。也有的国家对失业保险费的提取还实行最高限额。

(二) 失业保险基金的筹集渠道和负担比例方式

由于各国实行的失业保险方式不同，因而，失业保险基金的筹集渠道和负担比例也存在很大差异，大体可归纳为以下几种类型：

---

[1] 参见赖达清主编：《社会保障法》，四川人民出版社 2003 年版，第 264～265 页。

（1）由政府、企业和被保险人三方共同负担。如德国、加拿大、日本、瑞士等国家采用该方式，其比例视本国社会保险政策而定。德国规定：雇员按收入的 1.5% 缴纳保险费、雇主按工薪总额的 1.5% 缴纳保险费、政府对保险支出的亏空予以补贴和承担全部损失援助的费用。日本规定：雇员按收入的 5.5% 缴纳保险费、雇主按工薪总额的 0.9% 缴纳保险费、政府负担 25% 的费用和全部管理费。

（2）由企业和被保险人分担。如法国、荷兰、希腊等 18 国采用该方式，其比例视本国社会保险政策而定。法国规定，雇员按个人收入的 0.84% 缴纳费用、雇主按工薪总额的 2.76% 缴纳保险费。

（3）由政府和企业双方负担。如美国（阿拉巴马、阿拉斯加、新泽西三州除外）、意大利等国采用该方式，其比例视本国社会保险政策而定。意大利规定，雇主按工人工薪总额的 1.3%～1.6% 缴纳保险费，政府负担管理费并对亏空部分给与补助。

（4）全部由企业负担，如印度尼西亚、加纳等国采用该方式。

（5）全部由政府负担，如英国、澳大利亚、巴西、匈牙利、新西兰、卢森堡等国采用该方式。

（6）全部由被保险人负担，如前南斯拉夫。

为了适应社会的发展变化，我国失业保险金的来源也在经历不断演变的过程，最初的失业保险由企业和国家承担，如 1986 年《国营企业职工待业保险暂行规定》（已失效）中规定了失业保险金的来源是：企业按照全部职工标准工资总额的 1% 缴纳待业保险费；职工待业保险基金存入银行后，由银行按照国家规定支付利息；地方财政补贴。1993 年《国有企业职工待业保险规定》（已失效），沿袭了上述规定。这种规定至少存在两方面的不足之处：①职工个人不负担保险费，不利于构建权利与义务相一致的新型社会保险制度；②企业保险费负担较低，不能满足失业保险的要求。为此，1999 年 1 月 22 日，国务院颁布的《失业保险条例》规定，《社会保险法（草案）》第 39 条也作出了如下规定："职工应当参加失业保险，由用人单位和职工共同缴纳失业保险费。"我国失业保险基金有下列五方面资金来源组成：

（1）城镇企业、事业单位缴纳的失业保险费。城镇企事业单位按照本单位工资总额的 2% 缴纳企业保险费。

（2）城镇企业、事业单位职工缴纳的失业保险费。职工按照本人工资的 1% 缴纳失业保险费。但城镇企事业单位招用的农民合同制工人，本人不缴纳失业保险费。

（3）失业保险基金的利息。

（4）财政补贴。

（5）依法纳入失业保险基金的其他资金。

《失业保险条例》在第 6 条还具体规定了各方具体承担的比例：企事业单位按照本单位工资总额的 2% 缴纳失业保险费，城镇企业事业单位职工按照本人工资的 1% 缴纳失业保险费。城镇企业事业单位招用的农民合同制工人本人不缴纳保险费。《社会保险法（草案）》第 40 条规定："用人单位应当按照国家规定的本单位职工工资总额的比例缴纳失业保险费。职工应当按照国家规定的本人工资的比例缴纳失业保险费。"

※选择性阅读

失业保险金的筹集原则

1. 以支定收的原则。我国失业保险的政策目标，定位于着重保障失业人员的基本生活，兼顾促进失业人员再就业。在实行现收现付的筹资模式的条件下，保障失业人员基本生活的支付需要，构成了失业保险基金筹资规模和比例的下限。同时考虑保持适当的基金结余，预留一定的余地，以备不时之需，并据以计算出基金筹集总额和筹集比例。

2. 适度性原则。失业保险的保障水平应当与社会经济的发展水平相适应，失业保险基金的筹资规模和比例要与失业保险的保障水平相适应。失业保险基金的筹资水平不能太低，太低则不敷使用；也不能太高，太高会增加参保单位特别是企业的负担，影响经济发展。

3. 公平性原则。对参加失业保险的单位和个人来说，缴费构成其财务负担，失业保险费率的不统一将会导致市场环境的扭曲，只有建立在相同费率基础之上的失业保险制度，才有助于构筑企业公平竞争、资本和劳动力有序流动的"基础平台"。从我国目前的情况看，由于受经济发展状况等因素的影响，个别地区经国务院批准，实行的费率略高或略低于全国的基准费率。从长远看，全国的失业保险费率终将走向统一。

4. 经济性原则。失业保险基金的筹集是有成本的，特别是失业保险费的征缴要耗费相当数量的人力、物力和财力。目前失业保险的管理费用由财政拨付而非从基金中列支，但降低筹资成本能够节省财政资金，提高社会总资金的运行效率，在全国推行的各项社会保险费统一、合并征收，其目的就是为了降低基金的征收成本。

二、失业保险基金的管理与使用

（一）失业保险基金的管理

失业保险基金的管理有三种类型：

第一种是国家管理类型，以英国为代表，为多数国家所采取。在英国，卫生和社会保障部门负责失业保险基金的管理和失业档案管理；就业部门通过所属各地办事机构和职业介绍所管理失业津贴事宜。我国也属此类，原国务院劳动和社会保障部现人力资源和社会保障部主管全国失业保险。县级以上地方各级人民政府劳动保障行政部门主管本行政区域内的失业保险工作。劳动保障行政部门按照国务院设立经办失业保险业务的社会保险经办机构，由社会保险经办机构具体承办失业保险工作。

第二种是国家监督下的管理类型，以瑞典为代表。在瑞典，国家劳工市场局监督失业法规的实施；工会失业基金会（基金会由工会代表和政府代表共同组成理事会）管理全国各行各业的失业保险业务；工会失业基金会各地分支机构负责失业保险费收缴工作，并与各地职业介绍所密切配合管理失业津贴发放事宜。

第三种是劳资双方管理类型，以法国为代表。在法国，卫生和社会保障部门行使失业保险事宜全面监督权，劳资双方组成共同理事会，负责失业保险的管理事宜，包括失业津贴的给付等。

国家管理失业保险的专门机构一般都具有下列功能：负责失业人员的登记、建档、建卡；负责失业人员的失业津贴管理和给付工作；负责失业人员的再就业的指导、介绍工作；负责失业人员的职业培训、掌握第二职业的工作；负责失业保险费的定期收缴和管理工作等。

（二）失业保险基金的使用

一般来说，国家规定失业保险各项待遇支出可分为直接享受和间接享受两种。直接享受的待遇包括：按照失业前连续工作时间领取的不同期限的救济金、医疗费、死亡丧葬补助费、供养直系亲属的抚恤费、救济费、为解决失业生活困难的补助费等。间接享受的项目包括：转业训练费、扶持失业自救费、职业介绍费以及失业职工管理费等。以上项目决定了失业保险基金的使用方向。

1999年1月22日，国务院颁布的《失业保险条例》规定，《社会保险法（草案）》也有相同的规定，即失业保险基金专款专用，不得挪作他用，不得用于平衡财政收支。各项费用的支出，要根据预算项目的实际需要，从严掌握，不得扩大开支范围，不允许超预算、超标准及不合理项目的开支。为了用好管好失业保险金，必须坚持以下原则：①按上级规定的办法和比例提存，不得随意更改的原则；②贯彻"专款专用、先存后用"原则；③坚持留有余地的原则；④坚持兼顾需要与可能的原则；⑤坚持紧缩开支的原则；⑥坚持注意管理费开支效益的原则。此外，管理费还要专账管理、单独核算，不得挤占、挪用。凡是使用失业保险管理费购置的房产、设备、均须列入固定资产账，账物相符。

我国失业保险基金用于下列支出：①失业保险金；②领取失业保险金期间的医疗补助；③领取失业保险金期间死亡的失业人员的丧葬补助金和其供养的配偶、直系亲属的抚恤金；④领取失业保险金期间接受职业培训、职业介绍的补贴；⑤国务院规定或者批准的与失业保险有关的其他费用。

三、失业保险金的发放

（一）享受失业保险待遇的条件

不是任何失业者都能够取得享受失业保险待遇的权利。为了获得这种权利，必须具备一定的资格和条件。一般来说，失业保险法所涵盖的构成享受失业保险权利的资格，必须是非自愿失业，失业前工作或投保均有一定记录、并到指定的就业机构登记等。具体的讲，应同时具备下列条件：

1. 失业者必须处于法定劳动年龄。我国《劳动法》及有关法律、法规规定，所有用工单位均不允许招用童工，同时规定了职工的退休年龄。国际上为保障劳动者的身体健康和其他有关权利，一般对劳动者的年龄从法律上做出了明确规定。由于失业保险是一种在职保险，未达到劳动就业年龄的人不存在就业问题，所以就谈不上享受失业保险。对未达到法定劳动年龄参加劳动的童工，属非法用工，不但不包括在就业者的范围内，而且要追究相应的法律责任；对超过法定劳动年龄而仍在工作的劳动者，失业后作退休处理而不应享受失业保险；对超过法定劳动年龄已经退休后又重新就业的，不存在失业和享受失业保险待遇的问题。

2. 失业者必须是非自愿失业者。法律规定失业者必须是非自愿失业，而不是自愿失业。其立法目的是为了杜绝因故意失业以获取津贴的弊端。所谓自愿失业与非自愿失业，这是英国著名经济学家凯恩斯于20世纪30年代首次提出的失业划分方法。在他看来，只要消除非自愿失业，就实现了"充分就业"，这是凯恩斯"就业理论"的核心所在。自愿失业，责任全在就业者本人，或是出于获取更体面的工作岗位和更优厚工资的考虑，或是出于其他的个人考虑。这种离开原工作岗位而暂时失业的现象，理应由个人负责，企业和国家没有义务给他们提供失业保险的待遇，他们也没有权利获得这种待遇。至于非自愿失业者，自然另当别论，因为这类失业现象的发生责任不在失业者本人，而是与失业者本人无关的其他原因造成的，诸如企业因经营不善而破产，致使企业全体职工沦为失业者；严重的自然灾害使企业有义务为其职工提供失业保险待遇，失业者有权利从国家或政府获得失业保险待遇。

许多国家在立法中对自愿失业者领取失业救济金做了禁止或限制性规定。例如，因自己过失或无正当理由而自愿离职者，因品行不端而被解雇者，在一定期限内不得领取失业津贴；因劳动争议而离职或者因介入劳动争议而导致停工造成自己失业者，于争议期间不发给失业津贴；无正当理由拒绝职业介绍机构所介绍的适当职业者，暂时或长期停止支付失业津贴。我国1999年颁布实施的《失业保险条例》和《社会保险法（草案）》第41条第2项也明确了这一要求。《失业保险条例》规定，享受失业保险待遇的失业人员应当是非本人意愿中断就业的。

3. 失业前必须有就业或缴费的记录。社会保险是一种纳费的保障制度，要求权利与义务相对应，所以一个失业者能否享受失业保险待遇要视其是否履行了劳动义务而定。对于从未工作过的人，一般没有资格享受失业保险，对于刚参加工作不久就失业的劳动者，要视工作时间长短和缴费时间长短而定。《社会保险法（草案）》第41条第1项规定，失业前劳动者本人及其所在用人单位要按照规定缴纳失业保险费满1年。

4. 失业后须按规定进行失业登记并有求职要求。失业保险存在的价值之一，就是通过保障失业者的基本生活而帮助失业者重新就业。如果失业者无正当理由而拒绝职业介绍所介绍的适当工作，则他的失业不再视为非自愿性失业，在客观上，显然自愿的，则取消其享受失业保险待遇的资格。国际劳工组织的《促进就业和失业保护公约》和《促进就业和失业保护建议书》指出，判断职业的性质是否适当，要在规定的条件下，在适当的程度上，特别考虑到失业者的年龄、过去职业的工龄、已经取得的经验、失业时间劳动力市场的状况，以及这项职业对劳动者个人和家庭状况的影响。根据上述考虑因素，如果介绍的职业不能算是"适当职业"，失业者有权拒绝，应该继续享受失业保险待遇。《社会保险法（草案）》第41条第3项也要求失业者已经进行失业登记，并有求职要求。

5. 其他条件。除上述必备条件外，失业者还必须符合其他的法定条件，如有些国家规定：①个人收入中止，因为一些人虽然处于失业阶层，但并不一定收入中止；②被救济的人不能存有前科即犯罪历史；③其原来工作必须合法，不是"黑工"（政府承认的除外）。

以上所列的这些条件是充分享受失业保险津贴的一般要求。在具体给付当中，各国的具体规定也不一样，有的甚至出入很大。通常，失业保险法除了规定享受失业保险待遇的必备条件外，还规定有些失业者，尽管已具备享受失业保险待遇的条件，同样不能使之享受失业保险给付，包括拒付、取消、停发或减发失业保险金。这些情况的限制主要包括：失业者移居境外或服兵役；表示不愿接受或有意推卸就业机构介绍的职业；拒绝接受就业机构提供的再就业所需的职业培训；由于失业者个人品行不端，有严重过失而被除名、革职、开除企事业单位；企图或已经通过舞弊行径骗取失业津贴；出于政治或经济原因，直接参与反对企业主、反对政府的罢工、游行而失去工作的，也不给付失业保险待遇。《社会保险法（草案）》第47条是这样规定的："失业人员在领取失业保险金期间有下列情形之一的，停止领取失业保险金，并同时停止享受其他失业保险待遇：①重新就业的；②应征服兵役的；③移居境外的；④享受基本养老保险待遇或者达到法定退休年龄的；⑤无正当理由，拒不接受当地人民政府指定的部门或者机构介绍的工作或者提供的培训的。"

（二）失业保险待遇

有关失业保险待遇的内容，在立法上大都划分为若干项目。最广义地说，主要包括4个项目：失业基本津贴；失业救助金；附加失业津贴；补充失业津贴。

1. 失业基本津贴的厘定原则。津贴的给付额以失业者失业前的工资标准为上限，不得高于原来的工资标准。这是因为，待遇给付以奉献为依据，失业期间对企业、社会及国家无所奉献，理应获得低于就业期间的收入。只有这样，才能促使失业者去找到新的工作，再参加到就业者的行列中，否则，若给付标准等于原工作工资标准，必然混淆就业与失业的区别，人们宁愿沦为失业者。津贴给付额的下限不得低于基本生活水平所要求的收入标准。社会保险的目的在于保障被保险人的基本生活，在制定失业津贴的标准时应遵循这一基本原则。所以我们应该区分失业津贴标准和失业救济标准，后者只是保证最低生活水平，以确保社会保险功能的正常发展。在基本给付标准之外，还应设计补充给付标准，失业者一般都有供养家庭的责任。而失业津贴往往又是维持失业者家庭正常生活的主要经济来源。如果只给予失业者个人维持基本生活的津贴额，家人的生活便会受到严重影响，劳动力的扩大再生产就会难以实现，所以在确定失业保险津贴给付标准时既要考虑如何设计基本标准，又要考虑如何设计补充标准。

2. 失业基本津贴及其标准。失业基本津贴，是用于维持失业者本人在失业期间的基本生活需要的失业保险待遇。对于失业基本津贴标准的确定，国际劳工组织曾对失业津贴的给付提出了三条基本的标准：①失业津贴应以失业者的原工资或投保费用作为制定依据；②失业津贴宜界定在失业者原工资的50%以上；③失业津贴可规定一个上限。这三项建议，已成为各国立法时的依据。根据《失业保险条例》规定，厘定中国的失业基本津贴是：失业保险金的标准，按照低于当地最低工资标准、高于城市居民最低生活保障标准的水平，由省、自治区、直辖市人民政府确定。《社会保险法（草案）》第43条规定："失业保险金的标准，由省、自治区、直辖市人民政府根据个人失业前 12 个月的月平均缴费工资和赡养系数确定，但是失业保险金不得低于城镇居民最低生活保障标准。"在失业保险待遇中，失业人员在领取失业保险金期间患病就医的，可以按照规定向社会保险经办机构申请领取医疗补助金。医疗补助金的标准由省、自治区、直辖市人民政府规定。《社会保险法（草案）》第 44 条规定："失业人员在领取失业保险金期间参加职工基本医疗保险，享受基本医疗保险待遇。失业人员应当缴纳的基本医疗保险费从失业保险基金中支付。"失业人员在领取失业保险金期间死亡的，参照当地对在职职工的规定，发给其家属丧葬补助金和抚恤金。《社会保险法（草案）》第 45 条规定："失业人员在领取失业保险金期间死亡的，参照当地对在职职工死亡的规定，向其遗属一次性发给丧葬补助金和抚恤金。个人死亡同时符合领取基本养老保险一次性丧葬补助金、工伤保险丧葬补助金和失业保险丧葬补助金条件的，其遗属只能选择领取其中的一项。"单位招用的农民合同制工人，连续工作满 1 年，本单位已缴纳失业保险费，劳动合同期满未续或者提前解除劳动合同的，由社会保险经办机构根据其工作时间长短，对其支付一次性生活补助。补助的办法和标准由省、自治区、直辖市人民政府规定。

这里有两个问题需要注意：①必须根据各地的经济水平、消费水平以及当地工人的平均工资水平来确定一个人维持最低平均生活水平需要多少钱。《社会保险法（草案）》第 48 条规定："个人跨地区就业的，其失业保险关系随本人转移，缴费年限累计计算。"②必须保证失业人员失业之后获得的失业补助不得高于或者不得过分接近其失业前的收入水平。否则会使劳动者丧失劳动积极性，宁肯失业。基于这个考虑，实践中，往往不要统一确定某一地区的失业金发放标准，而是实行个别确定原则。比如说可以在针对个人发放失业保险金时，以个人失业前的工资收入的一定比例发放，同时可以规定一个最高限额，以免失业前高收入者的失业金仍然很高。例如，我国台湾地区相关规定和美国法规定，失业给付标准按被保险人每月投保薪资 50% 计算。国际劳工公约也规定失业保险金不高于原工资的 50%，实践中全球平均 40%~75%。

3. 失业保险的给付比率和给付金额。归纳起来，主要有以下几种方式：

（1）工资比例制，即按失业保险给付金额占以被保险人在失业前一定时期平均工资收入的比率给付失业保险金的方式。通常依据工龄、受保期限、工资水平和缴费年限等因素确定。给付标准通常为工资的 40%~75%，如瑞士规定，被保险人失业，按本人工资的 65% 发给失业救济金，有直系亲属 1 人或 1 人以上者，则按工资的 70% 发给。

（2）均一制，又称固定金额制，是对符合条件的失业者一律按统一绝对数额给付失业保险金而不与失业前的工资收入相联系的方式，例如冰岛、塞浦路斯、意大利、马耳他。

（3）混合制，即失业保险金采取比例制和均一制相结合计发的方式：一部分按失业前的工资收入的一定比例给付，另一部分则按绝对多数给付，如联邦德国。

（4）一次性给付制，即对失业者一次性支付一定数额的失业保险金或解雇金，其数额根据工资和工龄而定。

失业社会保险金的支付时间和办法，各国规定不尽相同。其支付的时间和办法：有按周支付、有按月支付、有由政府机构或雇主发给一次性失业救济金的，还有由政府规定、由雇主发给一次性解雇费的。

此外，有些国家为确保失业保险金的实际给付水平，还规定失业保险金随物价或生活指数的变化而相应调整。

4．失业保险的给付期限。失业保险待遇的给付期限，即失业者何时开始领取失业保险金，以及领取期限持续多久，实际上包括两个方面：一方面是确定失业保险待遇开始给付的期限，即等待期限；另一方面是确定失业保险待遇的给付期限。

（1）等待期限。失业者失业后，必须经历一定的等待期限，才能领取失业保险金。法律之所以规定等待期限，其目的在于：①有助于防止冒领失业保险金的行为。因为社会保险机构不可能马上确定失业者的真实情况，总要有个了解和调查的期限。②有利于社会保险机构不致陷入大量小额保险金给付的琐碎事务之中，从而，有助于减轻社会保险机构的管理、审批、核算业务负担。③有助于减少种种有意制造非自愿失业的行为。

1988 年举行的国际劳工大会第 75 届会议通过的决议认为，失业者在领取保险金的等待期，原则上不得超过每次失业后 3 天的期限，或者，不得超过失业后的 6 天的期限，建议等待期可延长到 7 天。所以，迄今各国有关失业保险立法的规定的等待期限一般均在 7 天之内。值得注意的是，越来越多的发达国家缩短乃至取消了等待期。我国对失业人员领取失业救济金没有等待期的要求。1999 年《失业保险条例》规定，失业人员应当及时到指定的社会保险经办机构办理失业保险登记。《社会保险法（草案）》第 46 条规定："用人单位应当及时为失业人员出具终止或者解除劳动关系的证明，并将失业人员的名单自终止或者解除劳动关系之日起 15 日内告知社会保险经办机构。失业人员应当持本单位为其出具的终止或者解除劳动关系的证明，及时到指定的公共就业服务机构办理失业登记。失业人员凭失业登记证明和个人身份证明到社会保险经办机构办理领取失业保险金的手续。失业保险金领取期限自办理失业登记之日起计算。"如果失业人员在失业的当天就到社会保险经办机构办理失业保险登记，就可以从失业的当天开始享受失业保险待遇。

(2) 享受期限。失业保险待遇的享受期限，即失业者享受失业保险待遇持续多长时间。从企业和国家的角度出发，自然是越短越好；从失业者的利益出发，则越长越有保障。因此，国际劳工组织综合各国失业情况和工人生活状况，确认失业保险待遇的享受期限为 78～156 天之间，因此，不少国家在立法中规定每年失业保险待遇的享受期限为 13～26 周之间。我国 1999 年颁布的《失业保险条例》基本保持了这一规定，只是将所在单位和其本人缴费时间分段增加了一档，即规定累计缴费时间满 1 年不足 5 年的，领取失业保险金的期限最长为 12个月；累计缴费时间满 5 年不足 10 年的，领取失业保险金的期限最长为 18 个月；累计缴费时间 10 年以上的，领取失业保险金的期限最长为 24 个月。《社会保险法（草案）》第 42 条作出了相同的规定，并且规定：重新就业后，再次失业的，缴费时间重新计算，领取失业保险金的期限与前次失业应当领取而尚未领取的失业保险金的期限合并计算，最长不得超过 24 个月。

在实行投保式社会保险制的国家，在立法中失业保险待遇的享受期限的长短与缴费期限的长短挂钩，使二者呈正比关系。采取此立法例者为日本等国。即投保期限越长，领取失业津贴的时间亦越长。另外，日本立法中还考虑了失业者的年龄，即待遇享受期限还与失业者年龄呈正比关系。这就是说，尽管两个失业者的缴费期相同（比如均为 1 年），但由于年龄不同，领取的失业津贴的期限则不相等，年长者要比年轻者领取更长时日的失业津贴。

20 世纪 80 年代以来，在国际劳工组织的倡导下，失业保险待遇的享受期限与失业期限相联系，并呈正比关系。1952 年，国际劳工大会建议，失业期若长达 12 个月，可享受约 6 个月的失业津贴；1988 年第 75 届国际劳工大会通过《促进就业和失业保护公约》，对失业期限长达 24 个月的，可支付 30 周的失业津贴，情况特殊者还可支付 52 周。但也有一些国家立法根本不规定享受期限，比如澳大利亚和比利时等。在这些国家，失业者可以无期限地享受失业保险金待遇。

5. 职业培训与再就业等失业保险待遇。我国《失业保险条例》也规定失业保险给付包括失业后的职业培训与职业介绍费用。但是，我们认为，我国的这一规定尚不够完善。促进就业给付制度应该不仅限于此，譬如，我国台湾地区"法律"规定给予失业者的创业补助，提前就业奖励以及企业雇佣失业工人奖励这些都值得我们借鉴。其实，我国在对待下岗工人政策方面就有类似尝试。包括提前就业奖励、创业贷款利息补助以及企业招用下岗工人奖励等。这种尝试完全可以在今后的失业保险立法完善中予以采纳，以提高失业保险基金的促进就业功能。此外，可以考虑对于一些处于特殊困难的失业者如伤病失业者、老年失业者以及孕妇失业者等特殊弱者给予失业保险之外的额外失业补助，如加拿大的失业保险模式就是如此，也从失业保险基金中支出。

　　总之，失业保险待遇的给付项目与给付标准是衡量一国或一地区的失业保险水平的重要方面。对于给付项目与给付标准的界定，通常取决于各国与各地区的政策选择与变化。最初各国在制定失业保险制度的时候主要考虑的是如何最大化地维护失业者的基本生活，因此，其失业保险待遇的给付项目范围通常局限在对失业者的生活补助。但是，现在各国政府都认识到了仅给予生活补助并不能从根本上解决问题，而解决失业问题的根本途径还在于如何保障失业者在最短的时间内实现重新就业，所以，差不多各国的立法都开始重视其失业保险给付中的促进就业项目。而且其给付项目甚至扩及到了失业者以外的符合政府促进就业政策的对象。例如我国台湾地区规定其失业保险基金的支付项目除了失业者的基本生活补助，还包括提供失业者的求职搬迁、交通、膳食津贴、临时工作津贴、就业培训津贴、自主创业贷款利息补贴以及规定任何企业每雇佣一名失业工人达到一定期限的，可以获得一定基金补贴。而且，如果失业者在失业享受补助完毕之前提前就业的还可以享受提前就业奖励。

第五章　工伤保险法律制度

■ 第一节　工伤保险法律制度概述

一、工伤保险的定义

工伤保险，顾名思义即对工伤提供的社会保险，故欲探知工伤保险之内涵，必先明确工伤与保险的各自含义。一般而言，工伤有广义与狭义之分，狭义的工伤仅指劳动者在工作过程中遭受的事故伤害，不含职业病；广义的工伤则除狭义的工伤外还包括劳动者因工作所患的职业病，在国外一般通称为职业伤害。本书在此采广义的理解。保险在我国分为商业保险与社会保险，工伤保险属于社会保险之一种，指的是国家对工伤提供的社会保险，具体而言就是国家在劳动者因工作而负伤、致残、死亡或罹患职业病时，给劳动者本人及其供养直系亲属提供物质帮助的一种制度。

※选择性阅读

由于工伤保险的适用前提是工伤的发生，因此，工伤的确定就至为重要。各国公认的工伤确认标准是该伤害是否与劳动者的工作相关联，这也是区分工伤与非工伤的关键，至于伤害的发生时间与地点并非决定性因素。有些伤害虽然在工作时间和地点以外发生（如上下班时间或因公外出期间），在一定条件下仍可按工伤处理。此外，从确保社会利益角度出发，对从事抢险救灾救人等公益活动而受到意外伤害的，也按工伤处理。有些伤害虽在工作场所和时间内发生，如患心脑血管疾病恰巧在工作时间内发作，但因与工作无关，故不能按工伤对待和处理，一般只能享受医疗保险待遇。非工伤的医疗保险待遇，其标准通常低于工伤保险待遇。[1]

如前所述，工伤保险有着广义与狭义之划分，因此，有些国家对工伤保险和职业病保险分别立法，通称职业伤害保险法。我国实行混合立法模式，工伤保险的范围包括两个方面：工伤事故伤亡和职业病伤亡。

二、以归责原则为中心的发展

工伤保险解决的是雇主对雇员（或称雇佣人与受雇人）损害赔偿的问题。该问题由来已久，可以说自有了雇佣劳动就有了对雇员的赔偿或补偿责任问题。但直到人类进入工业社会，随着雇佣劳动的普及以及机器的大量使用，该问题才开始凸显并得到人们的重视。在此阶段，由于劳动法尚未从民法中分离，故雇佣人对受雇人的赔偿责任属于民法中的侵权损害赔偿责任之一种。而从 19 世纪开始，侵权损害赔偿责任的归责原则由过去的结果责任演变为过错责任。因此，从 19 世纪开始，雇佣人对受雇人的损害赔偿责任也实行过错归责原则，受雇人只有证明自己受有损害、损害与雇佣人的行为之间具有因果关系、雇佣人具有过错才能获得赔偿。在有些国家，受雇人的请求权还受到其他限制，如在英国，依共同雇用理论，如果雇员的损害系受雇于同一雇主的其他同事之过失所致，则雇员不得向雇主请求损害赔偿；依有过失原则，如果雇员对过失之发生也有过失，则不得请求损害赔偿；依自甘冒险原则，如果雇员明知从事之工作具有危险性而仍继续受雇者，就因此所受之损害，不得请求损害赔偿。[2]

与以往的过错归责原则相比，无过错归责原则对受害人的利益倾斜是十分明显的，因为无过错归责原则不要求受害人证明加害人过错的存在，加害人既不得通过证明自己无过错而免责，也不得通过证明受害人存在混合过错而减轻责任。换言之，无论加害人是否有过错，只要受害人能够证明损害事实以及加害人的行为与损害事实之间因果关系的存在，加害人均必须赔偿。尽管如此，无过错归责原则还是有其力所不及之处，因为任何一个加害人无论其财力多么雄厚，其财产总是有限的，而且在瞬息万变的市场中有时还面临破产倒闭的命运，这就使得受害人得不到全部赔偿。因此，必须寻求一种将个体的风险转移给社会的机制，此种机制就是"无过失补偿制度"。无过失补偿又称"非侵权行为补偿"，是指对一定范围内的当事人因意外事故导致人身伤害要求相关机构予以补偿或救助的一

---

〔1〕　许建宇："职业伤害保险法"，载杨燕绥等编著：《论社会保障法》，中国劳动社会保障出版社 2003 年版，第 98 页。

〔2〕　参见王泽鉴：《民法学说与判例研究》（第 3 册），中国政法大学出版社 1998 年版，第 277 页。

种权利救济机制。工伤保险补偿就是最典型的无过失补偿制度。[1]

无过失补偿制度的优势在于：对受雇人来说，由于补偿的资金不是来源于单个的特定雇佣人而是来自社会，受雇人能够获得充分且稳定的补偿，不会出现因致害的雇佣人财力有限甚至破产而导致的救济不足的现象。同时，受雇人也不必通过冗长的诉讼程序花费不菲的代价获得赔偿，在无过失补偿制度中，受雇人只需通过特定的程序向特定的机构申请即可得到补偿，该补偿不限于一次性的补偿，还包括按期发放的补偿。对雇佣人来说，只需缴纳较低的保险费就可将巨额风险转移给全社会，从而摆脱了破产倒闭的厄运，在生产经营上更加无后顾之忧。对社会而言，该制度避免了雇佣人与受雇人之间的对立，缓和了他们之间的矛盾，减少了解决纠纷的成本。因此可以说，无过失补偿制度是一个实现了"多赢"目标的制度。

三、工伤保险法律制度的特点

工伤保险法律制度在 100 多年的发展历程中，形成了以下几个比较显著的特点：

（一）实行无过错归责原则且雇员无缴费义务

如前所述，工伤保险制度属于无过失补偿制度的范畴。在工伤事故发生后，无论雇主对工伤的发生有无过错，均应当支付保险金。[2] 需要指出的是无过错责任并非绝对责任，两者的共同点是均不以行为人具有过错作为承担责任的条件，但无过错责任中存在抗辩事由，而绝对责任中没有抗辩事由。因此，虽然各国在工伤保险上不问雇主之过错，但并不等于在任何情况下受雇人均可以获得补偿，如在我国，职工因犯罪伤亡的，不得认定为工伤，自然也不能获得工伤保险补偿。在缴费上则实行雇员免交原则。如在韩国，工伤保险费全部由雇主缴纳，雇员不缴费。

（二）在费率上实行差别费率和浮动费率

各行业伤亡事故风险和职业危害程度的类别在实践中存在较大差异（如采矿业和银行业的职业风险就存在极大的差异），因此若实行统一缴费比例对不同的雇主显然有失公允，宜采差别费率制。如德国根据行业的不同特点设立了 35 个同业行会，形成不同的费率。平均费率最低为 0.71%，最高为 14.58%，相差 18

---

〔1〕 参见郑尚元：《工伤保险法律制度研究》，北京大学出版社 2004 年版，第 18 页。

〔2〕 有学者提出无过错原则的称谓不够准确，因为并非仅在加害人无过错时方承担责任，而是无论加害人是否有过错均应当承担责任。故其确切的称呼应当是"不问过错原则"。鉴于无过错原则已经被人们所熟悉，对其内涵也很少会发生误解，故本文仍采无过错责任这一术语。

倍。在最近的 20 年里，工伤死亡人数减少了 2/3。日本工伤保险按行业差别划分为 8 大产业 53 个行业，最高费率为 14.8%，最低为 0.5%，另外各行业都附加 0.1% 的通勤事故保险费率，行业之间差别费率达 25 倍。[1] 实践表明，这种做法既有效地发挥了促使企业重视安全生产工作的作用，又满足了公平的要求。首次于 1963 年对工伤保险立法的韩国也实行差别费率，对全国所有行业按照作业危险程度及事故率划分为 67 类。最低费率为 4‰，最高费率 286‰。平均费率为 19.4‰。费率每年调整一次。

（三）立法目标为预防、补偿和康复相结合

工伤保险制度的目的并不是单一的而是多重的。该目的既包括在工伤发生以后的工伤补偿与工伤康复，也包括事前的工伤预防。上述目标具有同等价值，很难衡量孰轻孰重。只是经济发展水平不同的国家及各国在不同的经济发展阶段，偏重的目标有所不同。如经济发展水平较低的国家，工伤保险往往局限于工伤补偿；经济发展水平较高的国家，工伤保险则涵盖了更为广泛的内容。"工伤保险发展至今日，物质保障的水平不断提高，道德保障的理念更加深入人心，更加体现人文关怀。"[2]

四、工伤保险法的原则

经过长期发展，职业伤害保险已经成为当今世界各国立法最为普遍、发展最为完善的社会保险险种，形成了为国际社会普遍认同的若干通行原则，主要有：雇主责任原则，无过错赔偿原则，赔偿与预防、康复相结合原则，科学鉴定标准和因工原则。其中"雇主责任原则"可谓职业伤害保险的立法渊源和理论基石。在雇主责任原则下，职业伤害保险呈现不同于一般的民事法律关系的特征：权利与义务的不对等性，即雇主承担全部缴费和赔偿的义务，受雇者享有获得完全赔偿的权利。我国工伤保险法的原则如下：

（一）无过错补偿原则

无过错补偿原则意味着在劳动过程中发生的职业伤害，无论用人单位有无过错，受伤害者主观上有无过失均应得到法定的补偿，除非有法定情形存在。这一点在世界各国的工伤保险理论上都得到确认，我国也不例外。与此相关的是工伤保险费由用人单位承担，劳动者不需缴纳任何费用。保险费之所以全部由用人单位负担，是因为任何职业劳动都存在着职业危险与伤害，而职业劳动的受益者雇主又负有保护职工生命安全的义务，据此，雇主应承担工伤保险费。用人单位缴

---

〔1〕 参见王显政主编：《工伤保险与事故预防研究及实践》，中国劳动社会保障出版社 2004 年版。

〔2〕 郑尚元：《工伤保险法律制度研究》，北京大学出版社 2004 年版，第 33 页。

纳工伤保险费后，即将其对职工的补偿责任转于工伤保险机构承担，用人单位不再承担直接赔偿责任。

（二）强制实施原则

由于各种因素的制约，我国的工伤保险尚不能覆盖所有的用人单位和职工，但凡是劳动法所规定的用人单位（根据《工伤保险条例》第2条的规定，此处的用人单位包括中国境内的各类企业、有雇工的个体工商户）都应当依照规定参加工伤保险，为本单位全部职工或者雇工缴纳工伤保险费；无论劳动者与用人单位是否订立书面劳动合同、用工形式如何、用工期限长短，也不管劳动者的身份是什么，均享有工伤保险待遇权利。由此可见，国家立法强制所有的用人单位实行工伤保险，均须按月向当地工伤保险管理机构缴纳工伤保险费，违反者给予法律规定的惩罚。用人单位未依法为职工缴纳工伤保险费期间，职工发生工伤的，由单位所在地劳动保障行政部门负责工伤认定，由该用人单位按照《工伤保险条例》规定的工伤保险待遇项目和标准，向职工支付费用。

（三）社会化原则

工伤保险法律制度属于社会法的范畴，是私法与公法相结合的产物，体现了国家公力对市民社会的干预。社会化原则在工伤保险中的体现是：覆盖范围广；基金筹集和管理监督由社会公共机构负责，如工伤保险机构负责调剂使用工伤保险费用资金，并协同有关部门负责审核工伤保险待遇享受资格，其监督则由全社会负责；工伤评残工作由劳动保障、人事、卫生等部门和工会组织、经办机构、用人单位的代表组成的劳动能力鉴定委员会及其医疗卫生专家库执行。工伤保险的社会化，保障了有限的保险资金的合理使用与监督，对发展生产是有利的，当然也对社会化的管理体制、管理人员的专业素质和人们的社会保障意识提出了较高的要求。

（四）法定性原则

在工伤保险制度的运行过程中，无论是工伤的认定标准、条件与程序，还是工伤待遇，均由法律直接规定，当事人没有自由协商的空间与余地。

■ 第二节　工伤保险的历史发展

一、世界主要国家的立法概况

（一）工伤保险法的性质

从已制定工伤保险法律的国家来看，多数国家的工伤保险法律制度首先以某种伤残赔偿法的形式出现，以后逐步建立专门的工伤保险制度，成为社会保险的重要险种。有少数国家则把工人伤残赔偿融入社会保障之中，如荷兰关于伤残和疾病的立法规定适用于所有丧失劳动能力者，无论受伤者是因工还是非因工。

（二）工伤保险法的适用对象

多数国家的工伤保险制度一般适用于工薪劳动者，但在具体的适用对象范围上又多有差异。一些工业化水平较高国家的工伤保险，几乎包括所有雇员。如德国工伤保险不仅适用于产业界雇员，而且还包括农民、教师、学徒及家庭雇工。意大利的工伤保险制度的适用范围是体力劳动者、从事危险工作的非体力雇员和从事农业的独立劳动者（海员不在此范围内，另有制度）。荷兰规定年龄在65岁以下的所有工薪劳动者和部分自谋职业者必须参加工伤保险。瑞士的工伤保险适用于所有的雇员，自我雇佣者可以自行选择参加。美国因采取联邦制，故各州规定不尽相同，不在工伤保险范围之内的通常包括农业工人、家庭佣工以及小型公司的雇员。有的国家受保范围还不包括小型企业的工人，如加拿大。据现有资料分析，不少国家都对政府雇员实行特别制度，很多国家都把家庭雇工和自我雇佣者排除在外。

（三）工伤保险的模式

世界上实行工伤保险的国家大体为两种模式，一种是通过建立公共基金为工伤提供社会保险的模式；另一种是雇主责任制模式。

实行前一种模式国家约占实行工伤保险制度国家的2/3，它们是用公共基金实施的；其工伤保险基金可以是一般社会保险基金的组成部分，也可以是单独的。在这些国家，凡参加工伤保险的雇主，都必须向社会保险机构交纳工伤保险基金，由社会保险机构支付伤残补助金。实行社会保险制度国家的工伤医疗都是免费的，受保人原则上不交纳费用。例如，法国工伤事故的医疗费、药费、住院费全部由社会保险部门提供。

实行后一种模式的是少数国家。雇主责任制又有两种情况：①受伤的工人或遗属直接向雇主要求索赔，雇主根据法律规定向他们直接支付赔偿费用。如果工伤还涉及其他方面，出现争议，法院或国家有关机构将出面解决。②雇主为其雇员的工伤风险投保商业保险。这些雇主只能通过向私人保险公司投保而得到保险。这类保险公司征收伤害保险费，通常是根据各企业或各产业部门的工伤事故发生的情况或根据工作风险程度而定，保险费可能差别很大。例如，美国在不实行工伤保险的州，要求雇主为其雇员的工伤风险实行保险，按险别交保险费。美国工伤风险是按行业划分，与行业内部所有企业的伤害频率和安全考绩有关，用以精确估算该行业工人补偿保险损失成本。比如卡车司机和公司职员，他们的职业风险是不同的，由此带来的损失也会不同。

（四）工伤保险基金的筹集方式

归纳起来，国外工伤保险基金的筹集方式大体有三种：

1. 个别（单独）确定法。其又称为功过确定法或经历确定法。这种方法与雇主责任制中的义务性保险缴费额的确定办法最为接近。基本缴费额可以用预测的方式确定，然后再根据雇主的经历进行调整。付款具有追溯效力。个别工伤事故的有关数据和账目要求只针对某一个企业。单独确定法会使保险计划受到来自雇主方面的压力，这些雇主都希望自己被确定缴纳最低额的保费。

2. 集体确定法。这种确定基本费用缴纳金额的办法与单独确定法较为相似，不同之处在于，其是根据企业发生工伤危险情况而定（由雇主交纳）。

3. 统一确定法。在这种方法中，共担风险的原则得到最全面的应用。所有雇主一律交纳统一数额的保险基金。数据和账目也是针对整个制度而设计的。这种方法是所有办法中最简单的一种，这是公正地处理和调解事故的唯一方法。

（五）工伤的范围

许多国家把工伤定义为雇员在其就业期间，因意外事故及职业性质造成的伤残、疾病和死亡。现在有的国家已逐渐把"因工负伤"的概念放宽到包括往返工作地点的上下班途中的伤害。如在德国，工伤一般被界定为使用劳动器械时受到的伤害、上下班途中发生的事故以及职业病。[1] 在韩国，工伤认定由劳动保险局的地方劳动事务所负责。对上下班交通事故分情况界定，如系乘班车途中出事故可算工伤，否则按交通事故处理；医疗事故不算工伤；死亡原因与工作环境有直接联系的，或被认为是过劳死可算工伤，但必须已工作 3 年。

---

〔1〕 郑尚元：《工伤保险法律制度研究》，北京大学出版社 2004 年版，第 77 页。

（六）工伤补助的分类

按工伤保险制度给予工伤雇员的补助大体分为工伤补助金、医疗补助金和遗属补助金。

1. 工伤补助金。许多国家把工伤补助金分为暂时伤残补助金、永久部分伤残补助金和永久全残补助金。

2. 医疗补助金。除工伤补助金外，对于伤残工人的补助金还有医疗补助，其主要形式是提供一些医疗服务、安排住院以及伤残人员的康复工作。这些服务基本是免费的。但是，有些国家的免费医疗制度对于医疗期限和医疗费用总数都有一些规定。

3. 遗属补助金。有些国家的工伤保险补助金还包括支付因工死亡的遗属补助金（寡妇鳏夫补助金、孤儿补助金及父母补助金）。

（七）工伤保险基金的管理机构

实行雇主责任制国家的雇主无需保险机构管理或向私人保险机构投保。实行工伤社会保险的国家则由公共机构或保险基金会单独负责工伤保险工作和支付各项补助金。以下以德国和法国为例介绍相关机构。

1. 德国。承担工伤保险任务的组织分为三类，即工商业工伤保险同业公会、农业工伤保险公会和自治性工伤保险公会（以下简称工伤保险同业公会）。由于工商业工伤保险同业公会承担着工商产业界的保险，因此，事故及职业病预防和保险支付主要集中在他们身上，其作用是最重要的。

工伤保险同业公会对违反事故预防规定的行为和重大事故具有一定的处罚权力。对公会偿付或处理结果存在异议且复议仍无效时，德国社会法院将负责受理这些案件。

2. 法国。管理机构是卫生和社会保障部，它全面监督工伤保险工作。全国疾病保险基金会管理工伤补助金。另有一个基本疾病基金委员会负责支付补助金。征收保险费是由一个联合征收机构负责。

二、我国的工伤保险法律制度概况

在我国，工伤保险立法始于 20 世纪 50 年代初。此后，随着我国经济、社会的发展和经济体制、经济结构的改变，工伤保险制度经历了逐步发展和改革的过程。大致可分为首次立法及其适用时期（20 世纪 50～80 年代）、改革探索与渐入正轨时期（20 世纪 80 年代末～90 年代末）和重大发展时期（进入 21 世纪以来）三个阶段。

（一）首次立法及其适用时期（20 世纪 50～80 年代）

1951 年 2 月 26 日中央人民政府政务院颁布实施《中华人民共和国劳动保险

条例》（1953年修改），体现了"社会保险加上单位（雇主）责任制"。此后，1957年2月28日卫生部又制定和颁布了《职业病范围和职业病患者处理办法的规定》（1987年修改），首次将职业中毒、尘肺病等14种与职业活动有关的疾病规定为职业病并列入工伤保险的保障范畴，规定对患职业病的工人、职员按因工负伤待遇处理。[1] 至此，我国工伤保险制度框架初步形成。这一阶段的工伤保险制度是在计划经济体制下形成和发展的，其特色主要是：①参保范围仅限于国有企业和城镇集体企业，覆盖面较为有限；②工伤保险经历了由不彻底的社会保险向企业保险的转变，即使是在前期即社会保险时期，也没有专门的基金管理机构，工伤保险的社会化程度很低；③由于前期工伤保险的社会化程度不高，而后期工伤待遇的支付由企业按照国家有关规定承担，属于企业自我保障性质的福利制度，所以待遇水平较低。

（二）改革探索与渐入正轨时期（20世纪80年代末～90年代末）

随着经济体制改革的不断深化和企业性质地位的变化，1996年8月原劳动部颁布了《企业职工工伤保险试行办法》，这一行政规章首次将工伤保险作为单独的保险制度统一组织实施，工伤保险具有了强烈的社会性。

《企业职工工伤保险试行办法》所确定的工伤补偿制度的特点在于：①覆盖范围广，属于社会保险的性质。工伤补偿制度的适用范围不限于国有企业和集体企业，而是所有的企业。保险基金实行社会统筹，变"企业保险"为"社会保险"。②工伤待遇有所提高。《企业职工工伤保险试行办法》增设了一次性补偿待遇，把补偿项目分为定期补偿和一次性补偿两块，既要保障伤残职工和工亡遗属有稳定的生活来源，又给予伤残职工和遗属一定的安慰和赔偿；本着保障基本生活和适当补偿工资损失的原则，建立工伤保险待遇随地区工资上涨而定期调整机制，使保障水平与社会经济发展和人民生活水平的提高相适应。③强调把工伤保险与工伤预防、工伤康复、工伤补偿相结合。《企业职工工伤保险试行办法》的颁布与实施，在一定程度上解决了原有工伤保险制度伤残待遇和死亡待遇偏低的问题，并且通过以上各个方面的完善形成了初步的体系。

（三）重大发展时期（进入21世纪以来）

尽管《企业职工工伤保险试行办法》为工伤保险提供了基本的法律依据，但其不足还是显而易见的，如立法层次较低，权威性不高，原则性较强而可操作性较差。2003年4月27日，国务院颁布了《工伤保险条例》，该条例于2004年

---

〔1〕 1987年11月5日卫生部、财政部、原劳动人事部、中华全国总工会联合修订发布了《职业病范围和职业病患者处理办法》，该规定扩大了原有的职业病范围，共计9类99种。

1月1日开始实施。这是自1951年制定颁布《中华人民共和国劳动保险条例》（1953年修改）之后，第一次制定的专门的具有法律效力的工伤保险法规，它对于推进工伤保险改革，规范工伤保险制度，解决工伤保险争议具有至关重要的意义。

此后，原劳动和社会保障部等有关部门陆续出台了《工伤认定办法》、《因工死亡职工供养亲属范围规定》、《非法用工单位伤亡人员一次性赔偿办法》、《关于劳动能力鉴定有关问题的通知》、《关于工伤保险费率问题的通知》等配套文件。《工伤保险条例》从法律上实现了《劳动法》赋予劳动者的工伤保险待遇权利，增强了工伤保险待遇权的行使与保护机制，与《中华人民共和国安全生产法》、《职业病防治法》共同构筑起维护职业安全和保障伤残者权益的屏障，也由此形成了一个以《劳动法》为龙头，以《工伤保险条例》为核心的工伤保险法律体系。

■　第三节　我国工伤保险具体法律制度

一、工伤认定范围

尽管对何谓工伤已经有了形成共识的定义，但仅依这一抽象的定义来认定工伤还是非常困难的，因为抽象的一般条款是无法应对纷繁复杂的社会现象的。因此，必须借助于列举式的规定才能完成对工伤认定的目标。目前，我国有关工伤认定的法律规范主要是国务院于2003年4月27日颁布并于2004年1月1日起实施的《工伤保险条例》。根据该条例规定的工伤范围，职工有下列情形之一的，应当认定为工伤：①在工作时间和工作场所内，因工作原因受到事故伤害的；②工作时间前后在工作场所内，从事与工作有关的预备性或者收尾性工作受到事故伤害的；③在工作时间和工作场所内，因履行工作职责受到暴力等意外伤害的；④患职业病的；⑤因工外出期间，由于工作原因受到伤害或者发生事故下落不明的；⑥在上下班途中，受到机动车事故伤害的；⑦法律、行政法规规定应当认定为工伤的其他情形。

结合前面介绍的有关工伤认定情形的规定，我们来看这样一个案例：

　　2005年10月29日早晨，某市马女士骑车上班，在经过一铁路专用线道口时，被一列行进中的火车撞伤，双腿当即截断，造成下肢残废，属三级伤残。事发后，铁路部门向马女士赔偿伤残费等经济损失8.6万元，马女士认为自己得到的赔偿并未达到工伤待遇标准，为此马女士就铁路部门赔偿额按照工伤待遇不足部分，提出要求得到工伤待遇赔偿。

因所在单位未就马女士受伤致残提出工伤认定申请，因此，2006年2月，马女士向劳动和社会保障行政部门申请工伤认定，劳动和社会保障行政部门认为，《工伤保险条例》规定，职工在上下班途中，受到机动车事故伤害的，应当认定为工伤。但《道路交通安全法》（2007年修改）界定的"机动车"为"以动力装置驱动或者牵引，上道路行驶的供人员乘用或者用于运送物品以及进行工程专项作业的轮式车"。而火车系行驶在铁路而非道路上的运输工具，不属于机动车。因此，马女士不属于法定"受到机动车事故伤害"的工伤认定情形。

在本案中，双方当事人争执的焦点不是马女士是否在上下班途中，而在于撞伤马女士的火车是否属于《工伤保险条例》所规定的机动车，换言之，《工伤保险条例》中的机动车应当做何解释。劳动和社会保障行政部门认定马女士的受伤不属于工伤的理由是不能成立的。

实际上，《道路交通安全法》在界定"机动车"时已经给出它的最根本的特征，即"以动力装置驱动或者牵引"的轮式车，按照《现代汉语词典》对机动车的解释，机动车是指利用机器开动的车辆；车是指陆地上有轮子的运输工具，火车、汽车、马车均属之。火车既是"以动力装置驱动或者牵引"的，又属于车辆，所以将火车认定为机动车的一种是没有任何障碍的。《道路交通安全法》之所以又给"机动车"做了须上道路行驶的限制，是因为该法针对的是道路交通，是针对道路上的机动车所发生的事故，它不能超出道路交通的范围，比如不能把铁路上、村道上的事也管进来。但这不等于把机动车完全限定在只有在道路上行驶的才能是机动车，在非道路上行驶的就一定不是机动车。机动车也有大量在《道路交通安全法》所称的非道路上行驶的情况，这时所发生的事故我们依据《道路交通安全法》规定，不能把它称之为机动车道路交通事故，但不能因此将所发生事故的交通工具称为非机动车，那样就犯了指鹿为马的错误。正因为行人与机动车发生的道路交通事故范围相对较窄，《工伤保险条例》才将《企业职工工伤保险试行办法》第8条第9项所提到的道路交通机动车事故改为机动车事故，扩大了工伤认定范围。

另外根据矛盾律，对车辆而言，不是机动车就是非机动车，二者必居其一，不可能出现既非机动车又不是非机动车的车辆。如果将火车排除在机动车之外，那么就必然得出火车属于非机动车的结论。这岂不滑稽而荒谬？

由此我们可以分析出本案例中劳动社会保障行政部门的错误有二：①按照《道路交通安全法》"上路"要求把机动车限定在道路上行驶；②按照《道路交通安全法》规定把事故限定在道路交通上。这样由于错误适用法律，错误理解法律，最后就难免不得出错误结论。综上所述，火车应当归入到机动车之列，在上下班途中被火车撞伤应当认定为工伤。

根据《工伤保险条例》规定的工伤范围，职工有下列情形之一的，视同工伤：①在工作时间和工作岗位，突发疾病死亡或者在 48 小时之内经抢救无效死亡的；②在抢险救灾等维护国家利益、公共利益活动中受到伤害的；③职工原在军队服役，因战、因公负伤致残，已取得革命伤残军人证，到用人单位后旧伤复发的。

视同工伤的上述三种情形中，职工享受的工伤保险待遇又有所不同：属于前两项情形的，按照条例的有关规定享受工伤保险待遇；属于最后一种情形的，按照条例的有关规定享受除一次性伤残补助金以外的工伤保险待遇。

《工伤保险条例》在以列举的方式规定属于工伤和视同工伤的若干情形后，又以列举的方式规定了排除在工伤范围之外的情形，即职工有下列情形之一的，不得认定为工伤或者视同工伤：①因犯罪或者违反治安管理伤亡的；②醉酒导致伤亡的；③自残或者自杀的。

如前所述，本书对工伤采取广义的理解，故工伤还包括职业病。随着人类探索未知领域能力的增强以及经济的飞速发展，职业病呈现出日益增加的态势，立法也随之加以调整。1957 年 2 月卫生部发布了《职业病范围和职业病患者处理办法的规定》（1987 年修改），明确将职业病伤害列入了工伤保险的范畴，规定了职业中毒、尘肺、职业性皮肤病等 14 种职业病，以后又陆续有所补充。1987 年卫生部、原劳动人事部、财政部、中华全国总工会重新修订发布了《职业病范围和职业病患者处理办法的规定》，并公布了《职业病名单》。因职业病发生的伤害，根据国家规定的职业病名单确定。我国认定的职业病，包括职业中毒、尘肺、物理因素职业病、职业性传染病、职业性皮肤病、职业性眼病、职业性耳鼻喉疾病、职业性肿瘤和其他职业病等 9 类，共有 99 种。2001 年颁布的《中华人民共和国职业病防治法》（以下简称《职业病防治法》）将职业病确定为 10 大类，共 115 种。职工经确认患职业病，享受与工伤同样的待遇。

※选择性阅读

从目前实务部门反映的问题看，工伤认定规定过于抽象笼统，国家有关管理部门对认定条款又并无详解，想仅仅凭据《工伤保险条例》开列的7种"应当认定为工伤"的情形、3种"视同工伤"的情形以及3种"不得认定为工伤或者视同工伤"的情形去对应所有的工伤认定申请，难度相当大，根本无法满足纷繁复杂的实务要求，而太过原则的规定也导致劳动保障部门自由裁量权太大，有时甚至到了近乎失控的地步，出现争议也就在所难免。现在，虽然有些地方正逐步将以上粗放标准予以细化，但毕竟适用范围有限，而且各地方规定的不统一又损害了法律的权威性，造成了不公平的现象。所以有学者建议国家有关部门必须从统一执法出发，对过往实践经验加快总结，细化现行法律，明确地方职责，使工伤保险制度真正造福于劳动者。

　　下面我们再来看一个有关工伤认定的案例：

　　张某系某市霖光太阳能热水器公司（以下简称霖光公司）的销售员。2004年2月15日，张某以霖光公司的名义与该市傅某订立经销协议，约定产品保修期为三年，出现制造上的缺陷或质量问题无偿退还，产品销售后由于使用不当造成损坏由销售商负责修理。2005年3月20日，张某送货到傅某处，傅某提出用户田某的太阳能热水器有质量问题，要求张某到现场查看，张某即与傅某前往田某家中。在检查热水器时，张某从二楼楼顶滑下受伤，经当地医院诊断为肋骨骨折伴截瘫。

　　同年4月5日，张某向某市劳动和社会保障局（以下简称劳动局）申请工伤认定。到劳动局时，霖光公司辩称张某没有到客户家修理热水器的工作职责，公司与傅某订立经销协议已经约定产品销售后由于使用不当造成损坏由销售商负责修理。张某是受经销商傅某的指派去修理热水器的，傅某应对李某的受伤负责。

　　劳动局在调查后，作出工伤认定决定书，认定张某在霖光公司工作期间，在客户田某家确认热水器质量时从二楼屋顶摔下致伤为工伤。霖光公司不服该工伤认定决定，向某市政府申请行政复议。后某市政府经复议作出了维持工伤认定决定的行政复议决定书。

　　本案的关键在于受伤职工张某超出其工作职责范围而受伤能否认定为工伤。

　　在我国现阶段，认定工伤的法律依据是《工伤保险条例》。根据《工伤保险条例》第14条第1项的规定，职工在工作时间和工作场所内，因工作原因受到事故伤害的，应当认定为工伤。这里的工作原因与本职工作是两个不同的概念，前者的范围应当宽于后者。将工伤认定的情形界定在从事本职工作而受到的伤害，无疑是对工作原因作了限制的理解，并非立法本意。本案中，各方当事人对张某在受到伤害时为霖光公司的工作人员均不持异议。作为霖光公司的销售人员，张某虽然没有检查修理已售出热水器的职责，但其在经销商提出用户反映已售出热水器存有质量问题时进行现场查看确认，显然是解决已售出热水器是否存在有制造上的缺陷或质量的问题，同时也是为了本单位的利益，因此张某受伤当属《工伤保险条例》所规定的工作原因所致。劳动和社会保障部门在对张某进行工伤认定时，在排除《工伤保险条例》所规定的3种"不得认定为工伤或者视同工伤"的情形后，应当着重考虑的因素是张某是否因工作原因受伤，至于其是否超越本身职责范围并不决定工伤事故性质的成立。

二、工伤认定机构与程序

（一）工伤认定机构

根据《工伤保险条例》规定，工伤认定机构为劳动保障行政部门。

（二）工伤认定程序

工伤认定大体分为以下几个程序：

1. 申请。工伤认定程序的启动始自于当事人的申请。根据《工伤保险条例》的规定，工伤认定的申请人原则上应当是发生工伤的职工的所在单位。职工发生事故伤害或者按照职业病防治法规定被诊断、鉴定为职业病，所在单位应当自事故伤害发生之日或者被诊断、鉴定为职业病之日起30日内，向统筹地区劳动保障行政部门提出工伤认定申请。遇有特殊情况，经报劳动保障行政部门同意，申请时限可以适当延长。如果用人单位未按规定提出工伤认定申请，工伤职工或者其直系亲属、工会组织在事故伤害发生之日或者被诊断、鉴定为职业病之日起1年内，可以直接向用人单位所在地统筹地区劳动保障行政部门提出工伤认定申请。

申请人提出工伤认定申请应当提交下列材料：

（1）工伤认定申请表；

（2）与用人单位存在劳动关系（包括事实劳动关系）的证明材料；

（3）医疗诊断证明或者职业病诊断证明书（或者职业病诊断鉴定书）。

工伤认定申请表应当包括事故发生的时间、地点、原因以及职工伤害程度等基本情况。

工伤认定申请人提供材料不完整的，劳动保障行政部门应当一次性书面告知工伤认定申请人需要补正的全部材料。申请人按照书面告知要求补正材料后，劳动保障行政部门应当受理。

2．受理。接到申请后，对符合法律规定条件的，劳动保障行政部门应当受理；不符合条件的，劳动保障行政部门应当告知申请人不受理的理由。

3．认定。劳动保障行政部门受理工伤认定申请后，根据审核需要可以对事故伤害进行调查核实，用人单位、职工、工会组织、医疗机构以及有关部门应当予以协助。职业病诊断和诊断争议的鉴定，依照职业病防治法的有关规定执行。

职工发生工伤，经治疗伤情相对稳定后存在残疾、影响劳动能力的，应当进行劳动能力鉴定。劳动能力鉴定由用人单位、工伤职工或者其直系亲属向设区的市级劳动能力鉴定委员会提出申请，并提供工伤认定决定和职工工伤医疗的有关资料。

设区的市级劳动能力鉴定委员会收到劳动能力鉴定申请后，应当从其建立的医疗卫生专家库中随机抽取3名或者5名相关专家组成专家组，由专家组提出鉴定意见。设区的市级劳动能力鉴定委员会根据专家组的鉴定意见作出工伤职工劳动能力鉴定结论；必要时，可以委托具备资格的医疗机构协助进行有关的诊断。设区的市级劳动能力鉴定委员会应当自收到劳动能力鉴定申请之日起60日内作出劳动能力鉴定结论，必要时，作出劳动能力鉴定结论的期限可以延长30日。劳动能力鉴定结论应当及时送达申请鉴定的单位和个人。

对依法取得职业病诊断证明书或者职业病诊断鉴定书的，劳动保障行政部门不再进行调查核实。职工或者其直系亲属认为是工伤，用人单位不认为是工伤的，由用人单位承担举证责任，以避免工伤争议积压在行政部门，久拖不决。这一规定极大限度地保障了职工这一弱势群体的利益。

为保证程序的合法与公正，《工伤保险条例》规定劳动保障行政部门工作人员与工伤认定申请人有利害关系的，应当回避。

劳动保障行政部门应当自受理工伤认定申请之日起60日内作出工伤认定的决定，并书面通知申请工伤认定的职工或者其直系亲属和该职工所在单位。

三、工伤保险待遇

职工因工作遭受事故伤害或者患职业病被认定为工伤后，享受工伤保险待遇。工伤保险待遇视工伤后果的不同而不同。

（一）工伤医疗待遇

职工因工作遭受事故伤害或者患职业病进行治疗，享受工伤医疗待遇。职工治疗工伤应当在签订服务协议的医疗机构就医，情况紧急时可以先到就近的医疗机构急救。治疗工伤所需费用符合工伤保险诊疗项目目录、工伤保险药品目录、工伤保险住院服务标准的，从工伤保险基金支付。工伤保险诊疗项目目录、工伤保险药品目录、工伤保险住院服务标准，由国务院劳动保障行政部门会同国务院卫生行政部门、药品监督管理部门等部门规定。

职工住院治疗工伤的，由所在单位按照本单位因公出差伙食补助标准的70%发给住院伙食补助费；经医疗机构出具证明，报经办机构同意，工伤职工到统筹地区以外就医的，所需交通、食宿费用由所在单位按照本单位职工因公出差标准报销。工伤职工治疗非工伤引发的疾病，不享受工伤医疗待遇，按照基本医疗保险办法处理。工伤职工到签订服务协议的医疗机构进行康复性治疗的费用，符合工伤保险诊疗项目目录、工伤保险药品目录、工伤保险住院服务标准的从工伤保险基金支付。

工伤职工因日常生活或者就业需要，经劳动能力鉴定委员会确认，可以安装假肢、矫形器、假眼、假牙和配置轮椅等辅助器具，所需费用按照国家规定的标准从工伤保险基金支付。

职工因工作遭受事故伤害或者患职业病需要暂停工作接受工伤医疗的，在停工留薪期内，原工资福利待遇不变，由所在单位按月支付。

停工留薪期一般不超过12个月。伤情严重或者情况特殊，经设区的市级劳动能力鉴定委员会确认，可以适当延长，但延长不得超过12个月。工伤职工评定伤残等级后，停发原待遇，按照《工伤保险条例》第五章的有关规定享受伤残待遇。工伤职工在停工留薪期满后仍需治疗的，继续享受工伤医疗待遇。

生活不能自理的工伤职工在停工留薪期需要护理的，由所在单位负责。

（二）工伤致残待遇

根据《工伤保险条例》第33～35条规定，因工致残的工伤待遇因伤残等级的不同而不同。具体标准如下：

等级\项目	一级	二级	三级	四级	五级	六级	七级	八级	九级	十级
一次性补助金	本人月工资的24倍	本人月工资的22倍	本人月工资的20倍	本人月工资的18倍	本人月工资的16倍	本人月工资的14倍	本人月工资的12倍	本人月工资的10倍	本人月工资的8倍	本人月工资的6倍
每月伤残津贴	本人月工资的90%	本人月工资的85%	本人月工资的80%	本人月工资的75%	本人月工资的70%	本人月工资的60%	工伤职工工作，领取工资			

等级 项目	一级	二级	三级	四级	五级	六级	七级	八级	九级	十级
劳动关系的存续状况	保留劳动关系，退出工作岗位。每月伤残津贴实际金额低于当地最低工资标准的，由工伤保险基金补足差额。工伤职工达到退休年龄并办理退休手续后，停发伤残津贴，享受基本养老保险待遇。基本养老保险待遇低于伤残津贴的，由工伤保险基金补足差额			经工伤职工本人提出，可以解除或者终止劳动关系，由用人单位支付一次性工伤医疗补助金和伤残就业补助金。否则保留与用人单位的劳动关系，由用人单位安排适当工作。难以安排工作的，由用人单位按上述规定按月发给伤残津贴，并由用人单位按照规定为其缴纳应缴纳的各项社会保险费。伤残津贴实际金额低于当地最低工资标准的，由用人单位补足差额			劳动合同期满终止，或者职工本人提出解除劳动合同的，由用人单位支付一次性工伤医疗补助金和伤残就业补助金			

（三）死亡待遇

根据《工伤保险条例》规定，职工因工死亡，其直系亲属按照下列规定从工伤保险基金领取丧葬补助金、供养亲属抚恤金和一次性工亡补助金：

（1）丧葬补助金为6个月的统筹地区上年度职工月平均工资。

（2）供养亲属抚恤金按照职工本人工资的一定比例发给由因工死亡职工生前提供主要生活来源、无劳动能力的亲属。标准为：配偶每月40%，其他亲属每人每月30%，孤寡老人或者孤儿每人每月在上述标准的基础上增加10%。核定的各供养亲属的抚恤金之和不应高于因工死亡职工生前的工资。供养亲属抚恤金由统筹地区劳动保障行政部门根据职工平均工资和生活费用变化等情况适时调整。调整办法由省、自治区、直辖市人民政府规定。供养亲属的具体范围由国务院劳动保障行政部门规定。

（3）一次性工亡补助金标准为48个月至60个月的统筹地区上年度职工月平均工资。具体标准由统筹地区的人民政府根据当地经济、社会发展状况规定，报省、自治区、直辖市人民政府备案。

伤残职工在停工留薪期内因工伤导致死亡的，其直系亲属享受以上1～3项规定的待遇。一级至四级伤残职工在停工留薪期满后死亡的，其直系亲属可以享受以上1、2项规定的待遇。

职工因工外出期间发生事故或者在抢险救灾中下落不明的，从事故发生当月起3个月内照发工资，从第4个月起停发工资，由工伤保险基金向其供养亲属按月支付供养亲属抚恤金。生活有困难的，可以预支一次性工亡补助金的50%。职工被人民法院宣告死亡的，按照前述条例对职工因工死亡的规定处理。

四、工伤保险基金的筹集

《工伤保险条例》采取世界通行的做法，规定用人单位应当按时缴纳工伤保险费，职工个人不缴纳保险费。这不仅减轻了职工的经济负担、明确了缴费主体，而且体现了工伤保险与其他社会保险的不同，即后者强调用人单位与职工共同分担劳动风险，而前者则全部由用人单位单独缴纳保险费用。用人单位缴纳工伤保险费的数额为本单位职工工资总额即用人单位直接支付给全部职工的劳动报酬总额乘以单位缴费费率之积。

关于费率的确定，世界上共有三种形式：统一费率制、差别费率制和浮动费率制。由于各类行业的事故风险和职业伤害差别很大，为兼顾公平性和差别性，我国目前主要采取差别费率机制，根据以支定收、收支平衡的原则，确定费率。

差别费率即按照国民经济各行业的伤亡事故风险和职业危害程度的类别而实行不同的收费率。差别费率是根据伤亡事故、职业病统计及统筹费用进行测算后确定。这种不同于其他社会保险的差别费率机制，既体现了工伤保险制度社会调剂、分散企业风险的原则，还体现了工伤保险制度预防、减少工伤事故和职业病发生的职能。

国家根据不同行业的工伤风险程度确定行业的差别费率后，还应当根据工伤保险费使用、工伤发生率等情况在每个行业内确定若干费率档次。[1] 行业差别费率及行业内费率档次由国务院劳动保障行政部门会同国务院财政部门、卫生行政部门、安全生产监督管理部门制定，报国务院批准后公布施行。统筹地区经办机构根据用人单位工伤保险费使用、工伤发生率等情况，适用所属行业内相应的费率档次确定单位缴费费率。

---

[1] 《国民经济行业分类和代码表》将行业分为16门类，92大类，368中类，846小类，分属3个类别：风险较小行业、中等风险行业和风险较大行业。根据原劳动和社会保障部、财政部、卫生部、国家安全生产监督局于2003年10月29日联合发布的《关于工伤保险费率问题的通知》，各省、自治区、直辖市工伤保险费平均缴费率原则上控制在职工工资总额1%左右。在这一总体水平上，各统筹地区三类行业的基准费率要分别控制在职工工资总额的0.5%左右、1.0%左右、2.0%左右。各统筹地区按照本地区的行业特点将差别费率分为五档到十五档不等。

　　除差别费率制外,《企业职工工伤保险试行办法》在确定工伤保险费率时还实行浮动费率。该办法中的浮动费率机制是指劳动行政部门对企业上一年度安全卫生状况和工伤保险费用支出情况进行评估,适当调整企业下一年度工伤保险费率的制度。企业发生工伤和职业病及使用工伤保险基金超过控制指标的,应当在行业标准费率的基础上提高费率;低于控制指标的,应当降低费率。但《工伤保险条例》取消了办法中的浮动费率制,代之以费率定期调整机制。[1] 根据《工伤保险条例》的规定,国务院劳动保障行政部门应当定期了解全国各统筹地区工伤保险基金收支情况,及时会同国务院财政部门、卫生行政部门、安全生产监督管理部门提出调整行业差别费率及行业内费率档次的方案,报国务院批准后公布施行。

　　工伤保险基金的形成与管理的原则主要有:

　　(1) 以支定收、收支平衡原则。工伤保险根据上年度基金收入与基金支出的平衡情况,测算本年度基金需求,基金需求决定基金征收,需要多少征收多少,当年征收当年支付。这一原则在《工伤保险条例》中有明确规定,其确立充分体现了工伤保险的社会保险属性。

　　(2) 提高社会化程度原则。这一原则要求工伤保险应当扩大覆盖面和统筹层次,这不仅可以减少管理成本,而且可以提高统筹地区的抗风险能力。因为工伤保险基金管理体现的是大数法则,参加保险的人数越多,基金的规模就越大,统筹层次越高,基金的调剂就更加便捷,抗风险能力就越强。

　　(3) 财政专户管理原则。工伤保险基金存入社会保障基金财政专户,用于《工伤保险条例》规定的工伤保险待遇、劳动能力鉴定以及法律、法规规定的用于工伤保险的其他费用的支付。依《企业职工工伤保险试行办法》规定,宣传和科研费、工伤保险经办机构管理费、劳动鉴定委员会办公经费等从基金中支出,《工伤保险条例》取消了此规定,以确保基金的专款专用。条例还同时强调任何单位或者个人不得将工伤保险基金用于投资运营、兴建或者改建办公场所、发放奖金,或者挪作其他用途。

　　(4) 风险储备原则。为保证统筹地区发生特大事故时,基金对工伤职工救治和补偿的能力,《工伤保险条例》要求工伤保险基金留有一定比例的储备金,并授权省级人民政府根据本地区的情况确定储备金比例及其使用办法。当储备金不足支付时,由统筹地区人民政府垫付。

---

〔1〕 当然,此种费率定期调整机制也不妨视为浮动费率制,只是对调整的周期《工伤保险条例》未设明文规定。

从现有资料分析，我国工伤保险基金的现状是结余过多。到 2003 年底，基金结余高达 91 亿元人民币。[1] 如此高额的结余说明工伤保险对康复与预防工作重视不够及工伤待遇支付过低，表明我国工伤保险还未能充分体现"统筹基金、共担风险"的原则。

五、工伤保险争议的处理

从主体来讲，工伤保险争议的主体呈现出多元化的特征，既包括社会保险经办机构、工伤认定机构、劳动能力鉴定机构、用人单位等社会组织，也包括工伤职工及其供养亲属等自然人。工伤保险争议既可能发生在工伤职工或其供养亲属与上述社会组织之间，也可能发生在上述社会组织相互之间，无论是哪一种都通常被定性为行政争议（这种定性是否妥当确有探讨的必要，如依《工伤保险条例》第 53 条的规定，签订服务协议的医疗机构、辅助器具配置机构认为经办机构未履行有关协议或者规定而与经办机构发生的争议，也按行政争议对待，可以申请行政复议与提起行政诉讼。这显然是不合理的，因为此种争议完全是平等主体之间产生的民事纠纷，应当依据民法规范解决）。依照目前的法律制度，解决以上争议的渠道有三种，分别是行政复议、仲裁与诉讼。

※选择性阅读

在工伤保险争议中，与劳动者关系最密切的当属工伤认定争议。在此我们以此为例说明这种争议解决的整个流程。

发生工伤后，如果用人单位提出工伤认定申请，劳动和社会保障行政部门可能作出认定或不予认定两种决定。

如果劳动者申请工伤认定→先举证证明劳动关系存在→用人单位就劳动关系提出异议→劳动者向劳动争议仲裁部门申请要求确认与用人单位之间的劳动关系→仲裁裁决确认劳动关系→用人单位起诉；不确认劳动关系→劳动者起诉→人民法院作出确认劳动关系的生效判决后→劳动和社会保障行政部门恢复工伤认定程序。

劳动者申请工伤认定→已有劳动关系证明→劳动和保障部门作出工伤认定→用人单位起诉；不认定→劳动者起诉→法院只能撤销决定，不能作出认定或不认定工伤的判决→劳动部门再次不认定工伤→法院再次撤销劳动决定。由此陷入一个循环诉讼的"怪圈"。

---

〔1〕 数据来源于国家统计局、原劳动和社会保障部公布的《2003 年度劳动和社会保障事业发展统计公报》。

由于工伤认定程序漫长，用人单位往往可以节外生枝、循环诉讼，这样就会拖垮处在伤痛之中急需救治的劳动者。

在进行工伤认定时，首先要考虑的是劳动者与用人单位之间是否存在劳动关系，我们看看在下面这个案例中劳动关系存在与否对工伤认定的影响：

> 小琴是某大学艺术专业的本科毕业生，2005年7月大学毕业后小琴只身来到北方某城市准备边打工边复习考研。让小琴感到幸运的是她很快应聘到甲、乙两个家政服务公司做了利用晚间或双休日上门教授儿童钢琴的"钟点工"。公司为小琴联系需要家教服务的主户，小琴月底则按当月的实际工作小时量分别从甲、乙公司领取报酬和一定的交通补助。2005年11月下旬的一个周末，小琴受甲公司指派骑车去郊区的一个家庭做家教，路上被一辆外地货车刮倒，货车肇事后逃逸，小琴被路过的好心人送到医院治疗。住院期间小琴多次请求甲公司为自己支付医疗费用，但甲公司表示双方之间不存在劳动关系，公司仅仅是在提供中介服务，除可以帮助结算小琴出事当月的报酬外，对小琴受伤的治疗费用公司概不负责。无奈之下，小琴委托亲友来到当地劳动和社会保障部门进行咨询，希望通过法律途径解决自己的难题。

对本案的"钟点工"受伤是否应认定为工伤，首先涉及的法律问题是小琴与甲公司之间是否存在劳动关系，其次是小琴去授课途中发生交通事故受伤是否能够认定为工伤。

1. 小琴与甲公司之间是否存在劳动关系？判断甲公司是否应对小琴承担工伤责任的关键，是要确定小琴与甲公司之间法律关系的属性。甲公司具备我国《劳动法》第2条规定的用人单位主体资格，同时小琴是大学毕业生，不是在校勤工助学的学生，符合《劳动法》规定的劳动者主体资格。根据原劳动和社会保障部2003年出台的《关于非全日制用工若干问题的意见》（以下简称《意见》）规定，非全日制用工是指以小时计酬、劳动者在同一用人单位平均每日工作时间不超过5小时累计每周工作时间不超过30小时的用工形式。劳动者通过依法成立的劳务派遣组织为其他单位、家庭或个人提供非全日制劳动的，由劳务派遣组织与非全日制劳动者签订劳动合同。从事非全日制工作的劳动者，可以与一个或一个以上用人单位建立劳动关系。并且该《意见》确认非全日制用工亦属劳动关系。小琴按甲公司的要求提供劳动，按时取酬，因此小琴与甲公司之间建立的是非全日制用工关系即劳动关系而非中介服务关系。为将这种特殊的劳动关系与目前还不受劳动法调整的家庭或个人雇佣区别开来，该《意见》强调从事非全日制工作的劳动者与用人单位因履行劳动合同引发的劳动争议，按照国家劳动争议处理规定执行。劳动者直接向其他家庭或个人提供非全日制劳动的，当事人双方发生的争议不适用劳动争议处理规定。从这里可以看出两者重大区别是，雇主方是否为劳动法规定的用人单位，如雇主方为家庭或个人，则此种关系不受《劳动法》调整，劳动者就难以享有劳动法赋予的有关权利。有些地方劳动和社会保障部门针对后者情况度身定制了家政服务综合保险，对家政服务人员从业中受到的人身意外伤害进行补偿。

2. 小琴去授课途中发生交通事故受伤是否能够认定为工伤？根据前面提到的《关于非全日制用工若干问题的意见》规定，用人单位应当按照国家有关规定为建立劳动关系的非全日制劳动者缴纳工伤保险费。从事非全日制工作的劳动者发生工伤，依法享受工伤保险待遇。这与 2004 年生效的《工伤保险条例》精神是一致的，它们都明确了用人单位对劳动者所受工伤应承担的责任。《工伤保险条例》第 14 条第 6 项规定，职工在上下班途中，受到机动车事故伤害的应当认定为工伤。小琴受甲公司指派，去完成家教工作，其工作地点是需要家教服务的主户家庭住宅，往返途中与上下班途中无异，所以小琴被货车刮倒致伤符合认定工伤的要件，甲公司拒不承担用人单位责任于法无据。

纵观本案例的认定过程，我们可以发现，工伤认定是以劳动关系的存在为前提的，在工伤认定过程中如果用人单位对劳动关系的存在有异议，劳动和社会保障行政部门要中止工伤的认定，劳动者须就劳动关系的确认申请劳动争议仲裁，而申请劳动仲裁的时效以劳动者收到告知去申请劳动仲裁的通知开始计算 60 日。劳动争议仲裁委员会做出仲裁裁决后，一方不服的还要再按照民事诉讼的程序到人民法院进行诉讼，最后如果生效的判决或仲裁裁决确认了争议双方存在劳动关系后，劳动和社会保障行政部门再恢复对工伤的认定程序，根据《工伤保险条例》依法作出相关的认定。而对这种具体行政行为不服，劳动关系双方可以提出行政复议，对复议结果不服还按照行政诉讼的程序进行行政诉讼。如果认定工伤之后，劳动关系双方就工伤待遇问题发生争议，争议方还可以按照劳动争议处理程序再申请劳动争议仲裁和提起民事诉讼。

六、工伤保险补偿与其他权利救济之间的关系

（一）与侵权损害赔偿之间的关系

侵权损害赔偿与工伤保险补偿的区别在于：①二者的目的不同。前者的目的在于填补损害，使受害人能够回复到损害发生之前的状态；后者的目的旨在保障劳动者最低的生活水准。②前者的成立通常以加害人具有过失为要件并适用过失相抵规则；[1] 后者的成立不以雇主或其他加害人具有过失为要件，故无过失相抵规则的适用余地。③前者的赔偿范围包括财产损害、人身损害及精神损害；后者的补偿范围则仅限于人身伤害，其给付金额多有限制。据有关资料显示前者的赔偿数额一般均高于后者。

在工伤是因雇主的侵权行为而致的场合，必然会有工伤受害人能否同时获得工伤保险待遇与民事赔偿的疑问。在这一问题上，存在学术争论。主要有两种观点：观点一认为工伤保险补偿应当全面替代民事赔偿，当事人遭受职业伤害后，只能获得工伤补偿待遇。此观点由此被人称为"全面替代主义"。观点二认为当事人遭受职业伤害后，除获得工伤保险待遇外，还可以向雇主主张民事损害赔偿的权利。此观点又称"部分替代主义"。[2]

我国现有立法中对工伤补偿与雇主侵权损害赔偿关系也有涉及，如《职业病防治法》第52条规定："职业病病人除依法享有工伤社会保险外，依照有关民事法律，尚有获得赔偿的权利的，有权向用人单位提出赔偿要求"。《安全生产法》第48条规定："因生产安全事故受到损害的从业人员，除依法享有工伤社会保险外，依照有关民事法律尚有获得赔偿的权利的，有权向本单位提出赔偿要求。"上述规定表明，工伤职工在获得工伤待遇之后，仍保留了从用人单位获得民事赔偿的权利，即当事人可以同时享受工伤保险待遇和获得用人单位的民事赔偿。但上述规定并未说明工伤职工在向用人单位请求赔偿时，其有权获得的赔偿数额是否应当扣除工伤保险待遇。如果应当扣除，则意味着工伤补偿是以工伤保险待遇为主，以侵权损害赔偿为辅，此种模式可以称为补偿模式。有人曾认为，补充模式是最适合我国采纳的模式，因为补充模式使得工伤保险赔偿和侵权损害赔偿形成了相互补充、相得益彰的关系。具体来说，补充模式一方面可以保证受害人获得充分的赔偿，另一方面又可以避免受害人获得双份赔偿，造成雇主负担过重，因而补充模式最大程度地平衡了雇员和雇主的利益。

本书认为，如果受伤职工的工伤是因用人单位的故意或重大过失所致，则受伤职工可以同时获得双重利益，用人单位的赔偿数额应当是依据民法确定的全部赔偿，不应当扣除工伤保险待遇。这种做法的好处是可以促使用人单位重视安全生产，也符合公平正义的原则。但如果对工伤之发生用人单位没有过失或者只具有一般过失，工伤职工有权从用人单位获得的民事赔偿应当是扣除工伤保险待遇

---

[1] 过失相抵规则是指，在受害人对损害的发生或者扩大也有过失时，法院可依职权减轻或者免除加害人的赔偿责任的制度。

[2] 参见郑尚元：《工伤保险法律制度研究》，北京大学出版社2004年版，第131页。

后的余额。

工伤除可以因用人单位的侵权行为而发生外，还可能是由于第三人的侵权行为造成的。现有立法对劳动者于此情形能否获得双重受偿问题即是否可以同时获得工伤保险补偿和民事侵权损害赔偿也缺乏规定。一种观点认为，劳动者（受害人）享受工伤保险待遇，是基于公法规范应当享有的权利，而受害人请求民事损害赔偿，是基于私法规范享有的权利，两者性质不同，不能相互取代，更不能相互抵消，应该双重受偿；另一种观点认为，工伤事故与人身损害发生竞合，当事人（劳动者）有权选择其一作为请求理由，这种观点采用民法上的请求权竞合理论作为支持自己的理论基础；还有一种观点认为，受害人可以同时主张工伤保险赔偿及侵权损害赔偿，但其受偿所得不得超过其所受的实际损失。这种模式也可以表述为"以工伤保险赔偿为主，以侵权损害赔偿为补充"。

如果说在工伤是因雇主的原因而发生之场合赋予工伤职工以双重请求权可能增加雇主的经济负担并有失公平的话，那么在工伤是因第三人的侵权行为所致的情况下就不会有以上障碍。尤其是在经济尚不够发达、对人权的尊重与重视尚未深入人心、对权利的救济还远未充足的阶段，无论是工伤补偿还是侵权损害赔偿其实都不足以补救工伤职工的人身伤害，即便是双重赔偿也通常不至于使受害人获得过分的利益，故本书认为至少在现阶段我国应当采取双赔制。如前所述，我国台湾地区目前采纳的也是此种做法，即允许受害人在获得劳保给付后，向致害的第三人请求侵权损害赔偿。我国 2003 年 12 月 28 日公布、2004 年 5 月 1 日起施行的最高人民法院《关于审理人身损害赔偿案件适用法律若干问题的解释》第 12 条规定，劳动者因工伤事故受到人身损害，按《工伤保险条例》处理；因用人单位以外的第三人侵权造成劳动者人身损害的，劳动者可请求第三人承担赔偿责任。可见，该司法解释承认双赔制。

工伤是因第三人的侵权行为所致的最典型事例为交通事故。有人主张此种情形不能获得双重赔偿，而应当是"侵权损害赔偿优先，工伤保险赔偿托底"。其主要法律依据是原劳动部于 1996 年颁布的《企业职工工伤保险试行办法》。该办法确立了工伤保险与交通事故竞合时，工伤保险实行差额赔偿的原则。根据其中第 28 条规定，由于交通事故引起的工伤，应当首先按照《道路交通事故处理办法》（已废止）及有关规定处理。交通事故赔偿已给付了的部分，企业或者工伤保险经办机构不再支付，企业或者工伤保险经办机构先期垫付有关费用的，职工或其亲属获得交通事故赔偿后应当予以偿还。但交通事故赔偿给付的死亡补偿费或者残疾生活补助费低于工伤保险的一次性工亡补助金或者一次性伤残补助金的，由企业或者工伤保险经办机构补足差额部分。由于交通肇事者逃逸或其他原因，受伤害职工不能获得交通事故赔偿的，企业或者工伤保险经办机构按照办法给予工伤保险待遇。但《工伤保险条例》对此做了很大调整，没有保留《企业职工工伤保险试行办法》中明确规定的"工伤赔偿和民事赔偿二者取其一"的做法。由于工伤保险关系与交通事故损害赔偿关系是两种不同的法律关系，当《工伤保险条例》不再规定"取得了交通事故赔偿，就不再支付相应工伤待遇"时，劳动者完全可以既根据《工伤保险条例》的规定享受工伤保险待遇，又根据《道路交通事故处理办法》（已废止）的规定获得交通事故损害赔偿，即工伤待遇与交通事故赔偿可以兼得。如在深圳，依其地方规定，上下班途中因交通事故而受伤的劳动者不仅可以得到肇事者的赔偿，还可以得到工伤赔偿。

（二）与商业性保险赔偿之间的关系

与工伤职工有关的商业性保险有两类：①雇主投保的雇主责任险；②以工伤职工为被保险人的人身保险。

雇主责任险是指以雇主对其所雇用的员工从事保险合同列明的雇主业务而发生意外事故所受伤亡、疾病应当承担的赔偿责任为标的的责任保险。[1] 在雇主责任险中，雇主为投保人和被保险人，员工为第三人。

雇主责任险与工伤保险的区别在于：①二者的性质不同。雇主责任险属于商业保险，是否投保、向谁投保、保险范围及除外责任等均由当事人自愿协商后决定[2]；工伤保险属于社会保险，实行强制性原则，当事人基本没有自由协商的余地。②保险机构不同。经营责任保险业务的为以营利为目的的商业性保险公司，保险标的为雇主对员工的赔偿责任；经营工伤保险业务的为专门的不以营利为目的的社会保险经办机构。③支付保险金的条件不同。在雇主责任保险中，保险人只在保险合同约定的条件成就时方才支付保险金；在工伤保险中，保险金的支付以工伤得到认定为前提。④除外责任不同。一般而言，诸如不可抗力、雇员因疾病或者自杀自残或犯罪行为而致伤亡、被保险人即雇主的故意或重大过失通常均属于雇主责任保险中保险人的除外责任；但工伤保险中的除外责任一般仅限于雇员因犯罪、醉酒导致伤亡或者自残自杀，较雇主责任保险中的除外责任要少得多。在雇主同时投保或参加雇主责任险与工伤保险的情况下，就会产生雇员能否同时得到两种保险的赔偿问题。从以上对雇主责任的含义及其与工伤保险之间

---

[1] 邹海林：《责任保险论》，法律出版社1999年版，第83页。

[2] 尽管对责任保险属于商业保险没有争议，但其属于商业保险中的哪一种学界仍有着不同的观点，有人认为责任保险属于财产保险，有人认为责任保险是与人身保险、财产保险相并列的第三种保险类型。

的区别之论述中不难发现，这两种不同性质的保险可以看作是雇主为自己设置的双重保险，雇主为此支付了相应的代价，故二者并存是不存在法律上与道德上的任何障碍的。在雇主责任险中，雇员作为第三人是否享有对保险人的直接请求权虽不够明确，但保险人直接向雇员支付保险金的做法是得到了现行法的支持的，《保险法》第65条第1款规定："保险人对责任保险的被保险人给第三人造成的损害，可以依照法律的规定或者合同的约定，直接向该第三人赔偿保险金。"因此，雇员有权同时获得雇主责任险与工伤保险中的保险给付。

与工伤职工有关的另一类商业性保险是以工伤职工为被保险人的人身保险。此种人身保险的投保人可以是工伤职工本人，也可以是符合法定条件的其他人，包括工伤职工的亲属及用人单位。人身保险属于商业保险，保险金的支付条件由保险合同约定。在以工伤职工为被保险人的人身保险与工伤保险并存时，由于两类保险的性质不同，在有关当事人之间形成的法律关系不同，更为重要的是其实不论多高数额的赔偿对人身伤害而言都很难讲是超额赔偿、过度赔偿，所以工伤职工有权同时获得这两种不同保险中的保险赔付。部分统筹地区工伤保险条例中也已经对此做出明确说明，例如，《广东省社会工伤保险条例》第33条规定："同一工伤事故兼有民事赔偿或商业性人身、人寿保险赔偿的，按民事赔偿或商业保险赔偿、社会工伤保险补偿的顺序处理。除医疗费和丧葬费不重复支付外，本条例规定的其他工伤保险待遇照发。"

第六章 医疗保险法律制度

■ 第一节 医疗保险与医疗保险法概述

一、医疗保险与医疗保险法的概念

（一）医疗保险的概念

关于医疗保险的概念，学界并无统一的认识。其在有些国家被称为疾病保险或健康保险，我国也曾称做疾病保险，目前已基本统一为医疗保险。但仍有部分学者坚持疾病保险的称谓，认为疾病保险是指劳动者及其供养亲属患病或非因工负伤后在生活和医疗救治方面获得物质帮助的一种社会保险制度。其中在医疗方面获得物质帮助，被称为医疗保险。[1] 本书对医疗保险与疾病保险不作区分。

医疗保险可以分为四种模式[2]：①国家卫生服务模式（国家福利型），以英国、瑞典为代表；②社会医疗保险模式（自保公助型），以德国、日本、韩国为代表；③商业医疗保险模式，以美国为代表；④储蓄医疗保险模式（自我积累型），以新加坡为代表。目前世界上有100多个国家选择的是第二种模式，其主要特点是保险基金主要来源于雇主和雇员。理论上，不少学者将医疗保险区分为广义和狭义，广义的医疗保险，又称全民健康社会保险，即保险待遇覆盖全民的社会保险制度；狭义的医疗保险，仅指劳动者及其供养亲属患病或非因工负伤后在生活和医疗救治方面获得物质帮助的一种社会保险制度。[3] 严格说来，广义的医疗保险实际上属于第一种模式。我国正在制定的《社会保险法（草案）》中的医疗保险制度包括了城镇职工的、城市居民的社会医疗保险制度以及农村合作医疗制度，这表明我国正努力扩大医保覆盖范围，向第一种模式靠近。

---

〔1〕 黎建飞编著：《劳动法和社会保障法》，中国人民大学出版社2003年版，第414~415页。

〔2〕 参见穆怀中主编：《社会保障国际比较》，中国劳动社会保障出版社2002年版，第195~229页。

〔3〕 贾俊玲主编：《劳动法与社会保障法学》，中国劳动社会保障出版社2005年版。

（二）医疗保险法的概念

医疗保险法是调整医疗保险对象患病或者非因工负伤在生活和医疗救治方面获得社会保险提供的物质帮助过程中发生的社会关系的法律规范的总称。根据渊源不同，可以分为形式意义上的医疗保险法和实质意义上的医疗保险法。

形式意义上的医疗保险法是指以医疗保险法等类似名称的立法；而实质意义上的医疗保险法不仅包括形式意义上的医疗保险法，而且包括虽不命名为医疗保险法但实质上含有相关内容的法律规范。我国目前尚没有制定专门的医疗保险法，因此没有形式意义上的医疗保险法，但有大量关于医疗保险的政策及法律文件，构成实质意义上的医疗保险法。我国正在制定的《社会保险法（草案）》中，有关于基本医疗保险的专门规定。

二、医疗保险的特征

作为社会保险的子项，医疗保险除具备社会保险的共性特征外，还有以下的特征[1]：

1. 实施的即时性。即时性特征是由医疗保险制度保障的疾病风险所决定的。劳动者在日常生活中随时都可能发生疾病或非因公负伤，疾病风险因而是一个终身风险。相反，与医疗保险不同，养老保险需要经过一个长期的积累期，劳动者只有达到最低退休年龄时才能够享有。

2. 实施的普遍性。普遍性是指医疗保险的实施不应针对特定人群，每一个人都有患病的可能和治疗的必要，不论其身份、地位如何，都应享受医疗保险待遇。因此，西方发达的市场经济国家一般将医疗保险称为全民健康保险。长期以来，我国医疗保险制度存在的根本问题之一就是，只有部分劳动者可以享受医疗保险，普遍性、公平性严重不足。目前，我国正在进行的医疗保险体制改革的根本目的也在于实现医疗保险的普遍性。

3. 与其他社会保险制度存在交叉性。劳动者在工伤、生育、失业、退休等情况下，均可能发生医疗风险，因此，医疗保险制度的实施与养老保险、失业保险、工伤保险、生育保险等制度具有一定的交叉性。如何解决这一交叉问题，是医疗保险制度设计必须解决的问题。例如，养老保险期间的医疗费用，是由养老保险基金负担，还是由医疗保险基金负担？2008年公布的《社会保险法（草案）》第23条规定："职工退休时累计缴费达到国家规定年限的，退休后不缴纳基本医疗保险费，按照国家规定享受基本医疗保险待遇。"工伤期间的医疗费用、

---

〔1〕 参见贾俊玲主编：《劳动法与社会保障法学》，中国劳动社会保障出版社2005年版；黎建飞编著：《劳动法和社会保障法》，中国人民大学出版社2003年版，第415页。

生育期间的医疗费用，都存在类似的问题。《社会保险法（草案）》第26条规定："下列医疗费用不纳入基本医疗保险基金支付范围：①应当从工伤保险基金中支付的；②应当从生育保险基金中支付的；……"，该条文反映出该草案对于医疗保险基金与工伤保险、生育保险间交叉关系的处理意见。

4. 主体的多样性。在医疗保险关系中，涉及的主体众多，主要有政府、医疗机构、医生、药品管理机构、医疗保险经办机构、被保险人、用人单位等，所谓的"医"、"药"、"保"关系。在少数情况下，还可能包括第三人。这比一般的社会保险关系主体复杂得多。由于主体众多，医疗保险法律关系就较其他社会保险关系复杂，其法律关系详见下文分析。

三、医疗保险制度的功能作用

疾病风险是劳动者经常面临的一项社会风险。对于因职业原因造成伤害或疾病的劳动者，雇主应该承担对其医疗的责任，并可依据工伤保险制度获得救济。但对于生病或非因公负伤的劳动者来讲，因疾病可能造成其无法工作而减少收入，而且还要自行承担医疗费用，则极易导致贫困。"疾病是附随人类生活之一恶害，不仅予吾人精神上肉体上之痛苦，自经济的方面观之，如专恃勤劳所得维持生活之人，一旦生了疾病，一方杜绝收入，他方增加支出，遂陷于生计困难，往往一蹶不可复振。疾病对于上层社会不过造成精神上肉体上痛苦，但对于下层阶级则外加经济上痛苦。并且疾病虽无论何人皆不能免，而通常下层阶级之疾病率与死亡率较上层阶级为高。"[1]

医疗保险水平是体现一个社会发展水平的标志之一，建立和实行医疗保险制度极为必要：

（1）均衡疾病风险负担，防止因病导致贫困，体现社会公平。医疗保险制度的意义首先在于，减少和防止患者因负担医疗费用而导致贫困。医疗保险制度的实施通过医疗保险费统筹，建立保险基金，由社会共同承担疾病风险，从而达到均衡疾病风险负担的目的。

（2）能够使患者及时得到救治。医疗保险基金的形成从财力上保障了患者及时得到救治，患者不至于因经济原因使疾病不能及时得到救治。

（3）能够体现对患者的人文关怀，促进社会文明和进步。

---

[1] 史尚宽：《劳动法原论》，正大印书馆1978年版，第483～484页。

四、医疗保险法律原则[1]

医疗保险法的原则是制定和实施医疗保险法律的准则。医疗保险法作为社会保险法的下位法，首先要遵循社会保险法的基本原则，如国家责任原则、公平与效率相结合原则等。但是，医疗保险法要解决的是公民的健康保障问题，以确保公民健康为宗旨，与其他社会保险法相比，具有其特殊的原则。

1. 强制加入原则。为解决商业健康保险存在的逆向原则问题，社会医疗保险坚持强制加入原则，即符合相关条件的劳动者必须加入，其目标是实现全面覆盖。发达国家都具有很高的医疗保险覆盖率，例如，法国的覆盖率高达 98%，瑞士的覆盖率高达 99.5%。

2. 保障需要原则。医疗保险制度是国家为满足宪法规定的公民享有的获得物质帮助权而设计的一个方面。因此，医疗保险制度要以保障受益人及患者的医疗风险需要为原则。各项制度设计的成功与否，必须以是否能够满足保障患者的救助需要为依归。根据这一原则，设计医疗保险制度需要满足如下要求：①根据不同人群，设计不同的医疗保险制度，脱离具体人群特点采取"一刀切"的医疗保险制度，是很难实现的；②建立方便群众可行性强的医疗保险制度，相关制度的设计要从能真正满足患者的需要出发。例如，为解决医保报销周期长、手续繁琐的弊端，北京市将实施参保人员医保实时报销制度，计划在 2009 年底前向北京市民发放 1000 万张社保卡。

3. 医疗风险分担原则。采取保险方式解决医疗风险，其核心目的就是实现医疗风险分担。当然，与商业医疗保险相比，社会医疗保险因为采用强制加入的原则，能够更好地实现医疗风险分担原则。

4. 公平与效率相结合原则。如何解决公平和效率的矛盾，是各国设计医疗保险体制的共同难题。在设计医疗保险体制时，过分追求任一方面都是难以奏效的。但我国目前突出存在的问题是医疗资源配置极不合理，医疗保险沦为部分人的特权。因此，实现公平是我国目前医疗保险制度设计的重心。

5. 多支柱原则。因为单一社会医疗保险制度存在诸多困难，各国几乎都无一例外地采取了多支柱医疗保险体系。我国除了社会医疗保险之外，还有补充医疗保险、商业保险和个人储蓄保险等。

五、医疗保险法律制度的覆盖范围

医疗保险的覆盖范围，包括两个方面：①适用的人的范围；②统筹范围，即

---

[1]　参见杨燕绥：《劳动与社会保障立法国际比较研究》，中国劳动社会保障出版社 2001 年版，第 235～237 页。

在什么地域范围内实施统筹。

（一）适用的人的范围

城镇职工基本医疗保险适用的人的范围，是城镇所有用人单位，包括企业（国有企业、集体企业、外商投资企业、私营企业等）、机关、事业单位、社会团体、民办非企业单位及其职工，都要参加基本医疗保险。在1998年国务院发布的《关于建立城镇职工基本医疗保险制度的决定》中曾经规定："乡镇企业及其职工、城镇个体经济组织业主及其从业人员是否参加基本医疗保险，由各省、自治区、直辖市人民政府决定。"但2008年1月1日实施的《劳动合同法》第2条规定："中华人民共和国境内的企业、个体经济组织、民办非企业单位等组织（以下称用人单位）与劳动者建立劳动关系，订立、履行、变更、解除或者终止劳动合同，适用本法"，并在第17条规定，社会保险是劳动合同的必备条款，且根据第38条规定，用人单位"未依法为劳动者缴纳社会保险费的"，"劳动者可以解除劳动合同"。因此，乡镇企业及其职工、城镇个体经济组织业主及其从业人员依法也必须参加基本医疗保险。截至2007年底，我国参加城镇职工基本医疗保险的人数已达2.2亿人。

社会保险的发展水平与一国经济的发展水平息息相关。各国医疗保险的被保险人的范围，一般都要经过一个从少到多的过程，先在个别行业或地区实施医疗保险制度，将这些行业的人员覆盖进去，逐步扩大到所有行业，最后从覆盖工薪劳动者发展到覆盖全民。

城镇职工基本医疗保险制度，与我国2003年开始推行的新农村合作医疗制度、2007年起开始试点的城镇居民基本医疗保险制度，共同构成了我国未来医疗保险制度体系，其目的就是实行覆盖所有社会成员的全民健康保险制度。我国正在制定的《社会保险法（草案）》，其中有关医疗保险制度的规定就包括了城镇职工的、城市居民的社会医疗保险制度以及农村合作医疗制度内容。

（二）统筹范围

基本医疗保险原则上以地级以上行政区（包括地、市、州、盟）为统筹单位，也可以县（市）为统筹单位，北京、天津、上海3个直辖市则在全市范围内实行统筹（以下简称统筹地区）。所有用人单位及其职工都要按照属地管理原则参加所在统筹地区的基本医疗保险，执行统一政策，实行基本医疗保险基金的统一筹集、使用和管理。铁路、电力、远洋运输等跨地区、生产流动性较大的企业及其职工，可以相对集中的方式异地参加统筹地区的基本医疗保险。

六、医疗保险法律关系

（一）医疗保险法律关系的概念

医疗保险法律关系是由医疗保险法律规范所调整的权利义务关系，是在医疗保险相关主体之间的权利义务关系，包括医疗保险人、医疗保险缴费义务人、医疗保险被缴费义务人和医疗保险受益人之间，因医疗保险费的缴纳、支付、医疗保险基金管理和监督所发生的权利义务关系。[1]

医疗保险法律关系是一个类概念，在不同类别的医疗保险法律关系中各医疗保险主体具有不同的权利、义务和责任，形成医疗保险法律关系之下的若干具体法律关系。

（二）医疗保险法律关系的特点[2]

（1）以患者得到救治为中心，以分担医疗费用负担为内容而形成的权利义务关系。医疗保险法律制度建立的目的就在于通过医疗保险基金的社会筹集，形成能够对患者进行救治的经济实力，使患者的疾病救治能够得到保障。医疗保险法律关系就是在该制度实施过程中形成的权利义务关系。

（2）医疗保险法律关系与传统民法之医患关系有着实质的区别。前者属于社会法律关系的范畴，而后者属于民事法律关系范畴。

（3）医疗保险法律关系既存在私法上的权利义务关系，也存在公法上的权利义务关系。单纯的私法上的权利义务关系的梳理或单纯的公法上权利义务关系的梳理都不足以建立和实施医疗保险法律制度。

（三）医疗保险法律关系的分类

关于医疗保险法律关系的分类，学者间根据不同的标准进行了不同划分。有学者将医疗保险法律关系简单地区分为公共医疗保险法律关系和个人账户医疗保险法律关系。[3] 而有学者根据医疗保险制度实施过程中不同法律关系主体之间权利、义务和责任的不同进行分类，医疗保险法律关系可进行以下分类:[4]

（1）社会保险与医疗卫生行政关系，这一关系一般发生在卫生行政部门与医疗机构、社会保险经办机构和患者之间。

（2）社会保障行政部门与社会保险经办机构、用人单位、患者之间的权利

〔1〕 杨燕绥：《劳动与社会保障立法国际比较研究》，中国劳动社会保障出版社2001年版，第237～238页。

〔2〕 参见贾俊玲主编：《劳动法与社会保障法学》，中国劳动社会保障出版社2005年版。

〔3〕 参见杨燕绥：《劳动与社会保障立法国际比较研究》，中国劳动社会保障出版社2001年版，第238页。

〔4〕 参见贾俊玲主编：《劳动法与社会保障法学》，中国劳动社会保障出版社2005年版。

义务关系。

（3）社会保险经办机构与医疗机构、患者之间的权利义务关系。

（4）医疗机构与患者之间的法律关系。

（5）社会保险经办机构与用人单位、患者及其亲属之间的关系。

上述社会关系的法律调整不是孤立的，它必须纳入医疗保险法律关系的整体，才能得到有效的法律调整。

（四）医疗保险法律关系的要素

任何法律关系都包含三个要素，即主体、客体和内容，医疗保险法律关系也不例外。

1. 医疗保险法律关系的主体。医疗保险法律关系的主体，就是医疗保险法律关系的当事人，是依法享有权利、承担相关义务或责任的参与者。笼统而言，医疗保险法律关系的主体相对较为复杂，包括政府部门、社会保险经办机构、医疗机构、用人单位和自然人等。但在不同类别的医疗保险法律关系中，其主体会有很大不同。

2. 医疗保险法律关系的客体。医疗保险法律关系的客体，是指不同的医疗保险法律关系主体之间权利与义务共同指向的对象。医疗保险法律关系因其具体法律关系的不同，其法律关系的客体不同。如社会保险经办机构与患者之间权利义务共同指向的对象是医疗保险待遇，而医疗机构与患者之间权利义务共同指向的对象是医疗和救治。

3. 医疗保险法律关系的内容。医疗保险法律关系的内容，是指不同医疗保险法律关系主体之间的权利义务和责任。如前所述，具体的医疗保险法律关系的类别不同，其法律关系的内容也不同。

■ 第二节　中外医疗保险法的发展变化

一、国外医疗保险法的历史发展

（一）早期萌芽

在现代医疗保险制度出现之前，早在中世纪就出现了医疗互助的做法，这是医疗保险制度的萌芽阶段。在欧洲中世纪的手工业行会内部，"行会"中每个成员定期缴纳会费，筹集资金救治行会会员，帮助其家庭渡过难关。随着工业社会的形成，这一制度在不断演进过程中逐渐成熟，这些早期互助性团体将筹集来的资金用于需要帮助的会员，其实质是合作救助制度，不属于现代社会保险制度。

（二）现代医疗保险制度

现代意义的医疗保险制度产生于 19 世纪末的德国。1883 年，德国正式颁布了《劳工疾病保险法》，该法规定某些行业中工资少于一定限额的工人必须加入保险基金会，基金会强制性地征收工人和雇主一定比例的保险费，这标志着疾病保险作为一种现代保险制度的诞生。此后，在 20 世纪上半叶，欧洲的一些市场经济发达国家相继开展了疾病保险立法，详见下表。

部分国家医疗津贴立法情况[1]

部分国家医疗津贴立法	
德国	1883～1884 年社会保险法
法国	1928～1978 年社会保险法
英国	1911～1994 年社会保险法、普遍保障法
美国	1965 年老年人健康保险法、1972 年残疾人健康保险法
瑞士	1911 年强制保险/自愿保险
加拿大	1977～1984 年社会保险（医疗津贴）法、普遍保障（医疗待遇）法
日本	1922～1984 年雇员保险法
智利	1924～1985 年社会保险法

（三）国际劳工组织关于医疗保险的相关国际劳工立法

国际劳工组织在医疗保险领域进行了广泛的立法活动。

1927 年国际劳工组织《（工业）疾病保险公约》（第 24 号）、《（农业）疾病保险公约》（第 25 号）和 1936 年《（海上）疾病保险公约》（第 56 号）分别要求在工商业、农业和海上实行强制性保险制度，其津贴待遇包括免费治疗、提供药品和机械以及工人患病时应支付现金津贴。

1952 年，《社会保障（最低标准）公约》（第 102 号）把保障范围扩大到住院治疗，对保证预防或治疗性质的医疗护理做了详细规定，规定了工人患病时应定期支付的最低限度的津贴。

1969 年，国际劳工组织通过《医疗和疾病津贴公约》（第 130 号）和《医疗

---

［1］　详细内容请参见杨燕绥:《劳动与社会保障立法国际比较研究》，中国劳动社会保障出版社 2001 年版，第 244～245 页。

和疾病津贴建议书》（第 134 号）。第 130 号公约规定了较高的津贴水平，呼吁各国政府满足公民对医疗服务和设施的需要，向公民提供治疗或预防性质的医疗。这些医疗包括：普通医生治疗、住院病人或门诊病人在医院的专家治疗和可能时院外提供的专家治疗、提供医师或其他合格医生所开处方的必要药品、必要的住院治疗等。[1]

二、中国医疗保险法制的历史变化

我国医疗保险制度的建立，经历了两大阶段，即劳动保险阶段和社会保险阶段。

（一）劳动保险阶段

我国自 20 世纪 50 年代起至 70 年代末，医疗保险制度主要包括三项制度，即城镇职工劳动保险制度、国家工作人员的公费医疗制度、农村合作医疗制度。

1. 职工劳动保险制度。1951 年 2 月 26 日，政务院公布《中华人民共和国劳动保险条例》，自 1951 年 3 月 1 日开始在城镇职工中实行劳动保险制度，其中包括了医疗保险制度。自 1969 年保险费统筹制度被取消后，实际上，我国医疗保险制度趋于消亡，代之而起的是单位医疗责任制度。

2. 公费医疗制度。公费医疗制度是国家为保障国家工作人员而实行的，通过医疗卫生部门向享受人员提供制度规定范围内免费医疗和疾病预防服务的一项社会保障制度。它是根据 1952 年政务院发布的《关于全国各级人民政府、党派、团体及所属事业单位的国家工作人员实行公费医疗预防的指示》实施的，其覆盖面仅限于各级政府机关和事业单位、其他党派、人民团体的工作人员和退休人员，还包括高等学校的大学生和退伍在乡的二等乙级以上残废军人。1952 年 8 月，政务院又将享受公费医疗待遇的人员范围扩大到在乡干部和大专院校的在校生。同时，为了控制用药与不必要的检查，国家还制定了 11 类西药和大部分中成药的基本药物目录、大型设备检查的规定及公费用药报销范围。公费医疗制度是我国对享受对象实行的一种免费医疗保障制度。由于公费医疗的经费主要来源于各级财政，因此，这项制度实质上是国家或政府保险型的保险制度。

3. 农村合作医疗制度。[2] 合作医疗，是中国农村社会通过集体和个人集资，为农村居民提供低费用的医疗保健服务的一种互助互济制度。它既是中国医疗保障制度中有特色的组成部分，也是中国农村社会保障体系中的重要内容。

1956 年，全国人大一届三次会议通过的《高级农业生产合作社示范章程》

---

[1] 参见佘云霞、王祎编著：《国际劳工标准》，中国劳动社会保障出版社 2007 年版，第 84～85 页。
[2] 参见百度百科，农村合作医疗制度条目。

中亦规定，合作社对于因公负伤或因公致病的社员要负责医疗，并且要酌量给劳动日作为补助，从而首次赋予集体介入农村社会成员疾病医疗的职责。随后，许多地方开始出现以集体经济为基础，以集体与个人相结合、互助互济的集体保健医疗站、合作医疗站或统筹医疗站。可以说，从建国到 50 年代末，农村合作医疗处于各地自发举建的阶段。

1959 年 11 月，卫生部正式肯定了农村合作医疗制度，这一制度遂在广大农村逐步扩大。1965 年 9 月，中共中央批转卫生部党委《关于把卫生工作重点放到农村的报告》，强调加强农村基层卫生保健工作，极大地推动了农村合作医疗保障事业的发展。到 1976 年，全国已有 90% 的农民参加了合作医疗，从而基本解决了广大农村社会成员看病难的问题，为新中国农村医疗保障事业的发展写下了光辉的一页。

在 20 世纪 70 年代末期以后，农村合作医疗开始走向低潮。1979 年 12 月，卫生部、农业部、财政部、国家医药管理总局、全国供销合作总社联合发布了《农村合作医疗章程（试行草案）》，各地又根据这个章程对农村基层卫生组织和合作医疗制度进行整顿，坚持农民群众自愿参加的原则，强调参加自愿，退出自由，同时改进了资金筹集办法。此后，随着乡村公共积累下降，管理不得力，各级卫生行政部门又未能及时加强引导，全国大多数农村地区原有的以集体经济为基础的合作医疗制度遭到解体或停办的厄运，绝大部分村卫生室（合作医疗站）成了乡村医生的私人诊所。

（二）社会保险阶段

我国的医疗保险制度是随着社会经济的发展而不断变化的。随着经济的发展和改革开放的深入，特别是我国经济体制从计划经济向社会主义市场经济的逐步转型，传统的医疗保障制度的弊病日益显露出来，亟待改革。经过多年的改革探索，目前，我国已基本确立了新型的城镇职工医疗保险制度框架。这一改革的过程大致可以分为三个阶段：

第一阶段：1992 年以前，以控制费用为中心，对公费、劳保医疗制度进行改革完善。

（1）1985 年以前，主要针对需方，实行费用分担措施。例如，个人要支付少量的医疗费用，即所谓的"挂钩"，但各地分担的比例不同，一般为 10% ~ 20%。此后，职工个人的费用意识有所增强，在一定程度上抑制了对医疗服务的过度需求。

（2）1985 年 ~ 1992 年，重点转向对医院进行控制，加强对医疗服务供方的约束。所采取的主要措施有：①改革支付方式，将经费按享受人数和定额标准包给医院，节支留用，超支分担，激励医院主动控制成本和费用开支；②制定基本药品目录和公费医疗用药报销目录，以控制药品支出；③加强公费医疗和劳保医疗的管理，即提供经费的政府和享受者所在单位等，都要承担部分经济责任。除此之外，一些地区还建立了大病统筹制度，即以地区和行业为单位，由企业缴纳保险费，形成统筹基金，对发生大额医疗费用的患者给予补助，使医疗保障的社会化程度有所提高，企业之间互助共济、分担风险的能力有所增强。这些措施对控制费用的迅速增长、缓解经费紧张和企业之间的不公平现象，起到了一定的作用。

第二阶段：1992 年~1998 年，城镇职工医疗保险制度的改革试点。

1992 年，深圳市在全国率先开展了职工医疗保险改革，从而拉开了对我国职工医疗保障制度进行根本性改革的序幕。党的十四届三中全会决定提出要在我国建立社会统筹和个人账户相结合的医疗保险制度。为加强对医疗保险制度改革工作的领导，国务院成立了职工医疗保障制度改革领导小组。1994 年国家体改委、财政部、劳动部、卫生部共同制定了《关于职工医疗制度改革的试点意见》。

第三阶段：1998 年以来，全面推进医疗保险制度改革。

针对公费、劳保医疗制度存在的问题，1998 年 12 月 14 日国务院发布了《关于建立城镇职工基本医疗保险制度的决定》（以下简称《决定》），这是国务院在总结各地试点工作经验的基础上作出的重大决策。《决定》明确了医疗保险制度改革的目标任务、基本原则和政策框架，要求在全国范围内建立覆盖全体城镇职工的基本医疗保险制度。这标志着我国城镇职工医疗保险制度改革进入了全面发展的阶段。《决定》对公费、劳保医疗制度进行了改革，将原来的公费、劳保医疗制度实行统一管理，在全国范围内建立城镇职工的基本医疗保险制度，也就是建立适应社会主义市场经济体制要求，充分考虑财政、企业和个人承受能力，切实保障职工基本医疗需求的社会医疗保险制度。

三、我国医疗保险体制改革

目前，我国针对不同人群基本形成了三种不同的医疗保险制度，即对城镇在职职工的职工基本医疗保险制度、对城镇无业人员的城镇居民基本医疗保险制度和对农村居民的新农村合作医疗制度。

（一）城镇职工基本医疗保险

1998 年国务院发布《决定》，要求各省、自治区、直辖市人民政府要按照决定要求，制定医疗保险制度改革的总体规划，报劳动保障部备案。统筹地区要根据规划要求，制定基本医疗保险实施方案，报省、自治区、直辖市人民政府审批后执行。建立城镇职工基本医疗保险制度工作从 1999 年初开始启动，1999 年底基本完成。

医疗保险制度改革的主要任务是建立城镇职工基本医疗保险制度，即适应社会主义市场经济体制，根据财政、企业和个人的承受能力，建立保障职工基本医疗需求的社会医疗保险制度。

建立城镇职工基本医疗保险制度的原则是，基本医疗保险的水平要与社会主义初级阶段生产力发展水平相适应；城镇所有用人单位及其职工都要参加基本医疗保险，实行属地管理；基本医疗保险费由用人单位和职工双方共同负担；基本医疗保险基金实行社会统筹和个人账户相结合。关于城镇职工基本医疗保险制度的详细分析，见第三节。

（二）新农村合作医疗制度

新农村合作医疗制度是相对上述建国初期实施的农村合作医疗制度而言的，其实质并无重大区别。随着我国经济与社会的不断发展，越来越多的人开始认识到，"三农"问题是关系党和国家全局性的根本问题。而不解决好农民的医疗保障问题，就无法实现全面建设小康社会的目标，也谈不上现代化社会的完全建立。大量的理论研究和实践经验也已表明，在农村建立新型农村合作医疗制度势在必行。

新型农村合作医疗制度从 2003 年起在全国部分县（市）试点，到 2010 年逐步实现基本覆盖全国农村居民。2002 年 10 月，中共中央、国务院《关于进一步加强农村卫生工作的决定》明确指出，要"逐步建立以大病统筹为主的新型农村合作医疗制度"，"到 2010 年，新型农村合作医疗制度要基本覆盖农村居民"，"从 2003 年起，中央财政对中西部地区除市区以外的参加新型合作医疗的农民每年按人均 10 元安排合作医疗补助资金，地方财政对参加新型合作医疗的农民补助每年不低于人均 10 元"，"农民为参加合作医疗、抵御疾病风险而履行缴费义务不能视为增加农民负担"。这是我国政府历史上第一次为解决农民的基本医疗卫生问题进行大规模的投入。从 2006 年起，中央财政对参加新型合作医疗的农民每人每年增加 10 元补助资金。按照"十一五"规划的要求，新型农村合作医疗到 2010 年的覆盖面达到农村的 80% 以上。但据学者研究，截至 2007 年 9 月底，全国开展新农合的县市区达到 2448 个，占全国总县市区的 85.53%，参加新农合人口 7.26 亿，参合率为 85.96%。其中，东部地区有 653 个县市区开展新农合，占东部地区县市区总数的 93.69%，参加新农合人口 2.23 亿，参合率为 89.58%；中西部地区有 1795 个县市区开展新农合，占中西部县市区总数的

82.91%，参加新农合人口5.03亿，参合率为84.44%。[1]

（三）城镇居民基本医疗保险

1998年，我国开始建立城镇职工基本医疗保险制度，之后又启动了新型农村合作医疗制度试点，建立了城乡医疗救助制度。这样一来，从覆盖人群来看，没有医疗保障制度安排的就剩下城镇非从业居民。为实现基本建立覆盖城乡全体居民的医疗保障体系的目标，国务院决定，从2007年起开展城镇居民基本医疗保险试点。2007年国务院发布《关于开展城镇居民基本医疗保险试点的指导意见》（国发〔2007〕20号），不属于城镇职工基本医疗保险制度覆盖范围的中小学阶段的学生（包括职业高中、中专、技校学生）、少年儿童和其他非从业城镇居民都可自愿参加城镇居民基本医疗保险。试点的目标是，2007年在有条件的省份选择2~3个城市启动试点，2008年扩大试点，争取2009年试点城市达到80%以上，2010年在全国全面推开，逐步覆盖全体城镇非从业居民。要通过试点，探索和完善城镇居民基本医疗保险的政策体系，形成合理的筹资机制、健全的管理体制和规范的运行机制，逐步建立以大病统筹为主的城镇居民基本医疗保险制度。此后，全国许多试点省市都相继制定了相关实施办法，例如《天津市城镇居民基本医疗保险暂行规定》、《上海市人民政府关于印发上海市城镇居民基本医疗保险试行办法的通知》等。2007年6月，北京市政府发布了《关于建立北京市城镇无医疗保障老年人和学生儿童大病保险制度的实施意见》，俗称"一老一小"大病医疗保险政策。

（四）医药卫生体制改革的最新动向

2009年1月21日，国务院审议并原则通过《关于深化医药卫生体制改革的意见》和《2009~2011年深化医药卫生体制改革实施方案》。根据通过的方案，今后3年工作目标为，基本医疗保障制度全面涵盖城乡居民，基本医疗卫生普及性和服务水平明显提高，居民就医费用负担明显减轻，"看病难、看病贵"问题明显缓解。

国务院会议决定，从2009年到2011年，必须重点抓好基本医疗保障制度等五项改革：①加快推进基本医疗保障制度建设；②初步建立国家基本药物制度；③健全基层医疗卫生服务体系；④促进基本公共卫生服务逐步均等化；⑤推动公立医院改革。

五项改革旨在落实医疗卫生事业的公益性质，把基本医疗卫生制度作为公共

---

[1] 王发运、王晓明："2007年中国社会保障发展报告"，载汝信、陆学艺、李培林主编：《2008年中国社会形势分析与预测》，社会科学文献出版社2008年版。

产品向全民提供，努力实现人人享有基本医疗卫生服务，并为全面实现《关于深化医药卫生体制改革的意见》确定的目标创造条件，奠定基础。

会议决定，加快推进基本医疗保障制度建设，今年开始逐步在全国建立统一的居民健康档案；3 年内使城镇职工和居民基本医疗保险及新型农村合作医疗参保率提高到 90% 以上，2011 年对城镇居民医保和新农合的补助标准提高到每人每年 120 元，并适当提高个人缴费标准，提高报销比例和支付限额；3 年内基本药物将全部纳入医保药品报销目录；今年开始试点，2011 年逐步推进公立医院补偿机制改革，加快形成多元化办医格局。

■ 第三节 医疗保险法律制度的基本内容

我国目前的医疗保险法律体系包括三项制度，即对城镇职工基本医疗保险制度、城镇居民基本医疗保险制度和新农村合作医疗制度。本节重点放在城镇职工基本医疗保险制度。

一、医疗保险基金的筹集

医疗保险基金是通过相关单位和人员的医疗保险缴费而形成的。根据国务院《关于建立城镇职工基本医疗保险制度的决定》，目前用人单位缴费率应控制在职工人工资总额的 6% 左右，职工缴费率一般为本人工资收入的 2%。随着经济发展，用人单位和职工缴费率可作相应调整。

《社会保险法（草案）》第 20 条规定："职工应当参加职工基本医疗保险，由用人单位和职工共同缴纳基本医疗保险费。用人单位应当按照国家规定的本单位职工工资总额的比例缴纳基本医疗保险费。职工应当按照国家规定的本人工资的比例缴纳基本医疗保险费。"

根据国务院《关于开展城镇居民基本医疗保险试点的指导意见》的规定，城镇居民基本医疗保险以家庭缴费为主，政府给予适当补助。参保居民按规定缴纳基本医疗保险费，享受相应的医疗保险待遇，有条件的用人单位可以对职工家属参保缴费给予补助。国家对个人缴费和单位补助资金制定税收鼓励政策。对试点城市的参保居民，政府每年按不低于人均 40 元给予补助，其中，中央财政从 2007 年起每年通过专项转移支付，对中西部地区按人均 20 元给予补助。在此基础上，对属于低保对象的或重度残疾的学生和儿童参保所需的家庭缴费部分，政府原则上每年再按不低于人均 10 元给予补助，其中，中央财政对中西部地区按人均 5 元给予补助；对其他低保对象、丧失劳动能力的重度残疾人、低收入家庭

60 周岁以上的老年人等困难居民参保所需家庭缴费部分，政府每年再按不低于人均 60 元给予补助，其中，中央财政对中西部地区按人均 30 元给予补助。中央财政对东部地区参照新型农村合作医疗的补助办法给予适当补助。财政补助的具体方案由财政部门商劳动保障、民政等部门研究确定，补助经费要纳入各级政府的财政预算。

《社会保险法（草案）》第 21 条规定："城镇居民基本医疗保险和新型农村合作医疗实行家庭缴费和政府补助相结合。缴费和补助标准由省、自治区、直辖市人民政府规定。享受最低生活保障的人、丧失劳动能力的重度残疾人、低收入家庭 60 周岁以上的老年人等所需家庭缴费部分，由政府给予补助。"

二、医疗保险基金的使用

城镇职工基本医疗保险制度在资金使用上有三个特点：

1. 基本医疗保险基金实行社会统筹和个人账户相结合，其中的统筹基金主要支付大额医疗费或住院费，通常被称为大病统筹。统筹基金和个人账户分开管理，分别核算，这就要求统筹基金要自求收支平衡，不得挤占个人账户。

其中，个人缴费部分全部计入个人账户，单位缴费部分仍然以每个职工的工资收入为基数，按规定划入比例，记入本人的个人账户。这样做可以照顾效益好、工资收入较高的单位职工的利益。这意味着一个效益好、工资收入水平较凡的单位，在按同比例缴费后，比效益差、工资收入水平实低的单位多缴的基本医疗保险费，将有 30% 左右的部分会返还给本单位的职工，各地往往按照职工不同年龄划分档次注入个人账户。

在医疗保险中，要妥善解决有关人员的医疗待遇，离休人员、老红军的医疗待遇不变；医疗费用按原资金渠道解决，支付确有困难的，由同级人民政府帮助解决。离休人员、老红军的医疗管理办法由省、自治区、直辖市人民政府制定。二等乙级以上革命伤残军人的医疗待遇不变；医疗费用按原资金渠道解决，由社会保险经办机构单独列账管理，医疗费支付不足部分，由当地人民政府帮助解决。退休人员参加基本医疗保险，个人不缴纳基本医疗保险费。对退休人员个人账户的计入金额和个人负担医疗费的比例给予适当照顾。国家公务员在参加基本医疗保险的基础上，享受医疗补助政策。

例如，根据北京市劳动和社会保障局 2004 年 12 月 16 日下发的《关于基本医疗保险参保范围等有关问题的通知》（京劳社医发〔2004〕185 号），目前北京市基本医疗保险个人账户情况如下：

北京市基本医疗保险个人账户

	员工年龄	单位缴纳部分划转	个人缴纳部分	合计	基数
在职职工	不满35周岁	0.8%	2%	2.8%	个人缴费基数
	35周岁至45周岁	1%	2%	3%	
	45周岁以上	2%	2%	4%	
退休人员	70周岁以下	4.3%	0%	4.3%	本市上一年社会平均工资
	70周岁以上	4.8%	0%	4.8%	

2. 统筹基金和个人账户的支付范围不同，各地制定统筹基金的起付标准和最高支付限额。一般个人账户主要用于门诊（小病）医疗费用支出，统筹基金主要用于住院（大病）医疗费用支出；各地设定统筹基金起付标准要综合考虑三方面的因素：①考虑统筹基金的支付能力，保证收支平衡。限定统筹基金的支付范围和责任，最重要的指标是确定好起付标准，定低了，进入统筹支付的人群过多，费用过大，统筹基金承受不了，势必发生超支；②考虑个人的负担能力，起付标准定得过高，享受人群很少，个人账户支付范围过大，个人负担过重，而统筹基金结余过多，就失去了社会共济的意义；③区别不同统账结合方式，一般按费用或病种划分统账支付范围的，可以年度累计发生费用设定统筹基金起付标准，职工在一个年度内，累计达到一定费用（如1000元），就可以进行统筹基金支付。如以门诊住院划分统账支付范围的，则统筹基金起付标准控制在年工资10%左右，还要考虑门诊中个人负担医疗费用的因素，不能单纯在住院费用中按10%的控制标准设定起付标准。住院起付标准也不能就设定一个，在一个年度内住院病人每次都要跨这个"门槛"或跨一次后再住院就不跨"门槛"。这两种做法，前者多次住院病人负担过重，后者对统筹基金产生的支付压力过大。比较适宜的办法是依次递减设定每次住院起付标准，如第一次住院起付标准为当地年平均工资的7%，第二次为5%，第三次为3%。[1]

统筹基金最高支付限额，是统筹基金所能支付的最高限额，也就是"封顶

---

[1]　劳动和社会保障部医疗保险司编：《中国医疗保险制度改革政策与管理》，中国劳动社会保障出版社1999年版。

额", 实质不是一个统筹基金最高支付的范围, 而是一个绝对额。这个"封顶额"类似商业保险的"最高赔付额"。假如这个"封顶额"为 10 000 元, 那么一个人发生医疗费用 20 000 元时, 社会保险经办机构首先要区分这部分医疗费用是否属于统筹基金支付范围, 如果属于统筹基金支付范围 (假定是住院医疗费用), 还需要扣除起付标准以下医疗费用 (假定是 100 元), 则统筹基金将对 19 900 元按规定比例 (假定为 90%) 支付 17 910 元, 但由于 10 000 元封顶, 因此只能给付 10 000 元, 实际统筹基金支付并不是 17 910 元。

目前, 我国把起付标准和最高支付限额分别控制在当地职工年平均工资的 10% 左右和 4 倍左右。统筹基金起付标准原则上控制在当地职工年平均工资的 10% 左右, 是结合我国国情和各地经验提出的。从近几年各地实行大病医疗费用社会统筹的执行情况看, 起付标准大多确定在当地职工年平均工资的 5% ~ 15% 左右, 起付标准以下的医疗费用个人一般都能承受, 社会统筹部分的医疗基金也基本能够保证支付。从全国情况看, 以 1997 年全国职工年平均工资 6470 元计算, 5% ~ 15% 的起付标准就是 320 ~ 970 元。考虑全国各地经济发展和医疗消费水平差异, 确定起付标准为当地职工年平均工资的 10%, 相当于 650 元左右, 是比较适宜的, 也给予了各地一定的调整幅度。统筹基金最高支付限额控制在当地职工平均工资的 4 倍左右, 是根据大额医疗费用人群分布情况测算确定的。1997 年全国职工平均工资的 4 倍大致为 2.6 万元。根据全国 40 多个城市的抽样调查, 绝大多数患病职工的年医疗费用都在 3 万元以内, 超过 3 万元的, 只占就医人群的不到 0.4%。所以, 以职工年平均工资的 4 倍确定统筹基金最高支付限额, 可以解决绝大多数职工的大额医疗费用。[1]

3. 严格限定基本医疗保险医药服务的范围和给付标准, 主要内容包括限定基本医疗保险的用药范围、诊疗项目范围和医疗生活服务设施范围, 即超出这个基本医疗保险医药服务范围的医疗费用不在基本医疗保险基金中支付或只能部分支付。各地规定的用药范围不完全相同。

《社会保险法 (草案)》第 25 条规定: "符合国家规定的基本医疗保险药品目录、诊疗项目、医疗服务设施标准以及急诊、抢救的医疗费用从基本医疗保险基金中支付。基本医疗保险药品目录、诊疗项目、医疗服务设施标准以及医药费用结算管理办法, 按照国家有关规定执行。"

城镇居民基本医疗保险基金重点用于参保居民的住院和门诊大病医疗支出,

---

〔1〕 劳动和社会保障部医疗保险司编:《中国医疗保险制度改革政策与管理》, 中国劳动社会保障出版社 1999 年版。

有条件的地区可以逐步试行门诊医疗费用统筹。城镇居民基本医疗保险基金的使用要坚持以收定支、收支平衡、略有结余的原则。城镇居民基本医疗保险基金支付的特点就是制定起付标准、支付比例和最高支付限额，完善支付办法，合理控制医疗费用。城镇居民基本医疗保险基金用于支付规定范围内的医疗费用，其他费用可以通过补充医疗保险、商业健康保险、医疗救助和社会慈善捐助等方式解决。

三、医疗保险基金的管理和监督

医疗保险基金在形成和使用过程中，需由相关机构进行监督和管理。有的国家对医疗保险实行综合管理，即医疗制度、基金制度、待遇制度都由一个部门管理，或社会保障机构或医疗卫生机构。我国实行业务分开管理，医疗保险基金由社会保险经办机构负责管理。

对基金的监督，目前建立了医疗保险基金预决算制度、财务会计制度和内部审计制度，并且国家和地方审计机关对医疗保险基金实行审计。此外，还有社会监督等形式对医疗保险基金实行监督。

第七章　生育保险法律制度

■　第一节　生育保险法概述

一、生育保险法的概念

生育保险主要是向具备法定条件的妇女部分或全部提供怀孕、生产、哺育期间的医护费用，保证其产假和哺育假期间的经济来源，满足基本生活需求的社会保险项目。可见，生育保险一般被用来帮助法定范围内的社会成员应对因生育而导致的两个方面的经济风险：①怀孕、生产、哺乳期间的医护费用；②产假和哺育假期间的经济来源。

生育保险法是指调整国家对由于生育子女暂时丧失劳动能力的女职工提供物质帮助而形成的社会关系的法律规范的总称。生育保险制度的宗旨是通过向生育女职工提供有薪假期、医疗服务、生育津贴等待遇，保障女职工生育期间的基本生活，并帮助她们恢复劳动能力，重返工作岗位。而生育保险法正是为这些规范得以切实有效的实施提供了法律保障。目前我国生育保险法调整的生育保险关系有以下四项：

（1）生育津贴，即在法定的生育休假期间对生育者的工资收入损失给予经济补偿。

（2）医疗护理，即承担与生育有关的医护费用（包括产前检查费）。

（3）生育补助，如对生育保险对象及其家属的生育费用给予经济补助，又如"婴儿津贴"和"保姆津贴"等。

（4）生育休假，包括母育假（产假）、父育假（母亲产假期间的父亲育儿假）和育儿假（母亲产假后父母双亲任何一方的育儿休假）。

二、生育保险法的功能与作用

生育保险关系到广大妇女劳动者的切身利益，对社会劳动力的生产与再生产具有十分重要的保护作用。生育保险因人口政策的不同而表现出极大的差异，有的鼓励生育，有的控制生育，但都以保证劳动者不致因生育而不能保障基本生活需求为限。其主要作用有：

1. 实行生育保险是对妇女生育价值的认可。妇女生育是社会发展的需要，她们为人类繁衍、世代延续，为社会劳动力再生产付出了艰辛，理应得到社会的补偿。对妇女生育权益的保护，已被大多数国家所接受并给予政策上的支持。目前世界上有 135 个国家通过立法保护妇女生育的合法权益。

2. 生育保险保证妇女劳动者的身体健康和劳动能力的恢复。妇女劳动者怀孕和生育，体力消耗很大，需要休养和保护。向她们提供医疗服务，能保证妇女劳动者在生育期间得到及时的检查、治疗和保护。同时实行生育保险是对妇女劳动者基本生活的保障。劳动者在生育及产前产后的一段时间里，由于暂时不能从事正常的劳动，因而不能通过劳动取得报酬以维持基本生活。国家通过制定相关政策保障她们离开工作岗位期间享受有关待遇，其中包括生育津贴、医疗服务和产假，以及孕期不能坚持正常工作时给予的特殊保护政策。在生活保障和健康保障两方面为孕妇的顺利分娩创造了有利条件。建立生育保险，使生育的妇女劳动者获得基本生活的保障，可以使她们的身体迅速得到恢复，保证生育的妇女劳动者劳动力再生产的正常进行。

3. 生育保险有利于延续后代，提高人口素质，保证社会劳动力再生产。人类繁衍、世代延续是社会得以生存的基础。妇女劳动者与其他妇女一样承担着人类自身再生产的任务。要做到提高人口素质，首先要保护母亲健康。如果妇女劳动者生育期间的健康和生活得不到相应保障，因生活困难而被迫降低必要的保健与营养水准，婴儿的健康生存和成长就会产生困难。这就要求从孕、产期胎儿保健和新生儿保健入手，采取一系列措施保护新生儿的健康。妇女生育体力消耗大，需要充分休息和补充营养。生育保险为她们提供了基本工资，使她们的生活水平不致因离开工作岗位而降低，同时为她们提供医疗服务项目，包括产期检查，围产期保健指导，为胎儿的正常生长进行监测，对在妊娠期间患病或接触有毒有害物质的，做必要的检查等。如发现畸形儿，可以及早中止妊娠；对在孕期出现异常现象的妇女，进行重点保护和治疗，以达到保护胎儿正常生长，保证下一代人口质量的作用。所以，建立生育保险不仅是为了保证妇女劳动者的身体健康，而且也是为了保护下一代，使其得到正常的孕育、出生和哺育。生育保险对于优生优育，保证新生婴儿能有健康的体魄和正常智力，对于社会劳动力素质的提高提供了物质基础。

4. 生育保险有利于国家人口政策的顺利贯彻实施。在我国，实行计划生育，控制人口数量，提高人口质量是一项基本国策。多年来，计划生育工作取得了显著的成绩。但是，我们仍然面临着严峻的人口形势。人类自身的再生产，还有一个同自然生态环境和资源平衡的问题。我国人口已突破12亿，人均资源占有水平很低，人口与发展的矛盾十分突出。实行妇女劳动者生育保险，不仅有利于妇女劳动者的生育权益得到应有的尊重和保护，还有利于增强妇女劳动者的生育责任感，提高生育质量，促进计划生育和优生优育这一基本国策的落实。

三、生育保险法的原则

生育保险法律制度的建立应坚持四个统一：生育保险发展目标与国家总体目标的协调统一；立足于现实与面向未来、必要性与可行性的协调统一；宏观指导与可操作性的协调统一；经济发展水平与待遇保障标准的协调统一。根据四个统一，在实施生育保险过程中，为了使其健康、有序地发展，要遵循强制性、社会性、互济性和广覆盖等社会保险的普遍原则。

1. 强制性原则。生育保险法属社会法范畴，这是因为生育保险属劳动者社会保险的范畴，由国家法律法规规定参加生育保险的项目和实施范围，并凭借国家强制力加以实施。劳动者或用人单位必须依法参加生育保险，依法缴纳生育保险费，并享受相应的保险待遇。

2. 社会性原则。生育保险法是社会保险法的一个组成部分，生育保险基金来源于遵循社会保险的"大数法则"，集合社会力量，在较大的社会范围内筹集基金。生育保险的待遇标准和水平要与经济发展和社会生产力发展水平以及社会各方面的承受能力相适应。

3. 互济性原则。通过用人单位缴纳生育保险费建立生育保险基金，实行社会互济，把单个企业的负担转化为均衡的社会负担，为企业平等地参与市场竞争创造条件。通过互济作用，达到维护妇女合法权益，缓解妇女就业困难的目的。

4. 广覆盖原则。有的国家，尤其是发达国家的生育保险实施的范围不仅涵盖雇佣劳动者和从事自己家庭家务劳动的女性，甚至包括妇女劳动者的配偶和子女。有鉴于此，我国生育保险立法应当坚持广覆盖原则，确保惠及所有的妇女劳动者，通过在全国范围内建立生育保险制度，提高人口素质，促进社会经济的发展。

四、生育保险的适用范围

目前，我国生育保险的覆盖范围包括：中华人民共和国境内一切国家机关、人民团体、企业、事业单位的女职工。企业包括全民、集体、中外合资、合作、独资、乡镇、农村联户企业以及私营和城镇街道企业。

1994年出台的《企业职工生育保险试行办法》，是由原劳动部颁发的。当时，原劳动部职能范围是负责城镇企业职工的社会保险工作，国家机关、事业单位的社会保险由人事部负责。因此，该办法仅适用于城镇企业及其职工。

1998 年劳动和社会保障部成立之后，将国家机关、事业单位等单位的社会保险职能划归劳动和社会保障部。生育保险的覆盖范围已有所扩大。目前，多数地区参加生育保险的单位是国有企业和集体企业。有的地区将三资企业以及参加本地养老保险的城镇、街道企业以及私营企业纳入生育保险覆盖范围。还有的地区，将自收自支、独立核算的事业单位、机关等也纳入生育保险社会统筹。

随着我国经济的发展，各种经济成分的经济组织不断出现，职业妇女已经不仅限于在国家所有或者集体所有的企事业单位就业了。由于公费医疗和劳保医疗的覆盖面有限，许多非公经济企业中的职业妇女因为生育而离职、被解除劳动关系，以及生育的费用必须自行承担等现象时有发生。就生育的本质而言，它应该不仅属于个人的行为，而是全社会的行为。所以，参加生育保险也不仅是妇女的义务，也是全社会的义务。从这一角度而言，生育保险的范围还应进一步扩大。

五、生育保险的缴纳方式

目前，我国生育保险缴纳方式以属地管辖为原则。生育保险按照属地原则组织，系指生育保险按行政区域划分的自治州、地区、州、盟、市或县、自治县、旗等为统筹单位，辖区内的各类企业（不分企业的所有制性质、不分隶属关系，即包括中央部属企业）一律参加所在地的生育保险社会统筹，执行当地统一的政策。同级社会保险经办机构负责生育保险基金管理及运作。

我国人口众多，各区域之间发展不平衡。中央部属企业、省属企业分布在全国各地，他们参加当地的社会保险统筹，一方面，可以扩大生育保险的覆盖范围，提高基金的调剂和互助能力；另一方面，计划生育指标数是以行政区域下达，同时各地生育医疗费用差异很大。保险机构根据当地的实际情况测算生育保险待遇支付标准，可以对各地生育费用的测算和待遇支付实现系统和统一管理，也有利于社会保险事业的协调发展。

我们可以对下述案例进行分析：

河北某市一家皮件厂的女工王某，从 2000 年 1 月起就在皮件厂工作。王某与皮件厂的劳动合同是每年续签的。2003 年 7 月王某怀孕，从开始怀孕、检查、孕期反应的休假，一直到分娩，王某花去的各项费用包括住院分娩期间的检查费、接生费、住院费、手术费等医疗费用和病假被扣除工资达 5000 多元。皮件厂从王某结婚时就通知了王某，厂里规定的生育费用是采取包干的办法，由厂里一次性支付给她 1500 元人民币，其余部分就由王某自行承担。王某虽然认为应当由工厂按照生育保险的具体规定来报销自己的费用，但是工厂却认为厂里的女工太多，工厂又没有参加社会统筹的生育保险，所以不能负担每个人太多的生育费用，只能实行费用包干的办法。因为当时王某所在地区尚未将生育保险列入强制性的社会保险，所以王某无法继续要求单位报销自己生育医疗费用和支付产假期间的生育津贴。

从本案例可以看出，如果对于妇女的生育经费不实行社会统筹，将极大影响生育期妇女的生活质量，也会加重就业妇女数量多的单位的经济负担，进而影响妇女的就业。如果王某所在地区已经实行了生育强制保险，在本案例中的王某的情况就不会出现了，王某的生育费用和生活费用，生育保险的统筹基金会承担相当一部分，就会大大减轻王某要自行负担的生育医疗费用了。用人单位应当认识到生育保险是一项重要的社会保险制度，无论用人单位中有多少妇女就业，其都有义务根据国家的相关规定，参加生育保险。这样就可以有效地积累社会统筹基金，由社会而不是个人或者妇女就业数量多的用人单位来承担生育的费用。

六、生育保险与其他社会保险相比的特质

生育保险作为社会保险体系中的一个重要组成部分，与社会保险的其他项目既相互联系，又有区别，这些区别与联系，构成生育保险如下一些实质特点：

（1）从对象上看，生育保险的实施对象只是已婚妇女劳动者，范围有限。这个范围的限定有两层意思：①必须是女性劳动者；②必须是已婚。未婚的女性劳动者和男性都不能享受生育保险待遇。其他的社会保险没有性别和婚姻状况的限制。

（2）从起因上看，引起生育保险的原因是正常的生理变化。生育活动所引起的收入损失是正常的生理变化所造成的，一般不需要特殊治疗，而是侧重于休养和营养调补。引起其他的社会保险的原因则是社会风险或外界的自然风险，如失业、工伤等。不正常的生理变化所造成的风险一般有医疗保险、疾病保险所对应。

（3）生育保险具有特殊的保障劳动力再生产的作用。生育活动得以保障，既有利于妇女劳动者劳动力的恢复，同时也可以确保新一代的正常孕育和生产，为人类社会的发展提供了延续不绝的劳动力。可见，在对劳动力再生产的保障作用方面，生育保险超过了其他社会保险。

（4）生育保险待遇实行产前和产后都享有的原则。只有实行产前和产后都享受的原则，才能更好地保护产妇和婴儿的健康，达到生育保险的目的。其他社会保险都只有善后的功能，只有在据以提供保障的事实发生后，才能给付相应的保险待遇。

七、生育保险与医疗保险的区别

生育保险和医疗保险的主要相同之处是，两者都是对暂时丧失劳动能力的职工提供保障，同时对享受者提供必要的医疗服务。生育保险的享受者在享受期内，如果出现特殊情况，可能同时享受两种待遇，即医疗保险待遇和生育保险待遇。

生育保险和医疗保险的主要区别是：

（1）生育保险的享受时间是女职工的育龄期，享受时间相对比较集中，同时还取决于妇女的年龄、结婚时间、生育顺序等。我国实行计划生育国策，因此，女职工一生基本只享受一次生育保险待遇，极少享受两次以上。医疗保险没有年龄的限制，无论哪一个年龄段都可能发生，在享受次数上也没有限制。

（2）生育假期的享受期限，国家有明确规定。如正常产产假为90天，并且严格规定产前假为15天。医疗保险对享受者的假期没有时间限制，一般以病愈为期限。

（3）生育保险的待遇保障标准一般高于医疗保险待遇。我国医疗保险实行统筹基金和个人账户相结合的原则，职工个人要缴纳保险费，建立个人账户。而生育保险职工个人不缴纳保险费。

■ 第二节　生育保险的立法和发展

一、生育保险法的起源和发展

（一）国际生育保险的立法发展

生育保险属于社会保险系统的一个分支，是一定历史条件下的产物。早期生育保险是以1883年《德国劳工基本保险法》中关于生育保险的规定为代表。早期生育保险制度的建立，是由于参与工业生产的妇女数量急剧增长而被迅速采纳的。随着社会的进展和进步，广大妇女走出家门，从事有利于社会和她们自身的事业，所以，这一制度通常又是许多国家为保护女职工在产前、产后的全部假期内得到支持和照顾而制定的一种社会政策。1919年，第一届国际劳工大会上通过了涉及女工产前和产后就业的第一个公约《妇女产前产后就业公约》（第3号公约）。随着各国社会保障事业的发展以及考虑到会员国的法律和惯例，该公约在1952年进行了修订，产生了《保护生育公约》（第103号公约）。目前，两个公约并存，供会员国选择批准。公约规定了适用范围内的妇女在生育子女时，享受一定时间的带薪产假以及医疗服务。1952 年制定的《社会保障最低标准公约》（第 102 号公约）也有关于生育保险的规定。

自 1919 年国际劳工组织公布了第一个生育保护公约以来，女工在享受社会保障提供的带薪产假方面有了显著的进步。当时只有 9 个国家提供了这种待遇，到 1952 年已增加到 40 个，目前有 130 多个国家的法律规定提供带薪产假和医疗津贴，包括了绝大多数工业化国家（澳大利亚、新西兰和美国除外）。

目前，各国的生育保险制度主要体现在以下几方面：

（1）生育待遇方面：各国产假待遇的不同、各国对生育津贴或医疗津贴的支付期限规定不同、各国生育保险的覆盖范围不同。

（2）停止工作预先通告制度方面：各国对休产假事先通告要求不一。

（3）就业保护措施方面：各国生育保险在发展过程中注重就业保护。

（二）中国生育保险的立法发展

我国生育保险制度的变迁大致经历了以下几个阶段：

（1）社会生育保险时期。1951 年，政务院颁布了《中华人民共和国劳动保险条例》，规定了生育保险实施的范围，其保障对象为"女工人与女职员"。1953 年，劳动部制定了《劳动保险条例实施细则》，它对生育保险的有关问题作了详细规定。我国建国初期的职工生育保险内容比较全面、制度比较灵活。这一时期，我国生育保险是由国家劳动保险立法规定，对女职工给予物质帮助的一项社会政策。

（2）企业生育保险时期。社会主义改造完成到改革开放，我国已经由"计划经济"到"市场经济"。因此这个时候生育保险的国家统筹消失，企业生育保险形成，由各企业对本厂女工负责。

（3）生育保险改革探索时期。1988 年，国务院颁布了《女职工劳动保护规定》，这是我国建国以来保护女职工的劳动权益，减少和解决她们在劳动中造成的特殊困难，保护安全和健康的第一部比较完整、综合性的女职工劳动保护法规。生育保险基金社会统筹在很多程度上分担了企业的生育保险费用的压力，对妇女就业有积极的作用。1988 年以来，各地相继开展了生育保险制度的改革探索。

（4）建立社会生育保险时期。1995 年，国务院印发了《中国妇女发展纲要》，提出"改革女职工生育保障制度。将女职工生育保险费用由企业管理逐步改为社会统筹管理"。

随着经济的发展和改革开放的深入，计划经济下的生育保险制度越来越不适应市场经济体制的发展和劳动用工制度的改革，社会各方都要求尽快改革现行生育保险制度存在的问题，主要是：

（1）女职工多的企业因生育费用负担重，而相对地增加人工成本，导致企业不能平等地参与市场竞争。

（2）企业为了追求经济效益不愿意录用女职工，造成妇女就业困难。在下岗人员中，女职工占多数。

（3）企业的经营效果直接影响生育妇女是否享受法定待遇。部分破产、兼并、停产等企业的女职工，在生育期间得不到保障。

（4）单位负担生育费用的办法，不利于国家用工制度的改革和人才的合理流动。

1994年《劳动法》颁布并实施。《劳动法》中除规定了女职工与男职工享有同样的权利和义务之外，还对女职工的特殊劳动保护和开展生育保险方面作了明确规定。其中第70条指出："国家发展社会保险事业，建立社会保险制度，设立社会保险基金，使劳动者在年老、患病、工伤、失业、生育等情况下获得帮助和补偿"，第73条规定："劳动者在下列情形下，依法享受社会保险待遇：①退休；②患病、负伤；③因工伤残或者患职业病；④失业；⑤生育。"《劳动法》对生育保险的上述规定，表明生育保险和养老保险、医疗保险、失业保险、工伤保险一样，是国家发展社会保险事业，建立社会保险制度的一个组成部分，从而为在全国范围内开展生育保险制度改革工作，逐步实行生育保险社会统筹提供了法律依据。

二、我国生育保险的现状

目前，我国生育保险的现状是"两种制度"并存：

1. 由女职工所在单位负担生育女职工的产假工资和生育医疗费。根据国务院《女职工劳动保护规定》以及劳动部《关于女职工生育待遇若干问题的通知》，女职工怀孕期间的检查费、接生费、手术费、住院费和药费由所在单位负担。产假期间工资照发。

2. 生育社会保险。根据劳动部《企业职工生育保险试行办法》规定，参加生育保险社会统筹的用人单位，应向当地社会保险经办机构缴纳生育保险费；生育保险费的缴费比例由当地人民政府根据计划内生育女职工的生育津贴、生育医疗费支出情况等确定，最高不得超过工资总额的1%，职工个人不缴费。参保单位女职工生育或流产后，其生育津贴和生育医疗费由生育保险基金支付。生育津贴按照本企业上年度职工月平均工资计发；生育医疗费包括女职工生育或流产的检查费、接生费、手术费、住院费和药费（超出规定的医疗服务费和药费由职工个人负担）以及女职工生育出院后，因生育引起疾病的医疗费。

目前，我国生育保险提倡以保障基本为主。也就是根据现有的经济条件，保障生育职工的基本生活和一般的医疗消费。随着经济的发展和生产力水平的提高，保障范围和待遇水平将逐步扩大和提高。我国现有生育保险制度存在的问题主要包括：

1. 保障覆盖范围较小，参保人数少。《企业职工生育保险试行办法》（1994）规定，生育保险的对象为城镇企业已婚女职工，不包括乡镇企业的女职工、女性自主创业者、非正规就业的妇女等。而且目前参加生育保险的主要是国有企业，各种非公有制企业、集体企业参加的较少。据不完全统计，城镇女职工生育保险覆盖率不足50%，与《中国妇女发展纲要》确定的到2010年城镇女职工生育保险覆盖率达到90%以上的目标相距甚远。而当前我国妇女就业遇到的最大障碍就是生育以及由此带来的一系列不良影响，使得女性在就业竞争中处于劣势。据调查，70.3%的男职工和80.4%的女职工认为生育是妇女就业最大的不利因素。这些因素直接造成女大学生就业难，女职工下岗人数增多，下岗周期延长，妇女的就业率下降等不良影响。

2. 各地生育保险制度发展不平衡，缺乏全国的统一管理：①生育保险制度地区发展不平衡。经济发展较快的东部地区，生育保险社会统筹覆盖面较大、参保人数多，而经济相对落后的西部地区基本上未进行生育保险制度改革。②各地待遇标准、保障程度差异大。在基金征缴、支付水平、享受条件等方面存在很大差异。群众普遍反映生育保险支付标准低，有的地方补偿不足千元，有的地方补偿达到4 000元，如广州市在2001年采用了新的生育保险医疗费结算办法，"全市参保女职工平均每人享受生育保险待遇超过1万元，待遇水平居全国前列"。

3. 基金运行管理方式不尽科学合理，社会化管理体系尚未建立：①现行的由社保经办机构回拨给企业，职工由企业领取的支付方式不尽合理，不利于对职工利益的保护。②全国统一的社会化服务体系尚未建立，生育保险难以续接。③目前生育医疗费用存在着两种支付方式：实报实销方式和一次性定额支付方式，但这两种方式各有弊端，难以对妇女的生育费用提供切实可行的保障。

4. 缺乏规范的监督管理机制，缺少必要的惩罚措施，生育保险实施阻力大，实施效果差：①生育保险基金管理不科学，不够透明。社保机构在征缴企业保险费之后，一般不向企业通报或向社会公开基金运营情况，企业无法监督基金的使用，造成对社保机构的不信任与抵制心理。②对未执行生育保险的企业无相应的法律规制，使得保险费征缴过程中阻力很大，用人单位参加生育保险不积极，时有拖欠费用现象。

5. 统筹层次低，保障功能差，基金筹集渠道窄，实现社会统筹难。目前实行生育保险社会统筹的地区主要实行县（市）级统筹，由于统筹层次低，造成基金调剂功能差，基金无法在大范围调剂的状况，使生育保险难以起到互助互济、均衡负担的作用。

6. 生育保险立法需不断完善。我国生育保险立法主要由宪法关于社会保险的规定、劳动法的有关规定、女职工特殊保护规定和生育保险专项规定四部分组成。但是，上述情况表明，我国仍需要一个统一的社会保险法及生育保险条例就其作出全面的规定。

■ 第三节　生育保险基金法律制度

一、生育保险基金的概念和特点

（一）生育保险基金的概念

生育保险基金是整个社会保险基金中的一个组成部分，是依据国家法律专门为生育职工支付有关待遇而筹集的款项。其主要作用是为生育而暂时离开工作岗位的女职工支付医疗费用和生育津贴。

生育保险和国家计划生育政策相关联，因此，预见性强，风险不大。生育保险基金以收支基本平衡为目标，一般不留有大量结余。基金管理机构在基金测算过程中，以当地职工计划生育指标数、工资标准、生育医疗费用支付情况等为参考依据，估算生育保险基金的筹资比例，统筹规划该地区的生育保险基金运作流程。生育保险基金由各地社会保险经办机构负责管理，同级财政、审计以及社会保险监督机构负责监督。

（二）生育保险基金的特点

生育保险基金和其他社会保险基金相比较，具有以下特点：

（1）基金来源渠道目前比较单一。目前职工生育保险费完全由企业或单位承担，职工个人不缴费，政府也不补贴。

（2）基金筹集的可预见性。生育保险和国家计划生育政策相关联，因此，预见性强，风险不大。这是由于生育保险的对象是育龄妇女，同时又与国家计划生育政策相关联，因此生育保险基金完全可以做到有计划使用。

（3）生育保险基金以收支基本平衡为目标，一般不留有大量结余。按照规定，所有企业或参加生育保险的用人单位，不论是否有女职工或女职工人数多少，都要按照工资总额的统一比例缴纳生育保险费。

二、生育保险基金的筹集和管理

根据《企业职工生育保险试行办法》的规定，生育保险根据"以支定收，收支平衡"的原则筹集资金，由企业按照其工资总额的一定比例向社会保险经办机构缴纳生育保险费，建立生育保险基金。生育保险基金的提取由当地人民政府根据计划内生育人数和生育津贴、生育医疗费等项目费用确定，并可以根据费用的支出情况适时调整，但最高不得超过工资总额的1%。企业缴纳的生育保险费作为期间费用处理，列入企业管理费用。职工个人不缴纳生育保险费。

在未进行生育保险制度改革的企业，目前仍维持"企业保险"的体制，即女工生育期间的津贴和医疗费用及其管理服务工作均由女工本单位负担。我国目前所实行的生育保险试点单位采取两种方式缴纳生育保险金：一种仍为企业缴纳，但改变了由企业单独缴纳的模式，改为"分担式"，由夫妇双方企业共同承担保险基金的缴纳；夫妇双方企业缴纳方式比单方缴纳合理，运作简单，不需要管理费用，但从实质上看，仍属于企业行为。

例如，福建省某合资企业，按照省政府规定1997年参加当地的生育保险，并按照要求以企业中方职工工资总额的0.7%的比例，按月向当地社会保险机构缴纳生育保险费。企业自行规定按照每个职工月工资0.3%的比例，向职工个人征收生育保险费。该企业职工认为，国家规定职工个人不缴纳生育保险费用。因此，向劳动仲裁部门反映此情况，劳动部门与企业就这一问题进行协商。

根据原劳动部颁布的《企业职工生育保险试行办法》（劳部发〔1994〕504号）和福建省人民政府颁布的《福建省企业职工生育保险规定》明确规定，企业按照其工资总额的一定比例向社会保险经办机构缴纳生育保险费，建立生育保险基金。职工个人不缴纳生育保险费。该企业向职工个人征收生育保险费显然违反国家规定，应予以纠正。

另一种方式为"基金式"管理模式。这是一种比较先进的生育保险制度管理模式。它通过企业缴费建立生育保险专项基金，女工的生育保险费用由基金支付，实行社会互济。实行"以支定收，收支基本平衡"的原则，不强调留有过多的积累和节余。按照企业工资总额的一定比例提取，带有一定的社会强制性。提取比例按照政府规定的生育津贴、生育医疗费等项费用确定，并可根据费用支出情况适时作出调整，但最高不得超过工资总额1%的比例。企业缴纳的生育费用作为期间费用管理，列入企业管理费用，职工个人不缴纳生育保险费用。[1]

生育保险基金由劳动部门所属的社会保险经办机构负责收缴、支付和管理。

---

〔1〕 李建新编著：《企业雇员薪酬福利》，经济管理出版社1999年版。

生育保险基金应当存入社会保险经办机构在银行开设的生育保险基金专户。银行按照城乡居民个人储蓄同期存款利率计息，所得利息转入生育保险基金。

生育保险基金的筹集和使用，实行财务预、决算制度，由社会保险经办机构作出年度报告，并接受同级财政、审计部门的监督。

《企业职工生育保险试行办法》中规定："生育保险基金的筹集和使用，实行财务预、决算制度，由社会保险经办机构作出年度报告，并接受同级财政、审计监督"，同时还规定："市（县）社会保险监督机构定期监督生育保险基金管理工作"。通过加强管理和监督，实现生育保险基金专款专用、安全运营。

三、生育保险基金的支付

（一）生育保险基金主要的支付范围

1. 生育津贴，即过去所称的产假工资。由社会保险机构，按女职工所在单位上年度职工月平均工资标准，支付给女职工所在单位，单位再按生育女职工产假前月工资标准支付给本人。剩余部分留给企业，不足的由企业补齐。

2. 生育医疗费。女职工生育检查费、接生费、手术费、住院费以及因生育引起疾病的医疗费。按照我国惯例，这部分费用应当从医疗保险费用中列支，但我国目前医疗保险改革进度不一，一些企业这部分费用尚不能进入医疗保险范围。

同时，以下内容不属于生育保险基金支付的范围：①违反国家或本市计划生育规定发生的医疗费用；②因医疗事故发生的医疗费用；③在非定点医疗机构发生的医疗费用；④按照规定应当由职工个人负担的医疗费用；⑤婴儿发生的各项费用；⑥超过定额、限额标准之外的费用；⑦不具备卫生行政部门规定的剖腹产手术指征，职工个人要求实施剖腹产手术的，超出自然分娩定额标准的费用；⑧实施人类辅助生殖术（如试管婴儿）发生的医疗费。

我们可以对下述案例进行分析：

某皮件厂女工邱某，1993 年 11 月与该厂签订 5 年劳动合同。邱某于1998 年 9 月生小孩，住院期间花费检查费、接生费、住院费、手术费等医疗费用 1470 元。而厂里规定生育费用采取包干的办法，一次性付给邱某 2000元。邱某认为 2000 元的标准太低，加上生育津贴至少也需要 3000 元。但是，厂里认为企业女职工多，不能负担太多的生育费用，只能实行包干的办法。况且，邱某的劳动合同已经到期。为此，邱某于 1998 年向当地劳动仲裁机关提出申诉，要求厂里为其报销全部生育医疗费用和支付产假期间的生育津贴。

按照《女职工劳动保护规定》和劳动部关于《女职工生育待遇若干问题的通知》规定，企业应该负担邱某的生育医疗费用，并支付其产假期间的生育津贴，不能采取包干的办法。因此，该企业应撤销生育费用包干的办法，同时支付邱某生育津贴 1984.5 元，报销医疗费用 1470 元，共计 3454.5 元。

3. 保险费率。生育保险费的提取比例即为生育保险费率。按照我国《企业职工生育保险试行办法》的规定，企业向社会保险机构缴纳的生育保险的具体比例，由当地人民政府根据计划内生育人数和生育津贴、生育医疗费等项费用确定，最高不得超过工资总额的 1%。1% 是法定的生育保险费用的最高限，确定的依据为：①为了防止出现基金积累过多的现象，保持基金收支基本平衡；②可以体现生育保险基本保障的原则，防止因保护期限过长、标准过高而导致基金提取比例过高。计算步骤为：

（1）计算上年度女工人均支付生育保险费用之和。其中，以上年度职工月平均工资为基础，计算出人均支付生育津贴；计算出上年度人均生育医疗费用，以及人均支付生育津贴和人均生育医疗费用之和。

（2）根据本年度计划生育指标数和上年度人均支付的生育保险费，计算本年度所需筹集的生育保险基金总额。

（3）用当年所需筹集的生育保险费用除以上年度工资总额，得出生育保险基金的提取费率。以上只是一种计算方法。由于生育保险基金的提取比例要受多个因素的影响，每个因素都是变化的，因此，该比例也要随着客观情况变化作出相应调整。此外，该比例不是以个别企业为计算单位的，而要以较大的范围为计算单位，一般以地区或者行业为统筹范围为宜。

（二）支付条件

生育保险是有条件支付的，各国规定的条件不一致，有不少国家将生育保险的范围扩大到一切符合条件的妇女，包括非工资劳动妇女在内。对于享受生育保险的条件，各个国家的规定也不尽相同，大体有两种情况：第一种没有最低合格期限的规定，只要女职工是该国公民，就有资格享受生育社会保险，如澳大利亚、芬兰、伊拉克等国；第二种有最低合格期限的规定，绝大多数国家属于这种类型，但每一国家的规定各不相同，可以归纳为以下五种情形：

（1）只对居住权有一定要求。如冰岛规定，有常住权的母亲，可以享受生育保险金；卢森堡规定，受益人必须在该国居住 12 个月，夫妻两人必须在该国居住 3 年，才能享受生育社会保险。

（2）只要从事受保职业的，就可以享受，而没有规定其他条件，如意大利、日本、波兰、危地马拉、几内亚、丹麦等国。

（3）要求具备从事一定时间的受保职业。如加拿大规定，在最近1年内从事受保职业10周~14周后，才能取得享受资格；阿根廷规定，产前连续受雇10个月，或从事现职工作1个月，并在从事现职工作的1年内，受雇不少于6个月的，才能享受。

（4）要缴足一定时限的保险费后，才能取得享受生育社会保险的资格。如墨西哥规定，受保妇女生育前12个月内，必须已缴纳30周保险费才能享受生育保险。大多数国家缴费时间规定长短不一，一般为生育前12个月交纳保险费10个月。

（5）除要求被保险人在生育前投保达到一定时期外，还要求被保险人实际参加工作要达到一定时间。如法国规定，被保险人在分娩前必须投保满10个月，并且在生育的最近1年内的头3个月中，至少受雇200小时。

我国享受生育保险待遇的条件是以建立劳动关系为基础，同时，也要受计划生育政策的限制，女职工享受津贴的前提还必须是单位为其缴纳了生育保险，而且领取生育津贴的时间与生育产假相一致。而且我国生育保险采取属地原则，即各个行政区域可以根据当地具体情况制定享受生育保险待遇的条件。

例如，广州市享受生育保险的条件是参加生育保险累计满1年的职工，在生育（流产）时仍在参保的，按有关规定享受生育保险待遇。再如，《北京市企业职工生育保险规定》限定的享受生育保险待遇的对象是，本市行政区域内的城镇各类企业和与之形成劳动关系的、具有本市常住户口的职工。同时对于晚育补贴的取得，只要夫妻一方参加生育保险即可。由以上规定，我们可以看出某些地区性规定将生育保险的对象扩大到了男职工。

四、生育保险待遇

从世界范围看，各国设立的生育保险向职业妇女提供的生活保障和物质帮助通常由现金补助和实物供给两部分组成。现金补助主要是在职业妇女生育子女时发放生育津贴，即在职业妇女因生育子女或流产而暂时离开工作岗位、失去工资收入时，定期支付一定数额的生育津贴，以维持其基本的生活水平。在有些国家中，生育津贴还包括一次性的现金补助或家庭津贴。而实物供给的部分则主要是指向生育的职业妇女提供必要的医疗保健和医疗服务，例如妇女在孕产期的保健检查、分娩接生医疗服务、孕产期异常现象的早期发现和诊断、必要的药物供应和住院治疗，乃至于提供部分孕妇、婴儿需要的生活用品等。实物供给部分可以提供的范围、条件和标准主要根据本国的经济实力而确定。

1. 产假。产假是指国家法律、法规规定，给予职工在生育过程中休息的期限。具体解释为女职工在分娩前和分娩后的一定时间内所享有的假期。产假主要作用是使女职工在生育时期得到适当的休息，使其逐步恢复体力，并使婴儿得以受到母亲的精心照顾和哺育。

我国在80年代以前，把怀孕、生育和产后照料婴儿的假期规定为56天。1988年公布《女职工劳动保护规定》后，对原规定作了很大的修改。现法定正常产假为90天，其中产前假期为15天，产后假期为75天。难产的，增加产假15天。若系多胞胎生育，每多生育一个婴儿增加产假15天。流产产假以4个月划界，其中不满4个月流产的，根据医务部门的证明给予15～30天的产假；满4个月以上流产的，产假为42天。同时很多地区还采取了对晚婚、晚育的职工给予奖励政策，假期延长到180天。

2. 生育津贴。产假期间，国家对女工实行收入保障制度。国家法律、法规规定在职业妇女因生育而离开工作岗位期间，给予其生活费用。有的国家又叫生育现金补助。立法规定，女工在怀孕期间"不得降低其基本工资"，此外，国家规定的物价补贴照发。

我国生育津贴的支付方式和支付标准分两种情况：①在实行生育保险社会统筹的地区，支付标准为按本企业上年度职工月平均工资的标准支付，期限不少于90天；②在没有开展生育保险社会统筹的地区，生育津贴由本企业或单位支付，标准为女职工生育之前的基本工资和物价补贴，期限一般为90天。

部分地区对晚婚、晚育的职业妇女实行适当延长生育津贴支付期限的鼓励政策。还有的地区对参加生育保险的企业中男职工的配偶，给予一次性津贴补助。

3. 劳动和健康保护。其主要措施有：不得在女工怀孕期间安排从事强度劳动和孕期禁忌从事的劳动，也不得在正常劳动日以外延长劳动时间；对不能胜任原岗位劳动的女工，减轻劳动量或安排其他工作；对怀孕7个月以上的女工，不得安排夜班工作，并安排一定的休息时间；允许女工在劳动时间内进行产前检查，检查时间按出勤对待，并相应地减少生产定额。

4. 哺乳期待遇。在婴儿不满1岁时，女工在每班劳动时间内有两次哺乳时间，每次30分钟。多胞胎每多一个婴儿，增加30分钟，哺乳往返时间算劳动时间。在哺乳期间，不得安排从事三级体力劳动强度的劳动和哺乳期禁忌从事的劳动，不得延长劳动时间，一般不安排夜班劳动。

5. 医疗服务。生育医疗服务是由医院、开业医生或合格的助产士向职业妇女和男工之妻提供的妊娠、分娩和产后的医疗照顾以及必需的住院治疗。生育医疗服务是生育保险待遇之一。各国的生育保险提供给怀孕妇女的医疗服务的项目不同，一般是根据本国的经济实力和社会保险基金的承受能力，制定相应的服务范围。大多数国家为女职工提供从怀孕到产后的医疗保健及治疗。我国生育保险医疗服务项目主要包括检查、接生、手术、住院、药品、计划生育手术费用等。

第八章　社会救助法律制度

■　第一节　社会救助法律制度概述

一、社会救助的概念和特点

（一）社会救助的概念

社会救助，又称社会救济，是在救荒、救灾、救济基础上发展出来的一项制度，是指国家和社会对因遭受自然灾害或因其他经济、社会原因而陷入生存困境的社会成员，按照法定的标准而给予的一种临时性的或定期性的帮助。社会救助有四层含义：

1. 社会救助是国家和社会向公民提供的援助。社会救助的责任主体是国家，因为国家有能力通过国民收入的分配和再分配，对全社会成员实行生活保障。可见，社会救助反映了一种社会财富的分配关系。

2. 社会救助只在满足一定条件时方启动。一般而言，社会救助只在公民不能维持最低限度的生活时才发生作用，且其目标是使被救助的对象维持最低水平的基本生活。

3. 社会救助的形式多种多样。社会救助既可以是财物接济，也可以是服务帮助。与过去注重物质帮助不同，现代社会救助的内容除了物质帮助以外，还有思想、信息、科学等方面的帮助。在我国，救助方式的多样化体现的是人性化。政府依据社会救助对象的特点，采取了多种雪中送炭式的救助方式，如现金救助、实物救助（包括房屋救助、口粮救济、衣被救济、役畜救助、种子救助等）、服务救助（教育救助、法律救助、医疗救助等）。社会救助形式的多样化、具体化、实物化，是为了满足社会救助对象最迫切的需要，体现了社会救助的最低层次性，也是社会发展进步的表现之一。

4. 社会救助是公民应得的权利。在过去，社会救助往往被视为一种恩惠，而在民主法制时代，享受社会救助是公民的一项基本权利，该权利是社会成员生存权的一项重要内容，并非他人的恩赐、施舍。因此，在实施社会救助时，救助者应当用尊重、友善、关爱的行为给予受救助者以物质支持与精神安慰。

（二）社会救助的特点

1. 救助对象的广泛性和有选择性。社会救助的覆盖范围包括全体社会成员，无论其民族、种族、宗教、性别、年龄、教育背景、职业、身体状况如何，只要因某种原因不能维持当地的最低生活水平，就可以获得社会救助。可见，所有的社会成员都是潜在的社会救助对象。但能够获得社会救助的社会成员又限于符合一定条件的成员，故救助对象又有选择性。

2. 无偿性为主。与当事人享有权利必须承担义务的法律关系不同，在社会救助中，凡符合条件的社会成员均有权免费获得社会救助，救助资金和财物等流向呈现单向性。当然，在现代社会中，由于社会救助的方式趋于多样化，所以还存在有偿的社会救助方式，如以象征性的低价出售救助物资等。但就所占比重而言，无偿救助仍是社会救助的主要方式。

3. 救助标准的低层次性。在现代社会保障体系中，社会救助属于基础性保障措施，其目标是应付灾害、克服困难，向救助对象提供最低生活需求和简单再生产的资金或物资，而非改善和提高福利，这种基础性同时决定了社会救助标准的低层次性。

4. 救助水平受经济发展水平的制约性。社会救助制度作为上层建筑，受到经济基础的制约，故各个国家及各国在不同的历史时期，社会救助因受当时当地的经济发展水平的制约，保障水平是各不相同的，但可以想见的是社会救助的范围随着社会文明的进步必将日益扩大，救助水平也将逐步提高。

5. 法定性。传统的社会救助因基本上属于慈善救济，带有施舍的性质，具有随意性、临时性，无须受救济者申请。但现代社会救助有其自身的权威性和持续性，无论是救助对象的范围，还是救助程序，均必须依法确定。法定性有助于确认社会救助对象并保证其准确性，将社会救助款额或物资提供给真正最迫切需要者，从而使有限的社会救助资源得以最好最符合目标的利用，以满足社会救助的公平与效率的要求。

二、社会救助的分类

1. 依社会救助方式的不同，可以将社会救助分为货币救助、实物救助和服务救助。货币救助即以现金的形式对受救助人提供的救助。货币救助是运用最为广泛的社会救助方式，受救助人通常无须返还货币，但无息或低息贷款除外。实物救助是对受救助人提供实物的救助，其中的实物所有权既可能转移给受救助人，也可能仍由救助人保留，而仅仅将其使用权或收益权转移给受救助人。服务救助是向受救助人提供符合其需求的服务，如医疗服务、咨询服务、法律援助、技术培训等。

2. 依救助时间的不同，可以将社会救助分为长期救助与短期救助。何为"长期"其实目前并没有一个公认的标准，但鉴于社会救助的财政预算是按年度作出，可以认为对同一受救助人的救助时间持续 1 年以上的，是长期救助。[1]长期救助中的受救助人通常是没有家庭保障的残疾人、老年人、孤儿等，需要的长期救助，一般是定期接受数量固定的救助物资。短期救助的对象往往是暂时陷于贫困的社会成员，对他们可以进行一次性救助，也可以是在较短时间内进行连续救助。区分长期救助与短期救助的意义在于，长期救助中的人群、数量和救助支出相对固定，有规律可循，可预测性强，故救助计划相对容易制定。

3. 依救助是否需要受救助人支付代价或履行义务，可以将社会救助分为有偿救助和无偿救助。有偿救助是需要受救助人支付一定代价的救助，但此种代价都很小，故不同于市场交易中的有偿。无偿救助即不要求受救助人支付任何代价的救助。社会救助以无偿救助为主，有偿救助为辅。采取此种模式的意义在于，不同的救助对象采用不同的救助方式，可以有效地配置有限的救助资源，更好地发挥社会救助的作用。如对因突发性灾害造成生活暂时困难但有劳动能力的救助对象采取有偿救助的形式，可以促使其依靠自己的劳动尽快摆脱困境，并避免其养成依赖心理；对完全丧失劳动能力且无依无靠、无生活来源的救助对象则只能采取无偿救助的形式。同时，有偿救助方式的采用可以拓宽社会救助资金财物的来源渠道，有利于社会救助的可持续发展。

4. 依救助内容，可以将社会救助分为最低生活保障制度、医疗救助、廉租住房制度、教育救助、法律援助、流浪乞讨人员救助、灾害救助、扶贫开发、农村五保户供养制度等。此外，我国还有社会互助。由于我国长期以来实行城乡二元化管理模式，因此，以上社会救助措施有的只适用于城市，如最低社会保障制度；有的只适用于农村，如五保户供养制度；还有的适用范围涵盖了城市与农村，如灾害救助。目前已有的立法包括：《城市居民最低生活保障条例》、《农村五保供养工作条例》、《城市生活无着的流浪乞讨人员救助管理办法实施细则》、《救灾捐赠管理暂行办法》以及各地制定的城市居民最低生活保障制度实施细则等。

---

[1] 参见王昌硕主编：《劳动和社会保障法学》，中国劳动社会保障出版社 2005 年版，第 268 页。

```
                        ┌─── 城市居民最低生活保障
                        │
                        ├─── 流浪乞讨人员救助
                        │
    社会救助 ───────────┼─── 灾难救助
                        │
                        ├─── 扶贫开发
                        │
                        └─── 农村五保户供养
```

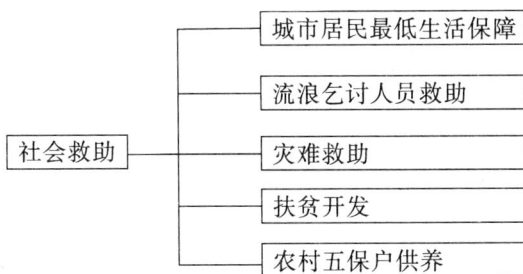

中国社会救助体系图

由此可见，我国的社会救助体系是以基本生活保障为基础，专项救助相配套，应急救助、社会互助为补充的综合性、多层次的社会救助体系。

三、社会救助的地位与作用

（一）社会救助的地位

在整个社会保障体系中，社会救助处于基础地位，其基础性表现在：

1. 社会救助是最先形成、历史最悠久的社会保障制度。社会救助从人性的角度看，源自于人类的恻隐之心，故古代就有了社会救助的萌芽。虽然迟至17世纪社会救助才正式成为一项法律制度，但相对于其他社会保障制度来说，它依然是形成最早、历史最悠久的社会保障制度。

2. 社会救助是保证社会成员生存权利的最后一道防线。社会保障措施种类繁多，功能各不相同。社会救助是在其他社会保障措施不能够发挥作用时才运作的一项社会保障制度，目的是维持社会成员的最低生活水平。所以，社会救助常常被称做社会保障的最后一道防线。

（二）社会救助的作用

1. 安定人民生活，改善贫困人口的生存状况。社会救助在社会成员陷入经济困难，无法维持个人及家庭的最低生活时发挥作用，是社会保障的最后一道防线，目的是保证公民脱贫。社会救助的内容往往不仅是单一的解决温饱问题，还要找出贫困的原因，给予相应的专项帮助，如医疗救助、住房补助、子女教育救助、法律援助、技能培训再就业指导等配套制度，从客观上改善贫困人口的生存状况，安定人民生活。

2. 缩小贫富差距。社会救助以无偿为主，受救助人无须缴费即可享受救助，救助资金的来源是国家财政，而国家财政的主要来源又是税收，故社会救助的实质就是将收入较高的社会成员之收入转移给收入较低或无收入的社会成员，消除最低生活水平以下的贫困，缩小贫富差距。

3. 保持社会稳定，促进经济发展。社会救助使贫困人口脱离了生存难以为继的现实困境，有助于使其成为自食其力的劳动者，这一方面消除了因贫困而违法犯罪的现象和贫困导致的社会不稳定因素，有利于化解社会矛盾，维持社会稳定；另一方面可以使国家和社会集中精力发展生产，促进经济发展。[1]

四、社会救助的历史发展

(一) 国外古代的社会救助

社会救助源于济贫的思想，而济贫的思想古而有之。如古希腊哲学家亚里士多德就提出，人是一种社会性的动物，相互之间应当友爱、帮助，要关心那些生病、年老、残疾和贫穷者。制定和颁布于公元前 1792～1750 年的《汉穆拉比法典》就规定"要保护寡妇、孤儿，严禁以强凌弱。"当然，这样一个极度抽象的规定与现代意义上的社会保障相去甚远。

※选择性阅读
几个主要资本主义国家的社会救助制度

1. 英国的社会救助制度。英国的社会救助通常分为两个时期：①旧济贫法时期，②新济贫法时期。

(1) 旧济贫法时期的几个主要法案是：1531 年英国议会颁布的《严厉惩罚身体健全乞丐的法令》，1536 年英国议会颁布的《亨利济贫法》。1601年伊丽莎白统治时期颁布的《伊丽莎白济贫法》(Poor Law) 确认国家负有救济贫民、保障穷人最低生活水平的责任，政府也有义务帮助贫困的孩子去做学徒，并给身体健全者提供工作机会。《伊丽莎白济贫法》在英国具有划时代的意义和作用，为其后的社会救济立法提供了基础。

(2) 新济贫法时期主要的立法有：1796 年《斯品汉姆莱法》是英国在爆发工业革命后颁布的，由伯克郡的地方法官在斯宾汉莱教区施行，是一种家庭津贴法。1834 年《新济贫法》在《伊丽莎白济贫法》基础上作出以下三点的修改：①救济设置必须全国一致，各区分别联合成立协会，每一个协会最少设立一所济贫所；②济贫所内给予被收容者的待遇应较一般工作低；③原则上只进行所内救济，废除所外救济。

1834 年《新济贫法》颁布后，相应的社会公共卫生和教育的法案也相继出台，如《国民救助法》(1948 年) 和《补充救助法》(1976 年) 等一系列法律条文，逐步形成了以低收入家庭救助、老龄救助、儿童救助、失业

---

〔1〕 参见唐钧：《中国社会救助制度的变迁与评估》。

救助及疾病救助为内容的比较完善的社会救助制度。

2. 美国的社会救助制度。美国历届政府对于社会救助的态度也有很大不同：

胡佛政府的态度是：①认为救助失业者纯粹是私人慈善机关和各州地方当局的事。如果由联邦政府拨款进行救助工作将会"危害美国人民生活中极宝贵的品质，而且打击了自治的基础。"②实施失业保险和贫民救助是滥用工商业的资金。拒绝举办公共工程。他说："美国不可能靠乱花钱得到繁荣。"

罗斯福新政的观点是：①强调以工代赈。②修建新的水坝、水电站等水利系统。③1935 年 8 月通过了《社会保险法》，改变了过去由民间团体自助自救或由慈善团体提供救助的传统，开始了美国的福利政策。其包括三方面：养老金制度、失业保险制度、对残废、无谋生能力者提供救助。④1938 年 6 月通过《公平劳动标准法》，规定每周 40 小时工时及最低工资标准。

3. 德国的社会救助制度。德国的社会救助制度始于 20 世纪初，当时称为济贫事务和福利事务，主要由地方社区组织和私人慈善机构负责办理。政府在 1942 年制定了关于政府救济的法令，第一次对公共救助的享受条件、救助种类和程度作出了全国的统一规定。二战后东西德分别实行各自的政策，1962 年前联邦德国颁布了新的《联邦社会救助法》，对特殊困难者进行社会救助作了具体规定，此后又进行了几次修改，90 年代初两德合并后继续实行上述法规。德国的社会救助分为两类：①特殊困难的救助，包括残疾人、老人、病人、孕妇、产妇、在国外的德国人；②低收入家庭的救助，这种救助面向全社会。

4. 法国的社会救助制度。早在 1536 年，法国就通过立法要求在教区进行贫民登记，以维持贫民的基本生活需求。根据法国的《家庭及社会救助法典》规定，法国的社会救助包括失业救助、老弱病残救助、家庭津贴和补贴等方面。失业救助是法国社会救助的主要项目，对于因"非严重过失"而被解雇，不满 65 岁而身体健康，失业前 1 年工作满 150 天的人都可以申请登记。

(二) 我国社会救助制度的历史变迁

1. 新中国成立前的社会救助制度。中国近代史上的国家济贫制度形成于上个世纪初。1915 年，北洋政府仿照英国的《伊丽莎白济贫法》颁布了《游民习艺所章程》。1928 年，政府又颁布《管理各地方私立慈善机构规则》，翌年，颁布了《监督慈善团体法》。1930 年，政府在全国推行救灾准备金制度。这些立法显示，中国政府已经开始尝试用法律手段来规范济贫行为。1941 年，政府组织了一些专家学者，准备制定《社会救济法》。1943 年，《社会救济法》公布实施，这是中国历史上第一部国家济贫大法。此后政府又公布了一系列法规，如《社会救济法施行细则》（1944 年）、《社会部奖助社会福利事业暂行办法》（1944 年）、《救济院规程》（1944 年）、《管理私立救济设施规则》（1945 年）、《赈灾查放办法》（1947 年）等，逐渐形成了一整套与济贫相关的法律法规体系。

2. 新中国成立后的社会救助制度。新中国成立后的社会救助制度大体分五个阶段：

（1）1949 年~1952 年的初始阶段。新中国成立初期，社会救助工作的主要任务是医治战争的创伤，安定人民生活，稳定社会秩序，促进国民经济的恢复和发展。

（2）1952 年~1956 年的形成阶段。这一时期是社会主义改造时期，社会救助工作主要围绕过渡时期新的贫困现象进行。因此，1954 年以后的相当长时期里，我国社会救助工作一直贯彻着新的社会救助方针："生产自救，群众互助，辅之以政府必要的救济"。

（3）1957 年~1965 年的发展阶段。这一时期的社会救助不仅仅是一种简单的救助手段，而且成为组织社会救助对象参加社会主义经济建设的强有力措施，社会救助工作开始由社会救助型向社会福利型发展。具体表现在：①组织群众进一步开展生产自救，调动了他们参加生产劳动的积极性；②广开就业门路，组织社会闲散人员自谋职业，使社会救助对象比建国初期减少了73.4%；③救助对象趋于稳定，相对固定，主要是城乡孤老残幼、困难户和灾民。

（4）1966 年~1976 年的萎缩与停滞阶段。10 年"文化大革命"时期，是社会救助停滞时期。10 年动乱给中国人民带来了空前的灾难。社会救助被搅乱，工作无法正常开展。1969 年内务部被撤销，民政工作成了无源之水，社会救助工作受到削弱，被肢解成两个部分：一部分是无灾害地区的贫困农民，由生产队给予救助；一部分是遭受重大自然灾害的地区，由国家拨给一定数量的急救款物。

（5）1978 年至今的改革发展阶段。1978 年 9 月，第七次全国民政工作会议确定了"依靠基层，生产自救，群众互助，辅之以政府必要救济"的社会救助方针。1983 年，第八次全国民政工作会议将之修改为："依靠群众，依靠集体，生产自救，互助互济，辅之以国家必要的救济和扶持。"随着我国从计划经济向社会主义市场经济的转轨，国有企业改革中带来的工人下岗、失业人数的增多，使少部分职工生活困难问题突出，加之原单位集体福利下降，保障功能弱化，使得城镇中的相对贫困问题显现面对新情况，在实践中探索新的出路就成为社会救助工作的重要议题。从 1993 年 6 月到 1999 年的 6 年期间，以 1997 年 9 月国务院颁布的《关于在全国建立城市居民最低生活保障制度的通知》和 1999 年 9 月《城市居民最低生活保障条例》的实施，标志着我国城市居民最低生活保障制度从探索到建立的完成，随着改革开放的深入进行，社会救助的立法已势在必行。因此，有学者建议应当将《社会救助法》的出台纳入立法日程。

五、社会救助法的原则

（一）国家救助为主原则

享受社会保障是公民的基本权利，此种权利的义务主体是国家，国家掌握着丰富的资源，能够为社会成员提供最基本的生活保障。因此，现代社会救助以国家为主，但社会力量也不容忽视。

（二）生存权原则

社会救助是社会保障的最后一道防线，其性质和功能决定了其保障水平是最低的，仅限于满足受救助人的最低生活需求，保障的是受救助人的生存权。

（三）积极救助原则

对因各种原因陷入生活困境的贫困人口，国家有义务加以救助，此种救助应当经常化、制度化。为此，国家设立了专门的管理部门负责社会救助工作，持续进行社会救助资金的筹集与管理，并对社会成员进行动态监控，以便及时将符合条件的社会成员纳入救助对象之中。

■ 第二节　灾害救助法律制度

一、灾害救助的概念

灾害救助，简称救灾，是指为了让灾民摆脱生存危机，国家或社会对灾民进行抢救和援助，在衣、食、住、医疗等基本生活资料方面给予其最低生活水平的保障，从政策、资金、物质、技术、信息等方面给予扶持，以使灾区的生产、生活尽快恢复正常的一项社会救助制度。

中国是一个灾害多发的国家。根据新中国的统计，我国每年受灾人口在 2 亿多人以上，因各种自然灾害与人为灾害造成的人口死亡数以十万人计。因此，中国历史上的灾害救助源远流长，是社会救助的主要部分。我国传统的救灾制度与当时高度的计划经济体制相联系，而呈现出自己的特色：中央政府是完全的、唯一的财政供款来源，是直接的责任主体；救助对象几乎只是农村灾民，而没有包括城镇居民；属于无偿的、低水平的基本生活的救助。

二、灾害救助的方式

（一）国家救助

国家救助是灾害救助的主要形式。因为灾害发生的不确定性、突然性、破坏后果的巨大性、需要抢救的及时性等特点，决定了只有国家才能整合大量的资源进行救助，其具体措施包括：

1. 财政分级负责。这是与国家财政体制改革和分税制相配套的制度，要求地方政府在财政预算中设立"217"财政科目，即专项救灾拨款科目。

2. 救灾分级管理。分级管理的前提是准确划分灾害等级，用以明确中央和地方各级政府应承担的救灾责任。灾害一般可划分为特大灾、大灾、重灾、小灾，可以参照历年的灾害情况、死伤人数、农作物成灾绝收面积、倒塌房屋数量、紧急转移安置人数、农业直接经济损失、当地的经济发展水平、自救能力等指标划分出灾害等级。

3. 救灾经费包干。这是针对甘肃、宁夏、贵州、青海、西藏、新疆等六省、自治区的救灾经费而言，在经过科学、合理的测算之后，运用如历年灾情、贫困县的数量、当地财政等考核指标，中央给其救灾款一个总量，一般情况下不再补助，以此增加这几个省、自治区工作的主动性、积极性。

4. 中央经费无偿救助与有偿使用并存，目的在于救灾与扶贫相结合。无偿救助的资金是用来紧急抢救灾民、建立救灾储备仓库（资金来源于"救灾后备基金"）等用的，保证最低生活；有偿使用的资金是指灾后居民用以恢复生产、生活等秩序的，对其中的有些资金采取"无息有偿"的收回或减免方式，而后得到的钱再留给地方作为救灾扶贫周转基金，成立扶贫基金会，使得基金增值的资金。

（二）救灾保险制度

救灾保险制度，是指由政府负责组织，以各级财政和社会化集资作为物质基础，保障灾民的基本生活和恢复其简单再生产的一种灾害保障形式。从1987年开始，民政部门先后在全国102个县进行了救灾保险改革试点，对农作物、养殖业生产、农房、农村劳动力等实行救灾保险：由中央救灾经费、地方财政补贴、农民自己交纳的保险费形成救灾保险基金，当这些农村灾民需要时，给予相应的生活、生产等方面的保障与补偿。

（三）互助互济

互助互济是对传统救灾体制的财力机制改革的重要内容，由以前的中央财政单一供款发展到资金来源社会化的模式。

1. 救灾互助储金会、储粮会。这是在农村居民之间自发组织的主动迎接灾害的互助形式。由于储金会有着民办、民管、民用的特色，缺乏一定的专业水准，所以在管理运作的规范化方面尚需要加强，防范救灾互助性行为衍变为金融借贷性行为。

2. 国内外捐助。2000 年出台的《救灾捐赠管理暂行办法》，使捐助行为步入规范化轨道。1980 年以来，我国与近百个国家、地区和国际组织的救灾部门建立了协作关系。

3. 对口支援。对口支援是救助人通过与灾民签订协议的方式对其进行救助的救助形式。常见的有城市地区支援农村灾区、发达地区支援落后地区灾区、非灾区支援灾区、机关和企事业单位包村到户与灾民结对子进行支援等。

（四）生产自救

生产自救主要指全力以赴抢救农作物、恢复生产，减少受灾财产损失，切实利用条件发展副业生产，创造条件兴办福利企业，以工代赈（恢复受损工程项目等）。生产自救历来是我国救灾工作的重要内容和救助方针。

■ 第三节　扶贫救助法律制度

扶贫救助是在社会成员因多方面的原因使自己和家庭陷入生活困境时，由国家和社会给予救济和帮助的社会救助项目。包括城市贫困救助和农村贫困救助，二者无论是在内容上还是实施方式上均有较大的差异。

一、最低生活保障制度

（一）最低生活保障制度的概念

最低生活保障制度，简称“低保”，是指以保障社会成员的基本生活为目的，对家庭人均收入低于当地最低生活保障标准的贫困人口实行差额补助的一种社会救助制度。1997 年 9 月，在总结各地实践经验的基础上，国务院下发了《关于在全国建立城市居民最低生活保障制度的通知》，确立了全国性的城市居民最低生活保障制度。1999 年 9 月，国务院发布《城市居民最低生活保障条例》，对该制度作了系统详细的规定。其特点是：

（1）以保障基本生活为目的，即脱贫。

（2）以家庭为救助对象且为无偿救助。低保以家庭人均收入作为是否享受救助的标准，被纳入低保对象的人无须事先缴费，这不同于社会保障的其他体系，如养老、失业、医疗保险等均以缴费为享受待遇的前提。

（3）实行差额补助。低保的补助金额为家庭实际人均收入与当地公布的最低生活保障线之间的差额，而不是按当地低保标准全额补助，更不是像一些"福利国家"，只要符合资格，可以不计收入地进行救助，达到接近就业时的水平。

（二）最低生活保障制度的作用

1. 改革传统的社会救助体制，完善社会保障体系。传统的社会救助体制与计划经济体制相联系，存在一定的局限性，而现行的最低社会保障制度弥补了这些缺陷。具体表现为：

（1）扩大了救助对象。以往的社会救助对象在城市主要是城镇"三无人员"（无依无靠、无固定职业、无固定收入）。在中国从高度的计划经济体制向市场经济体制转轨的特殊阶段涌现出了大量的贫困人口（约为 2000 万），最低生活保障制度恰好迎合了这一需求，基本解决贫困人口的温饱问题。

（2）健全制度，严格程序。低保制度有《城市居民最低生活保障条例》及其相关的配套法规作指导，对于低保对象、低保标准、资金来源、管理监督规范化等内容都作了详细的规定，切实保障了贫困人口的基本生活。

（3）拓宽了资金来源，为最低社会保障制度的实施提供了物质保障，克服了资金短缺。传统救助制度只有政府单一的供款来源，低保制度由于拓宽了资金来源，加大了民营慈善事业的筹资能力。

2. 促进社会发展。低保制度促进发展主要表现为三个方面：①利于宏观经济的发展。低保制度解决了大量贫困人口的基本生活，同时也使贫困人口在消费的过程中对宏观经济的发展起了一定的作用。②维持了社会的稳定。低保制度的推行客观上制止了在改革过程中的一些过激行为，如群众集体上访、阻断交通等，平衡了一些贫困群众的心理，增强了社会的整合度。③加速了社会的进步。先富之人应当带动后富的人集体致富，走共同富裕的道路，低保制度与此相一致，从而加速了社会的进步。

（三）最低生活保障对象

我国目前的最低生活保障制度其保障对象仅限于城市居民，且要求同时符合以下条件：①持有非农业户口。在我国，区分城市居民与农村居民的标准就是户籍。因此，只有拥有非农业户口的人才可以称为城市居民，而居住在城市的人如果没有非农业户口，也无法享受低保保障。但目前有些地方已经开始城乡一体化的建设，以统一的居民制度取代传统的城乡二元划分，这一变革要求最低社会保障制度作出改变。②共同生活的家庭成员人均收入低于当地城市居民最低生活保障标准。此处的收入是指共同生活的家庭成员的全部货币收入和实物收入，包括法定赡养人、扶养人或者抚养人应当给付的赡养费、扶养费或者抚养费，但不包括优抚对象依国家规定享受的抚恤金、补助金。同时，各地可以自行规定是否可以纳入低保制度所称的收入之中的收入，如根据北京市的有关规定，拆迁补偿款限定于解决住房问题，不视为家庭收入。

尽管符合以上条件的城市居民可以通过申请成为最低生活保障对象，但各地还可以自行规定享受低保的其他一些条件，如北京市政府 2002 正式公布的《关于完善城市居民最低生活保障制度的若干意见的通知》明确对处于就业年龄，经两次职业介绍而无正当理由拒绝就业的人员，暂不享受低保待遇。

（四）最低生活标准

1. 最低生活标准的涵义。最低生活标准可以从两个意义上界定：

（1）最低生活标准的绝对意义。此种意义上的最低生活标准就是保证维持生命所需的最低限度的饮食和居住条件，而不致受冻挨饿。现代救助目标始终是针对绝对贫困的穷人。

（2）最低生活标准的相对意义。此种意义上的最低生活标准，就是享有当时当地生产力水平相对来说属于数量最少的消费和服务。现代社会举办的社会救助，其目标主要是针对相对贫困的人，经过社会救助使他们走向富裕生活。

2. 最低生活标准确定的办法。目前国际上确定最低生活保障线的方法主要有恩格尔系数法、国际贫困标准法、生活需求法、生活形态法、热量支出法。

（1）恩格尔系数法。它的原理来自 19 世纪德国统计学家恩格尔经过大量统计调查出来的"恩格尔定律"——各家庭用于饮食支出的比例大体可测出该家庭的生活水平。如果饮食支出占家庭总支出的比例很高，则说明家庭生活水平很低，这两者成反比例关系。我们可以用一个家庭的饮食支出的绝对值来除以已知的恩格尔系数而求出所需的消费支出。国际粮农组织认为，恩格尔系数在 59% 以上的属于贫困，用这个数据求出的消费支出则是最低生活保障线。美国规定，只要食物消费占家庭支出的 1/3，则被视为贫困家庭。全球大部分国家依此而定低保标准。

（2）国际贫困标准法。经济合作与发展组织提出，以一个国家或地区中收入或平均收入的 50%~60%，作为这个国家或地区的贫困线。此方法的前提是对该国或地区的收入状况进行全面调查，亦称收入比例法。

（3）生活需求法。根据当地维持最低生活所需的物品和服务列出一张清单，然后根据市场价格来计算它们所需的货币数量，此数量就是最低生活保障线。

（4）生活形态法。它是对于人们的生活方式、消费方式等"生活形态"的指标进行舍弃，分离出必备的生存指标，从而确定贫困线。可见，这种方法理论上抽象，实践中复杂。

（5）热量支出法。它以每人每日所需的热量为基础，按人均生活费用分组，求出各组摄入的热量，其最接近基准热量一组的人均生活费用就是最低保障线。这种方法简单易行。

（五）最低生活保障资金的来源

根据《城市居民最低生活保障条例》的规定，实施城市居民最低生活保障制度所需资金，由地方人民政府列入财政预算，纳入生活救济专项资金支出项目，专项管理、专款专用。国家鼓励社会组织和个人为城市居民最低生活保障提供捐赠、资助；所提供的捐赠资助，全部纳入当地城市居民最低生活保障资金。在实践中，一般按照市、区（县级市）两级分担，各地规定的分担比例不尽相同，如大连市为7:3，武汉市为5:5，青岛市为3:7等。

在实行农村居民最低生活保障制度试点的地方，最低生活保障资金由地方财政和乡（镇）村集体共同负担。各地依据当地经济发展水平和财政支付能力选择各自的比例。财政部门将保障资金于年初一次性拨入民政账户，由民政部门按照标准发放。

为拓宽资金来源渠道，在财政支出的主渠道之外，社会组织和个人可以为最低生活保障制度提供捐赠、资助，即社会组织和个人将有关款项无偿赠与政府，专门用做居民最低生活保障。

（六）最低生活保障的程序

1. 申请。申请享受城市居民最低生活保障待遇，由户主向户籍所在地的街道办事处或者镇人民政府提出书面申请，并出具有关证明材料，填写《城市居民最低生活保障待遇审批表》。

2. 调查。城市居民最低生活保障待遇，由其所在地的街道办事处或者镇人民政府初审，并将有关材料和初审意见报送县级人民政府民政部门审批。管理审批机关为审批城市居民最低生活保障待遇的需要，可以通过入户调查、邻里访问以及信函索证等方式对申请人的家庭经济状况和实际生活水平进行调查核实。申请人及有关单位、组织或者个人应当接受调查，如实提供有关情况。

3. 批准。县级人民政府民政部门经审查，对符合享受城市居民最低生活保障待遇条件的家庭，应当区分下列不同情况批准其享受城市居民最低生活保障待遇：

（1）对无生活来源、无劳动能力又无法定赡养人、扶养人或者抚养人的城市居民，批准其按照当地城市居民最低生活保障标准全额享受。

（2）对尚有一定收入的城市居民，批准其按照家庭人均收入低于当地城市居民最低生活保障标准的差额享受。县级人民政府民政部门经审查，对不符合享受城市居民最低生活保障待遇条件的，应当书面通知申请人，并说明理由。

管理审批机关应当自接到申请人提出申请之日起的 30 日内办理审批手续。

4．提供待遇。城市居民最低生活保障待遇由管理审批机关以货币形式按月发放，必要时，也可以给付实物。

对经批准享受城市居民最低生活保障待遇的城市居民，由管理审批机关采取适当形式以户为单位予以公布，接受群众监督。任何人对不符合法定条件而享受城市居民最低生活保障待遇的，都有权向管理审批机关提出意见；管理审批机关经核查，对情况属实的，应当予以纠正。

享受城市居民最低生活保障待遇的城市居民家庭人均收入情况发生变化的，应当及时通过居民委员会告知管理审批机关，办理停发、减发或者增发城市居民最低生活保障待遇的手续。管理审批机关应当对享受城市居民最低生活保障待遇的城市居民的家庭收入情况定期进行核查。

城市居民对申请享受城市低保待遇而未得到答复，对区（县）人民政府民政部门作出的不批准享受城市低保待遇或者降低、终止城市低保待遇的决定或者给予的行政处罚不服的，可依法申请行政复议；对复议决定仍不服的，可依法提起行政诉讼。

（七）运行机制与管理

最低生活保障制度的管理体制目前采取的是属地管理模式，该制度的核心是地方各级人民政府负责制，县级以上地方各级人民政府领导，民政部门具体负责管理工作，其他相关部门配合。如财政部门按照规定落实城市居民最低生活保障资金；统计、物价、审计、劳动保障和人事等部门分工负责，在各自的职责范围内负责城市居民最低生活保障的有关工作；县级人民政府民政部门以及街道办事处和镇人民政府负责城市居民最低生活保障的具体管理审批工作；居民委员会根据管理审批机关的委托，可以承担城市居民最低生活保障的日常管理、服务工作；国务院民政部门负责全国城市居民最低生活保障的管理工作。实践中，有些地方开始尝试职业化的管理，如上海在基层社区街道一级建立"社会救助管理事务所"，专门负责社会救助事宜，促进了社会救助工作的规范化和职业化。

二、城镇廉租住房制度

（一）城镇廉租住房制度的概念

城镇廉租住房制度是指政府对中低收入家庭，特指在住房方面达到一定困难的家庭，采取租金补贴或实物配租等方式来解决居民的住房问题，以保障居者有其屋的制度。其本质在于政府利用国家和社会的力量，承担在市场经济条件下部分家庭对住房支付能力不足的责任。

1998 年国务院《关于进一步深化城镇住房制度改革加快住房建设的通知》，要求建立城镇廉租住房供应体系，从 1998 年下半年开始停止住房实物分配，逐步实行住房分配货币化；新建经济适用住房原则上只售不租。建立和完善以经济适用住房为主的住房供应体系，对不同收入家庭实行不同的住房供应政策，即最低收入家庭租赁由政府或单位提供的廉租住房；中低收入家庭购买经济适用住房；其他收入高的家庭购买、租赁市场价商品住房。经过试点，1999 年 4 月建设部颁布了《城镇廉租住房管理办法》，城镇廉租住房制度从此在我国逐步推开。2003 年 12 月，在总结《城镇廉租住房管理办法》的实施经验与不足的基础上，建设部、财政部、民政部、国土资源部、国家税务总局联合颁布新的《城镇最低收入家庭廉租住房管理办法》，进一步完善廉租住房制度，明确规定城镇最低收入家庭廉租住房保障水平应当以满足基本住房需要为原则，根据当地财政承受能力和居民住房状况合理确定，人均廉租住房保障面积标准原则上不超过当地人均住房面积的 60%。

（二）城镇廉租住房制度的保障对象

《城镇最低收入家庭廉租住房管理办法》规定的保障对象是符合市、县人民政府规定的住房困难的最低收入家庭。保障对象的条件和保障标准由市、县人民政府房地产行政主管部门会同财政、民政、国土资源、税务等有关部门拟定，报本级人民政府批准后公布执行。在实践中具体包括：领取城市最低生活保障金的家庭；特殊对象，如重点优抚对象家庭；人均居住面积低于当地规定住房困难标准的家庭。住房困难标准由各地依法制定，通常是人均住房面积在 5～8 平方米以下。北京市目前将廉租住房困难标准规定为人均住房使用面积 7.5 平方米以下。

（三）城镇廉租住房制度的救助方式

城镇廉租住房制度的救助方式包括：

1. 实物配租。实物配租又称房屋配租，是指政府对保障对象按照保障标准直接提供住房，并按照廉租住房租金标准收取租金。廉租住房租金标准由维修费、管理费两项因素构成。北京市目前为困难家庭的配租面积达到人均住房使用面积 10 平方米。实物配租主要面向孤、老、病、残等特殊困难家庭及其他急需救助的家庭。实物配租的廉租住房来源主要包括：①政府出资收购的住房；②社会捐赠的住房；③腾空的公有住房；④政府出资建设的廉租住房；⑤其他渠道筹集的住房。实物配租的廉租住房来源应当以收购现有旧住房为主，限制集中兴建廉租住房。

2. 租金补贴。租金补贴也称租赁住房补贴或租房救济金，是指政府向符合条件的申请对象发放补贴，由其到市场上自行租赁住房的保障方式。补贴标准按照市场平均租金与廉租住房租金标准的差额计算。如在北京，经过对房屋市场租赁价格的调查和测算，目前城八区租金补贴的标准按市场租金的平均水平核定为每人每平方米 25 元。租金补贴的好处是赋予了保障对象充分的自主权，可以满足保障对象的多样化需求。

3. 租金减免。租金减免是指产权单位按照当地市、县人民政府的规定，在一定时期内对现已承租公有住房的城镇最低收入家庭给予租金减免的保障方式。居住在自管公房中的保障对象可以向产权单位申请新增租金免交；居住在直管公房内的保障对象可以向当地政府申请租金减免。

以上三种廉租住房保障方式中，应当以发放租赁住房补贴为主，实物配租、租金核减为辅。

（四）城镇廉租住房制度的资金来源

城镇最低收入家庭廉租住房资金的来源，实行财政预算安排为主、多种渠道筹措的原则，主要包括：①市、县财政预算安排的资金；②住房公积金增值收益中按规定提取的城市廉租住房补充资金（如 2002 年，北京市已经从住房公积金增值收益中支出 1 亿元用于廉租补贴）；③社会捐赠的资金；④其他渠道筹集的资金。以上住房资金实行财政专户管理，专项用于租赁住房补贴的发放、廉租住房的购建、维修和物业管理等，不得挪作他用。

（五）城镇廉租住房制度的救助程序

廉租住房救助实行严格、规范的审核登记制度。其具体程序如下：

1. 申请。申请廉租住房的最低收入家庭，应当由户主按照规定程序向市、县人民政府房地产行政主管部门提出书面申请。

2. 审核与公示。市、县人民政府房地产行政主管部门收到申请后，应在 15 日内完成审核。有关部门可以通过入户调查、邻里访问以及信函索证等方式对申请人的家庭收入和住房状况进行核实。申请人及有关单位、组织或者个人应当接受调查，如实提供有关情况。经审核符合条件的，应当予以公示，公示期限为 15 日。

3. 登记。经公示无异议或者异议不成立的，市、县人民政府房地产行政主管部门予以登记，并将登记结果予以公示。

4. 安排救助。经登记公示无异议或者异议不成立的，应当根据申请人的申请内容安排不同的救助方式：①对于申请租金核减的家庭，由产权单位按照规定予以租金减免。②对于申请租赁住房补贴和实物配租的家庭，由市、县人民政府房地产行政主管部门按照规定条件排队轮候。市、县人民政府房地产行政主管部门应当根据轮候顺序，对申请人发放租赁住房补贴或者配租廉租住房，并将发放租赁住房补贴和配租廉租住房的结果予以公布。在轮候期间，申请人家庭基本情况发生变化的，申请人应当及时向有关部门申报，经审核不符合申请条件的，取消轮候。经市、县人民政府房地产行政主管部门确定可获得租赁住房补贴的家庭，可以根据居住需要选择承租适当的住房，在与出租人达成初步租赁意向后，报房地产行政主管部门审查。经审查同意后，方可与房屋出租人签订廉租住房租赁合同，房地产行政主管部门按规定标准向该家庭发放租赁住房补贴，并将补贴资金直接拨付出租人，用于冲减房屋租金。③对于申请并经市、县人民政府房地产行政主管部门确定可配租廉租住房的家庭，应当与廉租住房产权人签订廉租住房租赁合同。廉租住房承租人应当按照合同约定缴纳租金。

（六）廉租住房的管理

1. 管理部门。根据《城镇最低收入家庭廉租住房管理办法》的规定，国务院建设行政主管部门对全国城镇最低收入家庭廉租住房工作实施指导和监督。省、自治区人民政府建设行政主管部门对本行政区域内城镇最低收入家庭廉租住房工作实施指导和监督。市、县人民政府房地产行政主管部门负责本行政区域内城镇最低收入家庭廉租住房管理工作。各级人民政府财政、民政、国土资源、税务等部门按照本部门职责分工，负责城镇最低收入家庭廉租住房的相关工作。

2. 管理内容。廉租住房的管理主要体现在两个方面：①年度复核制度，②居住限制制度。享受廉租住房待遇的最低收入家庭应当按年度向房地产行政主管部门或者其委托的机构如实申报家庭收入、家庭人口及住房变动情况。房地产行政主管部门应当会同有关部门对其申报情况进行复核，并按照复核结果，调整租赁住房补贴或者廉租住房。对家庭收入连续1年以上超出规定收入标准的，应当取消其廉租住房保障资格，停发租赁住房补贴，或者在合理期限内收回廉租住房，或者停止租金核减。房地产行政主管部门应当对享受廉租住房保障的最低收入家庭的收入情况和住房情况定期进行核查。居住限制是指廉租住房限于保障对象家庭自住，不得转借、转租以及擅自改变房屋用途，也不得连续6个月以上不在廉租住房居住。否则，丧失享受保障资格，视其享受的保障方式的不同而采取不同的处理：或者由房地产行政主管部门收回其承租的廉租住房，或者停止发放租赁补贴，或者停止租金核减。

三、医疗救助

（一）医疗救助的概念

医疗救助是指政府和社会对贫困人口或优抚对象中因病而无能力支付医疗费

用的人实行的医疗专项救助制度。医疗救助的特点在于：①由于救助对象是贫困或优抚者之中的疾病患者，即贫病交加者，所以很容易得到社会尤其是慈善者的捐助。②由于救助对象是病人，救助途径必经医疗机构，故医疗机构的医术、服务、价格等因素会直接影响医疗救助资金的使用及救助效果等。医疗救助在我国现阶段具有不可替代的作用，因为我国还没有覆盖全民的医疗保险制度，农村人口的医疗费用基本靠农民自己支付，即使参加合作医疗制度也往往只能解决部分医疗费用的支付。因此，农民因病致贫、因病返贫的现象十分严重。城镇的情况与此类似，虽然有职工基本医疗保险制度，但该制度有最高支付限额，而且并非所有的城镇职工均参加了保险。所以，无论是在城市还是在农村，医疗救助都是社会救助中非常重要的一项内容。

我国目前还没有医疗救助方面的法律和行政法规，只有一些部门规章和规范性文件，如 2003 年 11 月民政部、卫生部、财政部联合发布的《关于实施农村医疗救助的意见》；2004 年 4 月财政部、民政部联合发布的《农村医疗救助基金管理试行办法》等。部分地方人大和政府也制定了有关医疗救助的地方性法规和地方政府规章。

（二）医疗救助的对象

根据有关规定，医疗救助对象须同时符合以下条件：①须为贫困人口；②须为伤病患者；③须无力支付医疗费用。

具体的范围包括：

（1）无劳动能力且既无法定扶养人又无生活来源的人，即"三无"人员。

（2）因自然灾害导致伤病的农村灾民。

（3）参加基本医疗保险但个人负担医疗费用有困难的城市贫民。

（4）享受城市居民最低生活保障待遇家庭中丧失劳动能力的伤病无业人员，60 周岁以上的伤病无业老人和 16 周岁以下的伤病未成年人。

（5）伤残军人，孤老复员军人及孤老烈属等重点优抚对象。

（6）其他经各种救助仍有困难自负医疗费用的特困人员。

（三）医疗救助的方式

1. 政府组织的医疗救助基金和专项补助。政府组织的医疗救助基金的具体操作是：以企业为单位，在为职工参加医疗保险的同时，按照"以支定收、收支平衡"的原则，每人按一定数额一次性交纳 1 年的医疗救助保障金，由地税部门负责征收。不为职工建立医疗救助基金的单位，其参加了医疗保险的人员不能享受医疗救助待遇。政府组织的专项补助是政府每年根据救助对象的估算需求拨付专项经费，专款专用，小病包干，大病补助。

2. 医疗费用减免。费用减免即对救助对象的医疗费（挂号费、治疗费、药费等）在一定比例上减收或免收，差额由财政或医疗机构支付。如北京市于2002年5月1日起实施的《北京市优抚对象医疗费减免管理办法》规定，在财政方面，根据优抚对象的不同资历，相应提高其医疗减免标准。对于孤老优抚对象、在乡红军老战士和带精神病退役的复退军人的基本医疗费和在乡三等伤残军人因伤口复发的医疗费给予全面减免。对于其他优抚对象，凡是年医疗费低于2000元的，依照烈士家属、因公牺牲军人家属、病故军人家属等不同人员按不同的百分比给予减免，年医疗费在2 000~10 000元减免80%，10 000~30 000元减免85%，30 000~40 000元减免90%，40 000元以上减免95%。医疗费报销年度累积最高限额80 000元，超过最高限额仍然困难的，由当地政府给予适当补助。享受全额费用减免的对象不受最高限额的限制。在医疗机构方面的费用减免，优抚对象持《北京市优抚对象医疗减免证》到指定医疗机构就医，相关费用按比例减收。

3. 医疗慈善救助。医疗慈善救助是社会机构（包括医疗机构）和个人对贫困伤病人员自愿提供的救助，包括慈善募捐、无偿医疗等。

4. 社会参与的互助合作医疗。由各行业、协会、单位及工会内部组织等合作建立的互助合作医疗，由单位福利费、工会经费、个人缴费或提取不超过工资总额的一定比例的费用，组成单位内部的互助合作医疗基金，对纳入其中的职工住院自付费用给予一定比例的分担；如果是以工资总额提取形成的互助医疗基金，首先要清理历年医疗费欠款和救助因病致贫的特困职工，而后才可用于开展互助医疗。

四、教育救助制度

（一）教育救助的概念

教育救助是指国家和社会为了保障适龄人口平等接受教育的权利，对贫困地区和贫困学生从物质和资金上提供的无偿教育帮助。

（二）教育救助的方式

1. 财政拨款救助。尽管基础教育和中等教育已由地方负责、分级管理，但中央和省级财政依然本着"统筹规划、保证重点、扶持贫困、奖励先进"的原则，根据各地教育实际和财力水平，在财政预算中列入贫困地区教育专项拨款，用于贫困、边远少数民族地区的义务教育补助费用、高等教育的部分奖学金、国家助学贷款筹资和部分利息的偿还等。具体政策有：

（1）1995年6月8日，国家教委与财政部联合举行了"国家贫困地区义务教育工程"，聚集中央、地方各级财政，有重点地改善贫困地区和义务教育发展薄弱地区的小学、初中办学条件，使其达到国家规定的标准。

（2）在农村，2001年开始了农村教育体制的调整，实行"在国务院领导下，由地方政府负责、分级管理，以县为主的农村义务教育新体制。"同年中央财政投入50亿，用于中西部贫困地区发放农村中小学教师工资的专项补助，中央同时决定，在2年内出资30亿元专项基金用于"中小学危房改造工程"。中央财政还向全国提供1亿元助学金和1亿元免费提供教科书的专项经费。

（3）随着高等教育体制的改革，1997年以来，国家相关部门通过确立"奖、贷、助、补、减"这五个方面的救助体系来解决家庭贫困大学生的学习、生活等问题：①奖，即学校设立各类奖学金用于资助家庭经济困难而学习优秀的学生和学习农业、师范、体育、航海、民族等特殊专业的学生。②贷，即由金融机构对高校贫困学生开展的各种贷款，其中部分利息是由国家财政解决。③助，是指高校为经济困难学生在学校设立的勤工助学岗位上安排适当劳动，给予适当的报酬。④补，是指中央和地方政府专款用于家庭困难大学生的困难补助。国家规定高校每年都要从学费中提取10%左右的资金用于困难学生的补助。⑤减，即减免学费。国家规定，对学习农业、师范、体育、航海、民族等特殊专业的学生和家庭困难的大学生减免学费。对中学生，有的地方也出台了给予资助的规定，如北京市从2005年9月开始，对国家举办的普通高中、特殊教育学校高中阶段家庭经济困难的学生、革命烈士子女、孤儿等享受社会优抚待遇家庭的学生中，对符合有关条件的学生每月发放60元或100元人民助学金，并部分或全部减免学费和住宿费。享受人民助学金的条件是民政部门确认的享受最低生活保障待遇的城乡低保家庭，并适当放宽至家庭经济困难程度略好于上述情况的学生、革命烈士子女、孤儿等享受社会优抚待遇家庭的学生。其放宽范围由各区县人民政府根据本地区实际经济发展情况和居住地区生活水平确定具体条件。

2. 教育自救。这是指鼓励学校积极创办校办企业，给予其优惠政策，进行教育的自我救助。到1996年，校办企业及其勤工俭学的收入用于教育的投入达87亿元。

3. 社会捐助。这里包括社会团体集资、单位集体集资、个人捐赠、海内外侨胞和港澳台胞的捐资、国际组织的捐赠以及建立教育基金制度，形式有教育基金会、东部发达地区与中西部地区的扶困挂钩制度、希望工程等。

五、法律援助

（一）法律援助的概念

法律援助有广义与狭义之分，广义的法律援助是指国家以法律化、制度化的形式，在司法制度运行的各个环节、层次上，对不能运用一般的、正常的法律手段来保障其自身合法权益的社会弱者，通过提供减免收费等形式的法律帮助，实现其合法权益的一项社会救助制度。狭义的法律援助仅限于对经济困难人员提供无偿法律服务的制度，我国一般在狭义上使用该概念。目前，规范法律援助的法律规范主要是 2003 年 9 月 1 日起施行的《法律援助条例》。根据该条例的规定，法律援助工作由司法行政部门管理，律师协会协助。

（二）法律援助的对象

法律援助的对象为经济困难的公民和特殊情况下的刑事诉讼被告人。但如何界定"经济困难"，并没有一个全国统一标准。根据《法律援助条例》的规定，公民经济困难的标准，由省、自治区、直辖市人民政府根据本行政区域经济发展状况和法律援助事业的需要规定。申请人住所地的经济困难标准与受理申请的法律援助机构所在地的经济困难标准不一致的，按照受理申请的法律援助机构所在地的经济困难标准执行。各地经济困难标准确定的基本宗旨是：至少要保证最低生活保障线以下的公民能得到法律援助。有条件的地方，应当高于这一标准，尽量降低门槛，使更多的人受益于法律援助制度。特殊情况下的刑事诉讼被告人是指《法律援助条例》第 12 条规定的两种案件中的被告人，即公诉人出庭公诉的案件，被告人因经济困难或者其他原因没有委托辩护人，人民法院为被告人指定辩护时，法律援助机构应当提供法律援助，被告人是盲、聋、哑人或者未成年人而没有委托辩护人的，或者被告人可能被判处死刑而没有委托辩护人的，人民法院为被告人指定辩护时，法律援助机构应当提供法律援助，无须对被告人进行经济状况的审查。

（三）法律援助的事务范围

1. 代理。根据《法律援助条例》第 10 条的规定，公民对下列需要代理的事项，因经济困难没有委托代理人的，可以向法律援助机构申请法律援助：①依法请求国家赔偿的；②请求给予社会保险待遇或者最低生活保障待遇的；③请求发给抚恤金、救济金的；④请求给付赡养费、抚养费、扶养费的；⑤请求支付劳动报酬的；⑥主张因见义勇为行为产生的民事权益的。省、自治区、直辖市人民政府可以对上述规定以外的法律援助事项作出补充规定。

2. 刑事辩护或代理。根据《法律援助条例》第 11 条的规定，刑事诉讼中有下列情形之一的，公民可以向法律援助机构申请法律援助：①犯罪嫌疑人在被侦查机关第一次讯问后或者采取强制措施之日起，因经济困难没有聘请律师的；②公诉案件中的被害人及其法定代理人或者近亲属，自案件移送审查起诉之日起，因经济困难没有委托诉讼代理人的；③自诉案件的自诉人及其法定代理人，自案件被人民法院受理之日起，因经济困难没有委托诉讼代理人的。

3. 法律咨询。原则上，凡是符合法律援助代理条件的事项，当事人均可以向法律援助机构申请法律咨询。法律援助机构对公民申请的法律咨询服务，应当即时办理；复杂疑难的，可以预约择时办理。

（四）法律援助的经费来源

国家鼓励社会对法律援助活动提供捐助。关于如何解决法律援助经费来源不足的现实问题，在当前我国财力有限的情况下，政府为法律援助提供的财政支持难以完全满足法律援助的需要，特别是全国县区级地方和西部贫困地区经费严重短缺导致法律援助工作明显滞后，供需矛盾突出。根据司法部法律援助中心的统计数字，我国每年需要法律援助的案件超过 70 万件，而实际得到援助的不足 1/4。造成这种状况的主要原因是法律援助经费严重短缺。

（五）法律援助程序

1. 申请。符合条件的公民欲获得法律援助，应当按照下列规定提出申请：①请求国家赔偿的，向赔偿义务机关所在地的法律援助机构提出申请；②请求给予社会保险待遇、最低生活保障待遇或者请求发给抚恤金、救济金的，向提供社会保险待遇、最低生活保障待遇或者发给抚恤金、救济金的义务机关所在地的法律援助机构提出申请；③请求给付赡养费、抚养费、扶养费的，向给付赡养费、抚养费、扶养费的义务人住所地的法律援助机构提出申请；④请求支付劳动报酬的，向支付劳动报酬的义务人住所地的法律援助机构提出申请；⑤主张因见义勇为行为产生的民事权益的，向被请求人住所地的法律援助机构提出申请；⑥申请刑事辩护、刑事代理法律援助的，应当向审理案件的人民法院所在地的法律援助机构提出申请。被羁押的犯罪嫌疑人的申请由看守所在 24 小时内转交法律援助机构，申请法律援助所需提交的有关证件、证明材料由看守所通知申请人的法定代理人或者近亲属协助提供。申请人为无民事行为能力人或者限制民事行为能力人的，由其法定代理人代为提出申请。公民申请代理、刑事辩护的法律援助应当提交下列证件、证明材料：身份证或者其他有效的身份证明，代理申请人还应当提交有代理权的证明；经济困难的证明；与所申请法律援助事项有关的案件材料。申请应当采用书面形式，填写申请表；以书面形式提出申请确有困难的，可以口头申请，由法律援助机构工作人员或者代为转交申请的有关机构工作人员作书面记录。

2. 审查。法律援助机构收到法律援助申请后，应当进行审查；认为申请人提交的证件、证明材料不齐全的，可以要求申请人作出必要的补充或者说明，申请人未按要求作出补充或者说明的，视为撤销申请；认为申请人提交的证件、证明材料需要查证的，由法律援助机构向有关机关、单位查证。

对符合法律援助条件的，法律援助机构应当及时决定提供法律援助；对不符合法律援助条件的，应当书面告知申请人理由。

申请人对法律援助机构作出的不符合法律援助条件的通知有异议的，可以向确定该法律援助机构的司法行政部门提出。司法行政部门应当在收到异议之日起5 个工作日内进行审查，经审查认为申请人符合法律援助条件的，应当以书面形式责令法律援助机构及时对该申请人提供法律援助。

3. 实施。由人民法院指定辩护的案件，人民法院在开庭 10 日前将指定辩护通知书和起诉书副本或者判决书副本送交其所在地的法律援助机构；人民法院不在其所在地审判的，可以将指定辩护通知书和起诉书副本或者判决书副本送交审判地的法律援助机构。

法律援助机构可以指派律师事务所安排律师或者安排本机构的工作人员办理法律援助案件；也可以根据其他社会组织的要求，安排其所属人员办理法律援助案件。对人民法院指定辩护的案件，法律援助机构应当在开庭 3 日前将确定的承办人员名单回复作出指定的人民法院。

办理法律援助案件的人员，应当遵守职业道德和执业纪律，提供法律援助不得收取任何财物。

4. 结案与支付补贴。受指派办理法律援助案件的律师或者接受安排办理法律援助案件的社会组织人员在案件结案时，应当向法律援助机构提交有关的法律文书副本或者复印件以及结案报告等材料。

法律援助机构收到上述规定的结案材料后，应当向受指派办理法律援助案件的律师或者接受安排办理法律援助案件的社会组织人员支付法律援助办案补贴。

法律援助办案补贴的标准由省、自治区、直辖市人民政府司法行政部门会同同级财政部门，根据当地经济发展水平，参考法律援助机构办理各类法律援助案件的平均成本等因素核定，并可以根据需要调整。

第九章　社会优抚法律制度

■ 第一节　社会优抚法律制度概述

一、社会优抚法律制度的概念

（一）社会优抚与社会优抚法的含义

社会优抚，又称军人保障，是指政府和社会组织，对革命烈士家属、军人及其家属、革命残废军人及其家属、参战致残的民兵民工，通过资金和服务等形式所给予的优待和抚恤。其主要内容包括牺牲、病故军人抚恤金，军烈属、复员军人补助费，伤残军人抚恤费，见义勇为者奖励等。社会优抚是一种带有褒扬性质的社会保障，它不仅可以保证优抚对象的生活水平达到一定的标准，还有利于增强全民的国防意识，稳定和壮大国防力量。

社会优抚法，又称优抚安置法，是指调整国家和社会对于社会特殊群体给予特殊性补偿和奖励而形成的社会法律关系的法律规范的总称。社会优抚法是由国家和社会对军属、烈属、复员退伍军人、残废军人等特定优抚对象予以优待、抚恤和妥善安置，为他们提供多种形式的物质帮助和服务，以确保他们的生活达到一定水平，解决他们后顾之忧的法律制度。社会优抚法是一种带有褒扬性质的社会保障法律制度。

（二）社会优抚法的特点

健全有效的社会优抚制度，对于维持社会稳定，保卫国家安全，促进国防和军队现代化建设，推动经济发展和社会进步等都具有重要的意义。社会优抚法隶属于社会保障法，是社会保障法的有机组成部分，它具有自身的独特性，具体如下：

1. 社会优抚法所保障的对象具有特定性。优抚安置保障作为一种奖励与补偿的特殊社会保障制度，它的特殊性首先就表现在其所保障的对象的特定性。根据法律法规的规定，优抚的对象是为革命事业和保卫国家安全作出贡献和牺牲的特殊社会群体，由国家对他们的贡献和牺牲给予补偿和褒扬。根据我国现行有关法律法规，社会优抚的对象包括：现役军人，革命残废军人，退出现役的军人，革命烈士家属，牺牲、病故军人家属，现役军人家属，以及国家工作人员牺牲病故、人民群众因维护社会治安同犯罪进行斗争而伤亡、被评为革命烈士的人民群众、人民警察（包括未列入行政编制的人民警察）因公伤亡、驻外机构工作人员在国外工作期间死亡以及上述人员家属。

《中华人民共和国兵役法》（以下简称《兵役法》）第 51 条规定："现役军人，革命残废军人，退出现役的军人，革命烈士家属，牺牲、病故军人家属，现役军人家属，应当受到社会的尊重，受到国家和人民群众的优待。"国家通过对上述对象进行优待、抚恤、安置，保证他们在经济上不低于当地群众平均生活水平，政治上又得到国家的肯定性评价，这对增强我军的凝聚力、提高军队战斗力，实现军队正规化和现代化，巩固国防，具有重要的长远和现实意义。

2. 社会优抚法所提供的保障标准较高。由于优抚制度的补偿性和褒扬性，优抚待遇标准要高于一般的社会保障标准，优抚保障对象可以优先优惠地享受国家和社会提供的各种优待、抚恤、服务和政策扶持。

根据有关立法规定，军人及其家属享受的保障待遇要高于其他普通公民所享受的保障标准，军转干部的离退休待遇要高于地方同级别的离退休人员的待遇水平，军人的抚恤标准也要高于一般劳动者的工作抚恤标准。这些高标准的待遇是基于被保障对象为国家所做的牺牲、贡献的特殊性而来的。这样的待遇标准，对于受保障的对象来说，稳定可靠，吸引力大，对军队的整体建设发展则起着强大的激励作用。

3. 社会优抚法所规定的优抚安置工作以政府为主导。社会优抚工作关系重大并且需要耗费巨大的人力、物力，因此必然要以政府为主导，同时辅以非政府的其他社会力量。优抚安置所保障的对象的范围以及保障的待遇和措施必须由国家法律、法规、规章、地方性法规以及其他规范性文件作出强制性的、明确的规定，确立完善的以政府为主要实施主体的法定优抚安置制度，同时，非政府的社会力量对于从事社会公益活动的人给予非法定的优抚安置待遇，如农村的村委会自愿给予服役的军人家属团拜，给予一定的精神、物质鼓励等，并不以优抚安置法的强制性规定为依据，而以社会公德和习俗为依据，是法定的社会优抚安置工作的有益补充。例如，优抚优待的资金来源主要依靠国家的财政支出。优抚工作是政府的一项重要行为，优抚优待的资金主要由国家财政投入，还有一部分由社会承担，只有在医疗保险和合作医疗等方面由个人缴纳一部分费用。

4. 社会优抚法所规定的内容具有综合性的特点。社会优抚法所规定的保障对象不同于其他类型的社会保障法所针对的保障对象——社会弱者，无论是有固定社会公职的军人和警察，还是一般的人民群众，他们原本并不处于社会弱势地位，也无须社会的特殊照顾和保障。但当他们从事了一定的社会公益之后，其自身利益可能遭受不可避免的损失，或者是现实的物质利益损失，或者是潜在的精神利益损失。

　　社会优抚与社会保险、社会救助和社会福利不同，它是特别针对某一特殊身份的人所设立的，内容涉及社会保险、社会救助和社会福利等，包括抚恤、优待、养老、就业安置等多方面的内容，是一种综合性的项目。例如，对军转干部提供的离退休待遇或就业安置，对革命烈士家属和伤残人员的抚恤等，具有社会保险的特征；对有特殊困难的农村籍退伍义务兵和现役军人家属提供的扶持生产、帮困济贫等政策措施，具有社会救助的特征；而为优抚对象提供的乘车、船、飞机等的优惠及优先解决其住房、就业、子女入托入学、医疗、工作调动等特殊待遇，又有了社会福利的性质。所以说，社会优抚制度是一个以特殊社会群体为保障对象的综合社会保障体系。

　　因此，社会优抚安置法规定的国家或社会对于这些特殊群体的特殊保障也带有综合性，主要分两类：补偿和鼓励。在补偿方面，从事了社会公益活动的人员以自己的福利为代价换取了社会整体福利的增加，社会必然要对他们的损失进行补偿，而他们的损失包括物质上的内容与精神上的内容，所以补偿的形式也分为物质性补偿和精神性补偿。而在鼓励方面，因为在有的情况下，人们从事公益活动并不是必然导致自身福利的显著损失，但其行为具有显著的公益性质，并对社会整体福利作出了重大的贡献，所以国家或社会对于这样的行为予以奖励。而这种奖励既可以是物质的，比如特殊的国家津贴和奖金，也可以是精神的，比如各种荣誉和称号。此时的优抚安置法所规定的"奖励"的保障措施已经超出了传统意义的保障基本生活水平的含义，其所保障的，不是一定的物质生活条件，从社会整体而言，保障的是对社会公益有显著作用的公益行为的积极性和创造性，使得社会中始终保持有热衷于社会公益事业的群体，并以此倡导健康有序的良好社会风气的形成。

二、社会优抚法律制度的地位和作用

（一）社会优抚法律制度的地位

　　社会优抚法是国家社会保障法律体系的组成部分，在社会保障法律体系中占有重要的地位，是社会保障法律大系统下自成体系的子系统。《中华人民共和国宪法》（以下简称《宪法》）第 45 条规定："中华人民共和国公民在年老、疾病或者丧失劳动能力的情况下，有从国家和社会获得物质帮助的权利"。宪法之下的《中华人民共和国国防法》、《兵役法》等有关法律，《军人抚恤优待条例》等行政法规，对革命烈士、军人的优抚保障，无论在计划经济体制还是市场经济体制下，都占有不可动摇的地位。因此说，这是宪法赋予革命烈士、军人及其家属获得物质帮助的权利。

（二）社会优抚法的作用

1. 社会优抚法律制度维护了革命烈士、军人、警察、见义勇为者等从事了社会公益活动人员的合法权益。军人为维护国家安全和人民利益甘于奉献，承担着特殊的义务，革命烈士在人民生命财产受到危害的时候，挺身而出，不惜牺牲自己的生命，这就必然要求对其所付出的代价加以补偿。对烈士、军人及其家属的基本生活予以保障，实际上就是维护军人的合法权益，做到军人的权利义务有效地统一起来。

2. 调动全社会从事社会公益事业的积极性。以军人为例，实行优抚安置保障，其功效不仅在于补偿军人在经济方面的损失，而且还能提高军人的经济地位和社会地位，使军人的劳动得到社会的认可和尊重，增强军队的吸引力和凝聚力，激发军人的事业心，激励军人安心服役，从而促进军队的全面建设。这样就使得军人在获得物质帮助的同时，还可以解除后顾之忧。

3. 促进社会公益事业的全面发展。现代社会的发展和建设离不开公益事业，现代社会中，每一个生活在其中的人不仅是自身利益的最佳判断者，而且是社会人，是社会整体的有机组成部分，不仅要从事个人事业而且要从事公益事业。社会优抚法的最终作用正是要对从事社会公益事业的主体的行为进行规制，使得每一项社会公益事业都蒸蒸日上，使得每一个从事社会公益事业的个体都得到妥善对待，使得全社会的公益事业得到充分重视和发展。

三、社会优抚法律制度的现状与发展

（一）我国社会优抚法律制度的现状

社会优抚制度是伴随着军队的产生而产生，随着军队的发展而逐步完善起来的。新中国成立之初，我国颁布了一系列优抚优待的法规，如 1950 年颁布了《革命军人牺牲病故褒恤暂行条例》、《民兵兵工伤亡褒恤暂行条例》、《革命残废军人优待抚恤暂行条例》等 5 个规定，建立起了以军人及其家属为对象的优抚制度。当时的规定主要涉及优待和抚恤问题，后来逐步扩大到安置、养老等措施和服务上。1981 年和 1982 年国务院和中央军委分别颁布了《关于军队干部退休的暂行规定》和《关于军队干部离职休养的暂行规定》，对军队干部离退休问题作了具体的规定。1984 年第六届全国人大二次会议上通过了《兵役法》，其中对军人的抚恤、优待、退休养老、退役安置等问题作了具体规定，同时废除了 50 年

代颁布的 5 个条例，建立了国家、社会、群众三结合的抚恤优待制度。

我国的传统社会优抚制度，在市场经济条件下表现出很多不适应的地方：

1. 抚恤标准过低，导致优抚制度的保障功能弱化。一个时期以来，抚恤补助经费的增长存在一定程度的滞后性、被动性，优抚对象保障标准偏低，优抚保障经费的增长落后于经济和社会的发展速度，致使部分优抚对象家庭的生活水平还不是很高。这是由我国经济社会发展的现状决定的，抚恤补助经费自然增长机制的建立还需要一个过程。

2. 优抚保障的社会化程度不高，导致在资金上只能依靠财政拨款。目前，社会力量参与优抚保障的途径还不是很多，主要方式体现在农村义务兵家属优待金的筹集上。另外，还有一些停留在政治鼓动性很强的活动中，作为社会化实质性标志的社会中介组织和民间机构尚未真正参与到优抚保障中来。社会化程度不高，这在一定程度上制约了我国农村优抚保障事业的发展。

3. 对象自身竞争力不强。由于历史、个人以及主客观等多方面的原因，我国部分优抚对象家庭特别是伤残军人、在乡老复员军人、带病回乡退伍军人家庭人口素质低、劳动力匮乏、年老体弱，参与社会竞争的能力先天不足，"等、靠、要"思想严重，从而使得部分优抚对象家庭自我保障、自我发展的能力十分薄弱。

为了保障国家对军人的抚恤优待，激励军人保卫祖国、建设祖国的献身精神，加强国防和军队建设，根据《中华人民共和国国防法》、《兵役法》等有关法律，2004 年，国务院、中央军事委员会颁布了《军人抚恤优待条例》。

新的《军人抚恤优待条例》明确了军人优抚不仅仅是国家政府的责任义务，也是全社会的责任义务。该条例第 3 条规定："军人的抚恤优待，实行国家和社会相结合的方针，保障军人的抚恤优待与国民经济和社会发展相适应，保障抚恤优待对象的生活不低于当地的平均生活水平。全社会应当关怀、尊重抚恤优待对象，开展各种形式的拥军优属活动。国家鼓励社会组织和个人对军人抚恤优待事业提供捐助。"

（二）社会优抚法律制度的完善

优抚安置保障是国家和社会依照法律对特定的社会成员，通过优待、抚恤、安置等方式，保证他们生活需求的一种社会保障制度。优抚安置保障主要包括抚恤制度、优待制度、安置制度等。我国在抚恤、优待、安置等方面虽然已有不少的法律法规，但大都不能适应市场经济发展的需要。因此，应当尽快完善优抚安置法，优抚安置法主要应规定如下内容：①优抚安置的对象。优抚安置的对象主要是革命烈士及其家属、革命军人及其家属、革命残废军人及其家属、复转军人等。②优抚安置的条件。优抚安置法应当对革命烈士的条件、残废军人的等级等作出明确的规定。③优抚安置的标准。优抚安置法应对抚恤的标准、复转军人的安置办法、优待措施等作出规定。④优抚安置资金的来源和管理。⑤相关的法律责任。

同时在社会优抚法律制度的建设过程中还要处理好下面几个问题：

1. 明确责任、分类负担。完善我国优抚法律制度，首先要做的是，明确责任。这主要从两方面进行：一方面，要划清政府、社会与优抚对象自身的责任，充分调动各方面积极性。明确政府责任范畴，充分调动政府、社会、优抚对象家庭三者的积极性，共同努力，从根本上解决优抚保障问题。另一方面，还要划清中央政府与地方政府之间的责任，实行中央财政与地方财政共同负责、分类负担的体制。《军人抚恤优待条例》第5条规定："国务院民政部门主管全国的军人抚恤优待工作；县级以上地方人民政府民政部门主管本行政区域内的军人抚恤优待工作。""三红"、"三属"、伤残军人抚恤补助金主要由中央财政承担，在乡老复员军人、带病回乡退伍军人的补助金原则上由地方财政承担，同时还要积极建立抚恤补助经费自然增长机制，按照社会成员实际收入水平提高农村优抚对象抚恤补助标准，努力克服以往抚恤补助经费增长过程中实际存在的随意性、被动性、滞后性。

2. 积极培育和发展社会中介组织参与优抚保障。社会中介组织参与优抚保障，是建立社会主义市场经济体制的客观需要，是转变政府职能的必然要求，是优抚保障社会化的有效途径和实质性标志。《军人抚恤优待条例》第5条规定："国家机关、社会团体、企业事业单位应当依法履行各自的军人抚恤优待责任和义务。"从而在立法上将社会优抚义务范围扩大到社会各个阶层。具体可行的做法是：可从现有的260万基层群众性优抚服务组织中，引导一批经济实力强、管理规范、制度健全、有一定专业水平的组织，转变为具有独立法人资格的社会团体或民间机构，使其实体化、专业化，成为职业化的从事优抚保障的社会团体或民间机构，为优抚对象提供医疗、康复、保健、代养以及社会公益服务。这样，既能切实履行政府职能，又能充分利用社会财力、人力、物力以及管理服务的优势，为广大优抚对象服务，以减轻政府的负担，分担国家的责任。

3. 大力扶持优抚对象家庭发展生产。仅仅依靠抚恤补助，不能也不可能解决优抚保障问题，更不可能使广大优抚对象脱贫致富奔小康。只有努力促使优抚对象家庭发展生产，大力帮助优抚对象家庭发展生产，不断提高优抚对象自身的保障能力和发展能力，才能从根本上解决保障问题。要帮助优抚对象克服单纯依赖抚恤补助为生的"等、靠、要"思想，确立自立自强的意识，最大限度地调动优抚对象内在的积极性和潜力。

同时在现阶段，根据现代市场经济的一般要求以及我国经济体制和社会优抚的现实国情，社会优抚的模式选择，还应当处理好以下两种关系：

1. 社会优抚与社会保险，社会救助和社会福利的关系。我国的社会优抚，就其内容和实现方式而言，具有综合性，即既有社会保险式优抚，又有社会救助式优抚，还有社会福利式优抚。正确处理社会优抚和社会保险、社会救助和社会福利的关系，应当注意以下三点：①虽然社会优抚的各项内容可以分别以社会保险、社会救助、社会福利的方式实现，但社会优抚仍然是独立于社会保险、社会救助和社会福利之外的一个社会保障子系统；②分别以社会保险、社会救助和社会福利方式实施的社会优抚内容，只是在一定程度上可以分别与社会保险、社会救助、社会福利结合，是否可以结合以及结合程度如何，应当取决于是否有利于提高社会优抚的效益；③社会优抚较社会保险、社会救助、社会福利，不仅有特殊的保障对象，而且还具有褒扬性和优惠性，因而社会优抚在适用社会保险、社会救助、社会福利一般运行规则的同时，应当遵循其特殊运行规则，特别是要保护社会优抚基金的独立运行和社会优抚待遇的优待性标准。

2. 政府优抚和非政府优抚的关系。政府优抚和非政府优抚相结合，一直是我国社会优抚的特色。经济体制改革给微观经济领域带来了重大的变化，这些变化使得城镇企业、事业单位和农村集体经济组织难以继续承担社会优抚的任务。为此，应当改变政府优抚与非政府优抚的现存格局，在保持由城镇基层社区、企业、事业单位和农村集体经济组织支持社会优抚的传统特色的同时，加大政府的社会优抚责任，增加财政对社会优抚的投入，形成以政府优抚为主、以非政府优抚为辅的社会优抚模式。

社会优抚是我国社会保障体制中的重要组成部分，也是相对独立的一部分。但从总体上说，社会优抚立法还相对落后，国家还未颁布专门的调整社会优抚的法律。目前所适用的一些法规带有一定的滞后性，难以适应新时期军队现代化建设以及市场经济发展的要求。因此，必须尽快制定相关立法。在制定涉及军人社会保障立法时，如有关伤亡保险、退役军人医疗保险和养老保险等，应当与目前国家实行的社会保险的各种项目的规定相一致，此外还应当根据军人保险的特点，建立起有利于提高军人基本生活水平的补充保险。在抚恤待遇上，应当考虑军人保障的特殊性，其标准应当高于一般社会保险、社会救助、社会福利的水平。社会优抚还必须向社会化的目标发展，借助社会的力量共同做好优抚安置的工作。此外，还需要通过立法明确规定优抚安置的资金筹集，保证必要的资金来源，使社会优抚工作得以制度化、规范化。

■ 第二节 社会优待

一、社会优待的概念

社会优待是社会优抚制度的一项重要内容，是国家、社会、群众对烈属，因公牺牲或病故军人的家属，革命伤残军人，现役军人及其家属，带病回乡复退军人，退伍红军老战士等优抚对象给予帮助和照顾的制度。

优抚工作中的待遇可有广义和狭义之分。广义的优待是指国家、社会、群众对优抚对象广泛的关怀照顾，主要包括对服现役的义务兵家属和抚恤补助对象发放优待金，以及在治病、交通、住房、就业、入学、入托、补助、救济、贷款、供应、邮政等方面的优待办法和内容；狭义的优待，仅指对义务兵家属和抚恤补助对象发给由群众负担的优待金。一般情况指狭义的优待，即提供义务兵家属优待金。

二、社会优待的内容

（一）政治上给予高度评价

为发扬革命烈士军人忘我牺牲、献身国防事业的精神，教育人民为保卫祖国和建设祖国英勇奋斗，政府以各种形式褒扬革命烈士，慰问现役军人及其家人，开展拥军拥属活动，表彰为革命而壮烈牺牲的烈士。以此教育人民群众尊敬爱戴投身国防事业的军人，缅怀为无产阶级的革命事业抛洒热血的烈士，学习他们献身祖国和人民的崇高精神。《革命烈士褒扬条例》中明确规定，我国人民和人民解放军指战员，在革命斗争、保卫祖国和社会主义现代化建设事业中壮烈牺牲的，称为革命烈士，其家属成为革命烈士家属。经批准为革命烈士的，由民政部向革命烈士家属颁发《革命烈士证书》。各级人民政府有搜集、整理、陈列著名革命烈士斗争史料的义务，编印《革命烈士英明录》，大力弘扬革命烈士的高尚品质。

（二）物质上予以补偿

即给予优抚对象补助以保证其一定生活水平和质量。如《兵役法》第56条规定，城镇军人等待安置期间，由当地政府按照不低于当地最低生活水平的原则发给生活补助费。《军人抚恤优待条例》第31条规定："义务兵服现役期间，其家庭由当地人民政府发给优待金或者给予其他优待，优待标准不低于当地平均生活水平。"同时，对军人的优待还体现在国家给予现役军官以微高于同级公务员的薪金。

优待金的来源包括：一是财政拨款；二是军属所在单位或军人参军前所在单位承担；三是通过社会统筹方式解决。优待金标准的确定依据①要与当地经济条件和群众生活水平相适应；②要保障优抚对象相当或略高于当地一般群众的生活水平；③要考虑优待金筹集的可行性。目前，对服役的义务兵家属的优待范围，优待金标准和统筹办法等，是由省、自治区、直辖市人民政府根据本地区的实际情况制定的。

（三）优先照顾

对优抚对象在治病、升学、就业和子女入托（学）、工作调动、分配、修缮房屋、补助救济以及乘车（船）、购物、邮政等方面的优先照顾。如《兵役法》第56条规定，城镇军人自谋职业的，给予一定政策上的优惠。义务兵退出现役后报考国家公务员、高等院校或中等专业院校的，按照有关规定予以优待。

（四）生活中的帮助和扶持

具体表现为在实践中对生活有困难的优抚对象，由所在的社区组织有关方面帮助克服困难，渡过难关，用自己的双手建立美好的家园；对其中的一些贫困户，在银行贷款上予以扶持；各级领导定期到优抚对象家中走访，帮助解决具体问题，并在精神上予以抚慰。

根据《军人抚恤优待条例》的规定，军人享受的优待措施具体还有：

（1）义务兵入伍前是农业户口的，他们在农村承包的责任田和分得的自留地（山、林）等继续保留；入伍前是企业事业单位职工的，其家属继续享受原有的劳动保险福利待遇。

（2）医疗待遇。二等乙级以上（含二等乙级）革命伤残军人，享受公费医疗待遇；三等革命伤残军人不享受公费医疗待遇的，伤口复发所需医疗费由当地民政部门解决；革命烈士、因公牺牲军人、病故军人、现役军人的家属以及带病回乡的复员退伍军人，不享受公费医疗待遇的，因病无力支付医疗费，由当地卫生部门酌情给予减免。同时，该条例还规定，除现役军人外，残疾军人、复员军人、带病回乡退伍军人以及烈士遗属、因公牺牲军人遗属、病故军人遗属享受医疗优惠待遇，具体办法由省、自治区、直辖市人民政府规定。

（3）伤残优抚。在国家机关、社会团体、企业事业单位工作的因战、因公致残的革命伤残军人，享受与所在单位因公（工）伤残职工相同的生活福利待遇。革命伤残军人因伤残需要配制的假肢、代步三轮车等辅助器械，由民政部门审批并负责解决。

（4）优抚对象在与其他群众同等条件下，享有就业、入学、救济、贷款、分配住房的优先权。农村的革命烈士家属符合招工条件的，当地人民政府应安排其中一个就业。革命烈士、因公牺牲军人、病故军人的子女、弟妹，自愿参军又符合征兵条件的，在征兵期间可优先批准一人入伍。复员军人未工作，因年老体弱、生活困难的，按照规定的条件，由当地民政部门给予定期定量补助，并逐步改善他们的生活待遇等。

■ 第三节　抚恤制度

一、抚恤制度概述

（一）抚恤的含义

所谓抚恤，指国家对因公伤残人员、因公病故或牺牲人员的家属给予的物质安慰。抚恤制度主要是指军人而言的，还包括国家机关工作人员、人民警察等的伤亡抚恤。军人抚恤按照《军人抚恤优待条例》进行。对于国家机关工作人员、人民警察因战因公负伤、死亡，参照《军人抚恤优待条例》及其解释的有关规定。

（二）抚恤金的分类

1. 按照抚恤对象的不同情况，可以把抚恤金分为伤残抚恤金和死亡抚恤金。伤残抚恤金是给予因公致残的军人、人民警察和其他工作人员、民兵的物质帮助；死亡抚恤金是对上述人员因公牺牲或病故后为保证其家属正常生活而发放给家属的一定数量的安慰金。

2. 按照抚恤金的发放次数，可以把抚恤金分为一次性抚恤金和定期抚恤金。一次性抚恤金是指抚恤金一次性发放完成，如现役军人死亡，根据死亡性质和本人死亡时的工资收入，由民政部门发放给其家属的一次性抚恤金。立功和获得荣誉称号的现役军人死亡，根据其立功和荣誉称号的不同，可增发 5% ~ 35% 的抚恤金。定期抚恤金是指抚恤金以一定数额分期发放。革命烈士、因公牺牲军人、病故军人的家属按照规定的条件享受定期抚恤金。享受定期抚恤金的人员死亡时，加发半年的定期抚恤金，作为丧葬补助费。

3. 按照抚恤对象的贡献大小，又可以把抚恤金分为一般抚恤金和特别抚恤金。如在国防和军队建设、科研事业或者作战中作出特别贡献的现役军人死亡，除政府发给其家属抚恤金外，国防部还要发给特别抚恤金。非上述情况的抚恤金外，都属一般抚恤金。

（三）抚恤金的发放对象

抚恤金的发放对象是有一定限定的。根据《军人抚恤优待条例》的规定，并不是所有的优抚对象都可以享受抚恤补助待遇。按国家现行规定，革命伤残军人享受伤残抚恤；革命烈士家属、因公牺牲军人家属、病故军人家属中符合规定条件的人员享受定期抚恤；在乡红军老战士、西路军红军老战士享受抚恤生活补助费；红军失散人员和符合规定条件的在乡老复员军人享受定期补助；少数带病还乡、医疗生活困难很大的退伍军人也可享受定期补助待遇。根据有关规定，《革命烈士证明书》和一次性抚恤金，一般应发给烈士的父母、配偶。

二、伤残抚恤

（一）伤残抚恤的概念

伤残抚恤是国家和社会保障革命伤残人员（包括伤残革命军人、伤残人民警察、伤残国家机关工作人员、伤残民兵民工）基本生活的优抚制度。

国务院颁布的《军人抚恤优待条例》专辟"伤残抚恤"一章，为伤残抚恤制度确立了有效的规范。该条例明确规定了残疾军人的抚恤金标准应当参照全国职工平均工资水平确定的原则，保证了伤残军人的生活与人民群众同步提高。随后，民政部又出台了一系列配套法规，为伤残抚恤制度的实施提供了更具有操作性的依据。

《伤残抚恤管理暂行办法》是1997年发布施行的。2004年，国务院修订出台了新的《军人抚恤优待条例》，使基于旧条例制定的《伤残抚恤管理暂行办法》已不适应新形势下伤残抚恤工作的需要。为维护伤残人员的合法权益，规范相对人和民政部门的行政行为，根据新修订出台的《军人抚恤优待条例》，民政部修订出台了《伤残抚恤管理办法》。

根据《伤残抚恤管理办法》第2条的规定，伤残抚恤对象包括下列中国公民：

（1）在服役期间因战因公致残退出现役的军人，在服役期间因病评定了残疾等级退出现役的残疾军人。

（2）因战因公负伤时为行政编制的人民警察。

（3）因战因公负伤时为公务员以及参照《中华人民共和国公务员法》管理的国家机关工作人员。

（4）因参战、参加军事演习、军事训练和执行军事勤务致残的预备役人员、民兵、民工以及其他人员。

（5）为维护社会治安同违法犯罪分子进行斗争致残的人员。

(6) 为抢救和保护国家财产、人民生命财产致残的人员。

(7) 法律、行政法规规定应当由民政部门负责伤残抚恤的其他人员。

前款所列第4、5、6项的人员，根据《工伤保险条例》应当认定视同工伤的，不再办理因战、因公伤残抚恤。

(二) 伤残抚恤的内容

1. 伤残及伤残等级的认定。现役军人残疾被认定为因战致残、因公致残或者因病致残的，依照相关规定享受抚恤。革命伤残军人的伤残等级，根据丧失劳动能力及影响生活能力的程度确定。残疾的等级，根据劳动功能障碍程度和生活自理障碍程度确定，由重到轻分为一级至十级。残疾等级的具体评定标准由国务院民政部门、劳动保障部门、卫生部门会同军队有关部门规定。因战、因公致残的伤残等级，分为特等、一等、二等甲级、二等乙级、三等甲级、三等乙级；因病致残的伤残等级，由军队规定的审批机关在医疗终结后负责评定伤残等级，发给《革命伤残军人证》。

(1) 因下述原因之一致残的，认定为因战致残：①对敌作战；②执行任务遭敌人或者犯罪分子伤害，或者被俘、被捕后不屈遭敌人伤害；③为抢救和保护国家财产、人民生命财产或者参加处置突发事件受伤的；④因执行军事演习、战备航行飞行、空降和导弹发射训练、试航试飞任务以及参加武器装备科研实验受伤的。

(2) 因下述情形之一导致残疾的，认定为因公致残：①在执行任务中或者在上下班途中，由于意外事件致残的；②被认定为因战、因公致残后因旧伤复发致残的；③因患职业病致残的；④在执行任务中或者在工作岗位上因病致残，或者因医疗事故致残的；⑤其他因公致残的。

(3) 义务兵和初级士官因患职业病致残的，在执行任务中或者在工作岗位上因医疗事故以外的疾病导致残疾的，认定为因病致残。

(4) 因战、因公、因病致残性质的认定和残疾等级的评定权限是：①义务兵和初级士官的残疾，由军队军级以上单位卫生部门认定和评定；②现役军官、文职干部和中级以上士官的残疾，由军队军区级以上单位卫生部门认定和评定；③退出现役的军人和移交政府安置的军队离休、退休干部需要认定残疾性质和评定残疾等级的，由省级人民政府民政部门认定和评定。

评定残疾等级，应当依据医疗卫生专家小组出具的残疾等级医学鉴定意见。残疾军人由认定残疾性质和评定残疾等级的机关发给《中华人民共和国残疾军人证》。

在以往伤残等级的调整工作中，主要是对伤残人员残情加重的情形，调高其伤残等级。但随着医疗水平的提高，实际工作中遇到残疾情况减轻的情形也不少，如不进行等级调整，便会形成事实上的不公平，造成相关人员间的不平衡。根据《军人抚恤优待条例》第21条"残疾的等级，根据劳动功能障碍程度和生活自理障碍程度确定"的规定，残疾等级应与残疾情况相符。《伤残抚恤管理办法》规定民政部门可以根据伤残人员实际情况，调整其残疾等级。

2. 伤残抚恤待遇。退出现役后没有参加工厂工作的革命伤残军人，由民政部门发给伤残抚恤金；退出现役后参加工厂工作，或者享受离休、退休待遇的革命伤残军人，由民政部门发给伤残保健金；继续在部队服役的革命伤残军人，由所在部队发给伤残保健金。伤残抚恤金的标准，根据伤残性质的伤残等级，参照全国一般职工的工资收入确定。退出现役的特等、一等革命伤残军人，由国家供养终身。因战致残的革命伤残军人在评残发证后，一年内因伤口复发死亡的，按照革命烈士的抚恤规定，发给其家属一次性抚恤金和定期抚恤金；一年后因伤口复发致残的，按照因公牺牲军人的抚恤规定，发给其家属一次性抚恤金和定期抚恤金。因战、因公致残的特等、一等革命伤残军人因病致残死亡后，其家属按照病故军人家属的抚恤规定享受定期抚恤金。

三、死亡抚恤

(一) 死亡抚恤的含义

死亡抚恤是国家对革命烈士家属、因公牺牲和病故军人及因公牺牲病故的国家机关工作人员家属、人民警察家属发给一定数额的费用，给予生活帮助的制度。死亡抚恤分为一次性抚恤和定期抚恤两种。前者主要用以抚慰死者家属，并帮助其解决突然发生的生活困难；后者则是为了解决长期的生活困难问题。

死亡抚恤包括依法审批烈士和其他死亡性质的认定、死亡一次性抚恤和定期抚恤等内容。死亡性质的认定及抚恤，不仅体现了国家对在革命和建设事业中作出贡献的死者家属的关心和抚慰，使他们的生活得到基本保障，也是对死者生平予以肯定和褒扬的一种形式。为此，国家制定和颁布了专门的法规、政策，并使其形成了一整套制度。

(二) 死亡抚恤待遇

根据《军人抚恤优待条例》（以下简称《条例》）的规定，现役军人死亡被批准为烈士、被确认为因公牺牲或者病故的，其遗属依照本条例的规定享受抚恤。

1. 烈士的认定。《条例》明确规定了批准为烈士的条件及有权机关。现役军人死亡，符合下列情形之一的，批准为烈士：

（1）对敌作战死亡，或者对敌作战负伤在医疗终结前因伤死亡的。

（2）因执行任务遭敌人或者犯罪分子杀害，或者被俘、被捕后不屈遭敌人杀害或者被折磨致死的。

（3）为抢救和保护国家财产、人民生命财产或者参加处置突发事件死亡的。

（4）因执行军事演习、战备航行飞行、空降和导弹发射训练、试航试飞任务以及参加武器装备科研实验死亡的。

（5）其他死难情节特别突出，堪为后人楷模的。

现役军人在执行对敌作战、边海防执勤或者抢险救灾任务中失踪，经法定程序宣告死亡的，按照烈士对待。

批准烈士，属于因战死亡的，由军队团级以上单位政治机关批准；属于非因战死亡的，由军队军级以上单位政治机关批准；属于本条第 1 款第 5 项规定情形的，由中国人民解放军总政治部批准。

2. 因公牺牲的认定。《条例》第 9 条明确规定了现役军人因公牺牲的认定条件：

（1）在执行任务中或者在上下班途中，由于意外事件死亡的。

（2）被认定为因战、因公致残后因旧伤复发死亡的。

（3）因患职业病死亡的。

（4）在执行任务中或者在工作岗位上因病猝然死亡，或者因医疗事故死亡的。

（5）其他因公死亡的。

现役军人在执行对敌作战、边海防执勤或者抢险救灾以外的其他任务中失踪，经法定程序宣告死亡的，按照因公牺牲对待。

现役军人因公牺牲，由军队团级以上单位政治机关确认；属于本条第 1 款第 5 项规定情形的，由军队军级以上单位政治机关确认。

现役军人除上述第 3、4 项规定情形以外，因其他疾病死亡的，确认为病故。

现役军人非执行任务死亡或者失踪，经法定程序宣告死亡的，按照病故对待。

现役军人病故，由军队团级以上单位政治机关确认。

3. 烈士家属的待遇。对烈士遗属、因公牺牲军人遗属、病故军人遗属，由县级人民政府民政部门分别发给《中华人民共和国烈士证明书》、《中华人民共和国军人因公牺牲证明书》、《中华人民共和国军人病故证明书》。

现役军人死亡，根据其死亡性质和死亡时的月工资标准，由县级人民政府民政部门发给其遗属一次性抚恤金，标准是：烈士，80 个月工资；因公牺牲，40 个月工资；病故，20 个月工资。月工资或者津贴低于排职少尉军官工资标准的，按照排职少尉军官工资标准发给其遗属一次性抚恤金。

获得荣誉称号或者立功的烈士、因公牺牲军人、病故军人，其遗属在应当享受的一次性抚恤金的基础上，由县级人民政府民政部门按照下列比例增发一次性抚恤金：

（1）获得中央军事委员会授予荣誉称号的，增发35％。

（2）获得军队军区级单位授予荣誉称号的，增发30％。

（3）立一等功的，增发25％。

（4）立二等功的，增发15％。

（5）立三等功的，增发5％。

多次获得荣誉称号或者立功的烈士、因公牺牲军人、病故军人，其遗属由县级人民政府民政部门按照其中最高等级奖励的增发比例，增发一次性抚恤金。

死亡抚恤金有如下分类：

（1）特别抚恤金，对生前作出特殊贡献的烈士、因公牺牲军人、病故军人，除按照本条例规定发给其遗属一次性抚恤金外，军队可以按照有关规定发给其遗属一次性特别抚恤金。

（2）一次性抚恤金，发给烈士、因公牺牲军人、病故军人的父母（抚养人）、配偶、子女；没有父母（抚养人）、配偶、子女的，发给未满18周岁的兄弟姐妹和已满18周岁但无生活费来源且由该军人生前供养的兄弟姐妹。

（3）定期抚恤金。对符合下列条件之一的烈士遗属、因公牺牲军人遗属、病故军人遗属，发给定期抚恤金：①父母（抚养人）、配偶无劳动能力、无生活费来源，或者收入水平低于当地居民平均生活水平的；②子女未满18周岁或者已满18周岁但因上学或者残疾无生活费来源的；③兄弟姐妹未满18周岁或者已满18周岁但因上学无生活费来源且由该军人生前供养的。

对符合享受定期抚恤金条件的遗属，由县级人民政府民政部门发给《定期抚恤金领取证》。

■ 第四节　退役安置

一、退役安置的概念

退役安置是指国家和社会为退出现役的军人提供资金和服务，以帮助其重新就业的一项优抚保障制度。依据我国《兵役法》、《现役军官法》、《军队转业干部安置暂行办法》、《退伍义务兵安置条例》、《中国人民解放军士官退出现役安置暂行办法》等法律法规，安置的对象包括转业的军官、退伍义务兵和士官的安置。

退役安置主要从资金和服务两方面对退役军人提供保障。资金保障方面包括提供安置费、各级临时性生活津贴和生产性贷款；服务保障包括就业安置、就学安置、落户安置、职业培训、技术培训等。

随着社会主义市场经济体制的建立，企业、机关的用工制度发生了很大的变化，军人退役安置问题也出现了很多新情况，过去采取的通过指令性计划来安置退役军人的做法已不再适用了。由于企业有用工自主权，而国家机关也面临着机构调整，同时退役军人本身所具备的技能和综合素质与单位招工的要求有一定距离，这使得退役军人的安置更加困难。要解决这些问题，必须采取新的措施和办法，要对原有的退役军人安置制度进行改革，以适应新形势的变化。

二、退役安置的具体措施

(一) 军官的安置

依据《现役军官法》第46、47条，军官在达到平时服现役最高年龄时应当退出现役；在下列情况下，虽未达到平时服役的最高年龄，也应退出现役：①任职满最高年限需要退出现役的；②伤残不能坚持正常工作的；③受军队编制员额限制，不能调整使用的；④调离军队到非军事部门工作的；⑤有其他原因退出现役的。可见，军官退出现役，已是我国的军官制度的规范性要求，这就有必要从实践中加大力度解决军官的退役安置问题，对解决军官的后顾之忧、稳定军心也起到了重要的作用。军官的安置必须依法进行。《现役军官法》第49条规定，军官退出现役后，采取转业由政府安排工作和职务，或者由政府协助就业、发给退役金的方式安置；有的也可以采取复员或者退休的方式安置。担任师级以上职务和高级专业技术职务的军官，退出现役后作退休安置，有的也可以作转业安置或者其他安置。担任团级以下职务和初级、中级专业技术职务的军官，退出现役后作转业安置或者其他安置。对退出现役由政府安排工作和职务以及由政府协助就业、发给退役金的军官，政府应当根据需要进行职业培训。未达到服现役的最高年龄，基本丧失工作能力的军官，退出现役后作退休安置。服现役满30年以上或者服现役和参加工作满30年以上，或者年满50岁以上的军官，担任师级以上职务，本人提出申请，经组织批准的，退出现役后可以作退休安置。担任团级职务，不宜作转业或者其他安置的，可以由组织批准退出现役后作退休安置。

(二) 义务兵的安置

为了解决退伍义务兵的安置，《兵役法》专章对士兵的安置作出了规定，又有专门的《退伍义务兵安置条例》作出了进一步具体的规范。退伍义务兵是指中国人民解放军和中国人民武装警察部队的下列人员：一是服现役期满（包括超期服役）退出现役的；二是服现役期未满，因下列原因之一，经部队师级以上机关批准提前退出现役的：①因战、因公负伤（包括因病）致残，部队发给《革命伤残军人抚恤证》的；②经驻军医院证明，患病基本治愈，但不适宜在部队继续服现役以及精神病患者经治疗半年未愈的；③部队编制员额缩减，需要退出现役的；④家庭发生重大变故，经家庭所在地的县、市、市辖区民政部门和人民武装部证明，需要退出现役的；⑤国家建设需要调出部队的。

　　义务兵安置必须依法进行，依据《兵役法》及《退伍义务兵安置条例》的相关规定具体如下：

　　（1）退伍义务兵安置工作必须贯彻从哪里来、回哪里去的原则和妥善安置、各得其所的方针。由原征集的县、自治县、市、市辖区的人民政府接收安置。

　　（2）家居农村的义务兵退出现役后，由乡、民族乡、镇的人民政府妥善安排他们的生产和生活。机关、团体、企业事业单位在农村招收员工时，在同等条件下，应当优先录用退伍军人。荣获二等功以上奖励的，按照家居城镇义务兵的安置办法由县、自治县、市、市辖区的人民政府安排工作。

　　（3）家居城镇的义务兵退出现役后，由县、自治县、市、市辖区的人民政府安排工作，也可以由上一级或者省、自治区、直辖市的人民政府在本地区内统筹安排。机关、团体、企业事业单位，不分所有制性质和组织形式，都有按照国家有关规定安置退伍军人的义务。入伍前是机关、团体、企业事业单位职工的，允许复工、复职。

　　（4）城镇退伍军人待安置期间，由当地人民政府按照不低于当地最低生活水平的原则发给生活补助费。

　　（5）城镇退伍军人自谋职业的，由当地人民政府给予一次性经济补助，并给予政策上的优惠。

　　（6）义务兵退出现役后，报考国家公务员、高等院校和中等专业学校，按照有关规定予以优待。

　　（三）士官的安置

　　兵役制度中的士官是由原来的志愿兵发展而来的。对士兵的安置与志愿兵安置是有着前后的继承性的。依据《中国人民解放军士官退出现役安置暂行办法》的有关规定，士官退出现役后的安置分为复员安置、转业安置、退休安置三种：

　　1. 复员安置。退出现役的士官，服现役满第一期或者第二期规定年限的或者符合转业或者退休条件，要求复员并经批准的，做复员安置。

2. 转业安置。退出现役的士官符合下列条件之一的，作转业安置：①服现役满 10 年的；②服现役期间荣获二等功以上奖励的；③服现役期间因战、因公致残被评为二等、三等伤残等级的；④服现役未满 10 年，符合因国家建设需要调出军队而退出现役情况的；⑤符合退休条件，地方需要和本人自愿转业的。

3. 退休安置。退出现役的士官符合下列条件之一的，作退休安置：①年满 55 岁的；②服现役满 30 年的；③服现役期间因战、因公致残，被评为特等、一等伤残等级的；④服现役期间因病基本丧失工作能力，并经驻军医院诊断证明，军以上卫生部门鉴定确认的。

总之，在军队优抚方面，世界各主要国家都比较重视军官退役后的待遇，在退役金、住房保障和医疗待遇等方面，比退休的同级政府公务员较高，以保障退役军官特别是退休军官能够保持较高的生活水平，并且在政治待遇上也有着较高的体现。此外，世界上多数国家都非常注重培养军官的综合素质，尤其是在军地相通的技术上加大培训力度。这样可以保证军队在地方环境下能够生存和发展，同时，地方的先进技术、管理方式都对军队的管理具有促进、借鉴的作用。这些做法对我国的优抚安置制度改革有着十分重要的借鉴意义。

第十章　社会福利法律制度

■　第一节　社会福利法律制度概述

一、社会福利与社会福利法的概念

（一）社会福利的含义

社会福利是指国家依法为所有公民普遍提供的旨在保证其一定生活水平和尽可能提高其生活质量的资金和服务的社会保障制度。社会福利有广义和狭义之分。广义的社会福利是指提高广大社会成员生活水平的各种政策和社会服务，旨在解决广大社会成员在各个方面的福利待遇问题。狭义的社会福利是指对生活能力较弱的儿童、老人、母子家庭、残疾人、慢性精神病人等的社会照顾和社会服务。社会福利所包括的内容十分广泛，不仅包括住房、教育、医疗方面的福利待遇，而且包括交通、文娱、体育、欣赏等方面的待遇。

（二）社会福利的分类

1. 按享受对象类别，社会福利可分为以下几种类型：①为全体社会成员提供的公共福利；②为本单位、本行业从业人员及其家属提供的职业福利；③专为老年人提供的老年福利；④为婴幼儿、少年儿童提供的儿童福利；⑤为妇女提供的妇女福利；⑥为残疾人提供的残疾人福利。

2. 根据范围可以分为：①国家性福利：在全国范围内以社会成员为对象而举办的福利事业；②地方性福利：在一定地域内以该地区的居民为对象的福利事业。

3. 根据内容可以分为：①法定福利：政府通过立法要求企业必须提供的福利，如社会养老保险、社会失业保险、社会医疗保险、工伤保险、生育保险等；②企业福利：用人单位为了吸引人才或稳定员工而自行为员工采取的福利措施，比如工作餐、工作服、团体保险等。而企业福利根据享受的范围不同，可以分以下两种：①全员福利：全体员工可以享受的福利，如工作餐、节日礼物、健康体检、带薪年假等；②特殊群体福利：只能供特殊群体享用，这些特殊群体往往是对企业作出特殊贡献的技术专家、管理专家等企业核心人员。特殊群体的福利包括住房、汽车等项目。

我们在下面还将分别对公共福利、职业福利以及特殊福利加以讲解。

（三）社会福利法的概念和特征

社会福利法是调整在实施社会福利过程中产生的社会关系的法律规范的总称。与社会保障法律体系中的其他子系统相比较，社会福利法律制度具有以下特征：

1. 社会福利法的客体具有特殊性。社会福利法的调整对象在社会保障体系中具有明显的特殊性，它所针对的社会关系是在为改善和提高社会特定群体或特定领域的福利条件中形成的社会关系，所以社会福利法的保障对象具有特殊性和全民性相结合的特点。社会福利是针对全社会成员的，绝大多数的福利设施和服务是提供给全体社会成员的，即使有部分设施是专门提供给社会弱势群体的，但对于该群体内部成员而言，权利的享受也是平等的。社会成员享受的社会保障水平不可能是全体一致的，对于社会弱势群体，如老人、儿童、残疾人等，往往能够享受特殊的福利政策，而从总体上看，在一些特定领域，如卫生、教育、环保等，社会福利又是面向全体社会成员的社会保障事业，任何人都需要并且能够享受到一定的社会福利待遇。

2. 社会福利法律关系主体的多层次性。鉴于社会福利类型的社会保障的实施是极其复杂的，物力、财力投入极大的社会工程，单凭政府的力量难以完成，需要调动社会整体的力量和积极性，所以相应的，社会福利法中提供社会福利保障的主体分为政府和社会公益机构，两者相结合共同承担社会福利的社会职责。同时，由于社会弱势群体处于社会方方面面，不同的社会福利对象对社会福利的要求有很大差异，受保障的主体也具有多层次性。因此，各国的社会福利制度都既规定政府实施的社会福利的内容，又规定社会其他组织机构实施的社会福利的内容。既有政府举办的国民教育福利、也有企业举办的职业福利，以及民间举办的社区福利或慈善性福利事业，还有民办公助形态的社会福利。

3. 社会福利法的内容具有广泛性。社会福利法的内容涉及广泛，以现有的社会福利法律制度为例，就包含了教育福利、住房福利、劳动者的职工福利，以及社会化的老年人福利、儿童福利、妇女福利、残疾人福利等内容，因而社会福利法成为社会保障体系中内容最丰富、涉及领域最多的一个子系统。

4. 社会福利法所规定的福利措施具有多层次性。社会福利法律关系主体的多层次性反应了社会成员对社会福利的要求是多方面的，也是多层次的。因此，国家和社会在实施社会福利时，都对社会福利法所规定的具体实施措施有不同的诉求，不可能像社会救助、社会保险、军人优抚等其他社会保障子系统一样，施行规范统一的标准，而是在保证必要的基本的福利保障的条件下，区别不同的对象来确定具体标准，同时允许无偿的福利、低收费的福利、标准收费但不盈利的福利等同时并存，为社会成员提供水平不一的福利保障。可见，就实施措施而言，社会福利较其他社会保障子系统更为复杂。

5. 社会福利法所提供的保障具有非营利性。与社会保险法律制度相比，社会福利法律制度中保障内容的实施，一般不具有营利性质，是一种社会无偿给予的服务以及物质性、服务性帮助。虽然社会福利离不开特有的社会福利设施，如学校、公共住宅、集体福利设施、养老院、儿童福利院、残疾人学校、福利工厂、社区服务机构等，而且这些服务设施很多要采取市场的手段运营和维护，不过这些市场手段却要以保证服务的完好和充分发挥功能为前提，而不是通过它们赚取利益。当然，社会福利制度也有可能与市场性的营利行为结合发挥作用，但从社会福利这一方面讲它是不以营利为目的的。

6. 社会福利法的保障措施具有服务性。社会福利法所规定社会保障的重点在于提供和改善基本的社会福利条件，而不仅仅向特定的社会群体提供资金援助，这就决定了社会福利的措施是以提供各种福利设施和服务为主，以资金援助为辅。社会特定成员，如儿童、老人、残疾人等的福利条件的改善并不只是通过向其提供一定的资金并由其使用就能实现的，原因有三：①资金交由个人使用并不能保证资金就一定会用在社会所追求的福利改善上；②资金分散与个人难以完成一些福利设施的建设和养护；③特定群体成员所希望得到的福利待遇可能不是领取一定的资金补助，而是一些社会服务和关怀。另外，一些社会福利的实现，如提高教育水平和改善环境质量需要大量的资金投入，必须由国家进行规划和统筹，而不能通过分发资金补助来实现。因此，社会福利措施具有很强的服务性质。

7. 社会福利法律制度的范围具有拓展性。社会福利法的最终目的是改善并不断提高社会成员的生活质量。社会救助解决的是贫困或不幸社会成员的生存危机，社会保险法解决的是劳动者的基本生活保障；而社会福利法则是在解决一部分社会成员的基本生活问题的同时，更多的满足社会成员多方面的福利服务需要，并借此实现其改善和提高全体社会成员生活质量的发展目标。社会福利的范围是随着社会的发展而拓展的。最初它表现为必要公共设施的提供和对社会成员基本生活的维持，以维护人类的生存权，后来逐渐扩展到人类发展权的领域，最后延伸到娱乐、享受型公共设施、公共服务的提供等更高的层次。因此，社会福利的范围随着社会经济的发展而逐渐拓展。在经济相对不发达国家，社会福利主要解决社会成员的生存问题。

二、社会福利法的地位

在我国，社会福利法是隶属于社会保障法律体系之下，与社会保险法、社会优抚法、社会救助法相平行的概念。因此，将社会福利法与上述概念进行比较考察，对于我们准确地理解社会福利法的地位是很有帮助的。

社会保险法是一种基于保险原理而给予的物质帮助，它体现的基本精神是互助。社会保险是建立在由投保人或收益人交纳保险费的基础上的，不进行投保就无权享受保险待遇。社会福利与社会保险的基本区别在于它并不是一种保险，而是国家和社会的单方面投入，体现了现代国家和社会的一种职责和义务。

所谓社会福利，它与基于大数原则、分散危险的社会保险制度是不同的。社会福利是为所有公民提供的，利益投向呈一维性，即不要求被服务对象缴纳费用，只要公民属于立法和政策划定的范围之内，就能按规定得到应该享受的津贴服务；社会福利较社会保险而言是较高层次的社会保险制度，它是在国家财力允许的范围内，在既定的生活水平基础上，尽力提高被服务对象的生活质量。

社会优抚法，是国家和社会对于社会做出重大贡献和牺牲的公民或其家属所表示的一种特殊的关怀和抚恤。与社会福利不同，其特点是社会给予优抚对象以荣誉和表彰。尽管在社会福利中，某种福利利益的赋予也是单方面的，但是，社会福利是为了提高人民的生活质量，提高全民的素质（包括身体方面和精神方面的素质），而不是荣誉和表彰。

社会救助法，尽管也是一个与社会福利法相关的概念，它也是一种互助，但是这种互助是基于人道主义的理念而进行的。社会福利对于各种福利设施、社会服务的提供不是基于人道主义的帮助基础之上的，而是基于公共利益的需要和国家的基本职能。社会救助是针对因外部（如自然灾害）或自身原因（如无收入来源）而生活发生困难的人而实施的，而社会福利则通常针对所有人而实施。社会救助的被救助对象是已经陷入生活危机困境中的社会成员，通过救助使他们摆脱危机；社会福利的目的则在于使社会成员能够生活得更好，生活质量能够在现有的基础上进一步提高。

依据对上述概念的理解，我们认为社会福利制度在逻辑体系中从属于社会保障制度，是构成完善的社会保障体系不可或缺的重要子系统，是整个社会保障理念体系最能体现现代社会保障理念的组成部分。总的来说，社会福利法与社会保险法、社会优抚法、社会救助法的主要区别是它们分别体现了不同的价值理念。

现代社会保障体系的建立，不仅仅在于为社会优胜劣汰竞争中失败的或者遭受种种危险的不幸者提供基本的生存保障，为组成社会的个体提供生理性的物质"底线"，更在于关注这些社会弱势群体的发展，为促使他们自食其力，从"弱势"走向"优势"，发挥每一个独立人格对于社会的贡献创造条件和氛围。如果说狭义的社会保障制度指的是仅仅确保弱势群体的生存问题，那么，广义的或者说更具有进步意义的社会保障制度，应该关注这些弱势群体的发展问题。社会保障体现"人权"的维护，这个"人权"的含义不应仅限于生存的权利，更应该包含发展的权利。从某种角度上讲，人是最为宝贵的财富，每个人都有着为社会做出巨大贡献的潜力，而社会的责任之一就是尊重人，发掘人的潜力，使每一个人都成为对社会有用的人。从社会的角度讲，它绝不应当抛弃失败者或者老弱病残，应当为每一个弱势个体得以存在提供必要的生存底线，为每一个弱势群体的自立、自强创造条件，社会也应当鼓励他们这样做。从弱势群体的角度出发，每一个弱势个体最希望得到的来自社会的帮助，也绝不在于面包和衣物，而在于社会的鼓励和为他们的自立、自强提供起码的条件。因此，社会保障制度中绝不应只是解决弱势群体的物质匮乏问题，而应为弱势群体能够自食其力发挥对社会应有的贡献创造条件。

在社会保障法律体系中，社会保险旨在为人们的生老病死这些一般生活风险提供保护；社会补偿旨在为人们在遭遇如战争、暴力行为这些特殊的生活风险而受到损害时提供保护；社会救济旨在为那些不能从社会保险或者社会补偿中获得保障或者从社会保险或社会补偿中获得的保障不能维持其基本生活需要的人们提供保护；而社会福利旨在为提高和改善人们的生活质量以及实现人们的全面发展提供物质帮助和服务设施，例如住房津贴、教育津贴、青少年津贴、老年公寓、博物馆等。

社会福利制度的独特性在于它重点关注社会特定群体和特定领域的福利问题，如残疾人的就业、儿童的教育、公共环境的维护等，不仅仅在于为这些特定群体提供生存的基本保障，更在于为他们（甚至整个社会）的发展提供基本的条件，在个体难以做到但又对其发展至关重要的环节予以社会力量的帮助。因此，社会福利在社会整体的保障制度中占有至关重要的地位。

三、社会福利法律关系

（一）社会福利法律关系的概念

社会福利法律关系，是指社会福利法律规范在调整社会福利关系过程中所形成的法律上的权利、义务和责任关系，是社会福利关系在法律上的表现。社会福利法律关系是一种权利义务关系，社会成员既是权利主体也是义务主体，而政府及其工作部门则是义务和责任主体，同时相关组织或机构也可能成为社会福利法律关系的主体。如政府相关部门具有举办社会福利设施的义务和责任，社会成员享受社会福利的权利才能实现。

社会福利法律关系是社会保障法律关系的重要内容，社会福利法律关系与其他社会保障法律关系相比存在以下特征：

（1）社会福利法律关系既存在特定主体与不特定主体之间的权利、义务和责任关系，也存在特定主体之间的权利、义务和责任关系。如公共福利设施和服务是提供给一定年龄的老年人享受的，那么在某老年人与设施管理者之间存在着特定的社会福利法律关系。具体讲，如某城市对于使用公共交通的 65 周岁以上老人实行免费制度；对于中小学生进入展览馆、博物馆等公共福利设施实行免费或门票减半政策等，此时，双方当事人之间的权利义务关系是特定的。

（2）社会福利法律关系不同于平等主体之间的民事法律关系，也不同于不平等主体之间的行政法律关系，如社会福利彩票的发行、购买过程中所形成的法律关系就是社会福利法律关系的典型，对它调整既不适用民事法律规范，也不适用行政法律规范。

（二）社会福利法律关系的要素

法律关系的要素是构成法律关系的必备条件，任何法律关系都具备三个要素，社会福利法律关系也不例外，包括主体、客体和内容三个要素。

1. 社会福利法律关系的主体。社会福利法律关系属于现代法律关系，其法律关系主体既表现为抽象的法律关系主体，也表现为具体的法律关系主体，如作为享受社会福利的全体社会成员属于抽象的法律关系主体；而作为社会福利提供方的各级政府及其相关部门以及具体的慈善机构则属于具体的法律关系主体。

2. 社会福利法律关系的客体。社会福利法律关系的客体是指社会福利法律关系主体之间权利、义务和责任共同指向的对象，具体讲，就是社会福利设施、社会福利待遇和社会福利服务等。

3. 社会福利法律关系的内容。社会福利法律关系的内容是社会福利法律关系的基础，它是根据社会福利法律规范所确定的各类主体的权利、义务和责任来确定的，具体包括：①政府及其相关职能部门，如民政部门、财政部门等，这些部门承担着支持和举办社会福利事业的职责，只有这些部门履行了职责，社会成员才能享受到相应的社会福利。②相关事业机构，如慈善机构、社区组织公共福利机构等，是社会福利义务的承担者，担负着相应的职责。只有上述机构和组织履行了自身的职责，社会成员的具体社会福利权利才能得以实现。③企业或其他社会经济组织。我国正处于社会主义初级阶段这一基本国情必然使得部分社会福利的实现，要通过国家政策扶持、相关制度规范，而由民间机构组织来承办，如老年人福利院、儿童福利院在政府的相应政策予以支持的条件下，是可以由民间组织按照微利原则来举办的。④社会成员，既包括特定社会成员，又包括不特定的社会成员。他们是社会福利权利的享受者，他们享受社会福利的权利是由社会福利法律规范所规定的。如一些公共场所对特定人群乃至全体公众免费开放，社会成员具有免费使用该场所的权利，而相关机构则承担提供这类场所的义务和责任。[1]

■ 第二节　社会福利法制现状及发展

一、西方"福利国家"制度概述

※选择性阅读

"福利国家"是指在"混合经济"的条件下，由政府采取大规模行动强调社会利益，实行公民"由摇篮到坟墓"的门类齐全的社会保险和福利项目，以保障公民在其生存期间能享受到最低生活水准的国家。简言之，福利国家是指由政府提供福利的国家，而将慈善机构等由非营利机构和个人提供的福利排除在外。

"福利国家"这一概念，在西方世界被接受和广泛应用，是从第二次世界大战以后开始的。战后初期，英国、瑞典等西欧国家最早宣称它们是"福利国家"，其他发达资本主义国家也相继效仿，纷纷以"福利国家"标榜，通过建立内容广泛的社会保障制度，扩大政府的社会福利支出，增强国家对收入分配乃至整个社会经济的调节作用。经过40多年的实践，社会保障制度已日益成为现代资本主义社会经济制度的一个重要组成部分，政府的社会福利支出在国民收入中已占相当高的比例，社会福利政策已经对各国的经济产生了重要的影响。

对"福利国家"的理解与现今社会中通行的价值观与共识总是息息相关的。社会福利措施的基本理念由早期的防治贫民暴动、维持社会治安，经由工业化、社会解构之后为避免社会问题而由国家承接起社会照顾的责任，

---

〔1〕　贾俊玲主编：《劳动法与社会保障法学》，中国劳动社会保障出版社2005年版，第347～348页。

演变到以法定强制保险保护国民免于一般性的生活风险（生老病死等），在此庞大的社会安全机制之后的基本理念已有数度巨大的变迁。

工业社会进入后现代时期，社会、人口、经济、政治环境起了重要变化，包括人口老化、离婚率上升、家庭核心化、失业问题严重、经济竞争激烈、政府威信下降等，过度慷慨的福利制度恐怕难以持续。西方"福利国家"制度的诸多问题愈发明显地暴露出来：社会高福利、政府高税收、生产高成本、社会高失业率、竞争力下降、政府借贷和赤字增加。

很多国家的福利制度随着经济、人口、社会变化加剧，加上经济全球化和市场化的冲击，分别采取了相应对策。

西方福利国家普遍采纳的应变措施有几方面：严格控制社会福利膨胀，把受助标准定得更严，援助水平冻结或封顶，撤销一些服务，鼓励供应机制竞争，把部分公营服务外判或交给民间社团甚至市场承办，广泛推行服务收费等。当然，在发达国家之中会有做法与侧重点的差异。[1]

二、我国现行的社会福利制度

1993 年 4 月，民政部发布了《国家级福利院评定标准》，同年 8 月，民政部又发布了《社会福利业发展规划》。1994 年 12 月，民政部发布了《中国福利彩票管理办法》。1997 年 4 月，民政部与国家计委联合发布的《民政事业发展"九五"计划和 2010 年远景目标纲要》指出，残疾人可以除了过去单一的在福利企业就业，还增加了分散就业的方式。1999 年 12 月，民政部出台了《社会福利机构管理暂行办法》。通过这些法规可以看出，无论是社会福利院和社会福利企业的发展，福利资金的筹集，亦或是残疾人就业，社会福利机构的管理等，我国的社会福利事业正在逐步从官方举办引向社会举办，并按福利需求设立福利项目。例如，按照老年人的不同需求设立养老院、老年公寓、老年护理服务、老年家政服务等福利项目，并将福利对象扩展为所有有福利需求的老年人。

"社会福利社会化"是一个中国特色的概念。经过 20 多年的探索实践，民政部对社会福利社会化概念有了一个比较明确的界定。2000 年 4 月中旬，民政部在广东省召开了全国社会福利社会化工作会议，会议提出的"社会福利社会化"，就是政府在倡导、组织、支持和必要的资助下，动员社会力量建设社会福利设

---

〔1〕 郭成伟、王广彬：《公平良善之法律规制——中国社会保障法制探究》，中国法制出版社 2003 年版，第 335 页。

施，开展社会福利服务，满足社会对福利服务的需求。[1]

随着改革的不断深入，原本主要的福利形式——职工福利事业逐步走向社会化，因而，单位和企业负担大大减轻的同时，国家和社会举办的福利事业在迅速发展，能够不断满足不同社会成员对于福利项目的需求。目前，我国社会福利事业的改革还没有社会保险改革进展快、步伐大，但是它正朝着社会化、规范化的方向发展。

我国的社会福利事业是在计划经济体制下建立和发展起来的，在管理、运行和服务等方面都带有明显的计划经济的色彩。近年来，随着市场经济的发展，社会福利制度越发显出其滞后性，远远落后于市场经济发展的要求。作为社会保障制度的一部分，与社会保险制度相比，其改革的步伐也是相对落后的，这种现状必须加以改变。在社会福利立法方面，以下几点需要考虑：

（1）要正确考虑社会福利在社会保障制度中的定位，应充分发挥社会福利制度在社会文明与进步中的作用。社会福利是对社会成员和部分特殊社会群体提供的福利设施和服务，表层次是满足社会成员的生活需要，深层次它代表了社会文明和进步的程度。因此，我们应当在充分认识社会福利制度在社会进步中作用的基础上，构筑和发展我国的社会福利制度。

（2）要完善社会福利立法，提升社会福利行政立法层次。在整个社会保障制度中，涉及社会福利内容的行政法规立法相对落后，更多表现为一些政策性文件。而且，涉及社会福利的规定也存在不健全和不配套的问题，缺乏法律的权威性和强制力，必然影响社会福利制度的发展和各项福利措施的落实。因此，国家必须加快社会福利立法，从机构、管理、人员、服务、资金的来源与使用、受益的主体和内容等各方面对社会福利制度予以规范，明确各机构和人员的职能和责任，以及社会成员享有的各项权利等。

（3）要真正体现社会福利的普遍性原则，对社会成员享有的社会福利权予以充分的保障。普遍性是社会福利制度的基本特征，如上所述，我国社会福利制度还带有明显的身份色彩，这显然不符合市场经济发展的需求。因此，在社会福利立法中，应当消除城乡之间、不同所有制企业之间、大中城市与小城市之间社会成员享受福利待遇的差别，建立国家统一的社会福利保障体系。

（4）加强社会福利的社会化。长期以来，我国社会福利很大部分由企业和单位来举办，使企业和单位背上了很大的经济负担，从职工住房到托儿所、幼儿园、食堂、浴室、各种娱乐设施等一应俱全，在一个单位里，社会福利设施是封

---

〔1〕 易松国、丁华：《从福利理念的变迁看中国社会福利社会化改革》。

闭性的服务，只为本单位员工提供，这既加大了企业单位的成本，也不利于发挥福利设施效率。这种状况应当改变，要发挥社会福利社会化管理和服务的功能。

（5）保障社会福利有充足的资金来源。目前，我国对社会福利的资金投入较少，每年用于社会福利事业的经费拨款占国民生产总值的比例大约为0.1%，远远低于发达国家，也落后于许多发展中国家，这种状况大大制约了社会福利制度的发展。因此，在制定有关社会福利立法时，必须明确规定社会福利事业预算的投入，通过法律的强制性规定来保证国家对社会福利资金的投入。此外，也应当制定相关的立法来规范民间资金对社会福利的投入，如有关民间募捐资金的管理和使用，福利彩票的发行和管理等。只有保证有足够的资金投入，才能使我国社会福利事业不断发展。

■ 第三节 公共福利法律制度

一、公共福利制度的含义

公共福利是社会福利的重要组成部分，而广义的公共福利就是社会福利。狭义的公共福利是指国家和社会为满足全体社会成员的物质及精神生活基本需要而兴办的公益性设施和提供的相关服务。我们这里所指的狭义的公共福利，是社会福利的重要项目。公共福利以全体社会成员作为福利授予对象，目的是为了提高全民的身体素质、生活质量，丰富人民的文化生活，其内容十分广泛，涉及人民生活的诸多方面。教育福利、卫生福利、文化康乐福利以及住房福利等都属于公共福利。

公共福利的提供通常采用三种形式：①通过公共服务而使全体人民享受某种利益；②通过福利设施建设为公民开展各种文化、娱乐、审美、体育等活动创造条件；③通过一定的补贴保障公民的生活质量得以提高。

公共福利所体现的社会福利法律关系更多地体现为一种政府及相关部门的社会责任，而享受公共福利的主体是社会全体成员。社会越发展，公共福利事业发展越快，公共福利水平越高，而针对社会特殊群体的特别福利的范围就越窄，因此，发展公共福利事业是提升全社会福利的关键。

加快社会公共福利立法步伐，建立适应市场经济体制的社会公共福利事业是社会发展的必然要求。合理、科学的社会公共福利必须具有刚性约束的责任，即政府及相关机构必须建设必要的公共福利设施。

二、公共福利制度的内容

公共福利的内容十分广泛，涉及人民生活的诸多方面，这里概括介绍以下几个方面：

（一）住房福利

1. 住房福利制度概述。在市场经济条件下，房屋是一种商品，但仍然是公民最基本的生活环境和条件，因此保证公民基本的居住条件必然成为国家和社会的一项基本职责。国家有义务帮助公民获得良好的居住条件，国家这种为公民获得住房或改善居住环境而提供的一定利益也是一种福利。由于其针对的对象为全体社会成员，因此住房福利属于一种公共福利。

以社会福利方式改善公民的居住条件，要通过国家对公民获得住房和改善居住条件让与一定利益的方式实现。通过这种利益的赋予使公民能够取得比单纯依靠自己的能力或按市场价格获得更好的居住条件。因此，国家的这种额外利益赋予改善了公民的居住条件。

2. 住房福利制度的内容。住房福利主要针对公民生活性住房而实施的，对于生产经营性的房屋，是不属于公共福利性照顾范畴的。住房福利的主要内容包括：提供低租住房；提供住房补贴；住房金融政策。具体措施有：

（1）政府直接建设福利性住房，定向低价出售给特定的住户，或规定住房开发商划出一定比例的住房，定向低价出售给特定的住户。

（2）由政府作为所有人向住户提供低租金的住房，或对出租人给予租金补贴，使其以低于市场价格的租价向租户出租房屋。

（3）对住房的开发商或提供人给予一定的补贴，使其以低于市场价格的售价将住房出售给住户。这种补贴可以采用土地使用权出让价格优惠、税收优惠或资金补贴等形式进行。

（4）提供住房补贴。如向租户支付一定比例的货币，以替代住户支付部分的租金；向住户提供购买房屋价格一定比例的货币，以使其能够购买房屋；向住房需求者支付一定金额的货币，以使其能够利用该笔资金修建房屋。

（5）进行政府干预，向住户提供低息的住房贷款，减轻购房者的还款负担。

3. 住房福利制度改革。

※选择性阅读

我国在住房市场化改革的同时，又重新提出廉租房。1998 年国务院发布《关于进一步深化城镇住房制度改革加快住房建设的通知》，针对"最低收入家庭"提出了"廉租房"政策，规定："对不同收入家庭实行不同的住房供应政策。最低收入家庭租用由政府或单位提供的廉租住房……"。显然，这仍然是传统意义的廉租房。不过，现在它所涉及的对象，仅仅是城镇低保对象，与过去是完全不同的。

新的廉租房政策在执行过程中出现变型，许多地方采取房租补贴方式提供福利，政府直接提供的实物性廉租房很少。这一转变，实质上是住房福利制度方式的转变。

1994 年建设部、国务院房改领导小组、财政部联合发布《城镇经济适用住房建设管理办法》，目的是配合住房体制改革，用新的体制为城镇中低收入者提供住房。政府为经济适用房提供建设用地、资金、税收等方面的优惠，按照规定的面积及质量标准，由政府有关部门或开发商承建，以低于商品房的价格出售给中、低收入者。为了贯彻经济适用房政策，1994 年开始启动了历时 5 年的"安居工程"，建设部提出了《实施"安居工程"意见》，规定建设平价住宅，除国家安排的贷款外，地方政府应从财政、房改所形成的住房基金以及住房公积金等渠道安排资金，政府划拨土地，主要建设两室户型，也可根据实际情况安排少量的三室和一室户型，住房以建设的成本价格或房改方案中规定的价格向城市中、低收入的住房困难户出售。经济适用房实质上是为购房者提供住房福利。在改革传统公房福利的时候，在购房领域提出新的福利政策是一种新趋势。

与廉租房相比，无论从单位面积，还是户均以及人均指标看，经济适用房的福利成本都要小得多。显然，廉租房是由政府承担全部成本，而经济适用房只有部分成本由政府承担，其他都由购房者承担。调查一些项目，比较经济适用房单位面积售价和福利成本，就可以知道政府及购房者在其中分担的责任。[1]

(二) 教育福利

1. 教育福利的概念。在现代社会，经济和社会生活建立在高度分工的基础之上，因此，每一个人都必须自幼接受教育，才能走向社会，适应社会环境，投入社会竞争，使自己能够获得充分的发展。

教育本身具有福利性，特别是基础性的义务教育更是带有明显的福利性质。虽然近年来出现很多私立性质的教育机构，但是在基础的文化知识教育领域中，

---

[1] 孙炳耀："城镇低收入人群住房福利研究总体思路"，载 http://www.studa.net/jingji/060101/0929403-2.html.

教育从来就是国家办的事业，无论任何国家都是由政府来主办，义务教育是免费的教育。教育是国民立足社会的基础，也是国家发展的根本所系。中国的教育已经从过去的福利教育走向了混合型的多元教育体系，其显著特征是教育投资主体多元化、教育机构多元化、受教育者需求多元化和多种因素综合影响导致的混合型局面。

2008 年 9 月 1 日，继 2007 年全面推行农村义务教育免除学杂费政策后，国家在全国范围内全部免除城市义务教育学杂费，它预示着我国义务教育阶段学生全部实现了免费上学。这标志着中国又一次实现了义务教育发展的新跨越，全面进入了免费义务教育的新阶段，进入了义务教育发展的新时代。

2. 教育福利的内容。国家有义务为学龄儿童提供受教育的一切便利条件，保障每一位儿童不分民族、性别，都拥有平等接受义务教育的机会。为此国家还采取措施保证国民义务教育的落实，主要包括：

（1）在基础教育阶段全面普及义务教育，免除学杂费。对于特殊困难家庭的子女、孤儿、弃儿，以及社会福利机构收养的儿童中学习成绩特别优秀的，给予的资助和照顾必要时可以延续到高等教育阶段，以体现受教育机会的平等。

（2）在中等以上教育机构设立助学金、贷学金、奖学金，资助家庭困难学生求学，并鼓励学生学习。助学金无偿提供给贫困学生，用以解决其在学期间的基本学习、生活费用。贷学金是一种无息或者低息有偿资助，学生在学期间得到的资助，在其学成参加工作后一次性或分次偿还，也可以由用人单位偿还。

（3）鼓励设立捐助教育基金，以资助家庭困难的学生、奖励成绩特别优异的学生。

（4）鼓励社会力量办学，以及通过举办各种贫困助学工程解决部分适龄儿童入学问题。在我国，影响最大的就是由"中国青少年发展基金会"牵头发起的全国性的救助失学儿童上学的"希望工程"。

（5）国家推行各种教育制度。对于聋哑人、弱智等能力障碍儿童，国家通过投资设立特种学校使他们能够接受教育，并在教育过程中进行矫治，这是教育福利的重要内容。通过这项制度，使存在身心缺陷的儿童能获得接受教育的机会，并通过这种教育，使他们成为自立、自强、自尊、自重的社会成员。

3. 目前教育福利存在的问题。一方面，由于我国正处于社会结构的转型期，在福利走向多元体系的进程中，法律制度的欠缺，管理体制的不合理，以及相关配套机制的不完善，使得教育领域中存在明显的不公平，在某种行为上甚至扭曲着整个社会人力资本的投资行为，造成教育投资的失败与低效。在各类学校中，无论是小学、中学还是大学，重点学校通常成为财政性教育经费的重点拨款对象，而非重点学校的办学条件长期得不到改善，政府往往对学历教育较为重视，而对非学历如职业教育自改革以来都不能长期给予应有的支持，致使职业教育的迅速衰落。因此，公共教育资金分配的不公已造成了一些不良的后果。另一方面，国民受教育权机会亦存在着不公平现象，主要表现在城市人与农村人不公平之间，在接受继续教育与技能培训的机会方面，农村劳动者无此机会。与此同时，农村相当部分家庭还存在男女之间的性别歧视，主要反映在女性受教育程度低于男性。

（三）卫生福利

健康是人类社会最宝贵的财富，是每个人的一项基本权利。健康具有维护社会安全，保障基本人权、发展社会生产力、建设精神文明和反映社会公德等社会功能。政府和全社会对保护和促进人民健康负有义不容辞的责任。社会保障以保障人的生存权与发展权为最基本的特征，所以也就是关注和参与卫生保障事业。

一方面，基本卫生保健是社会福利的重要内容，其目的在于预防病害，提高公民的身体素质。此方面的福利表现在国家通过投资建立各种医院、防疫、保健机构和设施，为公民提供就医机会，防止疾病传播，进行疫情调查、统计和处理，保证公民能够在安全卫生的环境下生活，尽可能减少疾病。另一方面，国家通过提供各种服务，采取预防措施提高公民的防病抗病能力。如组织各种疫苗的免费接种、引导公民改变饮食结构和饮食习惯等。尽管医院等医疗机构提供的服务大多是建立在交易和社会保险的基础之上的，但是，国家保证公民就医机会和便利的就医条件则是一项福利措施。因此，国家在卫生保健福利方面的基本职责是：通过投资和政策引导，使公民得到便利就医条件；通过卫生防疫机构，直接为公民提供必要的医疗服务；组织推行和推进医疗和卫生防疫方面的研究；进行卫生保健宣传工作，引导公民改变不卫生的生活习惯，进行疾病预防保健工作；不断提高医疗水平和卫生防疫水平；保障并不断提高公民生活环境的卫生等。

（四）文化康乐福利

文化康乐福利是指国家和社会为满足人们的文化康乐和精神需求而兴办的具有福利性质的文体活动设施和相应的服务，包括公园、图书馆、博物馆、群众艺术馆、文化康乐中心等场馆以及群众性体育设施等。

并非所有的文化康乐设施都属于社会福利范畴，要成为文化康乐福利必须符合下列条件：①国家或集体兴办和实施管理，并给予资金支付；②为满足社会大众的精神需要而兴办的，不以营利为目的；③实行免费或低偿的服务；④向社会开放，广大群众能普遍、平等地享用。

在市场经济条件下，文化娱乐方面的消费主要有以下两个层次的消费途径：

①通过支付服务费用，购买文化娱乐产品，获得文化娱乐享受；②通过国家和社区提供的公共产品和公共服务而获得文化娱乐方面的享受。

第一种途径社会福利色彩较淡。国家应当通过适当的政策性引导，使得文化娱乐方面的设施和服务机构设置合理，使公民能够便利地接受这种营利性的文化服务，并对文化市场进行监督，保障文化市场的正确导向，使公民能够获得丰富、健康、价格合理的文化享受。为了保证文化娱乐服务网点设置合理，国家对于有关机构的设立可以给予一定的政策性优惠或财政补贴。

第二种文化娱乐享受的提供则具有较为浓厚的社会福利色彩，这种文化娱乐福利的提供通常有以下几种方式：

（1）采用国家投资或社会集资的方式建立文化娱乐设施和文化娱乐服务机构，但为了保证文化设施能够得到正常的维持，及时的维修和不断的更新，在经营管理上可以采用企业的经营模式。为了使更多人能够享受文化娱乐设施，文化服务的收费针对特定人群，或者在特定时间有特定的优惠，如北京市多数市属公园已经免费对公众开放，电影院也开展了半价观影日的活动。

（2）通过立法使文化娱乐业经营者在一定的时间内提供免费的公共服务，如规定文艺演出单位或专业的文艺工作者每年进行一定次数的义务演出。

（3）提供具有纯粹的公共产品性质的文化娱乐设施和文化娱乐场所，如建立文化广场，历史传统教育基地，在学校广场投放大量体育健身器材等。组织全民健身活动并提供群众性体育活动的设施。

（4）通过大众传媒提供文化服务，如在电视节目中安排文化节目等。

（5）对于文化服务机构给予一定额度的补贴。

（6）直接组织免费、开放的文化服务项目，如文化馆、站组织有文艺特长的辖区居民进行联谊活动、文化演出等。

（五）环境福利

环境对社会福利的重要作用主要表现在：①环境是人类赖以生存、繁衍和发展的外部条件，是人类享受社会福利的一个不可或缺的客观环境。只有拥有一个良好的外部环境，人类才谈得上生存和发展以及获得更高质量的生活。②环境为人类提供维持其生存和发展必不可少的生产生活资料，这些自然资源又是社会福利实现的物质基础，同样，各种社会福利设施、福利政策一样离不开这些物质基础。③环境是人类获得精神享受和娱乐美感的重要资源，是实现社会福利的重要条件，人类除了物质需求外，还有精神需求。因此自然生态不仅能够满足人类物质方面的需求，而且也能够满足人类在精神方面的需求。

随着社会的发展，尤其是工业化的加剧，现代社会对于环境的压力愈来愈大，环境污染和环境破坏成为现代社会不得不解决的迫切社会问题。环境质量的好坏直接决定了社会福利条件的优劣，可以说，环境质量已经成为基本的社会福利条件，并且对社会的全体成员的福利条件都起着举足轻重的作用，涉及社会福利当中的环保问题主要有：

（1）确保生活所需的基本环境要素不受污染。一些人类生活所必需的环境要素如水、大气、土壤等是人们生活的基本条件，一旦遭受污染和破坏，则会给生活、工作、学习带来很大的障碍。

（2）维持健康优美的生活环境。近代工业生产的发展虽然提高了人们的物质生活水平，但同时也导致了环境的污染和破坏，随着人们环境意识的不断提高，享受大自然优美健康的环境已经成为衡量生活水平的重要标准，也成为每一个社会成员所应享有的社会福利的重要内容，例如绿化城市、划定自然保护区、防止水源污染等。

■ 第四节 职业福利法律制度

一、职业福利概述

职业福利，又称职工福利，是行业和单位为满足其职工的物质文化生活需要，保证职工一定生活质量而提供的工资以外的津贴、设施和服务的社会福利项目。

职业福利按其"社会化"程度可以划分为两个层次：一个层次是国家通过一定的法律手段和途径在某些行业和企业中普遍实行的制度，如职工探亲假制度、与职业关联的特殊津贴制度。这一层次的职业福利中，企业的非生产性、福利性的设施投资来源于国家和集体，企业的福利基金也可以从上缴的利润中提留。因此，职业的福利形式为单位集体福利，其实质就是"国家福利"。另一层次是单位在完成国家所有税项任务前提下力所能及地、自主地为职工提供的福利，是行业或单位内部的福利。这种福利是真正意义上的职业福利。[1]

二、职业福利的特征

职业福利与其他社会福利项目比较，具有以下特征：

〔1〕 郭成伟、王广彬：《公平良善之法律规制——中国社会保障法制探究》，中国法制出版社 2003 年版，第 299 页。

（1）职业福利以用人单位和职工之间建立就业关系为标志，只有在本行业、本单位就业职工方能享受，但是其某些内容的福利对象也包括职工家属。

（2）职业福利一般以普遍性原则向本行业、本企业的所有职工提供，但某些企业可能在服务时间长短（工龄）和贡献大小上规定职工享受待遇的高低差别。

（3）职业福利不是单纯地由一方赋予的，企业提供职业福利是带有目的性的。职业福利的直接目的在于，保证职工一定的生活水平并提高生活质量。而对于雇主和企业而言，在于增强职工的凝聚力，培养职工的归属感和群体意识，留住和吸引高质量的劳动力为本行业、本企业服务。

（4）职业福利水平的高低要受到企业的经济效益的影响，同时也受企业经营者观念意识的左右。因为职业福利的主要资金来源于企业盈利，企业效益好，职业福利水平就好。同时，企业经营者的观念意识对职工福利也有重要影响，他们关心职工福利与否及关心的程度，常常通过职业福利有所表现。

三、职业福利的内容

一般认为，凡是用人单位在工资之外给予劳动者的利益都属于职业福利范围，但并不是所有的劳动报酬以外的利益都是职业福利。职业福利按照不同的标准可以分为不同的表现形式。

1. 按照职业福利制定的依据可分为两类：法定福利和用人单位自主福利。

（1）法定福利。它是根据国家的政策、法律和法规，用人单位必须为职工提供的各项福利。具体而言，主要是指用人单位必须为其职工所缴纳的各种社会保险和住房公积金等，包括养老保险、医疗保险、工伤保险、失业保险、生育保险、住房公积金。

（2）用人单位自主福利。它是用人单位根据自身的单位性质、管理特色、财务状况和职工的本身需求，向其职工提供的各种补充性保障措施以及向职工提供的各种实物、服务甚至带薪休假等。如企业补充养老金计划（企业年金）、企业补充医疗计划、带薪休假、过节费、加班费、住房补贴、交通补贴、购物券等。

2. 按照职业福利的形式可分为三类：福利津贴、工时性福利、福利设施与福利服务。

（1）福利津贴。一般以现金形式提供，是职工工资收入以外的收入。福利津贴涉及衣食住行方方面面，可以以多种具体形式、多种名目表现。从发放方式看，可以是普遍均一标准，也可以是同职工的岗位、工龄、贡献挂钩的特殊津贴，甚至可以与职工家庭经济状况、子女数量关联，带薪假期在某种情况下也可以视为津贴的一种形式。

（2）工时性福利。这种福利是与职工具体工作时间长短有关的福利，如休假或弹性工时。

（3）福利设施与福利服务。这是用人单位通过兴建一些生活设施满足职工在工作之外需求的一种福利，包括职工食堂、职工宿舍、托儿所、幼儿园、浴室、理发室、休息室等生活福利设施，以及文化室、俱乐部、职工图书馆、健身房、泳池、运动场、歌舞厅等文化、康乐设施和场所，为职工文化活动、学习生活提供便利条件，职工可以平等地享用。与之相对应的福利服务内容相当广泛，包括与上述各项设施相关的各项服务，也包括诸如接送上下班、接送职工子弟上学、提供健康检查等特别服务。

3. 按照职业福利的施与对象可分为两类：职工集体福利和职工个人福利。

（1）职工集体福利是指为了满足职工集体生活需要或职工共同的生活需要而设置的各种福利项目和设施。集体福利的基本特点是为了解决职工集体生活，或每一职工或众多职工的共同需要而提供的某种设施，也可以表现为一种福利性服务。企业职工的集体福利通常表现在举办职工食堂，解决职工就餐困难；设立哺乳室、托儿所和子弟学校，减轻职工家庭负担，方便职工子女就学；修建各类生活服务设施，为职工提供生活便利性服务；设立各种完善的娱乐设施，丰富职工业余文化生活，如修建俱乐部、电影院、图书馆或图书室、体育场等；组织职工开展各项文化娱乐活动和体育健身运动；对职工进行免费的文化教育和技术培训；提供班车，为职工上下班提供便利。

（2）职工个人福利是指用人单位赋予职工个人某种利益的一种福利形式。通常包括：修建职工住宅，改善职工的居住条件；用人单位和行业给予本单位、本行业劳动者的用于维持和提高其生活水平的各种生活性补贴，如取暖费等；用人单位在国家规定的基础保险之外为了使职工在将来能够获得较高的保险待遇而给予的补充性社会保险；休假制度中规定的在休假期间职工的各项待遇不变；此外，一些条件较好的企业对本单位职工实行的饮食补贴、交通补贴等也属于职工个人福利。

■ 第五节　特殊福利法律制度

一、特殊福利的含义

国家和社会为了维持和提高某一特定人群的生活水平和生活质量而提供给其一定的社会福利称为特殊福利。需要注意的是，特殊福利提供的对象虽然是特定群体的公民，但它不是一种特权，而是帮助他们能够像其他大多数社会公民一样生活。福利的赋予是为了帮助他们改善生活现状。特殊福利主要有以老年人为对象的老年人福利，以妇女和少年儿童为对象的妇女和少儿福利，以残疾人为对象的残疾人福利等。

特殊社会福利制度是指政府出资为那些生活困难的老人、孤儿和残疾人等特殊困难群体提供生活保障而建立的制度。为保障特殊困难群体的生活权益，国家颁布了《中华人民共和国老年人权益保障法》(以下简称《老年人权益保障法》)、《中华人民共和国残疾人保障法》(以下简称《残疾人保障法》)和《农村五保供养工作条例》等法律法规。有关法律法规规定，对城市孤寡老人、符合供养条件的残疾人和孤儿实行集中供养，对农村孤寡老人、符合供养条件的残疾人和孤儿实行集中供养与分散供养相结合；集中供养一般通过举办社会福利院、敬老院、疗养院、儿童福利院等福利机构进行；对于残疾人，通过政府的优惠政策兴办多种形式的社会福利企业，帮助适合参加劳动的残疾人获得就业机会。

二、老年社会福利法律制度

（一）老年社会福利的概念

老年社会福利是国家为改善老年人物质生活和精神生活所提供的福利项目、设施和服务的总称。老年社会福利具有特殊性，其享受对象是丧失劳动能力、体弱多病的老年人，其内容必须符合老年人的生理和心理特点，需要国家和社会予以特殊考虑和照顾。为做好老年福利工作，《老年人权益保障法》第33条规定了各级地方政府在这方面的义务。

（二）我国老年社会福利法律制度的现状

中国的老年社会福利事业是指在政府的领导下，在社会各方面力量的参与下，对于处在特殊困境下的老年人所提供的养护、康复等方面的服务。

中国关于保护处在特殊困境下老年人合法权益方面的法律法规，是我国老年社会福利事业存在和发展的基础。我国《宪法》规定："中华人民共和国公民在年老、疾病或者丧失劳动能力的情况下，有从国家和社会获得物质帮助的权利。"在《民法通则》、《刑法》和《婚姻法》等有关法律中都有保护老年人合法权益的明确规定。1996年，《老年人权益保障法》正式颁布实施，这是中国第一部专门保障老年人合法权益的法律，它的制定和实施，进一步丰富、健全了我国现行的法律体系。《老年人权益保障法》在家庭赡养和扶养、社会保障、参与社会发展、法律责任等方面对老年人应有的权利作出了明确规定，为老年人特别是为处在特殊困境下的老年人，实现"老有所养、老有所医、老有所乐、老有所学和老有所为"提供了法律保障。

1994年国务院颁布了《农村五保供养工作条例》，标志着我国的农村五保工作走上了法制化和规范化的轨道，为处在特殊困境下农村老年人合法权益的保护提供了制度保障。

1999年5月，建设部和民政部联合下发了《老年人建筑设计规范》，12月，民政部发布第19号部长令，发布了《社会福利机构管理暂行办法》，标志着我国老年人福利事业朝着法制化、规范化的方向迈进了一大步，必将对今后我国老年人社会福利事业健康有序的发展起到重要的作用。

2001年3月，《老年人社会福利机构基本规范》、《残疾人社会福利机构基本规范》和《儿童社会福利机构基本规范》作为行业标准予以公布实施。前不久，国家级职业标准《养老护理员国家职业标准》颁布实施，该标准对养老护理员职业的活动范围、工作内容、技能要求和知识水平等都作出了明确规定，标志着我国老年护理的进一步专业化、科学化。

（三）老年社会福利的内容

老年人福利并不是国家给予老年人的一种特权，而是由于年老的原因，他们不能像中青年一样享受社会提供的各种便利和服务。因此，对于老年人的生活必须给予特别的考虑。同时，由于不同的年龄，不同的社会经历，使他们有着各自不同的生活习惯。因此，提高老年人的生活质量，使他们老有所为，安度晚年，需要国家和社会的共同努力。老年人福利的主要内容包括：

1. 满足老年人生存与安全需要的福利。

（1）社会养老。养老方式有两种：一是家庭养老；二是社会养老。家庭养老，是指对老年人物质生活的需要、日常生活的照料和精神生活的慰藉，完全依靠家庭来满足，这种方式是养老的传统模式，能够满足老年人的生存需要、感情需要、尊敬需要、安全需要以及老有所为的需要。但是随着现代家庭规模逐渐缩小，社会人口老龄化趋势越发严重，家庭养老负担将会不断加大。因此，家庭养老必然向社会养老过渡。

当家庭对老年人履行不了赡养义务或对老年人的某些权益难以保障时，需要依靠全社会各方面力量的共同努力，弥补家庭养老的不足，实现对老年人合法权益的保障。社会养老就是由国家和社会承担养老的主要责任。国家和社会应建立一整套的养老计划和政策为所有老年人提供生活保障以及必要的福利设施和服务。社会养老特别关注帮助老年人实现三个方面的需要：①对个人发展和融入社会的需要；②帮助解决日常生活困难的需要；③在老年人患病或发生其他危机时给予帮助的需要。在社会养老方式下，老年人的衣食住行葬等，在政策、设施、服务上都能够得到保障，从而使得老年人安心放心。国家和社会建立专门的面向服务老年人的组织、机构和各种设施，使老年人离开家庭也可以得到帮助，甚至得到更大的发展。

强调家庭养老和社会养老相结合，这是《老年人权益保障法》的特色，既不是单纯的家庭养老也不是单纯的社会养老，而是将这两者有机地结合起来，形成有中国特色的养老形式。《老年人权益保障法》在规定"老年人养老主要依靠家庭"的同时，还规定了"社会保障"的养老内容，依靠全社会的力量，保障老年人的合法权益，弥补其家庭养老职能的不足，逐步改善保障老年人生活、健康以及参与社会发展的条件。

（2）加强老年人的医疗保健工作。老年人社会福利最突出的一点是对老年人身心健康的保障，应当针对老年人的特点进行医疗保健。国家和社会有责任为老年人提供健康照顾，增强其活动能力和生活质量。老年人医疗保健涉及多方面，主要包括：国家和社会有责任研究符合老年人特点的医疗保健政策，采取各种方法预防老年疾病，并建立以医疗机构为基础和以社区为依托的医疗保健组织，配备必要的设备和足够的医疗服务队伍，为老年人提供医疗服务；根据老年人的需要，建立健全各种老年人医疗保险服务；改善老年人的生活居住条件，如建立老年公寓、疗养院、日间护理中心等；为老年人提供符合其特点的各种营养保健食品和其他生活必需品。

2. 满足老年人尊重与享受需要的福利。老年人需要开展与自己年龄、健康状况和文化修养相适应的各种文化娱乐活动和体育健身活动，需要有自己熟悉的社交圈以进行各种社会活动。为了满足这方面的需求，各国都举办了各种形式的老年活动机构，如建立适合老年生活和活动的配套设施；开展适合老年人的群众性文化、体育、娱乐活动，丰富老年人的精神生活；同时在参观、游览、乘坐公共交通工具等方面为老年人提供优待和照顾。

3. 满足老年人发展需要的福利。如国家发展老年教育事业，办好各类老年学校，为老年人继续受教育提供方便；国家为老年人参与社会主义物质文明和精神文明建设创造条件，发挥老年人的专长和作用；妥善安置老年人的再就业，发挥老年人余热，并使老年人通过职业活动实现身心健康。老年人再就业一方面可以充分发挥老年人的余热，为社会作出贡献；另一方面，也有利于老年人的身心健康。因此，国家和社会应当根据老年人的特点，特别是老年人的专业特长和身体状况，适当安排老年人的再就业。

4. 建立老年人福利津贴制度，维持和提高老年人的生活质量。老年人福利津贴是一种普遍性的养老金计划（或称福利养老金计划），这些计划为所有超过规定年龄的社会成员提供养老金，而不管他们的收入、就业状况或经济来源如何。养老金的发放是公民的一种平等权利的体现，其普遍性原则意味着全体公民都可以得到不依附于市场能力的收入待遇，是典型的福利保障形式。[1]

三、未成年人福利法律制度

（一）未成年人福利的概念

在我国，未满18周岁的公民是未成年人。未成年人福利，是指国家和社会为保障未成年人的特殊需要和特殊利益而提供的照顾和福利服务，是社会福利项目之一。从广义上说，包括国家和社会对于所有在法定年龄以下的公民单向予以的各种利益，涉及未成年人的保护、养育、教育和卫生健康等多个方面。狭义的未成年人福利，仅指国家和社会对于失去家庭的未成年人、具有生理和精神障碍的少年儿童给予的特殊利益，包括弃婴、孤儿的收养，伤残儿童的医疗，精神障碍儿童的康复以及对于这些儿童的教育等。

从实践角度看，我国社会福利的对象主要是儿童，但对孤儿的福利，一直延续到周岁，因此也有青少年福利的意义。其实，我国的城市街道、居委会在青少年服务方面开展了很多工作，只不过没有放在社会福利工作之内。实际上，街道开展的青少年服务也是为了满足他们在学习、生活以及社会活动方面的需要，具有福利服务的性质。

（二）未成年人福利制度的立法概况

未成年人是祖国和社会的未来，为他们提供良好的社会福利是世界各国的普遍做法，多数国家对未成年人福利立法予以规制。

我国根据国情，参照相关国际组织和世界其他国家有关保护儿童权益的法律和国际文件，制订了一系列相关法律保障未成年人的合法权益。《宪法》明确规

---

〔1〕 郭成伟、王广彬：《公平良善之法律规制——中国社会保障法制探究》，中国法制出版社2003年版，第307页。

定："国家培养青年、少年、儿童在品德、智力、体质等方面全面发展"，"儿童受国家的保护"，"禁止虐待儿童"。有关法律对儿童的生命权、生存与发展、基本健康和保健、家庭环境和替代性照料、教育、休闲和文化活动以及残疾儿童的特殊保护等均有全面、系统的规定，并规定对虐待、遗弃、故意杀害儿童以及偷盗、拐卖、绑架、出卖、收买儿童等犯罪行为，予以严厉惩处。在我国有关法律法规中，同时对于保护儿童权益的政府职能、社会参与工作原则以及其相应的法律责任加以规范。我国以《宪法》为核心，同时在包括《刑法》、《民法通则》、《教育法》、《义务教育法》、《残疾人保障法》、《未成年人保护法》、《婚姻法》、《妇女权益保障法》、《收养法》和《母婴保健法》等一系列法律法规以及大量相应的法规和政策措施中对有关未成年人生存、保护和发展问题加以规范调整，初步形成一整套保护儿童权益的法律体系。

与此同时，对于残疾儿童的社会福利，我国还通过《教育法》、《义务教育法》、《残疾人保障法》、《残疾人教育条例》等法律法规加以规定。对残疾儿童教育的职责、特点、发展方针、办学渠道、教育方式等作出了全面、系统的规定。根据有关法律法规，中国政府将残疾儿童教育纳入义务教育。

（三）未成年人福利的内容

1991 年 9 月 4 日我国颁布了《未成年人保护法》，并于 2006 年对其进行修订。其中有专门内容对未成年人福利加以规定。

未成年人福利的目的在于保护未成年人的身心健康，保障未成年人的合法权益，促进未成年人在品德、智力、体质等方面全面发展。制定未成年人福利法应遵循以下原则：①保障未成年人的合法权益；②尊重未成年人的人格尊严；③适应未成年人身心发展的特点；④坚持教育与保护相结合的原则。[1]

未成年人的社会福利法律规定内容应当包括：

1. 未成年人医疗卫生保健及服务。国家应立法规定，对未成年人进行相应的医疗保健和健康服务，属于社会福利立法范畴。具体包括积极防治儿童常见疾病、多发病，免费接种防疫，定期进行健康检查，兴办专业儿童医疗机构等。《未成年人保护法》第 44 条规定："卫生部门和学校应当对未成年人进行卫生保健和营养指导，提供必要的卫生保健条件，做好疾病预防工作。卫生部门应当做好对儿童的预防接种工作，国家免疫规划项目的预防接种实行免费；积极防治儿童常见病、多发病，加强对传染病防治工作的监督管理，加强对幼儿园、托儿所

---

〔1〕 郭成伟、王广彬：《公平良善之法律规制——中国社会保障法制探究》，中国法制出版社 2003 年版，
　　　第 308 页。

卫生保健的业务指导和监督检查。"

2. 教育福利。普及九年义务教育，保障每一个适龄儿童能够获得接受教育的机会。社会和家庭应当尊重和保护未成人受教育的权利，国家、社会、学校和家庭有责任对未成年人进行理想教育、道德教育、文化教育、纪律和法制教育，进行爱国主义、集体主义和社会主义的教育。自 2008 年 9 月起，我国已经从农村到城市全面实行免费的义务教育，减免学杂费用。

3. 加强未成年人社会福利设施的建设及其服务。加大建设相应的儿童、少年福利设施，建立、普及托儿所、幼儿园、儿童服务中心、少年宫、儿童公园等。同时为了能使这些设施真正为未成年人服务，应加强未成年人社会福利优惠制度。一些公共福利设施对未成年人给予免费优惠或一定折扣的票价。《未成年人保护法》规定："各级人民政府应当建立和改善适合未成年人文化生活需要的活动场所和设施，鼓励社会力量兴办适合未成年人的活动场所，并加强管理。"

4. 保障孤残未成年人、家庭生活困难的未成年人同其他同龄人一样平等地享受各项权利，过上幸福的生活，使他们能够健康成长。《未成年人保护法》明确要求当地政府要承担起农民工同住子女义务教育的责任；各级人民政府应当采取措施保障家庭经济困难的、残疾的和流动人口中的未成年人等接受义务教育。

（四）我国的儿童福利院制度

※选择性阅读

中国的儿童福利院工作是中国儿童工作的特殊组成部分。儿童福利院和其他监护养育部分儿童的社会福利院监护养育的儿童主要是因天灾和不可预测事故失去双亲的孤儿，同时也监护养育因身患难以完全康复的智残、肢残等重残或因严重疾病而被父母遗弃的儿童。

在中国，由民政部门具体负责孤儿和被遗弃的病残儿童的监护养育和安置工作。

中国现阶段的孤儿监护养育办法是：一部分由国家和集体举办社会福利事业单位集中监护养育，直至他们长大成人，对监护养育的痴呆和重残孤儿实行终身供养；另一部分分散在社区群众家中寄养，福利院对其实行监护；还有一部分由国内公民根据法律规定收养，少部分被外国公民依法收养。

除政府和社会建立福利院抚养孤儿和被遗弃的病残儿童外，中国还积极开展公民收养工作，使这些丧失家庭的儿童重新得到家庭的温暖，健康成长。为了保护合法的收养关系，维护当事人的合法权益，有利于被收养的未成年人的抚育、成长，全国人民代表大会常务委员会制定了《收养法》。根据该法，经国务院批准，司法部、民政部发布施行了《外国人在中华人民共和国收养子女实施办法》。中国的孤儿收养工作有法可依，也完全符合联合国《儿童权利公约》提出的原则。

中国政府倡导助孤活动，要求全社会都来关心和帮助孤儿健康成长。近几年，中国群众性助孤活动日益深入，主要表现在：①广泛开展群众性献爱心活动，一批批志愿者队伍得以涌现。在上海、北京等地开展的"好心人抱一抱孤儿"、"为孤残儿童献爱心、送健康"、"援助孤儿大行动"、"爱心同盟"等活动，均得到社会各界的积极响应。②成立了中华慈善总会，得以更为有效地宣传慈善事业，广泛募集捐助。总会系统募集的社会捐助中相当一部分用于资助孤儿就业培训和为孤儿实施脱残手术。③社会各界关心儿童福利院，向儿童福利院捐款捐物，支持儿童福利院不断改善养育、救治和教育条件，同时多个地方建立了孤儿福利基金。④个人投资兴办儿童福利院的积极性日渐高涨，民间社会福利机构不断增多。

2003 年，全国有 192 个专门的儿童福利机构，近 600 个综合福利机构中设有儿童部，共收养孤残儿童 5.4 万名。中国残联系统已建立聋儿听力语言康复机构 1700 余个，脑瘫儿童、智力残疾儿童、孤独症儿童康复中心及社区康复机构上万个。2003～2004 年，通过开展康复训练，已使 10 余万脑瘫儿童、智力残疾儿童、聋儿得到不同程度的康复。在普通学校随班就读和附设特教班就读的残疾儿童招生数量和在校生数量分别占特殊教育招生总数和在校生总数的 63.64% 和 66.23%。流动儿童、少数民族儿童、贫困家庭儿童的权益受到特殊保护。更多的流浪儿童、残疾儿童得到社会救助。[1]

四、妇女社会福利法律制度

妇女社会福利是基于同男子相比，妇女在生理和心理上相对处于弱势，需要加以特殊照顾和保护而建立的。妇女福利是国家和社会为保障妇女的特殊需要和特殊利益而提供的照顾和福利服务，是社会福利项目之一。

妇女社会福利是整个社会福利制度的一个重要组成部分，妇女福利的发展程度也是国际社会衡量一个国家文明程度的重要指标。我国政府一贯重视妇女发展和进步，长期将男女平等作为促进我国社会发展的一项基本国策，运用法律、行政、教育等各种手段，切实维护和保障妇女的地位和权益。《中华人民共和国妇

---

[1]　国务院办公厅编："中国儿童发展状况"，载 http://www.china.com.cn/zhuanti2005/node_5875376.htm.

女权益保障法》（以下简称为《妇女权益保障法》）第 28 条明确规定："国家发展社会保险、社会救助、社会福利和医疗卫生事业，保障妇女享有社会保险、社会救助、社会福利和卫生保健等权益。国家提倡和鼓励为帮助妇女开展的社会公益活动。"

妇女福利的内容十分广泛，并且普遍地涉及社会保障的其他内容和条款。概括地说，主要有以下几个方面：

1. 特殊津贴与照顾。为妇女发放特殊津贴是现今各国比较普遍的福利方式之一。国际劳工组织较早通过的 1919 年《保护生育公约》（第 3 号）的宗旨就是"保护妇女劳动者的产前产后的全部假期内，应能使产妇本人及其婴儿得到支持和照顾"。许多国家的劳动立法都明确规定了雇主应支付劳动者产假工资或者生育津贴，若妇女不能从用人单位获得这种必要的保护，便由社会保障机构提供。除生育津贴之外，有些国家还会向妇女提供其他项目的社会福利津贴。如我国《妇女权益保障法》第 29 条规定："国家推行生育保险制度，建立健全与生育相关的其他保障制度。"

2. 对女性劳动者的保护性职业待遇。对于职业妇女的劳动保护方面的福利通常包括对其劳动强度、劳动时间的规定，此外还包括妇女卫生休息设施的建立，对"三期"妇女给予的特殊照顾等。

《妇女权益保障法》第 26 条规定："任何单位均应根据妇女的特点，依法保护妇女在工作和劳动时的安全和健康，不得安排不适合妇女从事的工作和劳动。妇女在经期、孕期、产期、哺乳期受特殊保护。"第 27 条规定："任何单位不得因结婚、怀孕、产假、哺乳等情形，降低女职工的工资，辞退女职工，单方解除劳动（聘用）合同或者服务协议。但是，女职工要求终止劳动（聘用）合同或者服务协议的除外。各单位在执行国家退休制度时，不得以性别为由歧视妇女。"

3. 为妇女提供必要的福利设施和服务。国家和社会有责任为妇女提供各种必要的福利设施和服务。福利设施和服务应涉及妇女生活、保健等多个方面，例如妇女保健机构、妇产医院、妇女活动中心、妇女咨询服务中心、妇女用品专卖店等。各地方还可根据当地条件采取不同的福利措施，如北京市 2008 年开展针对全市妇女的宫颈癌、乳腺癌的排查工作，正是妇女社会福利服务的具体表现。

4. 建立各种机构和组织，维护妇女的合法权益和利益。尽管在法律上妇女享有与男子同等的地位，但由于妇女的性特点和传统的封建意识，妇女权利和利益非常容易受到损害，因此，应当建立维护妇女权利和利益的各种机构，当妇女受到不公正地对待和非法侵害时，可以利用这些组织的力量维护女性权益，这也是世界各国的普遍做法。

五、残疾人社会福利法律制度

(一) 残疾人福利的概念

残疾人福利，是指国家和社会在保障残疾人基本物质生活需要的基础上，为残疾人在生活、工作、教育、医疗和康复等方面提供的设施、条件和服务，是社会福利的一个重要项目。

(二) 残疾人福利的内容

残疾人福利，是指国家和社会在保障残疾人基本物质生活需要的基础上，为残疾人在生活、工作、教育、医疗和康复等方面提供的设施、条件和服务。主要包括以下内容：

1. 保障残疾人的基本生活。国家和社会有义务采取扶助、救济和其他福利措施，保障和改善残疾人的基本生活。对生活确有困难，又没有条件从事劳动、鳏寡孤独、无生活来源的残疾人，通过多种渠道给予社会救济和困难补助，保障他们的生活。国家和社会对保障、改善残疾人的生活负有以下职责：①国家和社会采取扶助、救济和其他福利措施，保障和改善残疾人的生活；②对生活确有困难的残疾人，通过多种渠道给予救济、补助；③对无劳动能力、无法定扶养人、无生活来源的残疾人，按照规定予以供养、救济；④地方各级人民政府和社会兴办福利院和其他安置收养机构，按照规定安置收养残疾人，并逐步改善其生活。

扶助，包括在政策、物质和精神等不同方面提供扶持和帮助。救济，则是对丧失劳动能力或虽有一定劳动能力，但不能维持基本生活的残疾人，实行定期、不定期的接济、补助。供养，是对无劳动能力、无法定扶养人、无生活来源的残疾人，国家、集体和社会组织对他们实行长期供养、救济。而举办福利安置收养机构，则是安置收养无劳动能力、无法定扶养人、无生活来源的残疾人的一种有效途径。

2. 多渠道、多层次、多形式开拓残疾人就业门路，扩大就业范围，提供就业机会，保障残疾人的工作权利和自我实现的权利。《残疾人保障法》规定："国家保障残疾人劳动的权利。"

(1) 集中就业，是指由国家和社会开办残疾人福利企业、工疗机构和其他福利型经济组织，安排残疾人就业。社会福利企业是安置具有一定劳动能力的残疾人集中就业的具有社会福利性质的特殊企业。《残疾人保障法》第 32 条规定："政府和社会举办残疾人福利企业、盲人按摩机构和其他福利性单位，集中安排残疾人就业。"

(2) 分散就业，即国家要求有关企事业单位、机关、团体按照一定比例安置残疾人就业。《残疾人保障法》第 33 条规定："国家实行按比例安排残疾人就业制度。国家机关、社会团体、企业事业单位、民办非企业单位应当按照规定的比例安排残疾人就业,并为其选择适当的工种和岗位。达不到规定比例的,按照国家有关规定履行保障残疾人就业义务。国家鼓励用人单位超过规定比例安排残疾人就业。"

(3) 个体开业,由残疾人自己组织起来就业或者作为个体经营者实现就业。

(4) 农业劳动,对于农村的残疾人应当按照与正常人一样的标准使其承包土地,国家应当在税收、贷款等方面给予优惠和减免。

国家对安排残疾人就业达到、超过规定比例或者集中安排残疾人就业的用人单位和从事个体经营的残疾人,依法给予税收优惠,并在生产、经营、技术、资金、物资、场地等方面给予扶持。国家对从事个体经营的残疾人,免除行政事业性收费。

同时,残疾人所在单位、城乡基层组织、残疾人家庭,均应当鼓励和帮助残疾人参加社会保险。残疾人参加社会保险,是解除单位、家庭和残疾者本人后顾之忧的重要措施。福利工厂、福利院、其他残疾人所在单位、家庭和城乡基层组织应当帮助残疾人投保,一般采取个人投保、集体办理,集体和个人共同投保等方式,帮助残疾人办理社会保险。重度智残人和精神残疾人需要其法定抚养人、监护人代其办理社会保险。

3. 大力发展残疾人特殊教育,提高残疾人的文化素质和自立能力。我国《残疾人保障法》对于残疾人教育设专章加以规定。国家保障残疾人享有平等接受教育的权利。残疾人教育包括一般教育和特殊教育。一般教育是使残疾人像正常人一样享受各种教育的机会,对于肢体残疾的残疾人主要实行这种教育。残疾人特殊教育是通过特殊的方式或为了特殊的目的而进行的教育,如聋哑人手语教育,盲人的盲文教育以及智障儿童的矫治性教育等。这类教育只能以特定的残疾人为对象。对于残疾人接受一般教育和特殊教育,国家和社会应当给予支持和鼓励,并为其创造各种条件和便利。

4. 加大残疾人生活、工作、教育、文化娱乐活动的设施及器材的生产。《残疾人保障法》规定:"无障碍设施的建设和改造,应当符合残疾人的实际需要。新建、改建和扩建建筑物、道路、交通设施等,应当符合国家有关无障碍设施工程建设标准。各级人民政府和有关部门应当按照国家无障碍设施工程建设规定,逐步推进已建成设施的改造,优先推进与残疾人日常工作、生活密切相关的公共服务设施的改造。对无障碍设施应当及时维修和保护。"

5. 在社会公共服务领域为残疾人提供便利及优惠。公共服务机构有义务为残疾人提供优先服务和辅助性服务。如残疾人乘坐车、船、飞机等,应提供方便；残疾人必需的辅助器具，如轮椅、拐杖、盲杖等，应准允免费携带；盲人可以免费乘坐市内公共汽车、电车、地铁、渡船；残疾人可以优先购买车船票、飞机票、公园和剧院门票等；开辟轮椅通道和使用厕所的辅助性设备，引导盲人进出公共场所；盲人读物邮件免费寄递等。各级人民政府应当逐步增加对残疾人的其他照顾和扶助。

（三）我国残疾人福利政策与立法的发展

我国 1982 年《宪法》首次规定："国家和社会帮助安排盲、聋、哑和其他有残疾的公民的劳动、生活和教育"；1988 年 9 月，经国务院批准颁布实施了《中国残疾人事业五年工作纲要》；1990 年 12 月，全国人大常委会审议通过《残疾人保障法》；1991 年 12 月，国务院批准颁布《中国残疾人事业"八五"计划纲要》及其 16 个实施方案，随后又分别制定了"九五"、"十五"、"十一五"等计划纲要，就残疾人生活保障、教育、医疗康复、就业、无障碍建设等方面提出了明确的目标；1994 年 8 月，国务院颁布了《残疾人教育条例》；2007 年 2 月，又颁布了《残疾人就业条例》；2008 年又对《残疾人保障法》进行了修订。目前，中国已有《残疾人保障法》等涉及残疾人权益保障的法律 50 多部，《残疾人教育条例》等保障残疾人权益的专门性法规 100 余部。同时，各省、自治区、直辖市也制定了大量的残疾人保障法实施办法和其他保障残疾人权益的地方法规，中国残疾人福利政策法律体系初步形成。

2008 年，北京市借助举办残奥会的契机实施了《无障碍设施建设和管理条例》，这是我国首部关于无障碍设施建设和管理的地方性法规。同时，其他省市的残疾人设施管理办法也相继出台，如 2007 年 12 月《内蒙古自治区无障碍建设管理办法》审议通过；2008 年 5 月《湖北省无障碍设施建设和管理规定》审议通过；2008 年 8 月《河北省无障碍设施建设使用管理规定》审议通过。据悉，其他省市也正在开展相关地方立法。

2008 年修订后的《残疾人保障法》对涉及残疾人基本生活、医疗康复、教育、劳动就业、文化生活、社会保障、无障碍环境等各方面的内容进行了重大修订，适应了新形势下我国残疾人福利事业发展的需要。目前，关于无障碍环境、精神卫生的法规也在讨论与制定之中。此外，政府还出台了《关于促进残疾人事业发展的意见》，对今后中国残疾人事业的发展提出了全面构想，有力地推动了中国残疾人福利事业的发展。

第十一章 农村社会保障法律制度

■ 第一节 农村社会保障与社会保障法概述

一、农村社会保障的涵义

农村社会保障是相对于城镇职工、城镇居民社会保障而言的一个概念。农村社会保障主要是指政府、集体或社会，整合社会力量，为社会成员中的农民及其家庭成员提供基本生存发展保障，化解社会风险问题的一种制度安排。其实质是通过部分社会财力的分配和再分配，提高整个社会稳定和可持续发展。农村社会保障的定义包括以下几点：

（一）政府是农村社会保障的责任主体

农村社会保障是以农村全体社会成员为对象而建立的，农村社会保障的主体包括权利主体、责任主体和经办主体等。农村社会成员是享有社会保障权的权利主体，当然往往会以家庭为单位的形式表现出来；政府、集体或社会是提供农村社会保障的责任主体，这不仅因为保障包括农村社会成员在内的全体社会成员的基本生存发展是政府、社会的责任，而且因为这种保障也是为了社会稳定和经济可持续发展。所以，政府、社会是农村社会保障当然的责任主体。此外，农村社会保障是一个复杂的、庞大的系统，需要专门建立专业的负责实施和经办的职能机构，即需要经办主体。

（二）农村社会保障覆盖范围是全体农村社会成员

也就是说，农村社会保障的对象是农民及其家庭成员。首先，这里覆盖的农民及其家庭成员就是指全体农村社会成员，是农村社会保障社会化的本质体现。其次，以农民及其家庭成员作为农村社会保障的对象，把保障的范围扩展到没有达到公民年龄的人和因种种原因失去公民资格的人，表明农村社会保障是全民社会保障的一部分，它不应仅限于农村的公民，甚至仅仅特指农民。

（三）农村社会保障属于阶段性的特殊类型

就人权保障而言，社会保障的对象是全体社会成员，应该在全社会范围内建立统一的社会保障制度。但是，城乡差别、工农差别是客观存在的事实。尽管随着城乡经济一体化水平、社会生活水平的提高，其差距将逐步缩小，但在目前及今后相当长的一段时间，城市与农村在生产、生活方式方面存在的巨大差异难以消除。因而，我国社会保障也就不能不分为城市社会保障和农村社会保障两个部分。虽然它们互相影响、互相制约，共同构成我国完整的社会保障体系，但毕竟在形式、内容、结构及运行机制等方面存在明显区别，这就产生了农村社会保障这一特定的社会保障类型。

二、农村社会保障法的概念和性质

农村社会保障法是指国家或社会以社会利益为本位，整合社会力量，调整政府、社会团体和农村社会成员之间，在保障农村社会成员基本生活及发展的权利，化解社会风险问题的活动中所产生的农村社会保障关系的法律规范的总称。

农村社会保障法是社会保障法的重要组成部分，它具有如下属性：

1. 农村社会保障法以社会利益为本位。农村社会保障法以谋求农民的社会利益为己任，它与农民的基本生存发展有着密切的联系。国家通过立法建立农村社会保障制度，就是为了使农民的基本生存发展获得保障。

2. 农村社会保障法追求社会公平的价值理念。通过社会保障制度对国民收入进行分配和再分配，实现国民收入的转移和风险防范的社会化。总之，从社会强者转移到社会弱者，从而尽量使人与人之间的交往具有公平的基础，使得农民与其他社会成员之间更加平等。

3. 农村社会保障法落实人权保障。农村社会保障法强调对农民实行特殊的保护，正是基于农民享有人权的落实和对农民具有社会弱者身份这一社会现实。农民天然地就是社会弱者，一方面由于农业生产的高风险性；另一方面由于各种社会原因造成对农民的漠视，导致了农民在基本生存发展上远远低于城市居民。为此，通过建立和完善农村社会保障法来维护农民的基本生存发展权。

三、农村社会保障法的地位

如上所述，我国农村社会保障法是我国社会保障法的重要组成部分，是我国社会保障法律体系中不可或缺的分支系统。根据保障具体对象的不同，我们也可以将社会保障法分为城镇企业职工社会保障法、城镇居民社会保障法和农村社会保障法。三者共同组成完整的社会保障法律体系，彼此有着密切的联系。首先，三者都是我国社会保障法律中不可分割的重要组成部分。缺少任何一个部分，整个社会保障法律法规会因调整对象无法涵盖全国所有不同类型和地区的社会保障关系而显得残缺。其次，三者都是以公平作为所追求的价值理念。最后，三者都是以宪法为依据，是宪法规定的公民享有的社会保障权利的具体落实。

然而，农村社会保障法与城镇企业职工社会保障法、城镇居民社会保障法间也存在着明显的差别：①调整对象不同。尽管制定的社会保障基本法的调整对象包含着我国社会保障的基本关系，但其针对特定方面和项目的社会保障法律所调整的范围，主要侧重于城镇职工或城市居民社会保障所产生的社会保障关系，而农村社会保障法的调整对象，仅包含涉及农民的相关社会保障所产生的社会保障关系。②立法内容不同。正是由于调整对象不同，才使得立法内容有着明显差异。这种差异主要体现在社会保障强制程度、社会保障水平、资金筹集和发放、社会保障的机构和管理体制等各个方面。

四、农村社会保障法律关系的特点

农村社会保障法的调整对象是其所调整的社会关系，可以称之为农村社会保障关系，具体包括政府与社会团体（包括社保职能机构）与农民及其家庭成员之间的关系、不同的社会团体之间的关系、农民相互之间的关系，以及相关的集体组织与农民和社会团体（包括社保职能机构）之间的关系。根据农村社会保障法的概念和性质，农村社会保障关系应具有以下几个特征：

1. 农村社会保障关系中的权利与义务具有非对应性。在农村社会救助、农村优抚安置和农村社会福利等法律关系中，享受社会保障权的农民，不需要履行缴费等法定义务，只要具备了一定的条件或主体身份，即可享受相关的社会保障权利。即使在农村社会保险中的基本养老、基本医疗、生育保险等项目中，农民及家庭负有较少的缴费义务与获得较大的保险待遇，两者也是不对应的。有必要说明的是，在农村社会保障领域内，虽然农民的权利与义务、国家的权力与职责呈现出一定的非对应性，但是在总体上，二者的权利（权力）总量与义务（职责）总量还是对应与平衡的。

2. 农村社会保障关系既有纵向的政府行政管理关系，也有平等主体之间的横向关系。农村社会保障制度的建构，农村社会保障项目的确定，农村社会保障的管理与运作、监督及争议的解决，都体现了政府的职责，也表达了农村社会保障关系纵向的内涵。而对于社会性组织向农村的捐赠、农民之间的互助与合作，乃至地区之间的援助与帮扶，则更多地体现了横向色彩。二者在农村社会保障法律与农村社会保障政策的引导之下结合，体现出社会保障关系是一种社会连带责任关系。农村社会保障的各方主体在农民社会保障权的核心范畴下，通过社会保障权利和义务的连接，形成了一种社会连带责任关系。它既不同于平等主体之间意思自治的民事关系，也不同于当事人之间地位不平等的行政关系。

3. 农村社会保障关系既具有人身关系又具有财产关系。农村社会保障包括农民养老保险等社会保险、农村社会救助、农村社会福利、农村优抚安置等。除农村的社会福利具有广泛性以外，农村的社会保险、农村的社会救助、农村的优抚安置等都是针对特定群体的，体现出一种强烈的身份性和人身关系的特性。同时，农村社会保障作为社会保障的组成部分，从核心上讲是一种给付，通过这种物质性给付，使作为保障对象的农民获得生存、生活的必需品。从这个角度看，农村社会保障关系又有强烈的财产关系属性。

五、农村社会保障法的权利、义务

农村社会保障法律关系的权利、义务具有非对应性，既有无须履行义务的法定权利，也有不享受任何权利的法定义务。权利主体主要是农民及其家庭成员，只要具备主体身份或符合一定条件，即可享受农村社会保险基本养老、基本医疗、生育保险等项目，享受农村社会救助、农村优抚安置和农村社会福利等社会保障权，而后者不需要履行缴费等法定义务。义务主体主要是政府、集体、社会团体。基于社会保障法倾斜保护社会弱者的理念和农民在经济条件、社会地位等方面处于弱势地位的现实，政府应该加大对农村社会的保障。在农村社会保障领域内，虽然农民的权利与义务、政府的权力与职责呈现出一定的非对等性，但是在总体上，二者的权利总量与义务总量还是对等与平衡的，实际上是通过在某些领域、某些法律中的局部不对等、非均衡，达到一种总体上的均衡与对等。[1]

六、农村社会保障法的原则

（一）更加注重公平的原则

社会保障的产生与建立这种制度的根本目的，是为了维护社会稳定、矫正"市场失灵"、实现经济社会的协调发展。它受整个社会经济关系（在我国是效率优先、兼顾公平）的制约，但自身却必须是公平优先，在此基础上兼顾效率（这里的效率是指社会保障自身的效率），实现可持续发展。在建立健全农村社会保障立法的过程中，坚持效率优先，就是要优先解决农民最关心、最直接、最现实的问题，优先安排农村社会保障制度中最急需、最实惠、最见效的资金项目，努力提高社会保障资金的投入产出率或成本收益率，以实现现有财力约束下社会保障的综合效益最大化。在坚持效率优先的前提下，更加注重公平，在公平与效率之间保持张力。要努力扩大公共财政覆盖范围，强化政府对农村的公共服务；按照公共服务均等化原则，合理调整现有财力结构，加大国家对欠发达地区的支持力度；各级财政都要在国家分配中坚持"存量微调、增量倾斜、综合平

[1] 石秀和等：《中国农村社会保障问题研究》，人民出版社2006年版，第469~470页。

衡、讲究效率"的政策思路，更加注重支持落后地区和农村的发展，更加注重农村社会公平建设。

（二）保障水平与经济发展相适应的原则

农村社会保障的立足点必须是保障广大农民的基本生活需要，这是由我国农村当前和今后相当长时期的经济发展水平所决定的。我国农村人口数量庞大，经济基础相当薄弱，社会保障制度残缺不全，加之我国还是一个发展中国家，人均财政收入不高，国家综合实力不强。我国总体上还处于工业化发展的中期阶段，现有的经济水平和国家财力还难以给 8 亿农民健全的、较高水平的社会保障制度。因此，现阶段农村社会保障还难以完全替代土地保障和家庭保障，农村养老和医疗保障仍然必须坚持和强调社会保障与土地保障和家庭保障相结合；必须坚持以个人缴费为主、集体与国家补助为辅、国家适当给予政策扶持相结合；坚持保障水平与经济发展相适应的原则。

（三）因地制宜区别对待的原则

我国地域辽阔，各地经济发展极不平衡，而且这种态势在相当长的时间内都不可能根本改变。因此，必须从农村经济发展的差异性出发，因地制宜、因时制宜、因人制宜、稳步实施。从地域上讲，经济发达地区全面推进农村社会保障体系的条件已基本成熟，有的可以一步到位，直接实行城乡统一的社会保障体系，有的则宜立足于建立覆盖面广、保障项目完备的农村社会保障体系；经济中等发达地区全面推进农村社会保障的条件尚未完全成熟，应当重点抓好最低生活保障制度、合作医疗制度、农村养老保险等基本制度的建设，以后随着经济社会的发展和工作的深入再全面推开；经济欠发达地区全面推进农村社会保障制度的条件还很不成熟，尤其是部分农民还没有完全解决温饱问题，农民筹资非常困难，地方财政也力不从心。因而对于欠发达的农村地区，应本着急用先立的原则，从农民最急需的保障项目入手，先建立农村低保，实行合作医疗试点，并在经济条件较好的农村进行养老保险制度试点。从时间先后或具体步骤上讲，必须贯彻"先易后难，稳步推进，重点突破"的战略方针，先重点突破乡镇企业职工、专职村干部、民办教师等群体的保障工作，当纯农户比例降到一定程度和经济发展达到一定水平时，再全面推行。

（四）城乡统筹的原则

我国目前二元化格局下的城乡保障差别过大，城乡劳动者的境遇很不平等，这种局面必须改变。但要根本解决我国二元经济结构问题，必须大力发展农村经济尤其要发展现代农业经济，增加农民收入，改善农民生产生活条件，提高广大农民群众生活水平和自我保障的能力。在总的管理原则上，目前农村社会保障应与城镇社会保障有所区别，不能一步到位，不能互相攀比，不能顾此失彼，城乡两种社会保障制度并行不悖，双轨运行。但是社会保障理论体系应一脉相承，社会保障项目要基本一致，资金管理原则要基本一致，规定要互相衔接，立法要基本一致。加快在农村建立健全社会养老保险、农村医疗保险、农村最低生活保障制度，力争到 2020 年实现农村社会保障与城市社会保障的基本接轨，最终建立起城乡一体化的社会保障体系。

■ 第二节　农村社会保障法律制度的产生和发展

一、国外农村社会保障法律制度的借鉴

（一）欧盟国家的农村社会保障法律制度

欧盟成员国农业人口的比例都很低，土地实行私有制，政府实行出价统购农产品政策，农民的基本生活已经得到很好的保障。在此基础上，欧盟国家都有覆盖全部农业人口并强制其参加的农村社会保障法律制度。德国和法国建立了专门针对农民的社会保障方面的法律和制度，其他国家则通过"扩面"的方式逐步将农民纳入社会保障的范畴。

※选择性阅读

1. 德国的农村社会保障法律制度。主要特征包括以下几个方面：①项目全。德国农村社会保障的内容包括了养老、医疗、护理、事故、生育等五方面的内容，很好地保障农民在生命波折期的基本生活需要。②覆盖面广。德国的农村社会保障几乎覆盖了所有农业人口。③标准高。在缴纳同等数额保险费的前提下，在每一个保障项目下提供的保障原则上与一般的社会保障待遇相同。④津贴多。在德国的社会保障体系中，政府只为农业人口的社会保障提供津贴，使得农民在比城市雇员少缴纳保险费的前提下却可以享受和他们同样待遇水平的保障。

2. 法国的农村社会保障法律制度。法国的农村社会保障制度是从 1952 年开始真正建立起来的，其保障的对象包括农民及其家属、农业工薪人员。法国的农村社会保障法律制度的内容包括养老、医疗、工伤、家庭补助等项目。其实质是国家以工补农，促进农业发展，保护农民利益，进行收入再分配，缩小城乡差别的一项重要的社会政策。近年来，欧盟各国人口老龄化状

况日益严重及其总体削减社会保障费用，对农村社会保障的管理日益严格，其主要趋势为：提高农民领取养老金的年龄，普遍都在 65 岁及以上；除普遍的国民年金外，其他给付的养老金都与被保障者的缴费相联系。

（二）发展中国家的农村社会保障法律制度

发展中国家由于经济原因，社会保障体制普遍不健全。各国农村的社会保障法律制度都具有各自的特色。在发达国家，到目前为止所有的重点都放在建立和发展多支柱形式的养老金，即养老金来源的费用要缴摊。但是，在发展中国家，情况就不同了，非缴摊的社会养老保障制度更引起了发展中国家政治家和观察家们的高度注意。2002 年在马德里举行的"联合国第二次全世界老年问题行动计划"会议中，世界银行（WB）所建议的在发展中国家建立老年人的非缴摊性的养老金制度得到了世界上很多国家包括国际劳工组织（ILO）、国际社会保障协会（ISSA）、国际非政府组织（NGO）和学术界的支持。从这里，可以看到非缴摊的养老金制度的影响力，在全球范围内的"老龄化"浪潮来临的时候，为什么国际上的注意力集中到一些发展中国家正在建立"普惠制"的、依靠税收融资的养老金制度的做法？

※选择性阅读

1. 土耳其的农村社会保障法律制度。土耳其的农村社会保障法律制度是在 1983 年建立起来的，主要是为了保障农民中的农业工人。1999 年，土耳其进行了社会保障制度的整合。农民的保障主要内容包括养老保障和医疗保障，按照其核定年收入的 20% 缴费，缴费年限为 15 年。养老基金的赤字由国家财政补贴。

2. 印度的农村社会保障制度。印度作为一个人口大国，有超过 20% 的人口生活在贫困线以下，作为一项扶贫政策，由政府向低收入和没有供养人的老人（不分城乡）提供每月 5 美元的补贴。

3. 哥斯达黎加的 NCP 计划[1] 上世纪 80 年代哥斯达黎加政府否定了当时已经采用的进口替代发展模式，采用了基于非传统产品的出口发展模式来减少政府对经济的干预，这使得哥斯达黎加的贫困问题突显出来。为了减轻或降低贫困，哥斯达黎加政府一方面大量减少了对传统社会项目的基金投入量来降低财政支出；另一方面又不得不强化提供补助资金来扶贫。NCP 计

---

〔1〕 张敬一、赵新亚编著：《农村养老保障政策研究》，上海交通大学出版社 2007 年版，第 66～69 页。

划是哥斯达黎加政府的扶贫项目，启动这一项目的目标是为没在任何类型养老金计划内的极端贫困人口提供资金支持。1989 年这一计划包括了为严重瘫痪的人口提供养老金。因此，NCP 计划现在管理了哥斯达黎加两类养老金项目，即基本养老金项目和严重瘫痪人口养老金项目（PCP）。

哥斯达黎加 NCP 计划的主要问题可以归为两类：①资金数量问题。在上世纪最后的 10 年中，非缴摊养老金的来源很不规范和稳定。哥斯达黎加虽然在 1999 年和 2000 年进行了法律改革，要求通过广开渠道加强对 NCP 计划的资金支持，但是，仍然由于缺乏相应的法律规范来保障 FODESAF 的资金获得，2000 年 NCP 计划应获得资金和其实际得到资金的缺口为 30%。如果政府不具备连贯地实行一个社会扶助计划的能力，就会限制原计划的覆盖率。目前约 60% 的项目目标人口没有得到 NCP 计划的有效覆盖。②管理问题。有数据表明，一部分养老金给了那些非贫困人口，这一状况不仅大大地降低了 NCP 稀缺资源的有效分配，而且违背了平等性原则。

4. 巴西农村的 NCP 计划。[1] 巴西作为南美洲的一个发展中国家，其经济不是十分发达，农民的缴费能力也较差。1988 年的宪法颁布后，新的社会保障法也随之颁布，巴西农村的社会保障制度也由此发生了结构性的变化。新法令规定了由社会保障制度为农村家庭提供经济保障，并对农村地区养老金制度作了新规定：农产品的初次购买者上缴商品价格的 2.2% 作为对养老金的课税（而不是受益人用所得收入直接缴纳货币）；农村地区取得给付的条件不是一定年限的缴费记录而是从事一定年限农业工作的记录。巴西的实际农业人口大约有 3491 万人（1994 年数据），这一制度覆盖了 700 万人口，包括老、鳏、寡、残年金给付以及生育和工伤给付。

资金来源主要是国债和城镇对农村的资金转移，由现收现付制解决。近20 年来，巴西的老年人口社会保障覆盖率已经达到相当高的水平，其原因主要在于农村养老金计划和社会救助养老金（合称非缴摊社会救助养老金）的共同作用。

巴西通过引入"非缴费"的概念，成功地实施了"以工补农"的农村社会养老制度。在发展中国家，农民的收入通常不稳定，要找到类似城镇的模式每月缴纳固定的费用是较困难的。现在巴西首创将农产品卖到城市时，由初次购买者将价格的 2.1% 缴做保费，顺理成章地实现了以城带乡、以工补农的思路。巴西正是依靠这种思想，使其农业在发展时期支援了工业发

---

〔1〕　张敬一、赵新亚编著：《农村养老保障政策研究》，上海交通大学出版社 2007 年版，第 70～71 页。

展；反过来，今天在巴西农业衰落的时候，用工业剩余为农村发展提供保障，这是一种制度创新。

（三）比较与借鉴

从国际经验来看，成功的农村社会保障法律制度一般都具有以下特征：①后进性。无论是在发达国家还是在发展中国家，其社会保障法律制度在建立初期都没有将农民纳入社会保障的范畴，只有当比较成熟地解决了政府雇员、公共部门和私营部门雇员的社会保障之后，才开始考虑城市人的自雇人、自由职业者和农民。②渐进性。农民的社会保障待遇是随着城市化进程的不断发展而改善的。③法律先行性。从各国农村社会保障制度的产生和发展来看，法律先行是一个显而易见的事实。社会保障制度是一种收入再分配的社会制度，必然涉及不同社会群体间的利益再分配，这就需要法律的强制性来约束利益受损人和保护利益受益人，需要法律来明确政府、企业和个人的权利和义务。

二、中国农村社会保障法律制度的产生和发展

（一）第一阶段（1949～1955年）：家庭（土地）保障模式

新中国成立后，国家在农村的重点任务就是进行土地改革和恢复国民经济，即没收地主的土地并把它平分给广大农民，采取一切措施恢复、发展农业生产，增加农民收入，改善农民生活，救助处于生活困境中的灾民和贫苦农民。但是，由于当时我国农村生产力水平较低和国家财力有限，国家难以拿出较多的资金建立如城市那样的劳动保险制度。农民的生、老、病、死等人身风险，还必须主要由家庭来承担，由家庭提供保障，国家所提供的社会保障仅处于辅助性的地位。

（二）第二阶段（1956～1978年）：集体保障模式

※选择性阅读

由于当时对农村社会经济状况与发展趋势判断的失误，为了防止由于自然灾害和市场作用引起的农民两极分化，避免土地所有权重新集中在新生富农手中而走上资本主义道路。同时，更重要的是为了解决小农经济同农业现代化和工业化之间的矛盾，随着国民经济恢复任务的完成，我国又开始了第二次土地制度改革，即通过初级社、高级社的逐步升级与调整，实现了对农业的社会主义改造，完成了从农民土地私有制向农村集体公有制的过渡。

随着农村生产方式的变化，到1956年，农村社会保障的主体就由原来的土地保障演变成为集体保障。这一模式的主要特点是：①该模式建立在生产资料（土地以及大农具）公有制为基础的、以集体为生产经营单位的农业经济基础之上。②集体既是重要的生产经营单位，也是农民收入和消费品分配的重要单位，还是农民生活安全保障的主体，作为农民生活安全保障经济基础的农民家庭收入的绝大部分来自于农村集体可分配物的多少。③国家在对农村救灾救济事业注入资金和投放物质的同时，积极引导农村五保供养制度和合作医疗制度建设并形成特色。④社会保障制度的非规范性和非独立性，大部分项目缺乏法律基础支持，受政府政策和集体组织负责人主观意志、偏好影响较大。

这一时期，尽管农村社会保障制度模式的变迁是由多种因素决定的，但是，工业优先发展战略的实施应该是其最重要的原因之一。工业优先发展战略把农村经济的发展纳入我国高度集中的计划经济体制之下，农村社会经济既要服务于也要服从于城市工业发展的需要。从这一角度来看，这一时期农村社会保障制度模式的变迁在一定程度上具有被迫变迁的味道，或者说有强制性制度变迁的因素，属于政府供给主导型变迁。但是，若从农村集体经济公有制的逐步升级和调整的角度，从五保供养制度和合作医疗制度的产生与存续的角度来看，这一时期农村社会保障制度模式的变迁又有诱致性制度变迁的成分，属于需求诱致性变迁。[1]

（三）第三阶段（1979～1991年）：土地保障＋国家扶助模式

党的十一届三中全会以后，农村推行以家庭联产承包责任制为主要内容的经济体制改革，建立起统分结合的双层经营体制，客观上为农民提供了土地保障的制度安排，土地成为了农村社会保障的主要载体和保障基金的主要来源。农民家庭的经济功能恢复，保障功能增强，家庭经营制度实际上成为农民生活保障的主要依托。由此，在社会保障方面改变了过去完全以集体经济为基础的局面，对于农村社会养老保险等制度，实行在国家政策指导和推动下，家庭（个人）与集体共同筹资的模式；对于社会救济及最低生活保障制度，政府加大了投入力度。因此，这一阶段的农村社会保障，形成了国家、集体、个人共同筹资的体制。[2]

※选择性阅读

家庭联产承包制的广泛兴起和推行，直接导致了我国农村社会结构的革

---

[1]　宋士云：《中国农村社会保障制度结构与变迁（1949～2002）》，人民出版社2006年版，第250～251页。

[2]　高灵芝主编：《农村社会保障概论》，中国海洋大学出版社2007年版，第57页。

命，使我国存在 20 多年之久的"政社合一"、"统一经营"的人民公社体制被取消，使适应家庭联产承包制这一新的生产形式需要的乡镇、村级政权机构得以恢复。农村改革的发展及其成功，还直接推动了城市改革的进行，形成了由农业到工业、由农村到城市相互影响、相互促进的改革洪流。家庭联产承包制的积极意义，更应该着眼于对中国的改革开放起到的巨大作用。但也必须承认，30 年前的改革起步于农村，30 年后的深化改革却受制于农村。农民的生活水准虽然有了很大的提高，但相对于医疗、教育费用与生产资料的价格增长，实际收入却没有多少。尽管近年来各地政府因地制宜广泛推行了"合作医疗"、"义务教育"等惠民政策，但鉴于城乡差别的矛盾没有得到根本解决，民生问题仍然十分突出。

（四）第四阶段（1992～2002 年）：土地保障＋现代社会保障试点阶段

这一时期，我国农村社会保障制度建设的环境是：综合国力的逐步增强和工业化发展进入中期阶段。以农养工的历史使命基本结束，农村经济发展为农村社会保障制度建设奠定了日益雄厚的经济基础，而向市场经济转轨则把农民的生产生活置于市场和自然灾害的双重风险之下，农民对社会保障的需求日趋强烈。制度环境决定了本期农村社会保障模式的变迁，部分地区试行建立现代社会保障制度的试点，开始了对社会养老保险制度的试点和合作医疗制度的恢复工作以及对最低生活保障制度的探索，各级政府也制定了一些制度规章予以规范和引导。但是，对大部分农民和农村地区来说，正式的社会保障制度供给依然严重短缺。

社会保障的目标是为绝大多数公民提供最基本的生活保障，而威胁大多数人的最基本生活的风险除了个人必然面对的生老病死之外，主要是大的社会风险和自然灾害，如经济衰退期或变革期的大规模失业、恶性通货膨胀、瘟疫、地震、洪灾、旱灾、风灾、雹灾等自然灾害。对此，除了国家，没有任何人和任何组织有足够的社会经济条件提供全国性的社会保障制度。社会保障作为一种"劫富济贫"的分配机制，没有国家的强制力量干预是不可能的。没有富人参加的社会保障将无法起到收入再分配作用，政府在这里能够做到的是强制符合条件的公民必须参加。因此，当前国家应加大对农村社会保障制度建设的财力、物力支持，弥补社会保障制度供给的不足，这才是确保农村社会保障制度良性变迁的关键。[1]

---

〔1〕 宋士云：《中国农村社会保障制度结构与变迁（1949～2002）》，人民出版社 2006 年版，第 256～257 页。

（五）第五阶段（2003 年至今）：土地保障＋农村社保全面建设阶段

由于这部分内容将在下文详细介绍，此不赘述。

三、中国农村社会保障法律制度的现状和改革方向

（一）中国农村社会保障法律制度的现状

进入 21 世纪以来，随着中国经济和国民生产总值连年稳定增长以及国家"建设社会主义新农村"等政策方针的出台，农村社会保障进入了一个全面建设阶段。

1. 政府对农村社会保障高度重视，加大了政策投入力度。新世纪以来，国家对农村各项社会事业建设都加大了制度支持力度，更加注重社会和谐与社会公平，对于广大农村地区和农民的社会保障也更加关注。一系列相关的法规、政策及政府报告的出台，体现出对农村社会保障项目进行的有重点的、实质性的支持或规划。2006 年农村税费全面取消，改变了传统上农村各项社会保障事业的投资体制，把原来一些由乡镇统筹支出的项目转为由县级以上政府财政支出。农村社会保障由原来主要依靠农民自身和乡镇办，转变为开始形成责任分担机制，并且体现在农村医疗保障、社会救助与社会福利等各个方面。政府在农村社会保障上的投入责任体制更加明确，更注重体现社会公正的发展理念。[1]

2. 农村医疗保障有了新发展：①新型农村合作医疗制度的迅速发展。新型农村合作医疗制度实行个人缴费、集体扶持和政府资助相结合的筹资体制，加大了政府的责任。从 2006 年起，每个参加合作医疗的农民出资额不变，一般仍为 10 元，而中央和地方财政出资则增加到 40 元，进一步加强了各级政府对于新型农村合作医疗的财政支持力度。②农村医疗救助制度全面启动。各地实行政府拨款和社会各界自愿捐助等多渠道筹资、对患大病的农村五保户和贫困农民家庭实行医疗救助；各地建立独立的农村医疗救助基金，其资金通过政府投入和社会各界自愿捐助等多渠道筹集。地方各级财政每年年初根据实际需要和财力情况安排医疗救助资金，列入当年财政预算。中央财政通过专项转移支付对中西部贫困地区农民贫困家庭医疗救助给予适当支持。[2]

3. 农民工和失地农民逐步纳入社会保障体系。随着 2000 年以来社会整体的发展以及人们对"三农"问题的进一步关注，从政府到社会都对农民工和失地农民给予了更多关心和支持，特别是在社会保障方面。2003 年以来，中央政府制定了一系列旨在维护农民工权益和改善农民工就业环境的政策措施，对及时兑

---

〔1〕 高灵芝主编：《农村社会保障概论》，中国海洋大学出版社 2007 年版，第 60 页。

〔2〕 高灵芝主编：《农村社会保障概论》，中国海洋大学出版社 2007 年版，第 61 页。

现进城就业农民工资、改善劳动条件、解决子女入学等问题，国家已有明确政策。同时，各地开始了农民工养老问题的探索，部分地区把农民工养老保险纳入城镇或农村基本养老保险范畴。

针对城市化、工业化过程中大批农民从土地上被剥离出来，成为失地农民这一社会现实，失地农民的社会保障问题也被提到议事日程上来。2006年4月《国务院办公厅转发劳动保障部关于做好被征地农民就业培训和社会保障工作指导意见的通知》的文件，为各地做好失地农民的社会保障工作，建立失地农民社会保障制度提出了政策导向。[1]

4. 农村社会公共福利体系逐步建立，并向社会化趋势发展。社会福利方面，我国政府对农村社会类公共产品的投入长期不足，与经济社会发展的要求有相当大的距离。新世纪以来，由于社会经济形势的变化，改变了过去国家负责、官方包办的民政福利和单位包办的职工福利等城市福利一统天下的局面，农村福利事业也得到新发展。从资金来源看，农村社会福利资金来源由集体筹资为主逐步向政府财政投入为主，集体与社会共同参与的基本格局发展；从受益对象看，农村社会福利主要受益对象由传统的"三无人员"开始逐步向一般农村居民扩展；从服务内容与项目看，农村社会福利服务内容与项目逐渐由单纯关注部分弱势群体的基本生活方面向重点强调公共设施与服务方向转变，并强化政府公共服务职能的重要性与迫切性。

（二）现阶段中国农村社会保障法律制度存在的问题

1. 农村社会保障发展水平低。

（1）农村社会保障的覆盖范围较窄。目前真正享受国家社会保障的农村居民并不普遍，截至2004年，建立农村社会保障网络的乡镇达到19 917个，农村社会保障网络覆盖率仅为53.3%，建立农村社会保障基金会的村委会还不到村民委员会总数的30%，这表明：全国目前40%以上的乡镇和70%左右的村委会还没有将农村社会保障工作提上议事日程，农村社会保障制度还处于部分区域发展之中。

※**选择性阅读**

我国实行家庭联产承包责任制以后，农村合作医疗保障制度大部分已经解体，目前有合作医疗的农村地区仅占15%左右，全国85%的农村没有合作医疗保障，在仅有的合作医疗保障地区，医疗费用报销比例一般仅有

---

〔1〕 高灵芝主编：《农村社会保障概论》，中国海洋大学出版社2007年版，第63~64页。

30%左右，根本谈不上满足农民对医疗保障的需求；此外，较多的农村社会保障项目并未在农村推行，大多数农民基本上被排斥在现代社会保障体系之外。目前，我国仅在部分农村发达地区如广东、浙江、上海、北京等省市探索建立了农村养老保险制度。由于农民投保档次比较低，投保时间较短，养老保险水平远不如城镇居民。[1]

（2）农村社会保障水平较低。2004 年，全国农村社会保障支出总额 125 亿元，人均仅为 16.40 元，农村社会保障支出占全国社会保障支出的比重反而由 1991 年的 2.53% 下降到 1.84%，支出水平偏低严重制约农村社会保障的发展，导致救济和优抚的保障标准偏低，相关人员生活贫困，退伍军人和残疾人安置就业难度大，优抚事业的发展与其所承担的任务极不相适应。[2]

（3）地区间的农村社会保障水平差异悬殊。经济发达的东部地区，农村社会保障水平较高，而经济不发达的中西部地区，则集中了我国大多数贫困人口，许多人连温饱问题都还未解决。从农村社会保障网络分布来看，大部分没有建立农村社会保障网络的乡镇均分布在西部地区。

2. 农村与城镇社会保障发展严重不均衡。目前我国社会保障体系被人为地分割成"二元社会保障"结构，即城市社会保障和农村社会保障，且城市社会保障制度已基本建立并逐步完善，保障功能基本齐备，网络也基本健全，但农村社会保障制度尚处于起步和探索阶段，保障范围窄于城市，保障项目少于城市，这虽然与我国的基本国情有关，但二者发展的差距过大，严重失调，已远远超出农村与城镇社会保障制度协调发展的基本要求。

3. 农业生产保险发展未得到应有重视。世界上农业发达国家和地区，其农业保险和各种农业支持保障体系都发展得非常充分和完善。但作为一个农业人口最多、经济社会基础广泛建立在农业社会基础上，国民经济与农业还存在着高度紧密依存关系的国家，我国的农业保险发展却十分缓慢，甚至停滞不前，不仅与保险业的整体快速发展状况形成强烈的反差，而且与我国农业的发展状况极不协调。这种状况的形成，是我国广大农民自我保障和保险意识薄弱的写照，更深层次上，是国家早前在制度、政策上过分重视城市发展，忽略农村发展和保障的必然结果。

---

〔1〕 王越：《中国农村社会保障制度建设研究》，中国农业出版社 2005 年版，第 166～167 页。
〔2〕 王越：《中国农村社会保障制度建设研究》，中国农业出版社 2005 年版，第 168～169 页。

※选择性阅读

"根据统计资料来看中国农业保险经营状况：1997 年中国农业保险的保费收入 5.768 9 亿元，赔款及支付 4.187 1 亿元，参保农户 23 406.2 万户，户均 2.46 元；1997 年保费收入达到 6.322 8 亿元，赔款及支付 4.855 6 亿元，参保农户 23 810.5 万户，户均 2.66 元；但是到 2004 年时，保费收入又降到 5.12 亿元，赔款及支付 3.015 亿元，参保农户 24 925.6 万户，户均 2.05 元。"[1]

从上面的数据可以看到，我国农业保险发展从 1997 年至今几乎一路下滑，保险种类日益减少，保险总金额经过 1999 年的强劲增长之后持续下跌，而保费收入中的绝大部分又被支付用于赔付。2004 年全国农业保险保费收入为 5.1 亿元，占全国财产保险保费收入（1 090 亿元）的 0.47%，仅为农业生产总值（20 744 亿元）的 0.02%，户均保费从 1997 年的 2.46 元下降到 2004 年的 2.05 元。而且，在最近 5 年以来，我国成立的多家财产保险公司中，到现在为止开展了农业保险业务的保险公司也只有 3 家，即中国人民保险公司、中华联合财产保险公司（原新疆兵团保险公司）和上海安信农业保险股份有限公司，而且赔付率居高不下。根据中国保监会提供的有关资料显示，1980~2003 年，农业保险总计承担保险金额约 9 000 亿元，赔付率高达 86.75%。另外，在保费收入大幅下降的同时，农业保险的险种数目也在不断减少，由最多时候的 60 多个险种下降到目前的不足 30 个，我国农业保险一度陷入发展的窘境，与农业生产和农村经济发展的需要极不协调。[2]

我国作为一个农业大国，在农民收入和国家财力支持有限的约束下，选择一套具有较高保障能力和运转效率的多元化农业保险发展模式，不仅可以使农业保险业务得以持续快速拓展，而且能为农民、农业和农村经济发展提供基本的安全保障。

4. 农村社会保障体系不健全。目前，我国农村社会保障仍主要由农村家庭来承担。在农村家庭保障能力逐渐弱化的情况下，我国农村社会保障体系到目前为止仅初步建立起了农村最低生活保障制度、农村养老保障制度、农村社会福利救济制度、农村社会优抚制度，而且其中的一些保障体系还处于在发达农村地区

---

[1] 参见中国统计局编：《中国统计年鉴》（2000~2004 年各卷）；中国金融年鉴编辑部编：《中国金融年鉴》（2000~2004 年各卷）；2004 年数据来自中国保监会网站。

[2] 王越：《中国农村社会保障制度建设研究》，中国农业出版社 2005 年版，第 162~163 页。

的试点之中，并未成形。可以这样认为：到目前为止，我国并未建立起全国统一的农村社会保障体系。况且，在城镇已建立多年的失业保险、工伤保险、生育保险和辅助保险并未在农村施行，致使我国现行的农村社会保障体系残缺不齐。更为紧要的是，在现行农村社会保障体系中，针对失地农民和农民工问题的社会保障制度并未及时地建立起来，导致农民工和失地农民的权益无法得到正常维护。

※选择性阅读

有资料显示，目前全国失地农民总数估计在 4 000 万人左右，每年还要新增 200 万人，社会矛盾日渐突出，在 2004 年全国 130 多起农村群体性突发事件中，有 87 起是因农民失地引发的冲突。从农民工来看，农民工的农村户口阻碍着他们真正融入城镇社会和工业劳动者群体，并被面向城镇居民的相关制度（包括社会保障制度）所排斥，这种排斥也使得农民工在城市成为又一个弱势群体。据农业部统计，近几年来，我国每年约有 7 500 多万农村劳动力外出务工，占农村劳动力总数的 16.3%。这表明农民工不仅已经成为我国庞大的社会群体，而且因缺乏相应的社会保障更易遭遇各种意外风险以及陷入生活困境，引发各种社会矛盾。

5. 保障缺乏有效的监督管理。

（1）从管理机构上看，部分地区将在国有企业工作的农村职工的社会保障统筹归劳动部门管理，医疗保障归卫生部门和劳动者所在单位或乡村集体共同管理，农村养老和优抚救济归民政部门管理。一些地方的乡村或乡镇企业也建立了社会保障办法和规定，一些地方人民保险公司也设了保险，形成"多龙治水"的管理格局。由于这些部门所处地位和利益关系不同，在社会保障的管理和决策上经常发生矛盾。从总体上看，我国农村社会保障的现状是城乡分割、条块分割、多头管理、各自为政。条块之间既无统一的管理机构，也无统一的管理立法。

（2）农村社会保障资金管理不规范，基金运营不合理，保值、增值程度低。目前各地尚未统一建立起农村社会保障基金，只是在少数农村发达地区由各地政府建立了农村社会保障基金账户。其主要问题是法制建设滞后、管理监督不力、基金运作失当、可持续性较差。时至今日，我国还没有一部系统完整的社会保障基金法规，农村社会保障基金管理缺乏法律保障，难以实现保值增值。

（3）缺乏管理和监督的专业人才。在广大农村，民政部门负责社会救助、社会优抚、农民老年社会保险、乡镇企业社会保险，保险公司负责一部分社会保险，其余一切社会保险事业均由农村集体组织自行管理。社会保障制度的管理是一项技术性很强的工作，对管理水平的要求理应是相当高的，可是，由于缺乏专业人才和严格的管理制度，加上机构设置不健全，监督制约机制缺位，致使漏洞百出。[1]

（三）问题的原因分析

1. 农民的生存权利没有得到应有的尊重和重视。长期以来，农民为我国的社会经济发展做出了巨大的贡献，为国家工业化提供了可观的劳动力积累，国家通过对农村产品市场的垄断，利用工农业产品价格的差异，将大量的农业剩余转移到工业部门。然而，工业化的收益几乎全为城市居民所享有。国家在财政对农业的支出中，只有少数用于农业扶贫和农村社会救济，在现行的农村养老保险和医疗保险中，国家没有承担责任。

2. 中国城乡二元结构是农村社会保障法律制度陷入困境的体制因素。我国长期以来一直是一个农业性的国家，经济和社会发展水平落后，缺乏制度所需的条件。几千年的封建社会和长期自给自足的小农经济，加上建国后，我国长期采用"以农养工，以农保工"的战略和方针，优先发展重工业和城市，实施了与之配套的相关体制，在城乡构筑了一道难以打破的壁垒，强化了传统农业与现代工业、农村与城市的差异。仅以消费水平而言，目前农村较之城市落后了 10 年。社会保障制度的完善程度是由经济和社会发展水平决定的，中国农业人口占总人口的 60% 左右，因此不具备普遍建立社会保障的社会经济条件。

3. 中国农村的实际状况决定了农村社会保障是一个难解的问题。中国农村老年人口位居世界第一。我国是世界社会老年人口最多的国家，截至 2004 年底，60 岁以上的老年人口达到了 1.4 亿，至 2020 年，老年人口还要翻一番，而老年人口中 3/4 是农村人口。

以家庭为基础的分散经营削弱了农村集体经济，使农民居住和经营分散化，再加上农村剩余劳动力的转移和农民就业形式的多样化，给农村和农民的管理带来了难度，从而加大了社会保障管理的难度。

4. 长期以来，农村社会保障始终处于中国社会保障体系的边缘。由于历史的原因，中国农村社会保障是一种城乡分离的二元社会保障模式，自 1951 年政府政务院颁布《中华人民共和国劳动保险条例》开始，农民就被排斥在了保障之外，只能依靠家庭保障和自我保障，只能靠自己和儿女养老，这种将农民排斥

[1] 参见王越：《中国农村社会保障制度建设研究》，中国农业出版社 2005 年版，第173页。

在社会保障之外的制度安排至今未有根本性的改变。通过 30 年的改革，城乡社会保障建设的不均衡情况不仅没有改变，反而差距愈来愈大，农村社会保障制度建设严重滞后。关于农村社会保障的立法一直是被忽略的领域，目前农村社会保障制度是以有关部门和地方政府的政策措施为指导，缺乏系统的法律依据。

※选择性阅读

农村社会保障资金严重不足。我国政府用于社会保障的财政支出明显低于其他国家。根据有关资料表明，用于社会保障的支出占中央财政总支出的比例，加拿大为 39%，日本为 37%，澳大利亚为 35%，而我国只有 10% 左右。而这 10% 的投入也绝大部分给了城镇，城镇社会保障占了总支出的89%，农民仅为 11%。[1]

5. 政府在农村社会保障发展方面责任缺失。社会保障的本质特征是社会保障的责任主体是国家，由国家或政府统筹管理，它的基金来源于国家、单位和个人，而这正是当前中国农村社会保障中所缺失的。我国现行的农村社会保障制度中，政府责任的缺失，使得农村社会保障不具有社会性质。社会保障应具有国家法律的强制性，保障金的缴纳不是完全依靠个人缴纳完成，必须有国家的参与，以保障劳动者的基本生活水平为标准。而《县级农村社会养老保险基本方案（试行）》则规定了个人缴纳为主的原则，集体和国家的渠道缺乏硬约束。在经济不发达地区，普通农民很难享受到集体补助。该方案没有规定政府的责任可以通过约束性的规定加以具体规定。因此，政府缴费责任的缺失，使农民的积极性难以调动。农村社会养老保险发展缓慢，并不是农民没有参与意愿。据相关调查表明，"农民对养老保险的制度需求非常迫切"，[2] 但在实践中由于政府无资金支持，且集体补助也多难以实施，因此，也有损农民的积极性。据调查表明，无论是经济发达地区还是贫困地区，集体补助对农民参加社会保障具有较大吸引力。参保水平越低，弹性系数越大，意味着较少的补助就能够大幅度提高农民的参保率。[3]

---

〔1〕　辛维举："对建立健全我国农村社会保障制度的思考"，载《宁夏大学学报》（人文社会学版）2003年第 6 期。

〔2〕　乐章："现行制度安排下农民的社会养老保险参与意向"，载《中国人口科学》2004 年第 4 期。

〔3〕　杨燕绥等："建立农村养老保障的战略意义"，载《战略与管理》2004 年第 2 期。

※选择性阅读

从发达国家关于农民社会保障的实践看，工业化的国家通过大量补贴方式，鼓励农民参加公共年金制度。即使是德国、日本强调个人缴费为主，资金来源不同于"福利型"国家的"自保公助型"农村社会养老保障模式，在个人缴费不足时也予以资助，约有1/3来自国家的补贴。[1]

6. 中国农村社会保障法律不完善。我国农村社会保障法律不健全，没有形成完善的法律体系，因此形成了现阶段农村社会保障工作无法可依，无章可循的状况。并且，农村社会保障立法层次低，立法主体混乱，立法严重滞后。中国目前尚无专门涉及农村社会保障工作的法律，在国务院已经制定的条例中，也极少有规范农村社会保障的法规。虽然我国过去在农村社会保障工作上形成了一些法规、条例和规章，但多是单项的，功能单一，力度小，没有形成一个有机的法规体系。而且各地的具体规定也不尽相同，在立法上不统一，因而在实践中导致许多不便。农村社会保障基金管理混乱，缺乏监督机制和约束机制，使基金在使用过程中存在内部人控制，致使政府和受保人皆无法保证自己的资金投入实现保值、增值。

（四）我国农村社会保障法律制度的改革方向

1. 社会保障制度化。应当建立一个系统的社会保障制度，保障农民的生活，即使在今后的城市化进程中更多的农民可能会失去赖以生存的土地，仍然不用担心自己的养老及医疗和失业等问题。通过制度规范，清晰农村社会保障的覆盖范围，明确保障的原则并细化保障的主要内容，强化国家在农村社会保障中的责任，落实农村社会保障的管理和违法责任等。

2. 多渠道筹集社会保障基金。社会保障基金是农村保障制度建设的核心问题，总体上社会保障基金应由个人、集体、政府三方共同负担。国家社会应尽可能增加投入，改变长期以来社会保障重城轻乡、重工轻农的做法，强化国家对农村社会保障的责任。针对我国东中西部地区经济发展水平不均衡、农民收入悬殊的现状，国家在农村社会保障的财政支持上应当对中西部地区倾斜。

3. 建立多层次的农村社会保障法制体系。由于我国农村经济发展极不平衡，东部、中部、西部差异很大，就是同一地区的村庄之间，同一村庄相邻农户之间的收入方式、收入水平也存在很大差异。单一层次的社会保障体系很难照顾到各方面的要求，应建立以我国法定基本社会保障为主体，乡村集体保障和家庭储蓄

---

〔1〕 陈桂华、毛翠英："德、日农民养老保险制度的比较与借鉴"，载《理论探讨》2005年第1期。

保障并存的多层次的社会保障体系。农村基本社会保障由法律明确规定，包括社会救济、社会保险和社会福利等，不分所有制和所从事劳动的性质，人人都能享受。乡村集体保障由乡村集体和企业根据自身经济能力为本社区群众和职工设立，所需资金从集体和企业所得税后利润中按一定比例提取，由社会保障机构管理，汇入个人账户储存。个人储蓄保障由劳动者根据家庭和个人情况自愿参加，自选投保机构，存取自由，连本带利一次付清。

　　总之，建立农村社会保障法律，不仅能够明确规定受保险人的范围、缴纳保险费的原则和标准、获得社会保障待遇的条件以及待遇标准，而且要规定社会保障机构为受保险人提供咨询、解释和说明以及社会保障待遇的义务和责任，规定社会保障机构对基金的管理和监督以及在受保险人的权利受到侵犯时提供法律救济的职能等问题，因而对于国家和受保险人都具有约束力。

■　第三节　农村社会保障的立法模式和法律体系内容

一、农村社会保障的立法模式

　　通过前述介绍国外农村社会保障法律制度的产生和发展，可知，一个国家农村社会保障立法模式的选择，与该国的立法传统、社会保障水平、农村经济的发展以及农村的社会化程度等因素有关。

　　至于我国农村社会保障立法模式的选择，由于《社会保险法（草案）》已通过二审，是以《社会保险法》为根据制定《农村社会保险条例》，并制定与《农村社会保险条例》同一立法层次的《农村社会救助条例》、《农村优待抚恤条例》等法规，由此共同构成我国农村社会保障的法律规范体系，还是在社会保障法下颁布统一的《农村社会保障法》，学界和实务界对这一问题尚未达成共识。然而，可以肯定的是，无论是采用平行立法建立若干个行政条例，还是采用统一的农村社会保障法模式，立法形式只是法律内容的表现载体，更为重要的是，不管最终采取了何种立法模式，其法律内容都应当包括农村养老保险、农村合作医疗、农村社会救助、农村社会福利、农村社会优抚等；涵盖农村社会保障的调整对象、相关主体的权利义务、政府在农村社会保障中应当承担的责任、保障资金的筹集和发放、监督管理机制的运行等制度。

二、农村社会保障法律体系的内容

（一）农村社会保险法

农村社会保险法是农村社会保障法的核心法，在农村社会保障法律体系中是处在较高层次上的。农村社会保险法包括养老、医疗、生育保险等许多方面。从当前农村的现实情况看，农民最迫切需要的社会保险主要是养老保险、医疗保险、生育保险。这是因为：一方面，我国农民主要是以家庭联产承包责任制的形式进行生产经营，主要从事种养业劳动，因此，他们对失业保险和工伤保险的要求并不十分迫切；另一方面，随着农村人口老龄化以及平均寿命的延长，养老和医疗保障问题将越来越突出。而且，随着社会经济的发展和人民生活水平的普遍提高，养老费用和医疗费用也必然会不断上升。因此，当前农村社会保险法的立法重点就是要抓好养老保险和医疗保险。在此值得一提的是，二审的《社会保险法（草案）》在附则中规定，"进城务工的农村居民按照本法规定参加社会保险"，"土地已被全部征用且未就业的农村居民可以参加城镇居民基本养老保险和基本医疗保险，其应当缴纳的社会保险费从征地安置补助费中支付，不足部分由当地人民政府从国有土地有偿使用收入中支出"。

1. 农村社会养老保险法。农村社会养老保险法是为了解除农民养老之忧而建立的保障全体农民老年基本生活的法律规范的统称。农村社会养老保险是推进我国农村经济和社会发展的一项重要的基本社会政策，是政府的重要职能行为。

按《农村社会养老保险基本方案（试行）》规定，目前我国参加农村社会养老保险的对象是非城镇户口、不由国家供应商品粮的农村人口。一般以村为单位确认（包括村办企业职工、私营企业、个体户、外出人员等）。乡镇企业职工、民办教师、乡镇招聘干部、职工等，可以由乡镇企业或事业单位确认，组织投保。交纳保险年龄一般为 20 周岁至 60 周岁。领取养老金的年龄一般为 60 周岁。二审的《社会保险法（草案）》也授权国务院具体规定农村居民基本养老保险制度。

2009 年 2 月 5 日，国务院人力资源和社会保障部就《农民工参加基本养老保险办法》和《城镇企业职工基本养老保险关系转移接续暂行办法（草案）》公开征求意见。此次立法，又进一步推进我国农村养老保险制度的改革，扩大了我国养老保险的覆盖范围，维护广大农民工的养老保险权益。具体而言，《农民工参加基本养老保险办法》草案针对农民工劳动就业的特点，按照低费率、广覆盖、可转移和能衔接的要求，规定了农民工参加基本养老保险的适用范围，规定了转移接续。如农民工离开就业地时，原则上不"退保"。此外，《农民工参加基本养老保险办法》针对农民工流动频繁而且规模大的特点，还规定要首先从农民工做起，建立全国社保信息查询系统。

当前我国农村社会养老保险的法律内容主要有以下几个特点：①基金筹集以个人家庭缴费为主、集体补助为辅、国家政策扶持，明确了个人家庭、集体和国家三者的责任，突出自我保障为主的原则；②实行储备积累，建立个人账户，农民个人缴费和集体补助全部记在个人名下，属于个人所有。个人领取养老金的多少取决于个人缴费的多少和积累时间的长短；③农村务农、经商等各类从业人员实行统一的社会养老保险制度，便于农村劳动力的流动；④采取政府组织引导和农民自愿相结合的工作方法。这是我国农村经济发展很不平衡所决定的过渡时期的工作方法，随着农村经济的发展，在有条件的地区将逐步加大政府推动的力度，以体现社会保险的特性。

参加农村社会养老保险的对象可享有如下权益：①投保人在交费期间身亡者，个人交纳全部本息，退给其法定继承人或指定受益人。②投保人领取养老金，保证期为10年。领取养老金不足10年身亡者，保证期内的养老金余额可以继承。无继承人或指定受益人者，按农村社会养老保险管理机构的有关规定支付丧葬费用。领取者超过10年长寿者，支付养老金直至身亡为止。③保险对象从本县（市）迁往外地，若迁入地尚未建立农村社会养老保险制度，可将其个人交纳全部本息退给本人。④投保人招工、提干、考学等农转非，可将保险关系（含资金）转入新的保险轨道，或将个人交纳全部本息退还本人。

2. 农村医疗保险法。农村医疗保险法是当农民生病或受到伤害后，由国家或社会给予物质帮助，提供医疗服务或经济补偿的法律规范的统称。自改革开放以来，农民的生活水平有了很大的提高，但是由于农村本来经济基础薄弱，加上近年来农民收入增长缓慢，物价上涨和各种医疗费用的提高，农村很大一部分农民因治病而致穷，少数先富起来的农民，往往因为自己或家人的一场大病使其生活又陷入贫困。

城镇居民的医疗保障主要是医疗保险和大病统筹，以及基于亲情、友情而形成的社会网络资源所提供的非正式保障。这样，正式制度与非正式制度相结合，共同构筑了一个健全的社会医疗保障网络。然而在农村，长期以来一直是依靠家庭的互助互济来提供医疗保障，随着家庭小型化以及农民所面对的医疗风险日益增多，家庭的保障能力显得力不从心，所以迫切需要建立农村医疗保障制度，然而建立社会医疗保险的条件尚不成熟，在现阶段只能建立与农村经济社会发展水平相适应的合作医疗制度，解决农民就医看病难的问题。

所谓合作医疗制度，是在各级政府支持下，按照参加者互相共济原则组织起来为农村社区人群提供基本医疗卫生保健服务的医疗保健制度。合作医疗制度是我国特有的制度，起步很早，但是这项制度只在国家政策的导向下运行，所以进程缓慢，可操作性差。同时，合作医疗的权利主体、义务主体及相关责任和处罚措施等方面在法律上没有得到确认。二审的《社会保险法（草案）》也授权国务院具体规定农村居民基本医疗保险制度。

（二）农村社会救助法

农村社会救助法是国家和社会帮助贫困户、五保户及特殊救助对象以维持其农村基本生活水平的法律规范的统称。一方面指实行农村最低生活保障线制度，并将"五保"等制度与之衔接；另一方面是救灾，减轻农民因自然灾害造成的损失。农村社会救助分为定期救助和临时救助两种形式、两类对象。定期救助是在相当长的一段时间内，社会救助管理机构按规定连续地、定时地为救助对象发放救助金，救助的对象主要是五保户的吃、穿、住、病、葬等，由集体和国家保障，由财政补助，民政部门负责发放。临时救助是为解决农村社会成员临时的生活困难而进行的社会救助，救助的对象主要是家庭人口多、劳力少、平时依靠劳动自谋生活，因各种因素如自然灾害等临时发生生活困难而影响基本生活，通常给予一次性救助。按救助形式，有现金救助、物资救助和行为救助三类。现金救助是指以发放现金的形式为救助对象提供帮助的救助形式，它是现代社会救助的主要形式，在贫困救助中最常用。物资救助是指以发放物资的形式为救助对象提供帮助的救助形式，它是一种传统的救助形式。物资救助的优点是物资可以直接消费，救助的效果比较快捷，它在灾害救助中被经常采用。此外，还有医疗和法律的行为救助形式。

农村社会救助法具体包括农村社会互助和农村社会救助两个相互关联的部分。农村社会互助指的是新时期以来农村社会中农户之间进行的正当的、有意识的互相帮助、互相援助的行为。农村社会救助是指国家通过国民收入的再分配，对因自然灾害或其他经济、社会原因而无法维持最低生活水平的农村社会成员给予救助，以保障其最低生活水平的制度。它保障的对象主要是无收入、无生活来源或孤苦无依、无法生活者，以及虽有收入，但因遭受意外事故或收入较低无法维持生活的农村社会成员。农村社会救助是农村社会救助体系中的重点。现在，全国一些地区在农村采取建立最低生活保障线的社会救助制度，从已试点的情况看，建立农村最低生活保障制度，是农村社会救助工作的一个突破，其特点是救助面广（面对全体农村社会成员）、救助工作规范（有严格的审批程序）、救助方式灵活（动态式管理）和救助工作及时（主要由乡村一级来操作）。

（三）农村社会福利法

社会福利是社会保障中一项不可缺少的内容。社会福利一般是指政府推行的福利政策、福利设施和社会的公益事业等。现在农村福利设施主要是县、乡、村各级兴办的敬老院、福利院、光荣院，有的地区还建立卫生院、医疗站等，解决农民看病难的问题。经济较发达的地区还兴办其他一些文化娱乐设施、科技推广站和福利事业。

随着农村经济的发展与农民收入的增加，广大农村社会成员对社会福利服务将产生新的需求。他们不仅在衣、食、住、行和生活环境等物质生活方面会产生新的需求，而且在文化娱乐等精神生活方面也会提出更高的要求。农村社会福利制度，是我国社会主义制度的重要组成部分，是农村经济发展到一定阶段的必然产物，是最高级的农村社会保障。在市场经济条件下，完善中国特色的农村社会福利制度，对于促进农村繁荣稳定、改善农村人民生活、全面建设农村小康社会，统筹城乡经济持续、健康发展具有重要意义。

（四）农村社会优抚法

农村社会优抚法是指优待、抚恤和安置农村退伍军人，对农村从军家属给予物质、精神方面补助的法律规范的统称。农村社会优抚是一项特殊的保障，已列入国家整个社会保障体系之中，这是一项涉及国防建设和农村稳定的十分重要的工作。

党和国家对优抚安置工作一贯十分重视，无论是在资金的投放还是政策的扶持上都做了大量的工作。但目前在我国农村，社会优抚仍存在一定的问题，主要是补助标准偏低；革命残疾军人、特别是三等以下的残疾军人看病就医难的问题未得到彻底解决；军人优待金主要实行乡统筹，这样导致的结果是统筹面窄，造成部分贫困乡镇负担过重；复员退伍军人安置难，城镇尤为突出。

为了很好地解决这些问题，目前一些农村正进行这方面的改革尝试。主要的做法是：①通过国家和地方财政，适当增加抚恤对象的补助；②扩大统筹范围，由乡统筹逐渐过渡到县统筹；③建立农村最低生活保障线的地方，优待抚恤金不计算在家庭收入范围之内，以提高这部分人的生活水平；④建立优待抚恤基金，依靠社会力量弥补资金的不足；⑤退伍兵和志愿兵的安置工作采取各种措施加以解决。

第十二章　社会保障行政法律制度

■　第一节　社会保障上政府的行政责任

一、社会保障制度中政府的角色

以规避和转移风险为目的建立起来的社会保障法，就是力图通过社会财富由富者向贫者、由强者向弱者的转移，将社会资源与财富作适当再分配，解决社会各种资源、社会财富的分配公正问题，所体现的是以社会利益为本位的法律思想。由于存在市场失灵的情况，社会保障的各项计划就不可能完全按照个人利益或市场定价来组织实施，必须在政府干预下组织实施。政府是唯一拥有权力和资源的代表公共利益开展广泛的综合性行动的机构，唯独政府能迫使市民为广大社区的利益服务，保证被排斥的个人在困难时得到援助，保证没有人的福利水平降到最低标准之下，以重新分配资源和促进公平。

（一）国外社会保障法律制度中政府的角色演变

英国伊丽莎白一世时期颁布实施的《济贫法》可以说是社会保障法的萌芽，政府代替教会承担起济贫救困的责任；但真正具有现代意义的社会保障立法是以1883年德国制定的世界上第一部《劳工疾病保险法》为标志；如今，社会保障的思想和理念已经在全球范围内得到了普遍的认同和传播。综观世界各国的社会保障法，其中政府责任大致历经了三个阶段的演变。

第一阶段：政府全面干预阶段。

19世纪末至20世纪70年代初，是社会保障法律制度的建立和发展时期，政府全面干预理论一直占据主导地位。由于现代社会中私人慈善和家庭支持——以及朋友和教友的帮助——是不能完全确保无虞的，所以政府要承担起主要的保护性责任。1883年，德国政府颁布了《劳工疾病保险法》，这是世界上第一部社会保险法律。20世纪初，在庇古福利经济学和凯恩斯经济学的直接影响下，西方发达国家开始推行福利国家政策，使政府在社会保障中成为第一线的重要角色。

政府承担广泛发展社会福利的责任，大幅度提高生活福利，以提高资本的有效需求和居民的消费需求，从而抑制经济危机。1935 年，美国政府实施的包括建立社会保障法律体系在内的罗斯福新政，是最具代表性的政府干预政策的扩大。1946 年，英国颁布《国民保险法》，实行强制性的全民保险；同年，颁布《工业伤害保险法》和《国民健康服务法》，对工业劳动者实行工伤保险并对全体国民实行免费医疗；1948 年，颁布《国民救济法》，设立"安全网"，即对不能享受以上法律保护者给予补充救济。这五部法律的实施，最终使英国形成了包括失业、伤残、疾病、养老、死亡、家庭津贴等内容的社会保障体系。

第二阶段：政府责任削弱阶段。

20 世纪 70 年代的石油危机之后，西方福利国家几乎都不同程度地陷入了财政危机，社会保障制度也随之陷入重重困境，高福利的社会保障一时成为众矢之的。由于社会保障中政府机制的失效，市场调节理论一度兴起，其倡导者痛陈国家福利的四大危害：造成社会不满、导致资源浪费、造成低效率、消除个人的自由和职责。与政府干预理论相反，市场调节理论崇尚"市场机制万能论"，走上了另一个极端，此种观点在以后成为撒切尔夫人改革的思想基础。1985 年，英国健康与社会保障大臣福勒提交了一份题为《社会保障改革——变革的计划》的绿皮书，指出："新的社会保障制度将选择一条新的发展道路，应该赋予个人在社会保障方面更大的独立性与责任感。"其后在英国颁布的各项社会保障改革立法中，都可以看到英国在社会保障"私有化"上作出的努力。早在 70 年代后期，新自由主义思潮兴起，认为政府无论插手失业救济、社会保险、住房补贴和医疗照顾等任何一个领域，都必然会出现效率低下、浪费和贪污盛行、工作热情下降、懒惰之风滋生的局面，因此主张在社会保障领域，福利服务应实行市场化和自我负责，让市场发挥基础性和主导性作用。在这一阶段，政府作为社会保障法的责任主体的地位较以前逐渐减弱，福利国家开始进行"瘦身运动"，在改革的浪潮中，政府为避免养懒汉现象，通过立法手段将"福利资源集中在最需要的人身上"。

第三阶段：政府责任与市场机制相结合阶段。

近年来，如何寻求一种有效的政府责任与市场功能的组合模式，使二者在社会保障制度中共同发挥作用，已成为理论研究的热点。例如，世界银行关于老年保障制度的"三支柱理论"指出："为了给老年人提供更好的经济保障并促进经济增长，政府可建立一个由三部分（或称三根支柱）构成的老年保障制度：一项公共管理的强制性制度；一项私人经营的强制性储蓄制度；一项自愿储蓄制度。第一项提供再分配，后两项提供储蓄功能，三者合起来为各种老年人提供风险保障。"许多国家都陆续修改相关法令，促使社会福利多元化发展，这些措施的实施使得各国政府在社会保障中所扮演的角色，从过去的唯一"提供者"逐步向现在国民基本生活的"保障者"和"规范者"转变。

从上述国外社会保障立法中政府责任的变化过程及趋势可以看出，①政府始终坚持在社会保障中承担主体责任，主张救助最困难的弱势群体；②在社会保障"多元化"发展趋势下，政府逐渐改变承担无限责任的做法，转而倡导助人自助，在社会保障法律制度的运行中更多地引入政府、企业和个人三方代表组成的自治机构进行社会化的管理；③随着政府责任的不断发展演变，人们一直在寻求公平和效率之间的价值平衡。但毋庸置疑的是，社会财富的公平分配始终都是社会保障法律制度中政府责任的根本所在。

（二）我国政府在社会保障制度中的角色

基于完善社会保障制度和促进社会保障事业不断发展的目的，在现阶段社会保障制度建设中，政府角色定位为以下几个方面：

1. 法律制度的制定者。社会保障以保障人们基本的生存权、发展权、促进社会协调发展为宗旨。社会保障作为政府的一项制度性行为，必须通过一定的社会立法手段去实现。因为立法形式可以明文规定社会成员和政府的基本权利和义务，使社会保障的具体执行更加制度化、规范化，避免了人治的主观随意性。政府作为社会保障制度的制定者和执行者，为确保社会保障发挥应有的作用，政府必须承担起相应的责任。在社会保障制度建设的过程中，政府应起着主导作用，应逐渐放弃全部或部分直接管理的责任，更多地担任法律、政策的制定者和监督者，为个人、企业、市场等社会力量的参与提供良好的法律和政策环境。

2. 财政责任的最终承担者。社会保障资金的来源主要有个人、单位和政府，但三者承担的资金比例是不同的。目前，政府对社会保障承担的财政责任主要通过三种途径：①政府财政直接列支；②通过税制优惠，如用人单位和个人可以税前列支；③通过其他途径，如彩票收入、土地征用、接受政府捐赠用于社会保障等情况。从世界经验来看，尽管政府承担的比例有很大的差别，但政府在社会保障中承担社会保障的支付责任，起兜底的作用，是财政责任的最终承担者。

3. 社会保障基金保值增值的责任人和监管者。社会保障基金的保值增值关系被保障对象的生活，关系社会保障制度的实施，关系整个社会经济的发展，且牵涉我国的财政、货币政策，与资本市场的发育和成熟也密切相关。由于我国资本市场不成熟，存在着风险和不确定性，使社会保障基金迟迟不能涉足此领域。如果基金仅局限于存入银行和购买国债，那么将无法应付人口老龄化趋势的到来，且有可能受通货膨胀的影响使社会保障基金贬值，这必将会干扰社会保障制度的顺利实施，影响广大参保者的热情与积极性。为此，政府应在健全资本市场的同时，逐步将基金投入资本市场，以积累社会保障基金。今年我国政府迈出了关键性的一步，即决定将部分社会保障基金投入资本市场。这就需要加强资本市场的建设，加强金融监管。同时为提高社会保障基金管理水平，规范基金收支两条线管理，社会保险基金收缴、支付及营运要规范化、制度化，做到公开、透明、安全高效，严格控制支付对象，规范支付项目，努力保持与经济发展相适应的社会保障待遇支付水平。要完善社会保障基金监管制度和预警监测机制，逐步健全行政监督、专门监督、社会监督、内部控制相结合的监督体系。加强全国社会保障基金和企业年金市场化投资运营的监管，实现规范运作和基金的保值增值。规范社会保险待遇支付，严防基金流失，加大对骗领社会保险待遇欺诈行为的查处力度，堵塞基金支付漏洞。

4. 差异政策的平衡者。中国区域经济发展不平衡、东西部差距扩大是一个无可非议的事实，这在一定程度上是我国推行的非均衡化的政策、战略的结果。我国绝大部分贫困人口集中于中西部地区，当地经济发展滞后，地方财政困难，社会积累能力弱，个人支付能力低，再加上自然灾害的威胁使当地社会负担过重，为实现均等化财政服务的目标，中央政府必须承担社会保障资金供给的责任，而且需要制定特殊制度来尽力弥补这种差距。市场因素只会放大这种效应，所以政府的责任还任重道远。

（三）我国政府承担责任的法律及政策依据

1. 国际公约依据。联合国大会 1948 年 12 月 10 日第 217A（Ⅲ）号决议通过并颁布的《世界人权宣言》第 22 条规定："每个人，作为社会的一员，有权享受社会保障，并有权享受他的个人尊严和人格的自由发展所必需的经济、社会和文化方面各种权利的实现，这种实现是通过国家努力和国际合作并依照各国的组织和资源情况。"第 25 条规定："人人有权享受为维持他本人和家属的健康和福利所需的生活水准，包括食物、衣着、住房、医疗和必要的社会服务；在遭到失业、疾病、残废、守寡、衰老或在其他不能控制的情况下丧失谋生能力时，有权享受保障。"

2001 年 2 月第九届全国人大常委会第二十次会议正式批准了《经济、社会和文化权利国际公约》，该公约第 9 条规定："本公约缔约国承认人人有权享受社会保障，包括社会保险。"1952 年的《社会保障最低标准公约》规定了 9 个社会保障项目，即医疗、疾病、残疾、失业、老年、工伤、家庭、生育、遗属等，公约要求每个批准该公约的国家必须至少实行上述 9 项中的 3 项，公约还规定了每个保险项目适用人员范围以及比例的最低限度和每个保险项目津贴标准的最低限度。此外，1952 年的《生育保险公约》、1967 年的《残疾、老年和遗属津贴公约》、《残疾、老年和遗属津贴建议书》、1969 年的《医疗照顾和疾病补助公约》、《医疗照顾和疾病补助建议书》等国际公约的订立逐渐扩大了保障范围，提高了保障水平。尽管目前我国尚未批准这些公约，但这些公约对于推动我国社会保障制度的建立有着积极意义，并且，这些公约也是政府在社会保障中承担责任的重要依据。

2. 宪法依据。我国历次宪法都对国家建立社会保障制度做了相关规定。1954 年宪法第 93 条规定，中华人民共和国劳动者在年老、疾病或者丧失劳动能力的时候，有获得物质帮助的权利。国家兴办社会保险、社会救济和群众卫生事业，并且逐步扩大这些设施，以保证劳动者享受这些权利。1978 年宪法第 50 条规定，劳动者在年老、生病或者丧失劳动能力的时候，有获得物质帮助的权利。国家逐步发展社会保险、社会救济、公费医疗和合作医疗等事业，以保证劳动者享有这种权利。国家关怀和保障革命残废军人、革命烈士家属的生活。现行宪法第 14 条第 4 款规定，国家建立健全同经济发展水平相适应的社会保障制度。第 45 条规定，中华人民共和国公民在年老、疾病或者丧失劳动能力的情况下，有从国家和社会获得物质帮助的权利，国家发展为公民享受这些权利所需要的社会保障、社会救济和医疗卫生事业。

3. 社会法依据。《劳动法》（1994 年）第 70 条规定，国家发展社会保险事业，建立社会保险制度，设立社会保险基金，使劳动者在年老、患病、工伤、失业、生育等情况下获得帮助和补偿。《老年人权益保障法》（1996 年）第 20 条规定，国家建立养老保险制度，保障老年人的基本生活。第 21 条规定，老年人依法享有的养老金和其他待遇应当得到保障。有关组织必须按时足额支付养老金，不得无故拖欠，不得挪用。国家根据经济发展、人民生活水平提高和职工工资增长的情况增加养老金。2006 年 1 月 21 日，国务院颁布的《农村五保供养工作条例》规定，国务院民政部门主管全国的农村五保供养工作；县级以上地方各级人民政府民政部门主管本行政区域内的农村五保供养工作；乡、民族乡、镇人民政府管理本行政区域内的农村五保供养工作；村民委员会协助乡、民族乡、镇人民政府开展农村五保供养工作。农村五保供养资金，在地方人民政府财政预算中安排。中央财政对财政困难地区的农村五保供养，在资金上给予适当补助。

4. 政策依据。1986 年 4 月 12 日第六届人大会议上通过的《中华人民共和国国民经济和社会发展第七个五年计划》第五十一章中指出，"七五"期间，要有步骤地建立起具有中国特色的社会主义的社会保障制度雏形。要建立健全社会保险制度，进一步发展社会福利事业，继续做好优抚、救济工作。1993 年 11 月

14 日中共第十四届三中全会通过的《中共中央关于建立社会市场经济体制若干问题的决定》中指出，建立多层次的社会保障体系，对于深化企业和事业单位改革，保持社会稳定，顺利建立起社会主义市场经济体制具有重大意义。社会保障体系包括社会保险、社会救济、社会福利、优抚安置和社会救助、个人储蓄积累保障。社会保障政策要统一，管理要法制化。社会保障水平要与我国社会生产力发展水平以及各方面的承受能力相适应。2006 年 3 月 14 日第十届全国人大第四次会议通过了《中华人民共和国国民经济和社会发展第十一个五年规划纲要》（以下简称《"十一五"规划纲要》），其中提出，要增加财政社会保障投入，多渠道筹措社会保障基金，合理确定保障标准和方式，建立健全与经济发展水平相适应的分层次、广覆盖的社会保障体系。根据《"十一五"规划纲要》，劳动和社会保障部、国家发展改革委员会制定了《劳动和社会保障事业发展"十一五"规划纲要（2006 年～2010 年)》，其中指出，要按照城乡统筹发展的要求，探索建立与农村经济发展水平相适应、与其他保障措施相配套的农村社会养老保险制度。采取适合不同群体特点和需求的方式，着力推进被征地农民社会保险工作，优先解决农民工工伤保险和大病医疗保障问题，抓紧研究低费率、广覆盖、可转移，与现行养老保险制度衔接的农民工养老保险办法。基本建立新型农村合作医疗制度。还指出，在"十一五"期间，要加大政府投入和政策扶持力度，进一步加大中央和地方财政对劳动保障事业发展的投入力度，重点加大对农村劳动力培训、促进就业、社会保障和劳动监察执法等工作的投入，形成与劳动保障工作目标任务相适应的财政资金投入机制和激励机制。建立政府、企业、社会多渠道筹措资金的高技能人才投入机制；安排财政性资金和政策性贷款，扶持技工学校和公共实训基地和实习基地的建设；对符合条件的参加职业技能培训和职业技能鉴定的下岗失业人员、农民工和被征地农民提供补贴或奖励。逐步提高社会保障支出占国内生产总值的比例，加大中央和地方财政对社会保障工作的资金支持力度，在大力加强社会保险基金征缴和支出监督、全面落实企业和个人责任的基础上，明确各级财政对各项社会保险基金平衡的责任。"十一五"期间要逐步提高社会保障支出占财政总支出的比重，同时在促进就业和完善社会保障制度等方面实行财税、信贷等优惠政策。1992 年 1 月 3 日，民政部制定了《县级农村社会养老保险基本方案（试行)》，并于 1994 年作了修改。作为在农村推定社会养老保险的政策依据，该方案确立了从我国农村的实际出发，以保障老年人基本生活为目的，坚持资金个人交纳为主，集体补助为辅，国家予以政策扶持，坚持自助为主、互济为辅，坚持社会养老保险与家庭养老相结合；坚持农村务农、务工、经商等各类人员社会养老保险制度一体化的方向，由点到面，逐步发展的指导思想和基本原则。对保险对象及交纳、领取保险费的年龄、保险资金的筹集、交费标准、支付方式、基金的管理与保值增殖、立法、管理和经费等作出了相应规定。

二、社会保障权的救济上政府承担的法律责任

（一）一般规定

新中国成立以来，我国社会保障权的救济取得了很大进展：①对公民认为行政机关没有依法发给抚恤金的可以提起行政诉讼；②用人单位与劳动者之间基于劳动关系因交纳社会保险费发生的争议，比照适用劳动争议的处理制度，即调解和仲裁，对仲裁裁决不服，在法定时间内向人民法院起诉；③社会保险交费人与社会保险机关之间因社会保险交费、管理和支付发生的争议，适用社会保险行政争议处理制度，即行政复议和行政诉讼；④在社会救助领域，对社会保障权进行充分救济，如1999年颁布的《城市居民最低生活保障条例》第15条规定，城市居民对县级人民政府民政部门作出的不批准享受城市居民最低生活保障待遇或者减发、停发城市居民最低生活保障款物的决定或者给予的行政处罚不服的，可以依法申请行政复议；对复议决定仍不服的，可以依法提起行政诉讼。

（二）政府责任的设定完善

我国社会保障法律制度的政府责任存在两种偏差：一是政府包揽，二是政府弃责。因而造成政府在责任履行上不足，即"越位"与"缺位"同在。

"越位"主要是指政府在社会经济转型期，超越了自身的限制，用行政权力干预甚至部分代替立法权力，产生了诸如制度的规范性不足，强制性、权威性和透明性不够等问题。例如，在养老保险方面，国家机关、财政拨款的事业单位从业人员，依然沿用了计划经济时代的包办政策。这类人员的基本养老保险表现为个人责任缺失，政府则是一种近乎"越位"的包办。

"缺位"是指政府对自己的本源责任的履行不充分。相比较政府在社会保障制度中的越位现象而言，政府的缺位问题显得更为突出。这种政府在社会保障法律制度中的缺位现象，主要表现为四个方面：

1. 立法不到位，社会保障法律制度中政府责任主体地位缺乏法律规范，中央政府和地方政府的责任不明确，各级政府的社会保障责任划分不明确。我国至今还没有颁布一部真正的社会保障方面的法律，目前社会保障仍为政策主导型，这一点已为理论界和实践中所公认。综观我国的社会保障立法，迄今为止，全国人大通过的与社会保障有关的法律仅有7部，且涉及的尚不是社会保障基本法；由国务院及其职能部门颁布的社会保障方面的法规、规章等，至少在100件以上。整个社会保障工作所依据的大多是行政法规、规章和文件，缺少立法的整体规划性和前瞻性，缺乏较高的法律权威和必要的法律责任制度。由于立法的不完善，导致中央和地方政府的责任不明确，各级政府的社会保障责任划分不明确，继而又造成各级财政对社会保障的支持不是在一个稳定、规范的制度框架之中进行。我国现行的社会保障制度，对于哪些保障项目或保障部分应当归中央与地方政府共同负责，哪些归中央或是地方政府主要负责，其分摊比例又如何确定等问题，始终没有作出明晰的说明和划分。虽然中央财政自 1998 年以来对社会保障的投入在大幅度增长，但并非是一种固定机制，在很大程度上带有随意性；而地方政府的投入较少，几乎处于缺位状态。这种责任不明确、财政来源不固定的现象必然影响到社会保障法律制度的有效性，影响到社会财富的公平分配。

2. 社会保障统筹层次低，没有实现全国统筹或省级统筹，以致每年各地上演劳动者退保潮现象。养老保险是五大社会保险中最重要的险种之一，国家规定所有的企业职工都能享受养老保险，但与此同时，如果职工一旦中途退保，之前缴纳保险的年限就不再计算。按照这条规定，提前退保显然并不划算。退保意味着舍弃了养老保险账户中更大比重的共济基金，而仅仅拿回属于个人缴纳的 8% 部分，不仅使得公民舍弃了"老有所养"的未来愿望，也以被迫放弃权利的形式，对这么多年的社保体系建设产生消减与内耗。究其原因，一方面，社保无法在省际之间转移和接续的这一现实，使得这些流动者被迫选择退保；另一方面，退保只退个人账户，不退共济基金的现实，又反过来助长了地方对退保大开绿灯。社保转移之难，反映的是种种公共政策之痛。首先是诟病已久的户籍问题，其背后是城乡隔阂以及国民自由流动的问题。我国户籍制度虽数十年磨剑，却始终锋芒未成。户籍制度改革的重点和难点首先就在于几十年以来户口制度附着了很多公共政策，包括与社会保障权益相关的不能马上解决的矛盾，还有地区间与个人之间收入分配差距的问题。其次是收入的差距，也必然导致了社保基数的差距，使各省之间不得不陷于各自利益的算计之中。当然还有地区间政策以及利益壁垒的问题，使各省在社保转移上紧盯着共济基金这块肥肉，各自为政，拒绝流转。所有这些问题在深层次的相互作用与关联，纠结成退保潮这种难以言喻的现实与无奈，也使它极深刻地烙上我国社会由计划向市场的转型印记。在这种情形之下，一张社保卡如何能破除围困着公民权利的层层制度或利益的栅栏？不论是户籍制度下的自由流动权，收入分配下的社会公平权，还是社保制度下的社会保障权，每一种迟迟不肯归还的公民权益，都依附着巨大的部门利益诉求，因此也都必然处于"一损俱损"的状态。

3. 财政投入不足，政府社会保障责任实施不力，客观上导致国富民穷与社会保障的城乡不公平。在最近十年的改革中，一方面是 GDP 一路狂飙，另一方面是国民个体收入与公共福利却严重滞后，百姓不仅收入增长缓慢，而且据统计数据显示，在最近10年的改革中，6 000万国企职工下岗或失业，4 000万农民失去土地，7 000万股民损失超过1.5万亿，城市中1.5亿人没有社会保障，基尼系数达到0.53~0.54之间，客观上加剧了国富民穷的状况。与此同时，长期以来政府片面强调社会保障改革与国有企业改革配套，忽略了城镇其他群体和乡村的社会保障法律制度的建设。可以这么说，目前中国的社会保障制度是不完整的，社会保障覆盖面不全，造成城乡新旧保障对象不公平。有些社会保障制度在适用范围上不是填平或修补城市与农村的二元结构裂缝，而是加深了两者的鸿沟，农民及其他许多应该进入社会保障的人群游离于政府社会保障责任之外。农民社会保障制度的缺失，很大程度上起因于政府责任的缺失，政府对农民的社会保障基本属于"不干预型"。这是政府在社会保障制度中缺位现象最为严重的一个方面。

4. 政府社会保障责任监管不力，致使社会保障（险）金的运营处于不安全状态。一方面，政府在改善和提高社会保障管理和增强监督力度方面投入的精力不足；另一方面，在我国现阶段的社会保障法律法规中，比较普遍地存在着缺乏法律责任规范的现象，无法确保社会保障措施的有效实施。例如，我国新《劳动合同法》和《社会保险费征收暂行条例》等法律法规虽然明确规定对挤占、挪用社会保险基金的行为要予以法律制裁，但我国《刑法》中却没有相应的罪名。对现实生活中大量存在的欠缴社会保险费的行为和拖欠离退休人员、失业人员保险金的行为，对非法挤占、挪用保险金的违法行为，法律不能及时地给予制裁，致使社会保障（险）金的运营处于严重不安全状态。

■ 第二节　社会保障行政管理法律制度

一、社会保障行政管理体制的概念

徒法不能自行，社会保障法功能和效应的发挥与释放需要强有力的制度和措施作保障，科学合理的管理体制是社会保障制度正常运行的组织基础，规范有效的行政执法是社会保障法实施的关键，安全稳定的社会保障基金是整个社会保障制度的物质基础。所以，要不断优化社会保障管理体制，规范社会保障行政执法，努力确保社会保障基金安全，为社会保障权的实现提供合法的筹资机制、稳定的保障机制、严格的管理机制、有效的运行机制和有力的监督机制。

社会保障管理体制，即社会保障管理的组织体系，是代表国家行使社会保障管理职能的组织的设立及其职权范围划分的制度。社会保障管理是社会保障制度正常和高效运作的基础，社会保障管理体制是否科学有效，直接关系整个社会保障制度的运作效率和实施水平，应坚持政事分离、明确职责，建立起高效的社会保障管理网络，以最少的管理成本达到最大的社会效果。

二、国外的社会保障行政管理体制

由于各国政治经济条件、历史文化传统及其他社会因素的不同，世界各国建立了不同的社会保障行政管理体制。比较有代表性的主要有三种：政府直接管理型、企事业单位自治管理型、工会管理型[1]。其中绝大多数国家采取的是政府直接管理型，即由政府对社会保障事业进行直接的管理。政府管理社会保障事业的体制即社会保障行政管理体制，其主要有三种模式：

（一）多头管理模式

在这种模式下，政府内多个部门分别对社会保障的不同内容进行管理，即由政府各部门对社会保障事业实行多头的横向管理。例如，在意大利，社会保障体系中的老年、伤残、遗属保险，工作保险，失业保险，疾病与生育保险事业分别由内政部社会保险局、工业、商业和劳动局、劳工与社会福利部、卫生部分别进行管理。

（二）统一管理模式

在这种模式下，中央政府内部设立一个专门管理委员会或专门机构，在地方政府设若干个分支机构，纵向统一管理全国的社会保障事业。英国是实行统一管理模式的国家。在英国，全国设卫生与社会保障部作为全国社会保障事业的最高管理机构；地方设国民保障局，负责地方社会保障事业；在县市一级设国民保障办事处，负责社会保障费的征缴及社会保障待遇的发放。

（三）折中管理模式

这种模式综合了统一管理模式与多头管理模式的做法，在中央设立一个统一的协调机构，由两个或两个以上中央政府部门对社会保障事业进行全国统一的监督，并分别由有关机构对社会保障事业进行管理。法国实行的是折衷管理模式，全国设卫生和社会保障部，负责制定社会保障法规及政策，监督社会保障工作；具体的社会保障事务，则由有关部门或各种基金会管理，如全国养老基金会管理养老保险、疾病保险委员会负责伤残抚恤金和遗属年金工作；家属津贴基金会管理家属津贴保障。

三、我国的社会保障行政管理体制

---

[1]　参见覃有土、樊启荣编著：《社会保障法》，法律出版社 1997 年版，第 120 页。

（一）我国的社会保障行政管理体制概述

长期以来我国实行的也是多头管理模式。在 1998 年进行国务院机构改革之前，我国的社会保障事业大体由四个部门进行管理：①城镇职工的社会保险和福利由各级政府的劳动部门进行综合管理，工会也负责一部分福利事业；②医疗保险中的"劳保医疗"由各级政府的劳动部门进行管理，"公费医疗"由政府内设的"公费医疗办公室"负责管理；③国家机关工作人员和事业单位除医疗保险以外的其他社会保险由各级政府的人事部门负责管理，党的各级组织部门也分管一部分工作；④社会救助、社会优抚及各种专门性社会福利则由政府各级民政部门进行综合管理。

1998 年 3 月 10 日，第九届全国人民代表大会第一次会议通过的《关于国务院机构改革方案的决定》规定，在劳动部基础上组建劳动和社会保障部，将城镇职工社会保险、机关事业单位社会保险、农村社会保险、各行业统筹基金的社会保障、卫生部门管理的医疗保险，统归劳动和社会保障部管理。目前，劳动和社会保障部，主管社会救济、社会福利、优抚安置的民政部以及这两个部下属的各级政府中相应的部门，是主要的两类社会保障管理机关；其他有关行政主体，在劳动和社会保障部的统一领导下，在各自职责范围内，参与社会保障法执行的监督和管理。

（二）我国社会保障行政管理体制改革方向

从总体上看，我国现行的管理模式仍是多头管理模式，但是与改革之前的社会保障管理体制相比，我国现行的社会保障行政管理体制具有以下优点：

1. 社会保障管理职能相对集中，有利于政策的统一制定、执行，避免了原来社会保障政出多门，互相掣肘。1998 年社会保障管理体制改革之前，我国的社会保险处于多头管理状态，社会保险涉及劳动、卫生、民政、财政、银行、商业保险、人事、司法、审计、教育、工会、妇联以及党的组织部门等许多部门。虽然国务院规定，社会保险工作由劳动部门综合管理，但是长期以来，各有关部门由于受部门利益及地方利益的驱动，认识上很不一致，行动也不统一，在实际工作中常常发生这样那样的矛盾。而且，由于各部门各行其是，这就造成了社会保险的条块分割，这一方面不利于社会保险基金的统一调剂使用，另一方面也造成了社会保险待遇方面的差异过大。

2. 社会保障管理相对独立，减少了政府其他部门对社会保障事业的干预。提供社会保障是政府的一项职能，其当然应在政府的领导下实施。但政府的领导不等于随意干预，社会保障工作必须遵循一定的法律规定，政府对社会保障工作的领导亦应遵守法律的规定。在原有体制下，由很多部门分别对社会保障进行条块分割式管理，常常造成各部门利用自己的地位和权力对社会保障进行非法干预。如有的地方挪用社会保险基金，尤其是养老基金用于市政建设、弥补财政赤字。这不仅妨碍了社会保险基金的安全，而且从根本上阻碍了社会保险事业的发展。

3. 社会保障管理机构相对集中，减少了社会保障管理成本。在原有的社会保障体制之下，由于社会保险管理分散，机构重复设置，社会保障管理成本很高。基于管理成本过高这一现实，当时各社会保障管理机构提取的管理费比例也很高，养老保险为2%，失业保险更是高达8%，这就不利于社会保障基金的有效利用。

我国虽然规定劳动和社会保障部是社会保障的主管机构，但现行的社会保障管理体制仍是一种多部门交叉分管、条块分割的分散管理体制，多头管理、各自为政的局面还没有完全扭转，既缺乏宏观协调，又欠缺综合平衡。以关于养老的收入保障权为例，目前分为城镇企业职工养老保险、行政事业单位职工退休金、农村社会养老保险试点和计划生育家庭奖励扶助试点，其管理主体分别是劳动和社会保障部、人事部、民政部和人口和计划生育委员会，各自有不同的管理制度和方法，各自都建立了一套管理机构，配置相应的人员和设施，造成了工作程序和管理的重复，增加了管理成本，造成资源浪费。所以，应当进一步加强对社会保障的统一管理，促进社会保障各个项目的内部协调，降低社会保障的管理成本。

我国现行社会保障主管机构及经办机构尚未分开，社会保障管理部门集主管职能与经办职能于一身，事实上是一种政事不分的做法，造成政府部门职能交叉、效率低下。在这点上，国外的经验值得我国借鉴。在国外，通行的做法是：国家主要通过社会保障立法、业务指导及监督进行管理，而具体的业务则交给社会去管理。如在日本，厚生省和劳动省为社会保障的中央管理机构，它们负责对社会保障事业的调查、研究、预测、规划及政策的制定及检查监督。同时，日本另设具体业务的经办机构，分为中央与地方两级，中央级社会保障业务经办机构负责汇总、处理地方业务经办机构的受保人的资料，是社会保障业务的中心；地方级社会保障业务经办机构即社会保障事务所，负责受保人的资格认证、注册、档案记录和费用收支手续等工作。

由于实施社会保障主管机构与业务经办机构分立的做法有利于社会保障主管机构与业务经办机构各司其职，提高社会保障工作的效率，充分发挥社会保障的作用，因此，我国将来进行社会保障改革也应实行社会保障主管机构与业务经办机构分立的做法。《中共中央关于完善社会主义市场经济体制若干问题的决定》

指出："社会保障行政管理和社会保障基金经营要分开。"为了明确职责、分工协作、提高效率，要按照政事分立、政资分立、事资分立原则，将社会保障的组织管理、业务经办、基金运营的职能分立，分别由不同的机构分工负责。不同的职能性质是机构分立的基础，应由社会保障主管机构负责制定社会保障政策和组织实施，并对具体业务部门工作进行管理、监督、检查；社会保障经办机构负责筹集社会保障基金，确认公民享受社会保障待遇的资格，给付社会保障待遇，组织社会保障服务；社会保障基金运营机构专门负责社会保障基金投资运营。这对于提高管理水平，科学合理地使用基金，提高服务质量和工作效率都有着重要作用。

■ 第三节　社会保障基金管理法律制度

一、社会保障基金概述

（一）社会保障基金的概念

社会保障基金是根据国家有关法律、法规和政策的规定，为实施社会保障制度而建立起来、专款专用的资金。社会保障基金一般按不同的项目分别建立，如社会保险基金、社会救济基金、社会福利基金等。其中，社会保险基金是社会保障基金中最重要的组成部分。目前，我国社会保险基金分为养老保险基金、失业保险基金、医疗保险基金、工伤保险基金和生育保险基金等；其中养老保险基金数额最大，在整个社会保险制度中占有重要地位。

社会保障基金具有以下几层含义：

1. 社会保障基金是依据法律和政策建立起来的。社会保障制度作为国家实现政治统治的一项重要制度，其建立和实施具有强制性，而这种强制性首先来源于法律的确认。因此，作为社会保障制度的物质基础和前提的社会保障基金的建立也须以国家法律和政策为依据，并受法律的规范和保护。在实施社会保障制度的国家，其一般都会通过法律法规对社会保障基金的建立作出要求，并对基金的来源、筹集、运营和支付使用作出明确的规定，以确保社会保障制度能正常运行。

2. 社会保障基金的管理机构，必须是政府的某一部门，或是经政府特别授权的专门机构。任何个人或私营机构，都无权筹建社会保障基金。社会保障制度是国家的一项基础制度，为社会成员提供社会保障是国家不能推卸的一项责任，而且社会保障与国家的政策密切相关，国家为保证能正确履行该职责，必须直接或间接对社会保障基金进行管理。惟有如此，才能有效地筹集并合理地使用社会保障基金，才能保证社会保障事业的顺利进行。

3. 社会保障基金是社会保障制度的物质基础。各国建立社会保障的目的是在社会成员因种种原因不能满足基本生活需要时，由国家通过社会保障的形式，为其提供一定的资金或实物，以使其过上社会一般水平的生活。可见，社会保障制度是建立在一定的物质基础之上的，没有一定的物质基础作保证，所谓的社会保障只能是水中月、雾中花，社会保障制度也只能是形同虚设，而这种物质基础就是社会保障基金。社会保障制度的主要内容即是社会保障基金的筹集、管理和支付。

4. 社会保障基金是专项资金，必须专款专用。一国的社会保障制度实际上就是围绕着社会保障基金的筹集和使用而设计的，社会保障基金在社会保障制度中占有重要的地位。社会保障制度说到底就是社会保障基金的筹集和使用及与基金筹集和使用相关的活动的总和。因此，社会保障基金作为为保障社会成员的基本生活而设立的一项基金，对其管理和使用关系社会保障制度之功能的实现。如果社会保障基金被侵吞，或被挪作他用，轻则导致社会保障制度不能有效运行，重则可能导致整个社会保障制度的崩溃并进而引发一系列社会问题。可见，为保证社会保障制度能有效、正常地运行，必须保证社会保障基金专款专用。我国在《全国社会保障基金投资管理暂行办法》中也作了相关规定，第51条："社保基金投资管理人违反本办法第25条规定，超出范围进行投资的应退任，并处以50万元以下的罚款。"第54条："社保基金投资管理人违反本办法第47条规定，托管人违反本办法第48条规定，未能按照要求提供报告的，责令限期改正，给予警告，并处5万元以下的罚款，逾期不改的应退任。"

（二）社会保障基金的特点

1. 强制性。社会保障是国家通过立法手段来实施的一种强制性的保障手段。政府所设立的社会保障项目不能由单位和个人自由选择，单位和个人不具备选择权，凡是属于法律法规或地方政府的条例规定统一确定，劳动者个人作为被保障的一方均无自由选择与更改的权利。强制性是社会保障的显著特征，也是社会保障基金的基本特征。其理由在于只有强制征集的社会保障基金才能获得稳定可靠的经济来源，从而真正保障社会资源的合理分配，实现维护公平、保障效率的制度设置初衷。国家作为全社会公民法定的权力代行者有义务保障每一个社会成员的基本生存权利，因为这是从基本的保障生存权角度出发的，同时，我们注意到社会生活中的劳动者同时也是社会财富的创造者，其所创造的社会财富是国家和社会存在和发展的基础，所以国家应当采取强制措施来保障劳动者和社会中其他公民的基本生活需要。因此，社会保障基金在筹集、管理以及使用中均具有较高的强制性。基金管理机构必须对社会保障基金的投资运营、一揽子投资组合以及投资数额的确定负责，这一过程均是依法运行的。

2. 基本保障性。社会保障在最初设立的时候是以对社会成员提供一定时期的保障为目的的。并且，在现代的社会保障中依然是以此为宗旨的，所以，现代社会保障基金所能提供的仍是以一定时期劳动者的基本生活需要为基准，在既保证社会保障的参保人原有生活水平不变的同时，又要保证参保人在获得社会保障体系的保障后不能从中获得额外的收益。可以看到的是，基本生活是与一国、一地区，一定时期的经济发展水平相适应的，其可以根据该时期、该地区的劳动者的平均工资水平而定，每一参保者从社会保障中获得的物质补偿不能超过其处于工作状态时的工资收入。各国依据自身相应的经济水平制定了相应的有差别的保障金额，但各国在社会保障的补偿数额上均是以保障参保人的基本工资收入为准则的。

3. 特定的保障对象。社会保障基金对于社会成员均具有普遍的保障责任，当劳动者丧失劳动能力以及非自愿性失业时，社会保障体系应当依法对劳动者的收入损失进行补偿。社会保障的保障对象主要是工薪劳动者，而不是社会所有成员。社会成员中的无收入来源者的生活问题，则需要依靠社会救济和社会福利部门。

4. 统筹的互济性。社会保障基金通过对单位、个人征收社会保障费（税）形成专用的社会保障基金，该笔基金的存在使得社会劳动者在经济上体现了共同承担社会风险的特点。具体而言就是，使得高收入者缴纳的社会保障费较之低收入者要高，但其所获的社会保障水平在许多情况下与低收入者一致，社会保障基金体现了较强的社会统筹互济功能。

5. 保值增值性。社会保障基金的筹集是通过对劳动者在其处于工作时征收一定的收入作为资金来源的。对每位社会成员来说，社会将以各种方式将劳动者所获得的一部分收入作逐年逐月的强制性扣除，经过长时期的积累，在其丧失劳动能力或非自愿性失业、收入减少或中断时，能够从社会保障基金中获得补偿。社会保障基金的保值性确保了社会保障的参与者在需要获得基金补偿时获得剔除物价通货膨胀后的资金原值，并且社会保障基金也具有增值性，参加社会保障体系的参保人的保险金将会有可能高于其交纳的社会保障费，其差额除了政府和企业的资助之外，还需要社会保障基金的投资运作中能够取得的收益以作为补充。从参保人参加社会保障体系开始直至获取社会保障基金的这一段时间，将会发生基金的现值减少乃至贬值。因此，也正是社会保障基金进行了投资运作才能够保障社会保障基金的保值增值。

（三）社会保障基金的性质

关于社会保障基金的性质，马克思主义经典作家曾作过精辟的论述。马克思在《哥达纲领批判》中指出，从社会总产品里面应该扣除一部分用来应付不幸事故、自然灾害等的后备基金或保险基金；从社会剩余产品中扣除一部分，为丧失劳动能力的人设立基金。马克思还科学地预言，这种性质的基金"甚至在资本主义生产方式消灭之后，也是必须继续存在的惟一部分"[1]。因此，从性质上看，社会保障基金是在国民收入的初次分配及再分配过程中形成的，用于社会保障事业的一种消费性社会后备基金。详言之，一方面，国民收入经过初次分配形成国家、用人单位、个人的原始收入，这些收入的一部分根据立法的规定，以政府财政拨款、单位统筹及个人缴费等方式形成社会保障基金；另一方面，对已经形成的社会保障基金，根据法律的规定向社会保障对象提供各种形式的社会保障，这即是对国民收入的再分配。因此，社会保障基金是先积累、后支付的，其在客观上表现为社会后备基金。

二、社会保障基金的主要来源

社会保障基金数额巨大而且影响面极广，其运转成败关系广大群众的切身利益，也关系社会保障事业的前途。《中共中央关于完善社会主义市经济体制若干问题的决定》指出："采取多种方式包括依法划转部分国有资产充实社会保障基金。强化社会保险基金征缴，扩大征缴覆盖面，规范基金监管，确保基金安全。"为实现社会保障权享有者的权益和社会保障制度的可持续发展，要依法充实社会保障基金，加强基金管理，防止基金流失，规范基金运营，确保社会保障基金安全和保值增值。

世界各国的社会保障经费一般有以下几方面的来源：社会保险费、财政预算与财政补贴、资产运营收入、受益者部分负担和借款等。国家对社会保险费用的负担，一般以三种形式出现：①社会保险法直接规定国家负担的份额；②以用人单位缴纳的保险费税前列支、被保险人缴纳的保险费税前扣除的形式，即以让税的形式负担；③规定社会保险基金出现危机时，由国家财政或地方财政给予支持。

（一）国家财政拨款

建立社会保障制度以保障社会成员的生存权和发展权是国家义不容辞的职

---

〔1〕　马克思：《资本论》（第3卷），人民出版社1975年版，第958页。

责，因此，国家在社会保障基金的形成方面应扮演积极角色。国家财政拨款在社会保障基金形成方面的作用主要体现在三方面：①通过财政拨款建立社会保障基金；②国家根据法律规定，在每年的财政预算中支出一部分资金以补充社会保障基金；③在社会保障基金入不敷出的时候，国家财政应出面支持社会保障基金，以助其渡过难关，挽救社会保障制度于危难之中。

（二）社会保障税

社会保障税，又称社会保险税、社会保障缴款、工薪税，是为保证实施社会保障制度的经济来源，以纳税人的工资和薪金所得为征税对象的一种税收制度。它是当今世界上许多国家筹集建立社会保障体系所需资金的一种筹资方式。到现今为止，在建立社会保障制度的 150 多个国家中，已有 90 多个国家开征了社会保障税。如在美国，自 1935 年开征社会保障税以来，其由原来税率较低（如工薪税税率仅为 1%）、征税面窄、税收总额不大的状况，发展到现在成为美国的第二大税种，其覆盖范围广（社会保障覆盖范围内 98% 以上的工资收入者）、税收项目多、税制结构完善，税收额大，税率高（如工薪税税率随国内雇员的平均工资的增长比例而自动调整，一般是每 4 年调整 3 次，它已由最初的 1% 上调到 7% 左右）。美国现在已开征的社会保障税主要有工薪税、铁路公司员工退职税、联邦失业税、个体业主税等 4 种，其中工薪税是社会保障税体系中最大的税种。

在社会保障基金筹集渠道比较完善的国家，筹措社会保障基金的一个重要渠道就是开征社会保障税。我国目前尚未开征社会保障税。在我国，长期实行的是社会统筹的筹资方式。通过社会统筹和个人缴费方式筹集社会保障基金，实际上等同于一种行政性收费，缺乏规范化、法制化和强制性，使社会保障基金在收缴过程中出现严重障碍，征缴率连年下降。因此，开征社会保障税，探索依法筹资的途径已成为当务之急。

（三）用人单位缴纳

这是指用人单位为其雇佣的劳动者向社会保障机构缴纳一定数量的社会保障费用。一般来说，用人单位向社会保障机构缴纳的社会保障费是按企业职工工资总额的一定百分比计算的，具体缴费比例由国家根据当时的经济等情况作出规定。如 1997 年国务院《关于建立统一的企业职工基本养老保险制度的决定》规定，企业缴纳基本养老保险费的比例，一般不得超过企业工资总额的 20%（包括个人账户的部分），具体比例由省、自治区、直辖市人民政府确定。少数省、自治区、直辖市因离退休人数较多、养老保险负担过重，确需超过企业工资总额的 20% 的，应报劳动部、财政部审批；1998 年《国务院关于建立城镇职工基本医疗保险制度的决定》规定，用人单位缴纳的基本医疗保险费的缴费率应控制在职工工资总额的 6% 左右；1999 年国务院发布的《失业保险条例》规定，城镇企业事业单位按照本单位工资总额的 2% 缴纳失业保险费。

（四）个人缴纳

这是指社会成员个人按照国家规定的缴费比例向社会保障机构缴纳一定数量的社会保障费用。社会成员通过向社会保障机构缴纳一定数量的社会保障费用的形式，负担一部分社会保障费，体现了社会成员在享受社会保障方面权利义务一致原则。在我国，个人缴纳社会保险费用的比例是区分失业保险、医疗保险、基本养老保险的不同而不同的。根据有关规定，城镇企业事业单位职工缴纳失业保险费的费率是本人工资的 1%；城镇用人单位——包括企业（国有企业、集体企业、外商投资企业、私营企业等）、机关、事业单位、社会团体、民办非企业单位——的职工按照本人工资收入的 2% 缴纳基本医疗保险；职工缴纳基本养老保险费的缴费率在 1997 年不得低于本人缴费工资的 4%，1998 年起每两年提高一个百分点，最终达到本人缴费工资的 8%。

（五）捐助、社会保障基金增值及其他收入

捐助是指海内外的企业、事业单位和其他组织及个人向社会保障基金无偿赠送资金或实物以开展社会保障事业。捐助既包括发生特定灾害而由社会保障机构临时向社会募捐所得，也包括平时企事业单位和其他组织及个人向社会保障基金捐赠所得。

社会保障基金增值，是指社会保障基金运营机构通过将社会保障资金进行资本运作，如存入银行、购买债券、投资股票等而增值的部分。

此外，除前述六种收入以外，社会保障机构对违反社会保障法的单位和个人进行处罚所取得的各种罚没收入，没有继承人也没有对遗产作出处分的人死亡后其遗产也应充入社会保障基金，成为社会保障基金的一部分。

中国政府于 2000 年建立全国社会保障基金，其主要资金来源是：国有股减持划入资金及股权资产、中央财政拨入资金、经国务院批准以其他方式筹集的资金及投资收益。财政预算拨款是目前全国社会保障基金的主要来源，占 73.19%。巨额国有资产是国家掌握的重要资源，国有资产的形成，是国有企业老职工长期低工资进行超额积累的结果，将国有资产用于社会保障事业，是取之于民、用之于民。划拨部分国有资产充实社保基金是增加中国社会保障财力储备的重要措施之一，是加快社保基金发展的契机。

我国将积极调整政府财政支出结构，特别是加大地方政府对社会保障的财政资金投入，逐步使社会保障支出占财政支出的比例提高到 15% ~20%。为了进一步扩大全国社会保障基金的资金来源，还要探索从公共资源收入中筹集社保基金的可能性，例如，拍卖电信营业牌照收入、土地批租收入等。

※选择性阅读
全国社会保障基金理事会

2000 年 8 月，党中央、国务院决定建立"全国社会保障基金"，同时设立"全国社会保障基金理事会"，负责管理运营全国社会保障基金。

全国社会保障基金是中央政府集中的社会保障资金，是国家重要的战略储备，主要用于弥补今后人口老龄化高峰时期的社会保障需要。

根据 2001 年 12 月 13 日公布的《全国社会保障基金投资管理暂行办法》规定，全国社会保障基金的来源包括中央财政预算拨款；国有股减持划入资金；经国务院批准的以其他方式筹集的资金；投资收益；股权资产。

全国社会保障基金理事会为国务院直属正部级事业单位，是负责管理运营全国社会保障基金的独立法人机构。其主要职责是：

(1) 管理中央财政拨入的资金、减持国有股所获资金及其他方式筹集的资金。

(2) 制定全国社会保障基金的投资经营策略并组织实施。

(3) 选择并委托全国社会保障基金投资管理人、托管人，对全国社会保障基金资产进行投资运作和托管，对投资运作和托管情况进行检查；在规定的范围内对全国社会保障基金资产进行直接投资运作。

(4) 负责全国社会保障基金的财务管理与会计核算，定期编制财务会计报表，起草财务会计报告。

(5) 定期向社会公布全国社会保障基金的资产、收益、现金流量等财务情况。

(6) 根据财政部、劳动和社会保障部共同下达的指令和确定的方式拨出资金。

(7) 承办国务院交办的其他事项。

全国社保基金理事会此前发布的 2006 年全国社会保障基金年度报告披露，截至 2006 年底，基金资产总额 2 827.69 亿元，比前年底多增 709.82 亿元。另据介绍，全国社会保障基金理事会与北京市基础设施投资有限公司、平安信托投资有限责任公司共同签署了融资协议，通过信托方式引入 10 亿元社保资金，投入北京轨道交通机场线和 5 号线。据介绍，社保基金资产包括社保基金会直接运作的银行存款、在国债一级市场购买的国债、指数化投资、股权资产、转持股票、信托投资、资产证券化产品和产业投资基金、应计未收存款和债券利息等，以及委托境内、境外投资管理人运作的委托资产。

根据国务院和财政部、劳动和社会保障部的规定，社保基金理事会受托管理以下基金：全国社会保障基金为中央政府集中的国家战略储备基金、中央财政拨入资金、国有股减持所获资金和股票、划入的股权资产和经国务院批准以其他方式筹集的资金及其投资收益构成。

三、社会保障基金管理的主要法律原则

（一）安全至上原则

社会保障基金应当专款专用，要依法制裁挪用社会保障基金的行为，防止基金流失。《刑法》第273条、《社会保险费征缴暂行条例》第4条第2款都为制裁挪用社会救助、社会优抚基金的行为提供了法律依据，但没有涉及作为社会保障基金重要组成部分的社会保险基金的保护。

由于各地社会保障制度改革进展情况不同，社会保障基金监督管理制度还不健全，许多地方和主管部门运用社会保险基金搞生产投资、基本建设投资或是财政挪用并逾期不归的现象已司空见惯，造成基金损失严重，削弱了社会保险基金的抗风险能力，影响到基金的支付。许多国家刑事立法都对社会保障有特别的规定，如《美国联邦法典》第664节规定了"侵占养老金与福利基金罪"，德国在1986年颁布的"经济犯罪对策的第二个法律"中综合了社会保险法和刑法中关于非法截留保险基金的犯罪规定，新加坡在《中央公积金法》中设专章规定了各类犯罪行为。在我国，虽然《社会保险费征缴暂行条例》第27、28条，《劳动法》第104条都规定，国家工作人员和社会保险基金经办机构的工作人员挪用社会保险基金，构成犯罪的，依法追究刑事责任。但是从我国刑法第273条的规定看，仅仅对挪用社会救灾、社会救济等救济款物的行为作出了明确的制裁规定，并未将社会保险基金列入特定款物的保护范围之内，还没有明确对挪用、挤占社会保险基金行为的制裁。

为了制止挪用基金的行为，确保专款专用，应借鉴国外做法，加强法律责任制度，全国人大常委会应制定和通过关于制裁挪用、挤占社会保险基金的违法犯罪行为的补充规定，以确保社会保险基金安全。社会保障基金投资管理对社会保障机构健康发展和发挥作用都是极其重要的，健全的社会保障体系必须以雄厚的财力为支撑，投资安全性、投资回报和变现能力是社保基金的三大核心目标。

2001年12月，中国民政部与劳动和社会保障部联合颁布了《全国社会保障基金投资管理暂行办法》，是现阶段全国社保基金管理和投资运作的主要法律依

据，目标是确保社会保障基金的安全和保值增值。安全性是社会保障基金投资运营的首要前提。社会保障基金与人民群众的切身利益密切相关，是社会公平和社会稳定的重要保证，资金的性质决定了投资运作不能冒大的风险，安全至上是投资管理的第一原则。

（二）透明性和责任原则

透明性和责任原则是国际上社会保障基金管理的通用原则。在越来越系统化的过程中，受托人的责任和社会保障基金投资策略，如投资组合的风险程度，所选择的资产类型和投资品种的比例，都应向公众发布；对于投资策略的实施要注重承担责任，继续重视和加强对机构的管理和监督，并更多地强调进行定期化的评估。

（三）保值增值原则

首先，各国通常都对社会保险基金投资的资产组合进行约束，如规定保证安全性的投资比例下限及投资风险的上限等，以达到控制风险和保值的目的。各国都以立法形式规定了社会保险基金的投资结构限制，我国规定，证券投资基金、股票的投资比例不高于40%，企业债、金融债的投资比例不高于10%。政府应采取措施加强对社会保障基金安全运营的检查、监督与管制。其次，社会保障基金的增值也是基金运营的重要目标。目前我国社会保障基金的投资范围限于银行存款、国债、企业债、金融债、证券投资基金、股票。国际上广为认可的观点是，金融市场管理机构必须维持一定程度的发展水平，以充分而安全地保证满足大型的机构投资者，包括国家社会保障基金的投资需要。

遵循国际惯例，根据现实需要和未来发展要求，要放宽社会保障基金的投资运营限制，在理顺社会保障制度设计与基金管理体制的基础上，在规范资本市场的前提下，拓宽投资渠道，开发新的投资品种，实现投资多元化，保证投资收益的稳定增长。国际经验表明，社会保障基金的国际投资现在越来越发展成为一种选择，是实现低风险、高收益的重要手段，我国也可探索开展社保基金的海外投资业务。

■　第四节　社会保障行政监督法律制度

一、社会保障行政监督概述

（一）社会保障行政监督的概念

劳动和社会保障机关内部的行政监督是基于行政权属关系而产生的上级对下级，本级人民政府对所属劳动和社会保障工作部门的行政行为进行监督的活动。这是我国行政机关系统内部纠正自身错误的一种主要途径，是行政机关执法活动的自我完善。

（二）社会保障行政监督的特点

1. 社会保障行政监督的主体是行政机关。与社会保障的权力机关监督、司法监督、社会监督不同，社会保障行政监督的主体是行政机关。权力机关监督的主体是国家的权力机关，即全国人民代表大会及其常委会和地方各级人民代表大会及其常委会；司法监督的主体是公安机关、检察机关及审判机关；社会监督的主体是各种社会组织和广大人民群众。

2. 社会保障行政监督既包括内部监督，也包括外部监督。社会保障行政监督虽然是由行政机关进行的监督，但监督的主体既有社会保障行政机构内设的专门监督机构，也有其他行政机构。由社会保障部门内部设立的专门监督机构对社会保障活动进行的监督属内部监督，但由其他行政机构，如财政部门、审计部门，对社会保障活动进行的监督则属外部监督。故社会保障行政监督体制是包含内部监督和外部监督的一种监督体制。

3. 社会保障行政监督的监督内容是社会保障活动的合法性。社会保障行政监督的目的是为保证社会保障活动能依法进行，因而其监督的内容是社会保障活动是否符合法律的规定，具体又包括社会保障机构的设置是否合法、社会保障基金的筹集、运营、支付是否合法、有无应当支付社会保障待遇而没有支付或少支付的情况，有无对不符合支付社会保障待遇的社会成员支付了社会保障待遇或多支付的情况等。

（三）社会保障行政监督的种类

1. 社会保障专门监督机构的监督。这是指在社会保障行政机构内部设立的一种专门对社会保障活动的合法性进行监督的机构，我们姑且将其称做社会保障监督委员会，其是一种内部监督。

2. 财政部门的监督。这是指由国家的财政部门对社会保障基金的筹集、运营和支付进行的监督。

3. 审计监督。这是指由国家的审计机关对社会保障基金的财务进行的监督，主要监督社会保障基金的存放和使用有无违反国家财经法规和纪律的情况。

在这三种社会保障行政监督种类中，我国已有审计监督和财政部门的监督，而社会保障监督委员会尚未建立。

二、社会保障行政监督的内容

所谓社会保障行政监督的内容，是指社会保障行政监督的监督对象是什么。简而言之，社会保障行政监督的内容是社会保障活动的合法性。然而社会保障活动涉及内容繁多，社会保障行政监督种类不同，其对监督对象的分工也不相同。因此需对社会保障行政监督的内容分别加以阐述。

（一）社会保障监督委员会监督的内容

社会保障监督委员会是在社会保障行政机关内部设立的专门对社会保障活动的合法性进行监督的机构，其监督内容应是所有的社会保障活动。因此，所有的社会保障活动都属社会保障监督委员会的监督范围。

为对所有社会保障活动进行监督，法律必须赋予社会保障监督委员会一些权力，以使社会保障监督委员会能真正行使其对社会保障活动的监督。这些权力主要有：①要求社会保障经办机构和社会保障基金运营机构提供业务执行情况说明；②要求社会保障经办机构和社会保障基金运营机构提供有关账目、报表等会计资料；③就某一事件或情况，要求特定的社会保障经办机构或基金运营机构作出说明；④就某一事件进行的调查，社会保障经办机构或基金运营机构必须予以配合；⑤对涉及社会保障主管机构的违法行为进行调查。

（二）财政部门监督的内容

财政部门是政府内部专门负责财政财务事宜的部门。由于建立社会保障制度是国家的一项职能，国家的财政拨款是社会保障基金的一项重要来源，故在社会保障基金的筹集、管理（运营）和支付方面，财政部门都有权予以监督；而社会保障活动要涉及经费的收支，根据法律规定，这需建立相应的财务会计制度，这也属国家财政部门的职责范围，其应对社会保障活动的财务会计活动进行监督。

具体而言，财政部门对社会保障活动的监督内容主要有：①负责有关财务会计制度的制定、贯彻落实情况的监督检查；②对社会保障基金财政专户进行核算；③负责审核社会保障机构提出的社会保障基金支出计划和结余安排；④负责对社会保障基金的安全性进行监督。

（三）审计监督的内容

审计机关是我国政府内部设立的专门对财务收支进行审计的部门，其通过审计的形式对社会保障活动，尤其是社会保障基金收支进行监督。所谓审计监督，是指由专门从事审计业务的部门对社会保障基金的财务收支、社会保障基金使用和投资运营的效益及社会保障基金运作过程中违反财经法纪的行为所进行的经济监督。与社会保障委员会监督相比，审计监督是一种外部监督，具有地位的超脱性和独立性，而且审计监督只负责对社会保障活动中的财务部分进行监督，具有目标单一性。与财政部门的监督相比，审计监督是由专门进行审计的机关进行的监督，具有专业性。

审计监督的主体是国家的审计机关。审计机关对社会保障的监督是通过把与社会保障有关的财务收支列为审计项目，通过对财务收支进行审计以达到对社会保障活动的监督。审计监督的具体内容有：①对社会保障基金财务的各种会计资料的真实性进行审计；②对社会保障基金财务中的各种账簿和报表是否正确进行审计；③对与社会保障活动有关的会计核算、财务管理是否符合国家会计制度和财经纪律进行审查。

三、我国社会保障行政监督的方式

随着《行政诉讼法》、《法规规章备案规定》、《行政复议法》等法律、法规的出台，我国劳动和社会保障行政执法监督制度不断健全，目前主要的手段和方式有：规范性文件的备案抄送制度；法律、法规和规章实施情况的报告制度；法律、法规和规章执行情况的检查制度；行政复议制度；重大具体行政行为审核制度；错案追究制度；受理公民投诉制度等。其中最主要的是行政复议制度。公民、法人或者其他组织认为劳动和社会保障行政部门及其依法委托的具有社会保险行政管理职能的组织和机构、法定授权组织作出的具体行政行为侵犯其合法的社会保险权益，都可以依法向有管辖权的劳动和社会保障行政部门申请复议。这一制度，赋予了社会保险行政管理相对人行政救济的权利，为社会保险行政管理相对人提供了保护自身合法社会保险权益的手段。社会保险行政复议的工作机构是县级以上各级劳动和社会保障行政部门内部负责法制工作的部门。

社会保险行政复议的申请范围是，公民、法人和其他组织与劳动和社会保障行政部门及其他有行政管理职能的社会保险工作机构之间就社会保险具体事项发生的行政争议。如对劳动和社会保障部门认定劳动者工伤的具体行政行为不服，对社会保险经办机构拒发失业保险金、养老保险金、医疗保险金、工伤保险金、生育保险金等社会保险待遇或对发放标准有异议等。

四、行政复议的一般程序

进行行政复议的一般程序为：①申请人向有管辖权的劳动和社会保障行政部门提出复议申请；②接到申请的劳动和社会保障行政部门法制工作机构进行审查，对符合规定受理条件的，决定受理；③劳动和社会保障行政部门法制工作机构对案件进行全面细致地审理；④以受理复议申请的劳动和社会保障行政部门的名义作出复议决定书，送达当事人。对劳动和社会保障行政部门的复议决定不服，最终还可以走上司法程序，即向人民法院提起行政诉讼。依法行政是我们建设社会主义法治国家的要求，行政复议制度在监督行政机关自身执法行为、规范行政机关依法行政上发挥着独特的作用。近年来，随着全国依法行政工作的全面铺开，社会保险行政复议的机构和制度也得到了进一步加强。劳动和社会保障部对全国县级以上劳动和社会保障行政部门都提出了要建立法制工作机构，负责行政复议工作的要求。同时，正在制定劳动和社会保险行政争议处理办法，按照《行政复议法》的规定，对社会保险行政复议工作加以进一步规范，使之在劳动和社会保障行政部门内部具体化、制度化，更具操作性。

第十三章　社会保障争议的解决

■　第一节　社会保障争议概述

一、社会保障争议

（一）社会保障争议的概念和特征

社会保障争议，又称社会保障纠纷，是指社会保障法律关系主体之间就社会保障权利义务所产生的争议。由于社会保障涉及人数多、范围广、项目多，难免会就社会保障权利义务发生争议。比如在工伤保险、养老保险、失业保险领域，围绕着保险费的缴纳、保险金的发放等问题，就可能在被保险人、用人单位和政府相关部门（社会保险经办机构）之间产生纠纷；在社会救助领域，围绕着社会救助金的领取资格和发放标准等问题，就可能在社会成员和社会救助机构之间产生争议，等等。

社会保障争议具有以下特征：

1. 社会保障争议主体的多元性和不平等性。社会保障争议的主体是社会保障法律关系的主体，社会保障法律关系主体的多元化特征决定了社会保障争议主体的多元性。与传统私权纠纷通常发生在作为私个体的甲和乙之间（甲和乙可能是公民、法人和其他组织）不同，由于社会保障法律关系通常涉及社会保障主管部门、社会保障经办机构、用人单位、受保障人以及其他有关单位等多方主体，故社会保障纠纷的主体也呈现多元化的特征。社会保障争议既可能发生在受保障人和用人单位之间，也可能发生在受保障人与社会保障经办机构之间，还可能发生在用人单位和社会保障经办机构之间。例如，在社会保险领域，社会保险，尤其是基本保险，是由三方主体形成的，即国家社会保障行政部门及其经办机构、用人单位和劳动者，故围绕保险费的缴纳和保险金的发放等问题，就可能在不同的主体之间产生纠纷，如在劳动者与用人单位之间、劳动者与社会保障行政部门及其经办机构之间、社会保障行政部门及其经办机构与用人单位之间产生纠纷等。

在社会保障争议的多个主体之间，他们的地位也不是平等的。例如，在社会保险领域，在劳动者和用人单位之间，虽然在签订劳动合同时双方是平等的缔约主体，但由于劳动力的人身依附性，在劳动者出卖劳动力后，在用人单位和劳动者之间就形成了隶属关系。劳动者在劳动关系中的弱势地位，决定了他们在保险等社会保障争议中的弱势地位。"鉴于劳动者或其他社会保障收益主体与用人单位之间的'信息不对称'、'力量不均衡'的状况，他们要想了解社会保障方面的法律法规和操作程序并打赢官司，通常需要花费较大的成本，包括时间、金钱、精力和职业的稳定性等，尤其是社会保险争议的解决常常以'赢了官司丢了饭碗'、牺牲劳动关系为代价，因而劳动者更倾向于选择息事宁人的方式。劳动者往往没有动力在劳动关系存续期间提起社会保险争议，但在劳动关系结束后又常常会遇到时效问题。"[1] 而在劳动者、用人单位与社会保障行政部门及经办机构之间，则是管理与被管理的行政法律关系。社会保障争议主体地位的不平等性决定了，在社会保障争议的解决中要遵从倾斜保护的原则。[2]

2. 社会保障争议内容的紧迫性及争议解决的急迫性。社会保障争议的内容，涉及社会保障权利和社会保障义务，而社会保障权利和义务通常都与社会成员的基本生存条件息息相关。"社会保障所涉及的内容通常与公民的基本生存权相关，如养老金、生活困难补助费等。在社会保障关系中享有社会保障权利的，多是社会弱势群体，当公民行使社会保障权利发生争议时，涉及的养老金、生活困难补助费等都是其生活必需，被称为'活命钱'。"[3] 由此可知，社会保障争议能否得到及时解决，直接决定着弱势群体的生活能否得到基本保障。所以社会保障争议一旦发生，通常需要得到快速的解决，以保证社会成员尤其是弱势群体的基本生活能够得以维系。"因此，在解决社会保障争议时，必须考虑这些特点，所制定的程序法中，应当尽可能地使受害人能够通过最简单、快捷而且收费低廉的程

---

〔1〕 董保华等：《社会保障的法学观》，北京大学出版社 2005 年版，第 286 页。

〔2〕 在社会法领域，由于主体之间存在身份上的隶属关系、信息不对称、经济力量有差距以及生理方面的自然原因等，致使形式上平等的社会法主体之间具有实质不平等性，为了矫正这种实质不平等，对社会弱势群体进行倾斜保护就成为社会法的基本原则，其宗旨在于通过倾斜立法，使社会法主体之间在力量对比上达到一种衡平。立法上的倾斜一方面在于法律赋予弱势群体较多的实体权利，另一方面则在于赋予弱势群体有效的权利救济途径和手段，其中最重要的又在于要使弱势群体能有效地接近正义。社会保障法作为社会法的核心组成部分，自然应将倾斜保护原则作为其基本原则。

〔3〕 董保华等：《社会保障的法学观》，北京大学出版社 2005 年版，第 289 页。

序获得救济。"[1]

（二）社会保障争议的分类

为了更好地了解和解决社会保障争议，可以根据不同的标准对社会保障争议进行分类：

1. 根据社会保障争议的主体进行分类。由于社会保障争议既可能发生在受保障人和用人单位之间，也可能发生在受保障人与社会保障行政部门及经办机构之间，还可能发生在用人单位和社会保障行政部门及经办机构之间。所以，根据社会保障争议涉及的主体的不同，可将社会保障争议分为受保障人和用人单位之间的争议、受保障人与社会保障行政部门及经办机构之间的争议、用人单位和社会保障行政部门及经办机构之间的争议。从争议涉及的主体的性质看，多数争议具有行政争议的特性。

2. 根据现代社会保障制度主体的性质进行分类。[2] 从现代社会保障制度主体看，根据发生社会保障争议当事人的性质，社会保障争议可以分为三类：公共制度领域中的争议、混合管理社会保障制度领域的争议、与职业相关的社会保障制度领域的争议。

（1）公共制度领域中，公民与国家社会保障行政部门及其经办机构之间的纠纷具有行政特征，如公共社会保险制度中的公民与社会保障行政部门及经办机构之间的纠纷。在实践中，社会保障经办机构与政府的关系十分重要，是授权关系或者代理关系。

（2）在混合管理的制度领域中，社会保障制度的服务主体可能是国家、用人单位和社会成员组成的机构，也可能是依法进行社会保障服务的私营机构。如混合管理的社会保险制度中，社会保险制度的服务主体可能是国家、雇主和雇员组成的三方机构，或者是私营保险公司，其纠纷性质必须因具体案件所涉的具体当事人而定。

（3）与职业相关的社会保障制度领域，如在职业社会保险或者与职业相关的社会保险制度中，可能出现缴费义务人和受益人之间因履行缴费义务而发生的纠纷，这种纠纷与劳动关系相联系，具有民事纠纷的特征。

3. 根据争议主体和争议处理制度进行分类。[3] 按照社会保障争议主体和争

---

[1] 董保华等：《社会保障的法学观》，北京大学出版社2005年版，第289页。

[2] 参见张京萍主编：《社会保障法教程》，首都经济贸易大学出版社2004年版，第271页。

[3] 参见程延园、Barbara Darimont："中德社会保障争议处理制度比较研究"，载《北京行政学院学报》2005年第8期。

议处理制度的不同，可以将社会保障争议分为两类：①社会保障劳动（社会保险）争议，即用人单位与劳动者之间基于劳动关系产生的社会保险权利义务争议。在我国，劳动者与用人单位之间的社会保障争议是基于劳动关系产生的，社会保障经历了从"单位"保障向"社会"保障的改革，用人单位基于劳动关系，要为劳动者交纳失业、养老、医疗、工伤等社会保险费，对尚未纳入社会保险统筹范围的劳动者，企业仍要为其承担一定的保障义务。由于社会保障改革正在推进之中，法律规定一些保险待遇或保险责任仍要由用人单位承担，如劳动者因工致残，被鉴定为五级、六级伤残的，要由用人单位安排适当工作，难以安排工作的，由用人单位按月发给伤残津贴。劳动者与用人单位解除或者终止劳动关系时，用人单位要支付一次性工伤医疗补助金和伤残就业补助金。这样，在用人单位与劳动者之间仍会因为法律规定的社会保险问题产生争议。对于尚未参加社会保险统筹的用人单位与劳动者之间发生的此类社会保险争议，仍作为劳动争议适用劳动争议处理程序加以处理，如最高人民法院 2001 年 4 月 6 日公布的《关于审理劳动争议案件适用法律若干问题的解释》第 1 条规定，"劳动者退休后，与尚未参加社会保险统筹的原用人单位因追索养老金、医疗费、工伤保险待遇和其他社会保险费而发生的纠纷"属于《劳动法》第 2 条规定的劳动争议，劳动者不服劳动争议仲裁委员会作出的裁决，依法向人民法院起诉的，人民法院应当受理。②社会保障行政争议，即社会保障行政部门及其经办机构在依照法律、法规及有关规定办理社会保障事务过程中，与公民、法人或者其他组织之间发生的争议，如社会保险费的征收、缴费、基金管理、待遇发放以及退休、失业人员的服务管理等。这是一种公法意义上的行政关系，由此发生的纠纷属于行政纠纷，适用行政争议处理制度。

之所以将社会保障争议做这样的划分，是因为在我国现行社会保障争议处理制度中，针对争议种类、主体的不同，采用了不同的法律制度、程序和处理原则。上述第一类争议属于劳动争议，比照适用劳动争议处理制度，即劳动争议调解、仲裁和诉讼。第二类争议属于行政争议，适用社会保障行政争议处理制度，即社会保障行政复议和行政诉讼。

4. 根据社会保障争议的内容进行分类。根据社会保障争议的内容，可将社会保障争议分为权利争议和利益争议。凡是因法律条文、合同中规定的社会保障权利而发生的争议，称为权利争议。权利争议是为实现既定权利而发生的争议，它属于法律问题，故又称为法律争议。如给付社会保险待遇争议、补缴社会保险费争议等。当事人提出法定权利之外新的权利要求而产生的争议，称为利益争议。[1] 利益争议某种程度上可以说成是为了争取权利而引起的争议。通常，人们将权利争议和利益争议的区别认定为是法律争议与事实争议的区别。法律争议和事实争议的区分的目的是确认哪些权利在诉讼程序中是"可诉"的，哪些是"不可诉"的。[2] 权利争议因涉及的是法律问题，一般通过仲裁或诉讼程序解决；利益争议的解决没有可引用的实体依据，无法通过诉讼作出裁判，一般通过调解、调停、仲裁等和平方式解决处理。[3]

二、社会保障争议的解决方式

社会保障争议的解决的两种方式：

（一）司法方式——诉讼

诉讼是纠纷解决的最后一道防线。诉讼的基本含义是将争议提交国家司法机关予以裁断。由于社会保障法十分复杂且有其独特之处，而且更多的是给付性质，因此为了方便社会保障争议的解决，有些国家设立了独立的社会保障司法机构，并建立一种简单、迅速和低成本的救济程序。如在比利时、芬兰、德国、冰岛等国都设有劳动法院，在英国等国家设有劳动法庭。[4] 有些劳动法院在处理劳动纠纷的同时，也处理社会保险争议，如比利时。除劳动法院外，西方国家还有通过其他法院处理劳动和社会保障争议的丰富实践。如葡萄牙、希腊的行政法院，法国、德国、西班牙的社会法院，英国的社会保障法庭等。[5]

此类法院或法庭与一般的法院相比具有如下特点：[6] ①组成人员不同。法庭由职业人员组成，这些人员可以是职业法官，也可以不是。兼职法官通常是劳动法庭的重要组成人员。兼职法官可以来自雇主组织、雇员组织（工会），甚至个体就业者协会。总之，他们必须是劳动和社会保障专业领域的专家，他们的出现是为了保证劳动法庭的工作更加有效和公正。②当事人不同。社会保障法庭一般会突出行政的特点，如在比利时，劳动法庭审理社会保险案件时，国家公诉人必须出庭，以维护公民的权益。③适用程序不同。法庭适用便捷、经济的程序。劳动法庭的当事人受律师的制约少于其他法庭，他们可以请求职业组织的代表、

---

〔1〕　参见范占江主编：《劳动争议处理概论》，中国劳动出版社1995年版，第14页。

〔2〕　参见郑尚元：《劳动争议处理程序法的现代化》，中国方正出版社2004年版，第7页。

〔3〕　胡振üic、黄金波："论劳动争议诉讼案件的管辖"，载 http://www.hicourt.gov.cn/homepage/show_index.asp? id=995.

〔4〕　参见董保华等：《社会法原论》，中国政法大学出版社2001年版，第358页。

〔5〕　参见董保华等：《社会保障的法学观》，北京大学出版社2005年版，第297页。

〔6〕　参见董保华等：《社会保障的法学观》，北京大学出版社2005年版，第297页。

工会的代表或者家庭成员参与诉讼。

※选择性阅读

在德国，国家非常重视对社会法的实施，非常重视对这种实施进行监督，并使这种监督规范化、法制化。为此，1953 年 9 月颁布了《社会法院法》，其中对社会法院的特殊审判权和组织机构等作了专门规定。按照法律规定，在德国设立专事社会法司法的社会法院，其任务是专门负责涉及社会保险、社会福利和其他有关社会保障方面的争议案件的审理。社会法院是特殊的行政法院，属于公法范畴。但随着《社会法院法》的颁布施行，社会法院从行政法院体系中分离出来而成为一种独立的专门法院体系。[1]

社会法院共分为三级：基层社会法院、州社会法院和联邦社会法院。基层社会法院和州社会法院是 16 个联邦州所设立的法院，各州根据面积和人口数量设置不同数目的基层社会法院，每州设 1 个州社会法院。社会法院由职业法官和非职业法官组成，社会法院系统约有 1000 名职业法官。基层社会法院和州社会法院的职业法官由各州司法部长任命，终身任职。联邦社会法院的职业法官由联邦法官选举委员会选举产生，同样实行终身制。非职业法官则由各州政府或受委托的机构根据提名名单聘用，聘用期为 4 年。提名名单由工会、雇主协会、医疗保险机构医生联合会、医疗保险机构和残疾人协会等根据非职业法官所从事的审判业务领域确定。非职业法官在审判中享有与职业法官相同的表决权、询问权和知情权等，但不担任主审法官。法官享有对社会争议的判决权，他们只服从法律。近年来，社会法院每年受理的案件数量呈现稳中有升的趋势，1999 ~ 2001 年基层社会法院平均每年实际处理案件大约 25 万件，平均每年年底尚未审结的案件为 31.5 万件，表明社会法院面临着争议案件较多与法官数量有限的矛盾。[2]

在德国，社会法院审理社会保障方面的争议案件与劳动法院审理劳资纠纷案件也有所不同，主要表现为：①由社会法院审理的有关社会保障方面的争议案件的诉讼主体与劳动法院审理的劳资纠纷案件明显不同。劳资纠纷案件的诉讼主体为雇员与雇主、工会与雇主协会、企业委员会与雇主；而社会

---

[1] 周贤奇："德国劳动、社会保障制度及有关争议案件的处理"，载 http://www.so100.cn/html/lunwen/falvlunwen/laodongfa/2006 - 3/18/20060631802545820308711051.htm.

[2] 参见程延园、Barbara Darimont："中德社会保障争议处理制度比较研究"，载《北京行政学院学报》2005 年第 8 期。

法方面争议案件的诉讼主体既可以是自然人和私法或公法范围内的法人，也可以是具有法定资格的社会团体，如工会、雇主协会、社会保险经办机构等，其中一方是特定的，即必须是社会保险机构。②根据《社会法院法》的规定，当事人提起有关社会保障方面争议的诉讼必须以有关社会保险机构作出过处理决定，并经过复议程序为前提。③由于社会保障方面争议案件和社会法院的公法性质，决定了审理此类案件在证据收集上与其他行政法院审理行政案件一样，采取官方调查、取证的原则。[1]

德国社会争议处理体系和制度安排，充分考虑了社会保障争议的复杂性、技术性和专业性，体现了法律保护的高度专业化水平，并适应了社会争议不断增加的变化趋势。社会法院实行的非职业法官制度，确保了审判法官对一方当事人利益和问题的充分理解，兼顾了社会争议的专业特点，同时也缓解了职业法官不足的压力，使社会法院拥有一支高素质的法官队伍。虽然存在着处理渠道单一等矛盾和困难，但整体上看，社会法院体系还是成功的。社会法院及时、公正地处理了大量社会争议，并具有高度的专业性，这对于处于形成和发展阶段的中国社会保障争议处理的理论原则和制度构建，具有重要的借鉴和参考价值。[2]

社会保障争议的处理程序为：

（1）一般诉讼程序。对社会保障组织的决定有异议的，应该先向行政管理委员会内部设立的调解委员会请求调解。对调解委员会的处理决定不服的，应在接到决定后1个月内向社会保障事务法庭起诉，对社会保障事务法庭的一审判决不服的，可以向上诉法庭（社会庭）提出上诉，如果是终审判决，还可以向最高法院提出申诉。

（2）特别诉讼程序。对有无劳动能力争议案件的处理分为三级：第一级为无劳动能力诉讼法庭，负责一审；第二级为全国劳动事故保险中的劳动能力和评定法院，负责审理上诉案件；第三级是最高法院，受理案件的申诉。确定劳动事故分摊金的诉讼由无劳动能力评定法院受理，此审是一审也是终审，对判决有异议，可向最高法院提出申诉。技术监督诉讼由技术监督诉讼法庭负责审理，对判

---

〔1〕 周贤奇："德国劳动、社会保障制度及有关争议案件的处理"，载 http://www.so100.cn/html/lun-wen/falvlunwen/laodongfa/2006 - 3/18/20060631802545820308710510.htm.

〔2〕 参见程延园、Barbara Darimont："中德社会保障争议处理制度比较研究"，载《北京行政学院学报》2005年第8期。

决有异议，可向最高法院提出申诉。

我国没有专门的社会保障法典和社会保障法院，没有设置专业化的社会保障争议处理机构和人员，在处理社会保障争议案件适用的程序方面，也并没有独立的社会保障争议诉讼程序。企业与劳动者之间的劳动（社会保险）争议由人民法院民事审判庭处理，社会保障行政争议由人民法院行政审判庭审理，即不同主体之间的社会保障争议，由普通法院内部的不同审判庭进行审理。人民法院审理企业与劳动者之间的社会保险争议，按照《民事诉讼法》规定的程序，审理社会保障行政案件，依据《行政诉讼法》的有关规定。

（二）非司法方式——ADR

ADR（Alternative Dispute Resolution），即替代性纠纷解决方式或非诉讼纠纷解决方式，是20世纪逐步发展起来的各种诉讼外纠纷解决方式的总称。ADR包括传统的非诉讼纠纷解决方式，如和解、调解和仲裁，以及在传统的非诉讼纠纷解决方式基础上派生出来的ADR，如司法ADR、仲裁、调解等复合型ADR。ADR可以分为以纠纷当事人之间的合意形成为目的的调整型的ADR（调停、斡旋）和第三人作判断解决争议的裁断型的ADR（仲裁、裁定等）；从营运主体的角度来看，又可以分为司法系统的ADR、行政系统的ADR和民间系统的ADR。[1] 民间系统的ADR又称民间性ADR，是指由民间性组织和个人介入纠纷解决过程的ADR，包括民间调解、仲裁机构仲裁等。行政系统的ADR又称行政性ADR，是指由国家行政机关或准行政机关所设或附设的专门机构处理纠纷而形成的ADR，[2] 具体包括行政调解、行政斡旋、行政仲裁和行政裁定等。[3] 司法系统的ADR又称法院附设的ADR，是指法院以非诉讼的方式解决纠纷所形成的ADR，司法ADR的具体形式有法院附属仲裁、小型审理、早期中立评价、简易陪审团审判、租借法官和事实发现等多种多样的形态。

在社会保障争议处理领域，ADR一直以来都发挥着重要作用，协商、调解、仲裁等传统的非诉讼纠纷解决方式以及在此基础上派生出来的ADR等，都是各国常用处理社会保障争议的方式。"相对于司法方式来说，非司法方式具有便捷、经济和接近当事人心理的优势。"[4]

1. 协商与和解。"协商是指双方或多方当事人之间采取的一种关于信息交换

---

〔1〕 参见［日］中野贞一郎："裁判的世界"，杨本娟译，载樊崇义主编：《诉讼法学研究》（第7卷），中国检察出版社2004年版，第388页。

〔2〕 参见齐树洁、林建文主编：《环境纠纷解决机制研究》，厦门大学出版社2005年版，第438页以下。

〔3〕 参见沈恒斌主编：《多元化纠纷解决机制原理与实务》，厦门大学出版社2005年版，第219页。

〔4〕 张京萍主编：《社会保障法教程》，首都经济贸易大学出版社2004年版，第273页。

和传递交互式的活动，其目的是为了寻求合作或者合理分配缺乏的资源，是旨在相互说服的交流或对话，以期达到比他们单独行动更好的效果。"[1] 和解，是指争议双方当事人在没有第三方介入的情况下，互相交涉、沟通、协商，在彼此让步的基础上达成合意，解决纠纷的方式。"从纠纷解决层面上来说，谈判和协商的过程也就是和解的过程。通过谈判和协商，双方达成和解协议最终获得和解。"[2]

协商与和解是解决一切争议的首选方式，通常也是最好的方式。在社会保障争议处理领域，无论是否在立法上有明确的规定，各国都倾向于当事人通过协商与和解的方式解决争议。尤其是在劳动（社会保险）争议处理过程中，"纵观当今工业化市场经济国家，一个突出的特点就是包括劳动争议处理在内的几乎所有劳资关系的事宜，大都是通过劳资双方采取自行交往的方式加以解决，政府通常不滥加干涉，而主要是通过提供立法规范或运用积极的政策加以引导和协调。"[3] 在我国，1993 年 6 月 11 日国务院第五次常务会议通过、自 1993 年 8 月 1 日起施行的《中华人民共和国企业劳动争议处理条例》（以下简称《劳动争议处理条例》）第 6 条规定："劳动争议发生后，当事人应当协商解决；不愿协商或者协商不成的，可以向本企业劳动争议调解委员会申请调解；调解不成的，可以向劳动争议仲裁委员会申请仲裁。当事人也可以直接向劳动争议仲裁委员会申请仲裁。对仲裁裁决不服的，可以向人民法院起诉。"由第十届全国人民代表大会常务委员会第三十一次会议于 2007 年 12 月 29 日通过、自 2008 年 5 月 1 日起施行的《中华人民共和国劳动争议调解仲裁法》（以下简称《调解仲裁法》）第 4 条规定："发生劳动争议，劳动者可以与用人单位协商，也可以请工会或者第三方共同与用人单位协商，达成和解协议。"可见，我国法律将协商与和解明确确定为解决劳动争议的首选方式。

2. 调解。调解是指通过中立第三方的沟通协调，使双方当事人在平等协商的基础上达成解决纠纷合意的纠纷解决方式。根据调解人的身份和性质不同，可将调解分为个人调解、民间组织调解、行政机关调解、仲裁机构调解和法院调解。"一个社会的权利救济并非仅仅着眼于救济那些受到侵犯的权利，或确定处于争议中的权利的归属，而且要考虑预防和减少权利争端和侵权现象，这就要求权利救济体系为权利体系的实现创造一个良好的社会法治环境，而调解对和谐人

---

[1] 参见沈恒斌主编：《多元化纠纷解决机制原理与实务》，厦门大学出版社 2005 年版，第 85 页。
[2] 参见沈恒斌主编：《多元化纠纷解决机制原理与实务》，厦门大学出版社 2005 年版，第 102 页。
[3] 姜颖：《劳动争议处理教程》，法律出版社 2003 年版，第 59 页。

际关系的'情有独钟'正是迎合了这一需求。"[1] 具体而言,调解具有自愿性、低成本性、保密性、程序的简易性和处理的高效性、调解结果的灵活性和调解协议的易履行性等优点,[2] 这就使得调解成为争议当事人极易接受的纠纷解决方式。

调解是采用非司法方式解决社会保障争议,在实践中,它是解决社会保障争议的第一道防线。[3] 对于社会保障争议的处理,诉讼前的调解具有非常重要的意义。在社会保障领域,各国以立法的方式对调解进行规定,使其成为一种较为普遍的纠纷解决途径。在我国社会保障领域,调解无疑也是纠纷解决的一种重要方式。我国《劳动法》第77、79条规定调解是解决劳动争议的主要途径。该法第80条规定:"在用人单位内,可以设立劳动争议调解委员会。劳动争议调解委员会由职工代表、用人单位代表和工会代表组成。劳动争议调解委员会主任由工会代表担任。劳动争议经调解达成协议的,当事人应当履行。"《劳动争议处理条例》就劳动争议调解作了详细的规定。2008年5月1日起实施的《调解仲裁法》同样对劳动争议的调解作了系统、详尽的规定。在我国劳动争议处理制度中,劳动争议调解有狭义和广义之分。狭义的劳动争议调解是指《调解仲裁法》所规定的,由企业劳动争议调解委员会、基层人民调解组织和在乡镇、街道设立的具有劳动争议调解职能的组织对劳动争议的调解。广义的劳动争议调解还包括劳动争议仲裁委员会的调解和人民法院对劳动争议的调解。

3. 仲裁。在近代社会,民商事仲裁作为解决财产权益纠纷尤其是商事纠纷的有效方式,一直受到各国的青睐,相继有各国制定的仲裁法和有关仲裁的国际条约等对仲裁进行规范。鉴于社会保障争议涉及主体的特殊性以及社会保障争议性质的特殊性,在社会保障争议中,相对于其他非诉讼纠纷解决方式而言,传统的民商事仲裁的使用范围并不是很广泛。而要使仲裁在社会保障争议解决中发挥作用,就有必要在制度运行中进行创新,如在设立常设仲裁机构时把仲裁机构作为法院的组成部分来设置,或者设置于行政部门内部,以及设立介于调解与仲裁之间的仲裁制度等。[4]

在我国,劳动争议仲裁是处理劳动(社会保险)争议的必经程序和提起劳动诉讼的前置程序,也是处理劳动(社会保险)争议的核心制度。根据我国

---

〔1〕 陈燎原、王人博:《权利及其救济》,山东人民出版社1998年版,第434页。
〔2〕 参见沈恒斌主编:《多元化纠纷解决机制原理与实务》,厦门大学出版社2005年版,第114页以下。
〔3〕 参见张京萍主编:《社会保障法教程》,首都经济贸易大学出版社2004年版,第274页。
〔4〕 参见 [日]谷口安平:《程序的正义与诉讼》,王亚新、刘荣军译,中国政法大学出版社2002年版,第372~373页。

《劳动法》第 79 条的规定，劳动（社会保险）争议实行的是先裁后审、一裁两审制度。劳动（社会保险）争议发生后，当事人可以向本单位劳动争议调解委员会申请调解；调解不成，当事人一方要求仲裁的，可以向劳动争议仲裁委员会申请仲裁。当事人一方也可以直接向劳动争议仲裁委员会申请仲裁。对仲裁裁决不服的，可以向人民法院提起诉讼。可见，劳动争议仲裁是解决劳动（社会保险）争议的必经程序，如不经过仲裁就向人民法院起诉，法院会不予受理，即相对于诉讼程序而言，仲裁程序是前置的，不能逾越的。劳动（社会保险）争议的仲裁机构也是隶属于政府部门的劳动争议仲裁委员会，而不是民间性的仲裁委员会。可见社会保障争议仲裁在性质上与民商事仲裁有较大的区别。我国《仲裁法》第 77 条也明确规定，劳动争议和农业集体经济组织内部的农业承包合同纠纷的仲裁另行规定，不适用《仲裁法》。这些都从另一个侧面说明了，正是因为我国在制定运行中创设了劳动争议仲裁这样的行政仲裁方式，才使仲裁在劳动和社会保障争议的解决中发挥了重要作用。从我国劳动（社会保险）争议处理的实践来看，最有影响力、覆盖范围最广的是劳动争议仲裁制度。[1] 据统计，全国现有劳动仲裁机构 3191 个，配备有 2 万名专、兼职仲裁员，5 年来审理劳动争议案件 26.7 万件，其中集体劳动争议 1.8 万件，然而从 1995 年 1 月到 1997 年 8 月的 2 年多时间里，法院仅受理劳动争议案件 92 139 件。[2] 这说明劳动争议仲裁能够起到相当大的化解劳动争议的作用。自《劳动法》1995 年实施以来，全国各级劳动争议仲裁委员会处理的社会保障争议，主要集中在劳动者工龄计算、缴纳养老保险费，职业病、职业伤害赔偿和养老金、医疗费的支付，以及享受生育保险待遇方面。1997 年到 2001 年 5 年间，因为保险福利引发的社会保障争议平均占到劳动争议总数的 21%。[3]

4. 行政处理。行政处理包括广义和狭义两种，广义上的行政处理是指有纠纷处理权的行政机关对行政纠纷和民事纠纷进行处理的行为，狭义的行政处理是有纠纷处理权的行政机关对特定民事纠纷进行处理的行为。[4] 按不同的分类标准，可将纠纷的行政处理作不同的分类：①按纠纷处理机理不同，可以分为以合意形成为目标的调解型行政处理，如行政调解和行政斡旋，以及以第三人作判断

---

〔1〕 参见郑尚元：《劳动争议处理程序法的现代化——中国劳动争议处理制度的反思与前瞻》，中国方正出版社 2004 年版，第 20 页。
〔2〕 参见何兵："论行政解决民事纠纷"，载罗豪才主编：《行政法论丛》（第 5 卷），法律出版社 2005 年版，第 484 页。
〔3〕 劳动和社会保障部编：《中国劳动和社会保障年鉴》（1998~2002 年），中国劳动社会保障出版社。
〔4〕 参见沈恒斌主编：《多元化纠纷解决机制原理与实务》，厦门大学出版社 2005 年版，第 218 页。

解决争议的裁断型行政处理,如行政仲裁、行政复议和行政裁决。[1] ②根据处理机关的不同,可将行政处理分为一般性的行政处理和专门性的行政处理。一般性行政处理是指行政机关根据法律授权和程序处理主管范围内的纠纷的活动,如工商行政管理机关调解消费者与商家的纠纷;专门性行政处理是指行政机关依照法律的特别授权设置专门的裁决机构,对某类具体的纠纷进行处理的活动。例如,劳动争议仲裁机构对劳动争议进行裁决的活动。③根据调整对象的不同,可以分为调整行政机关内部法律关系的行政处理,如行政复议,以及调整行政管理相对人之间法律关系的行政处理,如行政调解、行政裁决。

"由于社会保障法是以国家的行政权力为基础展开的,社会保障法的实施总是由国家授权的社会保障管理机构主管,因此争议的一方当事人常常是社会保障管理机构,社会保障争议中行政争议占大部分。"[2] 这就决定了行政处理在处理社会保障争议中占据了重要地位,其中运用最广泛的行政处理方式就是行政复议。在德国,社会保障争议的处理程序包括社会保险机构复议和社会法院审理。[3] 英国的社会保障争议处理主要分为初步裁决和上诉裁决两个层次。初步裁决(一级"裁决")为行政裁决。[4] 在丹麦,国家调解员办公室在处理社会保障争议方面起着非常重要的作用,它是一个不同于行政法院的、具有行政色彩又独立于行政机构的机构。这一行政裁判实体由德高望重的中间人组成,在普通法院的指导下工作。每个法令将规定该行政裁判实体是否有资格处理本法范围内的争议,其责任是保证法律在行政领域的正确实施。事实上,多数社会保障领域内的争议在这个行政裁判实体的协调下得到了妥善处理,只有极少数的争议诉到法院。[5] 在我国,社会保障行政争议救济途径主要是行政复议,行政复议是我国通过行政救济方式处理社会保障行政争议的重要手段和主要方式。《劳动和社会保障行政复议办法》和《社会保险行政争议处理办法》等对社会保障争议的行政复议作了详细规定。此外,《社会保险行政争议处理办法》还增设了"复查"这种处理社会保险争议的行政处理方式。该办法第6条第2款规定,对于特定类型的社会保险争议,公民、法人或者其他组织可以先向作出该具体行政行为的经办机构申请复查,对复查决定不服,再向劳动保障行政部门申请行政复议,

---

[1] 参见沈恒斌主编:《多元化纠纷解决机制原理与实务》,厦门大学出版社2005年版,第219页。

[2] 叶静漪、曹燕:"社会保障权的法律救济初论",载邹海林主编:《社会保险改革与法治发展》,社会科学文献出版社2005年版,第229页以下。

[3] 参见董保华等:《社会保障的法学观》,北京大学出版社2005年版,第297页。

[4] 参见刘黎明、刘庚华:"英国的社会保障争议处理程序",载《中国社会保障》2006年第3期。

[5] 参见张京萍主编:《社会保障法教程》,首都经济贸易大学出版社2004年版,第273页。

也可以直接向劳动保障行政部门申请行政复议。

为了更好地理解和运用以上知识，我们分析一下这个试题：

关于社会保障争议的处理，下列说法中哪些是正确的？

A. 我国有专门的社会保障法庭处理社会保障争议

B. 所有的社会保障争议都可以适用调解的方式加以解决

C. 各国在解决社会保障争议时都更多地依赖于 ADR 的积极作用，但以司法为最后一道防线

D. 我国社会保障争议的仲裁不同于民商事仲裁

对于 A 选项，我国没有设置专业化的社会保障争议处理机构和人员，企业与劳动者之间的劳动（社会保险）争议由人民法院民事审判庭处理，社会保障行政争议由人民法院行政审判庭审理，即不同主体之间的社会保障争议，由普通法院内部不同审判庭进行审理，故 A 选项的表述是错误的。对于 B 选项，调解意味着要通过争议双方的相互谅解、妥协和让步来解决纠纷，这就要求能通过调解方式解决争议的双方当事人对争议内容享有处分权，可以自主决定是否享有权利或放弃权利（包括部分放弃），这就决定了，调解一般只适用于解决私权纠纷——因为私权具有可处分性。对于行政争议和刑事案件，通常不能通过调解来解决。在社会保障争议中，除了劳动者和用人单位之间的部分社会保险争议被视为劳动争议可通过调解解决外，绝大多数纠纷都是行政纠纷而需要通过行政复议或行政诉讼的途径加以解决，这些行政纠纷都不适用调解，故此选项的表述是错误的。对于 C 选项，前文的叙述已经清楚地表明，在社会保障争议的解决领域，和解、调解、仲裁和行政处理等 ADR 都发挥着不同程度的积极作用，但"司法最终裁决"原则也同样适用于社会保障争议的解决，诉讼依然是社会保障争议解决的最后一道防线，故此选项表述正确。对于 D 选项，在我国，劳动和社会保障争议仲裁的确不同于民商事争议仲裁，如：劳动和社会保障争议仲裁通常实行先裁后审、一裁两审制度（根据《调解仲裁法》实行一裁终局的部分案件除外），而民商事仲裁实行或裁或审、一裁终局制度；劳动和社会保障争议的仲裁机构是隶属于政府部门的劳动争议仲裁委员会，而民商事争议的仲裁机构则是民间性的仲裁委员会；劳动和社会保障争议仲裁不受《仲裁法》的规范，而民商事仲裁受《仲裁法》的规范等，故 D 选项的表述正确。所以，本题的正确答案是：CD。

■ 第二节 以民事程序解决社会保障劳动争议

目前，我国对于社会保障争议的解决是通过"双轨制"实现的，即其一是围绕私权利展开的劳动争议和解、调解、仲裁和诉讼程序，统称为民事程序；其二是围绕公权力展开的行政复议和行政诉讼程序，统称为行政程序。[1] 发生在用人单位与劳动者之间的社会保险争议作为劳动争议，通过和解、调解、仲裁和民事诉讼等民事程序加以解决；社会保障行政部门及其经办机构在依照法律、法规及有关规定办理社会保障事务过程中，与公民、法人或者其他组织之间发生的社会保障行政争议，通过复查、行政复议和行政诉讼等行政程序加以解决。本节主要介绍社会保障争议的第一种解决途径，即民事程序。

一、民事程序解决争议概述

在我国，社会保障争议中最主要的是社会保险争议。[2] 劳动者与用人单位之间的社会保险争议大致包括两类：①用人单位未为劳动者缴纳养老、医疗等社会保险费而发生的劳动者与用人单位之间的争议，即缴纳社会保险费争议；②劳动者出现符合法律规定的条件时，用人单位未按规定支付劳动者相应的社会保险待遇而发生的争议，即支付社会保险待遇争议，如未参加社会保险费统筹的用人单位，因未按规定向劳动者支付养老金、医疗费、工伤保险待遇和其他社会保险费等而与劳动者发生的争议。又如已经参加工伤保险的劳动者领取社会保险经办机构的工伤待遇后，用人单位未按《工伤保险条例》（国务院令第375号）的规定支付给劳动者医疗补助金、一次性就业补助金等而发生的争议，等等。

长期以来，用人单位与劳动者之间的社会保险争议一直被认为是劳动争议中的一种类型，因而没有单独的处理程序，而是作为劳动争议通过民事程序加以处理。例如，《劳动争议处理条例》第2条规定，因执行国家有关工资、保险、福利、培训、劳动保护的规定发生的争议，适用该条例作为劳动争议处理。《调解仲裁法》第2条第4、5项规定，因社会保险、福利、工伤医疗费、经济补偿或者赔偿金等发生的争议，作为劳动争议适用该法加以处理。但实际上，在《劳动

---

[1] 参见董保华等：《社会保障的法学观》，北京大学出版社2005年版，第284页。

[2] 参见董保华等：《社会保障的法学观》，北京大学出版社2005年版，第285页。

法》、《失业保险条例》（国务院令第258号）、《工伤保险条例》、《社会保险费征缴暂行条例》（国务院令第259号）和《劳动保障监察条例》（国务院令第423号）等一些法律、法规颁布后，第一类争议即缴纳社会保险费争议已不属于劳动争议的范围。1995年1月1日实施的《劳动法》第100条规定："用人单位无故不缴纳社会保险费的，由劳动行政部门责令其限期缴纳；逾期不缴纳的，可以加收滞纳金。"但当时的社会保险尚未实行统筹，《劳动法》的这一规定也就无法执行。但自1997年7月16日国务院《关于建立统一的企业职工基本养老保险制度的决定》（国发〔1997〕26号）、1998年12月14日国务院《关于建立城镇职工基本医疗保险制度的决定》（国发〔1998〕44号）、1999年1月22日国务院《失业保险条例》和2003年4月27日国务院《工伤保险条例》发布后，社会保险费实行社会统筹，用人单位是否为劳动者缴纳社会保险费是社会保险经办机构与用人单位之间的事，而非仅是劳动者与用人单位之间的事。特别是1999年1月22日国务院《社会保险费征缴暂行条例》和2004年11月1日《劳动保障监察条例》发布后，用人单位未为劳动者缴纳社会保险费的，由劳动保障部门做出处理决定是法律明确规定的劳动保障行政部门的职责。[1]可见，现在劳动者与用人单位之间因未缴纳社会保险费所发生的争议，已不属于劳动争议的范围而转为通过行政程序加以解决。只有没有实行社会保险费统筹的单位，劳动者与用人单位之间就交纳保险费所发生的争议仍作为劳动争议加以处理。当然，第二类争议，即支付社会保险待遇争议，在现阶段仍是作为劳动争议通过劳动争议处理程序加以处理。如《工伤保险条例》第52条规定："职工与用人单位发生工伤待遇方面的争议，按照处理劳动争议的有关规定处理。"最高人民法院《关于审理劳动争议案件适用法律若干问题的解释》第1条规定，"劳动者退休后，与尚未参加社会保险统筹的原用人单位因追索养老金、医疗费、工伤保险待遇和其他社会保险费而发生的纠纷"属于《劳动法》第2条规定的劳动争议，当事人不服劳动争议仲裁委员会作出的裁决，依法向人民法院起诉的，人民法院应当受理。

为了理解和准确适用以上的法律规定，我们分析一下下面这个案例：吴某于1958年在甲企业工作，1992年退休。1994年以来，该企业因产品销路不畅，经济效益日益滑坡，导致企业不能按月足额发放退休金，也不能按规定报销医疗费，有时甚至连退休职工的月基本生活费都不能予以保障。吴某系年迈孤老，无他人接济，生活十分拮据。多次与企业交涉按月足额发放退休金，但企业无法解决。无奈，吴某向劳动争议仲裁委员会申请仲裁，要求企业按月发放基本生活

---

〔1〕　参见江君清："未缴纳社会保险争议不应纳入仲裁受案范围"，载《中国劳动》2006年第8期。

费，并报销医疗费。问：劳动争议仲裁委员会是否应该受理吴某的申诉？[1]

此案例题考核的是企业劳动（社会保险）争议的认定问题。吴某原系甲企业的职工，双方存在劳动关系。在我国社会保险费用没有实行统筹之前，社会保险关系是劳动关系的后果，因此只要存在劳动关系就必然发生社会保险关系。即使吴某退休，其与甲企业之间的劳动关系终止，但相应的养老、医疗等社会保险关系作为原劳动关系的衍生关系依然存在。对于劳动者退休后，与过去没有实行社会保险统筹的甲企业发生的养老保险和医疗保险待遇给付争议是否属于劳动者与用人单位之间发生的劳动争议问题，最高人民法院《关于审理劳动争议案件适用法律若干问题的解释》第1条已经作了明确规定。由此可知，吴某与甲企业之间关于养老保险和医疗保险待遇给付争议属于劳动争议，应当按照劳动争议处理程序加以处理，劳动争议仲裁委员会应该受理吴某的申诉。

二、以民事程序解决社会保险争议应遵从的原则

根据《调解仲裁法》第3条的规定，依民事程序处理社会保险争议应遵从以下原则：

（一）在查清事实的基础上，依法、公正处理

以事实为根据、以法律为准绳是执法和司法的一项基本要求。在处理劳动（社会保险）争议过程中，一方面，要求参与纠纷处理的第三方，尤其是仲裁机构和法院应该以证据为基础，查清事实，分清是非。仲裁机构和法院要全面客观地进行调查取证，以确保获得案件的事实真相。每一项证据必须查证属实才能作为裁判案件的根据。不能在证据不足或事实认定不清的基础上就作出判断，即便是仲裁机构和法院进行调解，也要求在查清事实、分清是非的基础上进行，而不能一味地和稀泥。另一方面，要求处理劳动（社会保险）争议要严格依法办事，要遵从程序法和实体法。处理争议的程序要符合法律的规定，在对争议作出处理结果时要适用正确的实体法，否则可能导致争议处理结果的无效或可撤销。

（二）着重调解，及时处理

调解是处理社会纠纷的重要方式之一。在社会保险争议领域，由于在劳动者和用人单位之间存在"信息不对称"、"力量不均衡"的状况，劳动者要想了解社会保障方面的法律法规和操作程序并打赢官司，通常需要花费较大的成本，包括时间、金钱、精力和职业的稳定性等，尤其是社会保险争议的解决常常以"赢了官司丢了饭碗"、牺牲劳动关系为代价，因而劳动者更倾向于选择息事宁人的方式。所以，在社会保险争议发生后，应当注重以调解的方式解决争议，争取彻底

---

〔1〕 参见王昌硕主编：《劳动法学案例教程》，知识产权出版社2003年版，第8页。

解决争议并维持争议双方的合作关系。

"着重调解"要求劳动争议发生后，应当优先采取调解方式使劳动关系双方在自愿的基础上解决劳动争议。双方可以先向本企业内部设立的劳动争议调解委员会、基层人民调解组织或者在乡镇、街道设立的具有劳动争议调解职能的组织申请调解，调解组织也可以主动介入调解，积极促成双方达成调解协议。如在调解组织的主持下双方确实达不成调解协议，则由劳动争议仲裁委员会和法院加以解决。劳动争议仲裁委员会处理劳动争议时，也应当先行调解，调解不成的才能进行裁决。法院受理劳动争议案件后，在不同的审判阶段都是先行调解，调解不成的才能进行判决。当然，"着重调解"意味着调解优先，但并不意味着调解是强制性的。双方是否同意调解，是否愿意达成调解协议，应当由当事人双方自主自愿决定。

"及时处理"既是对争议双方当事人的要求，也是对争议处理机构的要求。一方面，双方当事人在劳动争议发生后应当积极请求相关部门进行调解、仲裁和审判，寻求纠纷的及时解决，通过正当的途径维护自己的合法权益，否则可能会因为超过时效而承受不利后果。例如，《调解仲裁法》第27条规定，当事人应当从知道或应当知道其权利被侵害之日起1年内申请仲裁，对此当事人应该遵守。如果超过了1年才申请仲裁又没有中止、中断、延长的事由的，当事人将承受不利后果。另一方面，争议处理机构在受理劳动（社会保险）争议案件后，应当及时处理，不得无故拖延。例如，按照法律规定，仲裁庭裁决劳动争议案件，应当自劳动争议仲裁委员会受理仲裁申请之日起45日内结束。案情复杂需要延期的，经劳动争议仲裁委员会主任批准，可以延期并书面通知当事人，但是延长期限不得超过15日。逾期未作出仲裁裁决的，当事人可以就该劳动争议事项向人民法院提起诉讼。劳动争议仲裁委员会应当对案件先行调解，调解不成的应及时作出裁决。人民法院在审理劳动（社会保险）争议时，如果调解不成，也应该及时判决，不能久调不决。

三、以民事程序解决社会保险争议的方式、程序

按照《劳动法》第79条和《调解仲裁法》第4、5条的规定，劳动争议发生后，当事人应当协商解决，达成和解协议；不愿协商、协商不成或者达成和解协议后不履行的，可以向调解组织申请调解；不愿调解、调解不成或者达成调解协议后不履行的，可以向劳动争议仲裁委员会申请仲裁；对仲裁裁决不服的，除法律另有规定的外，可以向人民法院提起诉讼。可见，对于企业劳动（社会保险）争议，除部分案件一裁终局外，我国实行的是"一调一裁两审"的处理机制，即由调解组织调解、仲裁委员会仲裁和人民法院两级审判相结合的机制。它的特点是在人民法院审理案件之前，建立了两道防线。[1]

（一）调解

1. 调解组织。根据《劳动法》第 80 条和《调解仲裁法》第 10 条的规定，企业可以设立劳动争议调解委员会，负责调解本企业发生的劳动争议。企业劳动争议调解委员会由职工代表和企业代表组成。职工代表由工会成员担任或者由全体职工推举产生，企业代表由企业负责人指定。企业劳动争议调解委员会主任由工会成员或者双方推举的人员担任。调解委员会的办事机构设在企业工会。调解委员会的活动经费由企业承担。此外，与《劳动争议处理条例》有所不同，新颁布的《调解仲裁法》增加了基层组织调解劳动争议的途径和能力。按照《调解仲裁法》第 10 条的规定，除了专门设立的企业劳动争议调解委员会外，劳动争议的当事人可以到依法设立的基层人民调解组织和在乡镇、街道设立的具有劳动争议调解职能的组织申请调解。劳动争议调解组织的调解员应当由公道正派、联系群众、热心调解工作，并具有一定法律知识、政策水平和文化水平的成年公民担任。

2. 调解原则。社会保障争议的调解应当遵从自愿、合法原则。

自愿原则是指调解程序的开始、推进和调解协议的达成都必须遵从双方当事人的意愿，任何人不得强迫。具体包括以下内容：①在程序方面，是否以调解方式解决争议取决于双方当事人的意愿；②在实体方面，是否能够达成调解协议以及达成什么内容的调解协议，也要取决双方当事人的意愿；③当事人有反悔的权利。当事人在申请或接受调解后，可以随时拒绝继续进行调解；达成调解协议的，在签收调解书之前，可以随时反悔。

合法原则是指法院调解活动必须依法进行，调解协议的内容必须符合有关法律、政策的规定。具体表现在：①进行调解，必须符合法定的调解程序；②调解协议的内容要符合有关实体法和程序法的规定，不得违反法律的强制性规定和禁止性规定。

3. 调解程序。根据劳动部会同全国总工会、国家经贸委等有关部门制定的于 1993 年 11 月 5 日起实施的《企业劳动争议调解委员会组织及工作规则》和《调解仲裁法》的规定，企业劳动（社会保险）争议的调解按照下列程序进行：

（1）调解的开始。当事人申请调解，应当自知道或应当知道其权利被侵害之日起 30 日内，以书面或口头形式向劳动争议调解委员会提出申请，并填写《劳动争议调解申请书》。调解委员会接到调解申请后，应征询对方当事人的意

---

[1] 参见董保华主编：《社会保障法律制度》，浙江人民出版社 1997 年版，第 139 页。

见，对方当事人不愿调解的，应作好记录，在 3 日内以书面形式通知申请人。在对方当事人同意调解的情况下，调解委员会应在 4 日内作出受理或不受理申请的决定，对不受理的，应向申请人说明理由。对调解委员会无法决定是否受理的案件，由调解委员会主任决定是否受理。调解委员会决定受理的，调解程序正式开始。

（2）调解的进行。调解委员会受理申请人的申请后，应当及时指派调解委员对争议事项进行全面调查核实，调查应作笔录，并由调查人签名或盖章。调查完毕后，调解委员会主任应主持召开有争议双方当事人参加的调解会议，有关单位和个人可以参加调解会议协助调解，简单的争议，可由调解委员会指定 1~2 名调解委员进行调解。在调解过程中，调解员应当充分听取双方当事人对事实和理由的陈述，耐心疏导，帮助其达成协议。调解员应该在查明事实、分清是非的基础上，依照有关劳动法律、法规，以及依照法律、法规制定的企业规章和劳动合同，公正调解。

（3）调解的结束。经调解达成协议的，应当制作调解协议书。双方当事人应自觉履行，协议书应写明争议双方当事人的姓名（单位、法定代表人）、职务、争议事项、调解结果及其他应说明的事项，由调解委员会主任（简单争议由调解委员）以及双方当事人签名或盖章，并加盖调解委员会印章，调解协议书一式 3 份（争议双方当事人、调解委员会各 1 份）。关于调解协议书的效力，《调解仲裁法》第 14 条第 2 款明确规定，调解协议书由双方当事人签名或者盖章，经调解员签名并加盖调解组织印章后生效，对双方当事人具有约束力，当事人应当履行。该法第 15 条规定："达成调解协议后，一方当事人在协议约定期限内不履行调解协议的，另一方当事人可以依法申请仲裁。"可见，生效的调解协议书并不具有强制执行的效力，通常只具有合同的效力。因支付拖欠劳动报酬、工伤医疗费、经济补偿或者赔偿金事项达成调解协议，用人单位在协议约定期限内不履行的，劳动者可以持调解协议书依法向人民法院申请支付令。人民法院应当依法发出支付令。

对于以上规定，我们可以通过一个具体案例来进一步把握理解。某市自行车厂职工王某因自行车厂没有为其投保养老保险而与自行车厂发生争议，双方争执不下。于是，王某向厂里的劳动争议调解委员会提出了调解申请。厂劳动争议调解委员会立案后做了大量的调解工作，在充分征询双方意见后促使双方达成了调解协议，制作了正式的调解协议书。调解书生效后，自行车厂仍然没有按照调解协议书的规定为王某投保养老保险。于是，王某决定向法院提出强制执行调解协议书的申请。问：法院可否依据劳动争议调解委员会作出的调解协议书对厂方进行强制执行？

此案考查的就是调解委员会制作的调解协议的效力问题。正确的解答应该是：法院不会受理王某强制执行调解协议书的申请。原因在于：企业劳动争议调解委员会是专门处理企业内部劳动争议的群众性组织，法律没有赋予调解委员会作出的调解协议书以强制执行的效力，企业调解委员会作出的调解协议书不同于仲裁机构的裁决和法院的裁判，只能依靠当事人自觉遵从、履行。如果当事人一方反悔不履行协议，任何人都无权强制其履行，另一方当事人只能求助于其他争议解决途径，如仲裁和诉讼。

调解不成的，应做记录，并在调解意见书上说明情况，由调解委员会主任签名、盖章，并加盖调解委员会印章，调解意见书一式 3 份（争议双方当事人、调解委员会各 1 份）。

自劳动争议调解组织收到调解申请之日起 15 日内未达成调解协议的，视为调解不成，当事人可以依法申请仲裁。

（二）仲裁

仲裁是解决有劳动隶属关系的平等主体间社会保障纠纷的必经程序。企业劳动（社会保险）争议发生后，争议双方不愿协商或者协商不成，又不愿接受调解组织的调解、调解达不成协议或者达成调解协议后不履行的，若要寻求纠纷的解决，当事人就应该向劳动争议仲裁委员会申请仲裁。对仲裁裁决不服的，除法律另有规定的外，可以向人民法院起诉。

1. 仲裁机构。劳动争议的仲裁机构是专门设立的劳动争议仲裁委员会。根据《调解仲裁法》第 17 条的规定，劳动争议仲裁委员会按照统筹规划、合理布局和适应实际需要的原则设立。省、自治区人民政府可以决定在市、县设立；直辖市人民政府可以决定在区、县设立。直辖市、设区的市也可以设立 1 个或者若干个劳动争议仲裁委员会。劳动争议仲裁委员会不按行政区划层层设立。

劳动争议仲裁委员会由劳动行政部门代表、工会代表和企业方面代表组成。劳动争议仲裁委员会组成人员应当是单数。劳动争议仲裁委员会下设办事机构，负责劳动争议仲裁委员会的日常工作。仲裁委员会是国家授权、依法独立处理劳动争议的专门机构，其职责包括聘任、解聘专职或者兼职仲裁员，受理劳动争议案件，讨论重大或者疑难的劳动争议案件，以及对仲裁活动进行监督。

劳动争议仲裁委员会负责管辖本区域内发生的劳动争议。劳动争议由劳动合同履行地或者用人单位所在地的劳动争议仲裁委员会管辖。双方当事人分别向劳动合同履行地和用人单位所在地的劳动争议仲裁委员会申请仲裁的，由劳动合同履行地的劳动争议仲裁委员会管辖。

劳动争议仲裁委员会应当设仲裁员名册。仲裁员应当公道、正派并符合下列条件之一：①曾任审判员的；②从事法律研究、教学工作并具有中级以上职称的；③具有法律知识、从事人力资源管理或者工会等专业工作满 5 年的；④律师执业满 3 年的。劳动争议仲裁委员会裁决劳动争议案件实行仲裁庭制。仲裁庭由 3 名仲裁员组成，设首席仲裁员。简单劳动争议案件可以由 1 名仲裁员独任仲裁。

2. 仲裁的主要制度。

（1）先裁后审、一裁两审制度。根据我国《劳动法》第 79 条和《调解仲裁法》的规定，劳动（社会保险）争议除部分实行一裁终局的案件外，实行的是"先裁后审、一裁两审"制度。首先，劳动争议仲裁委员会的仲裁是处理劳动（社会保险）争议的必经程序，劳动（社会保险）争议的当事人非经劳动争议仲裁委员会的仲裁而向人民法院起诉的，人民法院不予受理。其次，除部分实行一裁终局的案件外，劳动争议仲裁委员会的仲裁裁决不是终局裁决，当事人对仲裁裁决不服的，可在法定期限内（自收到裁决书之日起 15 日内）向人民法院起诉。但如果当事人在法定期限内不起诉的，超过期限仲裁裁决就会发生法律效力，可以作为强制执行的根据。人民法院受理劳动（社会保险）争议后，实行两审终审制。

（2）先调后裁制度。仲裁庭处理劳动争议应当先行调解，在查明事实的基础上促使当事人双方自愿达成协议。当事人不同意调解、调解未达成协议或者调解书送达前当事人反悔的，仲裁庭应当及时裁决。

（3）时效制度。劳动争议的仲裁时效为 1 年，当事人应当从知道或者应当知道其权利被侵害之日起 1 年内，以书面形式向仲裁委员会申请仲裁。仲裁时效因当事人一方向对方主张权利，或者向有关部门请求权利救济，或者对方当事人同意履行义务而中断。从中断时起，仲裁时效期间重新计算。因不可抗力或者有其他正当理由，当事人不能在仲裁时效期间内申请仲裁的，仲裁时效中止。从中止时效的原因消除之日起，仲裁时效期间继续计算。劳动关系存续期间因拖欠劳动报酬发生争议的，劳动者申请仲裁不受 1 年仲裁时效期间的限制；但是，劳动关系终止的，应当自劳动关系终止之日起 1 年内提出。当事人无正当理由超过申请仲裁时效的，将会承受不利后果。

（4）公开仲裁制度。劳动争议仲裁公开进行，但当事人协议不公开进行或者涉及国家秘密、商业秘密和个人隐私的除外。公开仲裁的案件，除仲裁庭评议过程外，仲裁的过程和结果应该向社会公开，应该允许群众旁听，允许新闻记者采访报道。不公开仲裁的案件，仲裁结果应该公开。

3. 仲裁程序。根据《调解仲裁法》和1993年10月18日实施的《劳动争议仲裁委员会办案规则》的规定，仲裁程序包括申请与受理、仲裁准备、案件审理、裁决等几个阶段。

（1）申请与受理。当事人申请仲裁的，应当向仲裁委员会递交仲裁申请书，并按照被申请人人数提交副本。仲裁申请书应当载明下列事项：①劳动者的姓名、性别、年龄、职业、工作单位和住所，用人单位的名称、住所和法定代表人或者主要负责人的姓名、职务；②仲裁请求和所根据的事实、理由；③证据和证据来源、证人姓名和住所。书写仲裁申请确有困难的，当事人可以口头申请，由劳动争议仲裁委员会记入笔录，并告知对方当事人。

仲裁委员会的工作人员接到仲裁申请书后应该进行审查，仲裁委员会可以授权其办事机构负责立案审批工作。主要应审查下列事项：申诉人是否与本案有直接利害关系；申请仲裁的争议是否属于劳动争议；申请仲裁的劳动争议是否属于仲裁委员会的受理内容；该劳动争议是否属于本仲裁委员会管辖；申请书及有关材料是否齐备并符合要求；申诉时间是否符合申请仲裁的时效规定。对申诉材料不齐备或有关情况不明确的仲裁申请书，应指导申诉人予以补充。

劳动争议仲裁委员会收到仲裁申请之日起5日内，认为符合受理条件的，应当受理，并通知申请人；认为不符合受理条件的，应当书面通知申请人不予受理，并说明理由。对劳动争议仲裁委员会不予受理或者逾期未作出决定的，申请人可以就该劳动争议事项向人民法院提起诉讼。

为了加深对以上内容的理解，我们讨论一下这个问题：对劳动争议仲裁委员会做出的不予受理的通知、决定或裁决，当事人向人民法院起诉的，人民法院应否受理？

根据我国《劳动法》的规定，劳动（社会保险）争议发生后，当事人可以向劳动争议仲裁委员会申请仲裁，对仲裁裁决不服的，可以向人民法院提起诉讼。也就是说，法院依法不直接受理劳动（社会保险）争议，必须经劳动争议仲裁委员会仲裁后，若当事人不服仲裁裁决才能向人民法院起诉。但如果当事人向劳动争议仲裁委员会申请仲裁，但劳动争议仲裁委员会作出了不予受理的裁定，当事人该寻求何种救济呢？对此，最高人民法院1999年11月29日发布的《全国民事案件审判质量工作座谈会纪要》明确提出："为了使劳动争议能够及时有效得到解决，对于劳动争议仲裁委员会作出不予受理的通知或决定、裁决的，可视为劳动争议仲裁机构已对该劳动争议作出处理，当事人对该不予受理的通知不服，向人民法院起诉的，人民法院应予受理。"最高人民法院2001年公布的《关于审理劳动争议案件适用法律若干问题的解释》对此也作了规定，该解释第 2 条规定："劳动争议仲裁委员会以当事人申请仲裁的事项不属于劳动争议为由，作出不予受理的书面裁决、决定或者通知，当事人不服，依法向人民法院起诉的，人民法院应当分别情况予以处理：①属于劳动争议案件的，应当受理；②虽不属于劳动争议案件，但属于人民法院主管的其他案件，应当依法受理。"对于这个问题，新颁布的《调解仲裁法》第 29 条进一步作了明确规定："对劳动争议仲裁委员会不予受理或者逾期未作出决定的，申请人可以就该劳动争议事项向人民法院提起诉讼。"据此，当事人对劳动争议仲裁委员会不予受理的裁定不服的，可以向人民法院起诉。

（2）仲裁准备。仲裁委员会决定受理劳动争议案件后，应按《调解仲裁法》和《劳动争议仲裁委员会组织规则》的规定组成仲裁庭。仲裁庭由 3 名仲裁员组成，设首席仲裁员。简单劳动争议案件可以由 1 名仲裁员独任仲裁。劳动争议仲裁委员会应当在受理仲裁申请之日起 5 日内将仲裁庭的组成情况书面通知当事人。仲裁员或其它人员有下列情形之一，应当回避，当事人也有权以口头或者书面方式提出回避申请：①是本案当事人或者当事人、代理人的近亲属的；②与本案有利害关系的；③与本案当事人、代理人有其他关系，可能影响公正裁决的；④私自会见当事人、代理人，或者接受当事人、代理人的请客送礼的。劳动争议仲裁委员会对回避申请应当及时作出决定，并以口头或者书面方式通知当事人。仲裁委员会主任的回避，由仲裁委员会决定；仲裁委员会其他成员、仲裁员和其他人员的回避由仲裁委员会主任决定。

组成仲裁庭后，仲裁庭成员应认真审阅申诉、答辩材料，调查、收集证据，查明争议事实。仲裁员进行调查时，应当先向被调查人出示证件。调查笔录经被调查人校阅后，由被调查人、调查人签名或盖章。在仲裁活动中，仲裁庭对专门性问题认为需要鉴定的，可以交由当事人约定的鉴定机构鉴定；当事人没有约定或者无法达成约定的，由仲裁庭指定的鉴定机构鉴定。

各地仲裁委员会之间可以互相委托调查。受委托方仲裁委员会应当在委托方仲裁委员会要求的期限内完成调查，因故不能完成的应当在要求期限内函告委托方仲裁委员会。

（3）案件审理和裁决。开庭审理包括三个阶段：

第一阶段：开庭审理前的准备工作。仲裁庭应当在开庭 5 日前，将开庭日期、地点书面通知双方当事人。当事人有正当理由的，可以在开庭 3 日前请求延期开庭。是否延期，由劳动争议仲裁委员会决定。

第二阶段：调解。仲裁庭审理劳动争议案件应当先行调解，在查明事实、分清是非的基础上，促使双方当事人自愿达成协议。经调解达成协议的，仲裁庭应根据协议内容制作仲裁调解书。调解书应当写明仲裁请求和当事人协议的结果。调解书由仲裁员签名，加盖劳动争议仲裁委员会印章，送达双方当事人。调解书经双方当事人签收后，发生法律效力。调解不成或者调解书送达前，一方当事人反悔的，仲裁庭应当及时作出裁决。

第三阶段：开庭审理和裁决。仲裁庭开庭裁决的基本程序为：由书记员查明双方当事人、代理人及有关人员是否到庭，宣布仲裁庭纪律；首席仲裁员宣布开庭，宣布仲裁员、书记员名单，告知当事人的申诉、申辩权利和义务，询问当事人是否申请回避并宣布案由；听取申诉人的申诉和被诉人的答辩；当事人进行质证和辩论；仲裁员以询问方式，对需要进一步了解的问题进行当庭调查，并征询双方当事人的最后意见；根据当事人的意见，当庭再行调解；不宜进行调解或调解达不成协议时，应及时休庭合议并作出裁决；仲裁庭复庭，宣布仲裁裁决。

仲裁庭作出裁决后，应制作仲裁裁决书。裁决书应当载明仲裁请求、争议事实、裁决理由、裁决结果和裁决日期。裁决书由仲裁员签名，加盖劳动争议仲裁委员会印章。对裁决持不同意见的仲裁员，可以签名，也可以不签名。

仲裁庭应当将开庭情况记入笔录。当事人和其他仲裁参加人认为对自己陈述的记录有遗漏或者差错的，有权申请补正。如果不予补正，应当记录该申请。笔录由仲裁员、记录人员、当事人和其他仲裁参加人签名或者盖章。

仲裁庭裁决劳动争议案件，应当自劳动争议仲裁委员会受理仲裁申请之日起45 日内结束。案情复杂需要延期的，经劳动争议仲裁委员会主任批准，可以延期并书面通知当事人，但是延长期限不得超过 15 日。逾期未作出仲裁裁决的，当事人可以就该劳动争议事项向人民法院提起诉讼。仲裁庭裁决劳动争议案件时，其中一部分事实已经清楚，可以就该部分先行裁决。

下列劳动争议，除本法另有规定的外，仲裁裁决为终局裁决，裁决书自作出之日起发生法律效力：①追索劳动报酬、工伤医疗费、经济补偿或者赔偿金，不超过当地月最低工资标准 12 个月金额的争议；②因执行国家的劳动标准在工作时间、休息休假、社会保险等方面发生的争议。对于这两类原则上实行一裁终局制的裁决，《调解仲裁法》又为劳资双方提供了不同的救济方式：对于劳动者而言，对上述实行一裁终局的仲裁裁决不服的，可以自收到仲裁裁决书之日起 15 日内向人民法院提起诉讼；对于用人单位而言，有证据证明上述实行一裁终局的仲裁裁决有下列情形之一，可以自收到仲裁裁决书之日起 30 日内向劳动争议仲裁委员会所在地的中级人民法院申请撤销裁决：①适用法律、法规确有错误的；②劳动争议仲裁委员会无管辖权的；③违反法定程序的；④裁决所根据的证据是伪造的；⑤对方当事人隐瞒了足以影响公正裁决的证据的；⑥仲裁员在仲裁该案时有索贿受贿、徇私舞弊、枉法裁决行为的。人民法院经组成合议庭审查核实裁决有上述情形之一的，应当裁定撤销。仲裁裁决被人民法院裁定撤销的，当事人可以自收到裁定书之日起 15 日内就该劳动争议事项向人民法院提起诉讼。

除上述实行一裁终局的仲裁裁决外，当事人对其他劳动争议案件的仲裁裁决不服的，可以自收到仲裁裁决书之日起 15 日内向人民法院提起诉讼；期满不起诉的，裁决书发生法律效力。

为了更加准确地理解和掌握社会保障争议的仲裁，我们分析一下下面这个选择题。

关于劳动（社会保险）争议的仲裁，下列说法中正确的是哪些？

A. 仲裁庭处理劳动（社会保险）争议应当先行调解，在查明事实的基础上促使当事人双方自愿达成协议

B. 劳动（社会保险）争议仲裁裁决是终局性裁决，当事人不服的，不能再向人民法院起诉

C. 简单劳动（社会保险）争议案件，仲裁委员会可以指定 1 名仲裁员处理

D. 劳动（社会保险）争议提交仲裁的，双方当事人不能自行和解

关于劳动（社会保险）争议的仲裁，《调解仲裁法》已经做了详细规定，本题的正确答案是：AC。具体理由可参考《调解仲裁法》第 42、47、50、31 条和第 41 条。

（三）民事诉讼

有劳动隶属关系的平等主体之间的劳动（社会保险）争议经过仲裁后，除实行一裁终局的案件外，当事人对其他劳动争议案件的仲裁裁决不服的，可以自收到裁决书之日起 15 日内向有管辖权的人民法院提起民事诉讼。

进入诉讼阶段后，社会保险争议的处理程序与普通民事纠纷的处理程序相同。诉讼程序总体上分为审判程序和执行程序。审判程序又包括一审程序、二审程序和再审程序。第一审程序包括两种，即第一审普通程序和第一审简易程序。每一种审理程序又包括诉讼的提起与受理、审理前的准备阶段、开庭审理和判决等几个阶段。由于社会保险争议的具体诉讼程序与普通民事案件的诉讼程序并无不同，故在此不再赘述。

为了加深对劳动（社会保险）争议处理程序的理解，我们看看下面这个选择题：

关于劳动（社会保险）争议的处理，下列说法中哪些是正确的？

A. 用人单位与社会保险机构因为缴纳社会保险费而发生的争议属于劳动争议

B. 劳动争议仲裁委员会所作出的仲裁裁决虽然具有法律效力，但不是终局裁决

C. 对于超过仲裁时效的，仲裁委员会不予受理，法院也不予受理

D. 劳动争议仲裁中的调解书一经送达后就会发生法律效力，当事人不得上诉

此题的答案应该是：D。关于 A 选项，用人单位与社会保险机构因为缴纳社会保险费而发生的争议，是社会保障行政部门及其经办机构在依照法律、法规及有关规定办理社会保障事务过程中，与公民、法人或者其他组织之间发生的争议，属于社会保障行政争议，不是劳动争议。关于 B 选项，根据《劳动法》和《调解仲裁法》的规定，劳动（社会保险）争议除部分案件外，实行"先裁后审、一裁两审"制度。首先，劳动争议仲裁委员会的仲裁是处理劳动（社会保险）争议的必经程序，劳动（社会保险）争议的当事人非经劳动争议仲裁委员会的仲裁而向人民法院起诉的，人民法院不予受理。其次，除部分实行一裁终局的案件外，劳动争议仲裁委员会的仲裁裁决不是终局裁决，当事人对仲裁裁决不服的，可在法定期限内（自收到裁决书之日起 15 日内）向人民法院起诉。但如果当事人在法定期限内不起诉的，超过期限仲裁裁决就会发生法律效力，可以作为强制执行的根据。所以，B 选项是错误的。关于 C 选项，最高人民法院 2001 年公布的《关于审理劳动争议案件适用法律若干问题的解释》第 3 条规定："劳动争议仲裁委员会根据《劳动法》第 82 条之规定，以当事人的仲裁申请超过 60 日期限为由，作出不予受理的书面裁决、决定或者通知，当事人不服，依法向人民法院起诉的，人民法院应当受理；对确已超过仲裁申请期限，又无不可抗力或者其他正当理由的，依法驳回其诉讼请求。"由此可知，超过仲裁时效不属于人民法院不予受理的理由，而是人民法院判决驳回诉讼请求的理由。故 C 选项错误。关于 D 选项，《调解仲裁法》第 42 条已作了明确规定，此表述正确。

■ 第三节 以行政程序解决社会保障行政争议

社会保障行政部门及其经办机构在依照法律、法规及有关规定办理社会保障事务过程中，与公民、法人或者其他组织之间发生的争议，是社会保障行政争议。例如，申请劳动保障行政部门依法履行保护劳动者获取劳动报酬权、休息休假权、社会保险权等法定职责，劳动保障行政部门没有依法履行的；认为劳动保障行政部门违法收费或者违法要求履行义务的；经办机构未依法办理社会保险登记、变更或者注销手续；经办机构未按规定记录社会保险费缴费情况或者拒绝查询缴费纪录；认为经办机构不依法支付其社会保险待遇或者对经办机构停止其享受社会保险待遇有异议的；对经办机构核定的社会保险待遇标准、社会救助标准、福利待遇标准等有异议，等等。处理社会保障行政争议的途径主要有复查、行政复议和行政诉讼。1999 年全国人大常委会通过的《行政复议法》明确规定"申请行政机关依法发放抚恤金、社会保险金或者最低生活保障费，行政机关没有依法发放的"，公民、法人或其他组织可以提起行政复议，以基本法形式明确了社会保障行政救济制度。1999 年 1 月 22 日发布的《社会保险费征缴暂行条例》，规定了缴费单位和缴费个人对劳动保障行政部门或者税务机关的处罚决定不服，可以依法申请复议。1999 年 11 月 23 日劳动和社会保障部发布的《劳动和社会保障行政复议办法》，规定了对劳动保障行政部门作出的具体行政行为申请行政复议的案件范围、复议机关以及复议程序等。2001 年 5 月 27 日劳动和社会保障部发布的《社会保险行政争议处理办法》，具体规定对社会保险经办机构的保险登记、变更、保险缴费基数、保险待遇标准及调整、社会保险关系转移或接续等具体行政行为，可以提出行政复议。2003 年国务院颁布的《工伤保险条例》，规定了对工伤认定结论、单位缴费基数、工伤保险待遇等可以提起工伤保险行政复议，等等。

一、复查

根据《社会保险行政争议处理办法》的规定，有下列情形之一的，公民、法人或者其他组织可以先向作出该具体行政行为的经办机构申请复查，对复查决定不服，再向劳动保障行政部门申请行政复议，也可以直接向劳动保障行政部门申请行政复议：

（1）认为经办机构未按规定审核社会保险缴费基数的。

（2）对经办机构核定其社会保险待遇标准有异议的。

（3）认为经办机构不依法支付其社会保险待遇或者对经办机构停止其享受社会保险待遇有异议的。

（4）认为经办机构未依法为其调整社会保险待遇的。

申请人向作出该具体行政行为的经办机构申请复查的，该经办机构应指定其内部专门机构负责处理，并应当自接到复查申请之日起 20 日内作出维持或者改变该具体行政行为的复查决定。决定改变的，应当重新作出新的具体行政行为。经办机构作出的复查决定应当采用书面形式，经办机构应该按照民事诉讼法有关送达的规定将复查决定送达申请人和被申请人。

申请人对经办机构的复查决定不服，或者经办机构逾期未作出审查决定的，申请人可以向直接管理该经办机构的劳动保障行政部门申请行政复议。

申请人在经办机构审查该具体行政行为期间，向劳动保障部门申请行政复议的，经办机构的复查程序终止。经办机构复查期间，行政复议的申请期限中止，复查期限不计入行政复议申请期限。

二、行政复议

在我国，行政复议是指公民或单位不服国家行政机关的具体行政行为，向作出该具体行政行为机关的上级机关提出复议申请，受理复议申请的机关依法重新予以审理和裁决的制度。[1] 行政复议是行政机关内部自我监督的一种方式，也是处理行政争议的一种途径。公民、法人或者其他组织认为劳动保障行政部门及其经办机构作出的具体行政行为侵犯其合法权益的，可以向劳动保障行政部门申请行政复议。申请人对劳动保障行政部门作出的行政复议决定不服的，可以依法向人民法院提起行政诉讼。此外，根据《社会保险行政争议处理办法》第 9 条第 2 款规定，"申请人与经办机构之间发生的属于人民法院受案范围的行政案件，申请人也可以依法直接向人民法院提起行政诉讼。"《行政诉讼法》第 11 条规定，"认为行政机关没有依法发给抚恤金的"属于人民法院行政诉讼的受案范围。可见，除了可以直接向人民法院提起行政诉讼的争议外，劳动和社会保障行政争议通常实行的是"一复议两审判"的解决机制。

（一）行政复议的范围

《劳动和社会保障行政复议办法》第 3～5 条对行政复议的范围作了明确规定。公民、法人或者其他组织对劳动保障行政部门作出的下列具体行政行为不服，可以申请行政复议：

（1）对劳动保障行政部门作出的警告、罚款、没收违法所得、没收非法财

---

[1] 参见张京萍主编：《社会保障法教程》，首都经济贸易大学出版社 2004 年版，第 282 页。

物、责令停产停业、吊销许可证等行政处罚决定不服的。

（2）认为符合法定条件，申请劳动保障行政部门办理许可证、资格证等行政许可手续，劳动保障行政部门拒绝办理或者在法定期限内没有依法办理的。

（3）对劳动保障行政部门作出的有关许可证、资格证等变更、中止、取消的决定不服的。

（4）认为符合法定条件，申请劳动保障行政部门审批、审核、登记有关事项，劳动保障行政部门没有依法办理的。

（5）认为劳动保障行政部门侵犯合法的用人自主权、工资分配权等经营自主权的。

（6）申请劳动保障行政部门依法履行保护劳动者获取劳动报酬权、休息休假权、社会保险权等法定职责，劳动保障行政部门没有依法履行的。

（7）认为劳动保障行政部门违法收费或者违法要求履行义务的。

（8）对劳动保障行政部门认定工伤的具体行政行为不服的。

（9）认为劳动保障行政部门作出的其他具体行政行为侵犯其合法权益的。

公民、法人或者其他组织认为劳动保障行政部门的具体行政行为所依据的除法律、法规、规章和国务院文件以外的其他规范性文件不合法，在对具体行政行为申请行政复议时，可以一并向劳动保障复议机关提出对该规范性文件的审查申请。下列争议不能申请行政复议：

（1）劳动者与用人单位之间在执行劳动保障法律、法规、规章及其他规范性文件中发生的劳动争议。

（2）对劳动鉴定委员会作出的伤残等级鉴定结论不服的。

（3）对劳动争议仲裁委员会作出的仲裁决定或者裁决不服的。

（4）向人民法院提起行政诉讼，人民法院已经依法受理的。

（5）法律、法规规定的其他情形。

此外，《社会保险行政争议处理办法》对可以申请行政复议的社会保险行政争议的范围作了明确规定，该办法第6条规定：有下列情形之一的，公民、法人或者其他组织可以申请行政复议：

（1）认为经办机构未依法为其办理社会保险登记、变更或者注销手续的。

（2）认为经办机构未按规定审核社会保险缴费基数的。

（3）认为经办机构未按规定记录社会保险费缴费情况或者拒绝其查询缴费记录的。

（4）认为经办机构违法收取费用或者违法要求履行义务的。

（5）对经办机构核定其社会保险待遇标准有异议的。

（6）认为经办机构不依法支付其社会保险待遇或者对经办机构停止其享受社会保险待遇有异议的。

（7）认为经办机构未依法为其调整社会保险待遇的。

（8）认为经办机构未依法为其办理社会保险关系转移或者接续手续的。

（9）认为经办机构的其他具体行政行为侵犯其合法权益的。

为了加深对行政复议范围的理解，我们来分析一个例题。

下列社会保障争议哪些可以申请行政复议？

A. 深圳市社会保障局以"非本市户口的个体工商户及其雇工不能参加医疗保险和养老保险"为由拒绝为王某办理医疗保险和养老保险，为此双方发生争议

B. 周某因计发养老金问题而与社会保险经办机构发生的争议

C. 某公司对劳动鉴定委员会为其职工作出的伤残鉴定结论不服的

D. 某公司对劳动保障部门对其职工认定工伤的结论不服的

本题考核的是社会保障行政复议的范围，此题的正确答案是：ABD。对于 A 选项，由于王某认为经办机构应该依法为其办理社会保险登记手续，但社会保险经办机构拒绝为其办理，由此作为公民的王某与社会保险经办机构之间发生了争议，根据《社会保险行政争议处理办法》第 6 条的规定，此类纠纷属于可以申请行政复议的社会保险行政争议；对于 B 选项，公民与社会保险经办机构因计发养老金问题发生的争议，属于《社会保险行政争议处理办法》第 6 条第 5 项规定的"对经办机构核定其社会保险待遇标准有异议的"，故属于可以申请行政复议的争议；对于 C 选项，根据《劳动和社会保障行政复议办法》第 5 条的规定，属于不可申请行政复议的事项；对于 D 选项，根据《劳动和社会保障行政复议办法》第 3 条第 7 项的规定，属于可以申请行政复议的范围。

（二）行政复议的原则

根据《行政复议法》的规定，行政复议应遵从以下原则：

（1）合法性和适当性审查原则，即复议机关既要对具体行政行为的合法性进行审查，也要对具体行政行为的适当性进行审查。

（2）一次性复议原则，即公民、法人等可以向做出具体行政行为的上级机关申请复议，但对复议决定不服的，除向人民法院提起行政诉讼外，不能再向复议机关的上级机关申请复议。

（3）不适用调解原则，即复议机关在对复议申请进行审查和处理时，不能在争议的双方主体之间主持调解。

（三）行政复议的程序

1. 申请与受理。公民、法人和其他组织对劳动保障行政部门作出的具体行政行为申请行政复议的，应该向有权受理的机构提出复议申请。按照《劳动和社会保障行政复议办法》的规定，对县级以上劳动保障行政部门的具体行政行为不服的，可以向上一级劳动保障行政部门申请复议，也可以向本级人民政府申请复议。对依法受委托的属于事业组织的就业服务管理机构、职业技能鉴定指导机构、乡镇劳动工作机构等作出的具体行政行为不服的，可以向委托其行使行政管理职能的劳动保障行政部门的上一级劳动保障行政部门申请复议，也可以向该劳动保障行政部门的同级人民政府申请行政复议。委托的劳动保障行政部门是被申请人。对劳动保障行政部门和政府其他部门组织执法检查，以共同名义作出的具体行政行为不服的，可以向其共同的上一级行政机关申请复议。共同作出具体行政行为的劳动保障行政部门是共同被申请人之一。

具体负责劳动和社会保障行政争议的处理工作的机构是劳动保障行政部门的法制机构或者负责法制工作的机构（以下简称法制机构）。劳动保障行政部门的其他工作机构收到复议申请的，应当立即转送法制机构。法制机构收到复议申请后，应当注明收到日期，并在5日内进行审查，由劳动保障行政部门按照下列情况分别作出决定：

（1）对符合法定受理条件，并属于本机关受理范围的，作出受理决定，制作《行政复议受理通知书》，送达申请人和被申请人，该通知书中应当告知受理日期。

（2）对符合法定受理条件，但不属于本机关受理范围的，应当书面告知申请人向有关机关提出。

（3）对不符合法定受理条件的，应当作出不予受理决定，并制作《行政复议不予受理决定书》，送达申请人，该决定书中应当说明不予受理的理由。

除不符合行政复议的法定条件或者不属于本机关受理的复议申请外，行政复议申请自劳动保障复议机关的法制机构收到之日起即为受理。劳动者与用人单位因工伤保险待遇发生争议，向劳动争议仲裁委员会申请仲裁期间，对劳动保障行政部门作出的工伤认定结论不服的，又向劳动保障复议机关申请复议的，如果符合法定条件，劳动保障复议机关应当受理。

2. 审查和处理。劳动保障行政部门受理复议申请后，法制机构可以与本机关的有关业务机构共同对行政复议案件进行审查。

劳动保障复议机关在审查申请人一并提出的作出具体行政行为所依据的有关规定的合法性时，应当根据具体情况，分别作出以下处理：

（1）如果该规定是由本行政机关制定的，应当在 30 日内对该规定依法作出处理结论。

（2）如果该规定是由其他劳动保障行政部门制定的，应当在 7 日内将有关材料直接移送制定该规定的劳动保障行政部门，请其在 60 日内依法作出处理结论，并将处理结论告知移送的劳动保障复议机关。

（3）如果该规定是由政府制定的，应当在 7 日内按照法定程序转送有权处理的国家机关依法处理。

对该规定进行审查期间，中止对具体行政行为的审查；审查结束后，劳动保障复议机关再继续本案具体行政行为的审查。中止审查期间，应当将有关中止的情况通知申请人和被申请人。

劳动保障复议机关对决定撤销、变更具体行政行为或者确认具体行政行为违法并且申请人提出行政赔偿请求的下列具体行政行为，应当在复议决定中同时作出被申请人依法给予赔偿的决定：

（1）被申请人违法实施罚款、吊销许可证、责令停产停业、没收财物等行政处罚行为的。

（2）被申请人非法对财产采取查封、扣押等行政强制措施的。

（3）被申请人造成申请人财产损失的其他违法行为。

劳动保障复议机关作出复议决定，应当制作复议决定书。劳动保障复议机关应当根据民事诉讼法的规定，采用直接送达、邮寄送达或者委托送达等方式，将复议决定书送达申请人和被申请人。申请人对劳动保障部门作出的行政复议决定不服的，可以依法向人民法院提起行政诉讼。

为了准确地理解和适用有关行政复议的法律规定，我们分析一下下面这个试题：

关于社会保障行政争议的行政复议，下列说法哪些是错误的？

A. 劳动者与用人单位因工伤保险待遇发生争议，向劳动争议仲裁委员会申请仲裁期间，对劳动保障行政部门作出的工伤认定结论不服的，又向劳动保障复议机关申请复议的，劳动保障复议机关不应当受理

B. 申请人认为经办机构的具体行政行为侵犯其合法权益的，可以自知道该具体行政行为之日起 30 日内向经办机构申请复查或者向劳动保障行政部门申请行政复议

C. 被申请人应当自接到行政复议申请书副本或者申请笔录复印件之日起 10 日内，提交答辩书，并提交作出该具体行政行为的证据、所依据的法律规范及其他有关材料

D. 申请人对社会保险经办机构作出的行政复查决定不服的，可以依法向人民法院提起行政诉讼

A 选项的表述错误，对此，《劳动和社会保障行政复议办法》第 11 条的规定为："劳动者与用人单位因工伤保险待遇发生争议，向劳动争议仲裁委员会申请仲裁期间，对劳动保障行政部门作出的工伤认定结论不服，又向劳动保障复议机关申请复议的，如果符合法定条件，劳动保障复议机关应当受理。"B 选项的表述错误，对此，《社会保险行政争议处理办法》第 9 条的规定为："申请人认为经办机构的具体行政行为侵犯其合法权益的，可以自知道该具体行政行为之日起 60 日内向经办机构申请复查或者向劳动保障行政部门申请行政复议。"C 选项的表述正确，对此，《社会保险行政争议处理办法》第 19 条作了明确规定；D 选项表述错误，根据《社会保险行政争议处理办法》第 6 条第 2 款和第 31 条的规定，申请人对社会保险经办机构作出的行政复查决定不服的，应当向劳动保障行政部门申请行政复议，对劳动保障部门行政复议决定不服的，才可以依法向人民法院提起行政诉讼。故本题的正确答案为：ABD。

三、行政诉讼

申请人对于劳动和社会保障行政争议申请行政复议后，对劳动保障行政部门作出的行政复议决定不服，或者对于根据法律规定可以依法直接向人民法院提起行政诉讼的劳动和社会保障行政争议，公民、法人和其他组织依法向有管辖权的人民法院提起诉讼的，就会启动解决劳动和社会保障争议的另一程序，即行政诉讼。

行政诉讼是指人民法院依照法定权限和程序审理行政争议的活动。我国于 1989 年颁布的《行政诉讼法》是人民法院审理行政案件最主要的法律依据。行政诉讼程序也包括一审程序、二审程序、审判监督程序和执行程序等几个部分。

图书在版编目（CIP）数据

社会保障法 / 王广彬主编. —北京: 中国政法大学出版社，2009.6
ISBN 978-7-5620-3502-2

Ⅰ.社... Ⅱ.王... Ⅲ.社会保障-法律-中国-高等学校-教材 Ⅳ. D922.182.3

中国版本图书馆CIP数据核字(2009)第087540号

出版发行　中国政法大学出版社

经　　销　全国各地新华书店

承　　印　固安华明印刷厂

787×960　　16开本　　20.25印张　　370千字
2009年6月第1版　　2009年6月第1次印刷
ISBN 978-7-5620-3502-2/D·3462
定　价: 30.00元

社　　址　北京市海淀区西土城路25号

电　　话　(010)58908325（发行部）　58908285（总编室）　58908334（邮购部）

通信地址　北京100088信箱8034分箱　　邮政编码 100088

电子信箱　zf5620@263.net

网　　址　http://www.cuplpress.com　（网络实名：中国政法大学出版社）

声　　明　1. 版权所有，侵权必究。

　　　　　2. 如有缺页、倒装问题，由本社发行部负责退换。

本社法律顾问　北京地平线律师事务所